Dieter Matthias

Wahrnehmung und Sprachgebrauch

Eine empirische Untersuchung der Filmwirkung auf die Sprache des Kindes

Verlag Wissenschaft und Politik

Umschlaggestaltung Rolf Bünermann
Gesamtherstellung Aku-Fotodruck GmbH, Bamberg
Printed in Germany
ISBN 3-8046-8545-5

Inhalt

		Seite
1	Vorwort	1
2	Problemstellung und Situationsrahmen	5
2.1	Problematik: Wahrnehmung und Sprachgebrauch	5
2.2	Film- und Fernsehwirkung auf Kinder und Jugendliche	6
2.3	Anschauung im Sprachunterricht	11
3	Forschungsstand	17
4	Methodologische Grundsätze	30
5	Theoretischer Bezugsrahmen	
5.1	Kommunikationsmodell	
5.1.1	Vom visuellen Empfang zum sprachlichen Senden	36
5.1.2	Position des Vermittlers	41
5.1.3	Zusammenfassung	43
5.2	Semiotik	
5.2.1	Der Film als Zeichensystem	44
5.2.2	Kodifizierung der filmischen Zeichen	52
5.2.3	Zusammenfassung	59
5.3	Wahrnehmungspsychologie	
5.3.1	Psycho-physische Prozesse des Wahrnehmens und Erkennens	60
5.3.2	Visuelle Dekodierung beim Betrachten eines Filmbildes	66
5.3.3	Zusammenfassung	72
5.4	Psychologie des Denkens und der Sprache	
5.4.1	Abstraktion: Von der Wahrnehmung zum Begriff	73
5.4.2	Möglichkeiten unterschiedlicher Informationsverarbeitung und ihrer Steuerung	77
5.4.3	Zusammenfassung	90
5.5	Linguistische Semantik	
5.5.1	Aspekte der Bedeutung eines sprachlichen Zeichens	91
5.5.2	Mentale und verbale Bedeutungseinheiten und ihre Beschreibung	97
5.5.3	Zusammenfassung	104

		Seite
6	Variablen, Erhebungsinstrumente und Hypothesen	
6.1	Film	
6.1.1	Variablen	
6.1.1.1	Syntagmen	105
6.1.1.2	Einstellungsebenen (Gestaltungsmittel)	120
6.1.1.3	Zusammenfassung	137
6.1.2	Testfilm	
6.1.2.1	Eignung	137
6.1.2.2	Inhalt	139
6.1.2.3	Mikroanalyse (Einstellungen und Syntagmen)	141
6.1.2.4	Makroanalyse (Gesamtfilm)	148
6.1.2.5	Zusammenfassung	157
6.2	Sprache	
6.2.1	Variablen	
6.2.1.1	Quantitative Text- und Satzmerkmale	158
6.2.1.2	Merkmale der Wortbedeutung im Kontext	163
6.2.1.3	Zusammenfassung	173
6.2.2	Sprach-Testaufgaben	
6.2.2.1	Aufgabentypen	173
6.2.2.2	Schreibsituation	176
6.2.2.3	Lückentext	177
6.2.2.4	Multiple-choice-Aufgaben	186
6.2.2.5	Stufen-Antwort-Aufgaben (Abstraktionsdifferential)	193
6.2.2.6	Zusammenfassung	
6.3	Personen	
6.3.1	Variablen	
6.3.1.1	Individuell	200
6.3.1.2	Sozial	203
6.3.2	Meßwerte	
6.3.2.1	Individuell	208
6.3.2.2	Sozial	211
6.3.3	Zusammenfassung	213
6.4	Hypothesen	214

Seite

7 Durchführung der Untersuchung 216

7.1 Stichprobe 216

7.2 Datenerhebung 223

7.3 Statistische Analyse 228

8 Ergebnisse 233

8.1 Aufsatz 233

8.1.1 Analyse 236

8.1.2 Zusammenfassung 249

8.2 Lückentext 250

8.2.1 Archilexem-Analyse 250

8.2.2 Klassem-Analyse 253

8.2.3 Analyse nach statistisch-semantisch korrigierten Klassemen 260

8.2.3.1 Klassifizierung 260

8.2.3.2 Gesamtpopulation 274

8.2.3.3 Schultypen 287

8.2.4 Zusammenfassung 303

8.3 Multiple-choice 306

8.3.1 Gesamtpopulation 306

8.3.2 Kombination mit der Lückentextauswertung 316

8.3.3 Schultypen 329

8.3.4 Zusammenfassung 332

8.4 Abstraktions-Differential 334

8.4.1 Mittelwert-Profil am Beispiel des Gymnasiums 335

8.4.2 Gesamtpopulation 337

8.4.2.1 Modalwertprofil 337

8.4.2.2 Skalenprozente 341

8.4.3 Schultypen 350

8.4.3.1 Modalwertprofil 350

8.4.3.2 Skalenprozente 357

8.4.4 Zusammenfassung 360

		Seite
9	Diskussion der Ergebnisse	
9.1	Hypothesenprüfung und Erörterung	363
9.1.1	Zur Gesamtpopulation	363
9.1.2	Zu den Subpopulationen	377
9.2	Folgerungen für die empirische Sprachdidaktik	387
9.3	Kritik	392
10	Anhang	394
10.1	Einstellungsliste des Films	394
10.2	Wortschatztest	404
10.3	EDV - Tabellen zur Aufsatzanalyse	406
10.4	Anmerkungen	411
10.5	Literaturverzeichnis	428

1 Vorwort

Die vorliegende Untersuchung erwuchs aus der Praxis des Filmeinsatzes im Deutschunterricht und dem Unbehagen an der zu diesem Bereich bisher erfolgten Grundlagenforschung. Die Effektivitätskontrolle eines derartigen Medieneinsatzes mündet notwendigerweise in die Frage: Welche der Sprachleistungen, die als Reaktion auf einen Film erbracht wurden, sind auf welche filmischen Ursachen zurückzuführen? Lassen sich diese Ursachen ermitteln, können sie als Kriterien bei der Herstellung sprachfördernder Filme ebenso dienlich sein wie bei der Konzeption einer effektiven und präzisen Mediendidaktik für den Sprachunterricht.

Die noch zu erläuternde Komplexität des Films und der Sprachleistungen zwingt zur Konzentration auf Schwerpunkte des Film- und Sprachbereiches, erspart uns damit aber nicht das Risiko, vielleicht gerade die falschen Elemente untersucht zu haben.
Plausibel erscheint dem Praktiker die Überlegung: Klar und präzise, evtl. noch abwechslungsreich gedrehte Filme werden aufmerksamer betrachtet, ihr Inhalt wird besser behalten, das besser Behaltene kann sprachlich besser wiedergegeben werden als das verschwommen und schwach gespeicherte. Hebt ein Film wesentliche Aspekte des Inhalts stark hervor, ist die Wahrscheinlichkeit größer, daß Schüler diese registrieren und verbalisieren, als wenn ein Film alle Aspekte in gleicher Intensität ausleuchtet. Umgekehrt: Was Schüler nicht klar erkennen und durchschauen, können sie auch nicht "treffend" formulieren.

Unsere praxisorientierte Suche nach den Merkmalen filmischer Klarheit, den Möglichkeiten der Akzentuierung wesentlicher Aspekte führt zur Analyse der Filmgestaltungsmittel, d.h. den Möglichkeiten der Kameraführung (Nähe zum Objekt, Perspektive, Kamerabewegung und deren Richtung) und der Schnitte (Einstellungslänge, Schnittart). Entsprechend lenkt die Suche nach Kriterien für "treffende" sprachliche Formulierungen den Blick auf semantische Merkmale der Wortwahl und des Stils.

Eine vorwissenschaftliche Studie, ob bestimmte Verteilungen der genannten filmischen Gestaltungsmittel die sprachliche Präzision der Inhaltswiedergabe förderten bzw. hinderten, führte zu interessanten Ergebnissen im Sinne der oben "plausibel" genannten Erwägungen. Eine wissenschaftliche, experimentelle Untersuchung lag nahe.

Die theoretische Reflexion dieses Problembereiches kann mit den bisher erwähnten Aspekten jedoch nicht zufrieden sein. Ursächliche Zusammenhänge zwischen Film-Input und Sprach-Output sind zu ermitteln. Dies setzt jedoch voraus, daß man die ganze Untersuchung an den Merkmalen des Verbindungsprozesses zwischen Wahrnehmung und Sprechen orientiert. Soll die Untersuchung generalisierbare Ergebnisse zeitigen, muß deren Stellenwert im Gefüge vorhandener theoretischer Konzepte über die sprachliche Verarbeitung von Wahrnehmungen überhaupt nachweisbar sein. Wir benötigen also mehr als den Nachweis eines Zusammenhanges zwischen einigen Filmgestaltungsmitteln und Beispielen kindlicher Wortwahl in Inhaltsangaben o.ä. Texten.

Eine exakte, d.h. auf theoretischer Basis formalisierte Analyse verspricht die Möglichkeit, von ihren Ergebnissen nicht nur Rückschlüsse auf den Zusammenhang zwischen Filmgestaltungsmitteln und Wortwahl ziehen zu lassen, sondern einige Momente des Informationsverarbeitungsprozesses transparent zu machen, in dem der Input audiovisuell und der Output sprachlich erfolgt. Dies setzt jedoch voraus, daß die Formalisierung der Analyse interdisziplinär zu reflektieren ist, und zwar im Hinblick auf Aspekte der Filmsemiotik, der allgemeinen Wahrnehmungstheorie, der Informations- und Sprachtheorie. In diesem Sinne soll die vorliegende Untersuchung nicht nur der Sprachdidaktik dienen, sondern einen Beitrag zur angewandten Linguistik im Bereich der Referenzsemantik und Psycholinguistik leisten.

Wesentliche theoretische und methodische Anregungen und Hinweise bei der Konzeption, Durchführung und Auswertung des Experimentes verdanke ich meinem Doktorvater, Herrn

Professor Dr. Messelken, dem ich an dieser Stelle meinen besonderen Dank ausspreche. Diese Arbeit versteht sich als Beitrag zu seinem Konzept der Empirischen Sprachdidaktik[1)] (im Bereich der Semantik), dem sie sich in ihren Intentionen und Methoden verpflichtet fühlt (vgl. Problemstellung). Allen Mitgliedern des Doktorandenkolloquiums von Herrn Professor Messelken danke ich für wichtige Hinweise und Kritik.

Zur Durchführung des Experiments bot sich ein bereits im Verleih der Bildstellen befindlicher FWU-Film an, der ein und denselben Inhalt in drei unterschiedlichen Gestaltungsweisen präsentiert. Jede der drei Fassungen wäre ein möglicher Unterrichts- oder Spielfilm. Das hat den Nachteil, daß die Variablen schwer zu isolieren sind, dafür aber den Vorteil, daß die experimentelle Situation sich nicht von einer realen Unterrichtssitutation unterscheidet. Um dies zu gewährleisten, wurde jedes Experiment in einer normalen Schulstunde von 45 Minuten abgewickelt.

Das Institut für Film und Bild in Wissenschaft und Unterricht in Grünwald bei München förderte die Hauptuntersuchung als Forschungsvorhaben im Sinne seiner Ausschreibung vom 1.9.1973 entscheidend mit finanziellen und materialen Mitteln. Ihm bin ich zu großem Dank verpflichtet.

Der Untersuchungsplan wurde zu den folgenden Fristen realisiert:

Mai 1974: Filmanalyse mit Hilfe von Laufbildbetrachtern und einem Tonbandgerät;

Juni 1974: Entwicklung eines Vortests mit Text- und Wortschatzaufgaben;

Juli 1974: Vortest in drei Grundschul-, drei Hauptschul- und drei Gymnasialklassen (N= 270);

August 1974 - Februar 1975: Auswertung des Vortests, einschließlich der Schwierigkeits- und Trennschärfenindizes;

März 1975: Durchführung der Hauptuntersuchung in 16 Grundschul-, 16 Hauptschul- und 16 Gymnasialklassen (je Filmfassung 4 Klassen; 3 Fassungen ohne Ton, eine mit Ton) (N = 1423)

April - Juli 1975: Datenauszählung mit Hilfe interessierter Studenten nach linguistischen Kategorien;
August 1975: Lochung der Daten;
September 1975 - Februar 1976: Statistische Auswertung mit Hilfe Elektronischer Datenverarbeitung im Rechenzentrum der Universität Köln;
März - Juni 1976: Anfertigung eines ersten Ergebnisberichtes;
Juli - Dezember 1976: Ergänzung der theoretischen Literatur zur Diskussion der Untersuchungsergebnisse;
Januar - März 1977: Abfassung der Dissertation.

Die Hauptuntersuchung erfolgte an folgenden Schulen in Köln und unmittelbar angrenzenden Orten mit gleicher Sozialstruktur:

Grundschulen: Baadenberger Straße, Berrenrather Straße, Bülowstraße, Chorweiler, Höhenberg;
Hauptschulen: Chorweiler, Mommsenstraße, Nürnberger Straße, Paul-Humburg-Straße, Piusstraße;
Gymnasien: Chorweiler, Dormagen, Höhenhaus, Leverkusen (2).

Den genehmigenden Behörden, den Rektoren bzw. Direktoren, Lehrern und allen Schülern, besonders auch den Studenten, die sich an der Auswertung beteiligten, gilt mein herzlicher Dank. Ohne sie wäre diese Untersuchung nicht zustande gekommen bzw. vollendet worden.

Diese Abhandlung wurde vom Prüfungsausschuß für Promotionen der Pädagogischen Hochschule Rheinland als Dissertation mit dem Titel "Audiovisuelle Faktoren kindlicher Objektbezeichnung. Eine empirische Untersuchung der Wirkung von Filmgestaltungsmitteln auf die sprachliche Verarbeitung des Gefilmten" angenommen.

Gutachter: Prof.Dr.H. Messelken, Päd. Hochschule Rhld., Abtlg. Köln

Zweitgutachter: Prof.Dr.B. Weisgerber, Gesamthochschule Wuppertal

Rigorosum: 1.Dezember 1977.

2 Problemstellung und Situationsrahmen

2.1 Problematik: Wahrnehmung und Sprachgebrauch

In Gottfried Schröters Untersuchung "Die ungerechte Aufsatzzensur"[2] findet sich der Aufsatz eines dreizehnjährigen Mädchens mit dem Thema "Ein nebeliger Abend"[3]. Die Verfasserin schreibt darin:

> "Um 17.45 Uhr macht sie (die Hauptperson Heidi; Vf.) sich auf den Heimweg. Es war schon dunkel. Auch die Vögel hörten auf zu singen und zu pfeifen. Sie rannte durch die Stoppeln. Als sie durch die Allee kam und der Brücke zulief, stockte sie plötzlich. Ihr Herz pochte hastiger. Vor ihr blieb ein schwarzes Auto stehen. Zwei Lichter flammten auf. Heidi wollte zurücklaufen. Zu spät, zu spät, rasten die Gedanken in ihrem Kopf durch. Ein Licht und noch eins taucht um die Ecke auf. Zwei Lichter, das kann doch nur ein Auto sein. Doch sie täuschte sich, es waren zwei Fahrräder, die langsam auf das Mädchen zukamen ..."

Die Note "befriedigend" wird dabei u.a. mit der Bemerkung begründet: "Inhalt mit Spannung nacherzählt (Fernsehen, Zeitungsnotiz, Lektüre?), durch eigene Phantasie umgestaltet?"[4]

Offensichtlich hat der Kritiker hier Fernsehtypisches erkannt. Mag das auch lediglich im Hinblick auf den Inhalt (im ganzen ein Mordfall) geschehen sein, die sprachliche Darstellung der Vorgänge im obigen Textabschnitt erinnert an die Kameraführung von Film und Fernsehen.[5] Elfmal wird in unserer kurzen Passage der Standpunkt gewechselt (Heidi, draußen, die Vögel, Heidi, ihr Herz, ein Auto, 2 Lichter, Heidi, die Gedanken, ein Licht, Heidi, 2 Fahrräder). Die "Bildgrößen", die der Text in der Vorstellung des Lesers provoziert, wechseln in Kontrasten. Aussagen über eine Person oder ein selbständiges Objekt (Heidi, Vögel, Auto, Fahrräder) wechseln mit Aussagen über Details (ihr Herz, 2 Lichter, die Gedanken in ihrem Kopf, 1 Licht) oder einem Überblick ("Es war schon dunkel."). Entsprechend abwechslungsreich präsentiert sich die Differenziertheit einzelner Ausdrücke (z.B. "singen, pfeifen, rennen, kommen, laufen, stocken, pochen, stehenbleiben, aufflammen, zurücklaufen, rasen, auftauchen, sein, sich täuschen, sein, kommen").

Im Sinne dieses Beispiels stellen wir die allgemeine Frage: Erzählen Kinder, wenn sie über etwas sprechen oder schreiben, was sie im Film oder Fernsehen gesehen haben, in einer Art und Weise, die der filmischen Gestaltung entspricht? Schlagen sich z.B. die Einstellungsgestaltungen, der Wechsel der Kamerastandpunkte und Perspektiven im Stil und der Wortwahl der Erzählungen nieder?
Dahinter steckt die allgemeine Frage: Beeinflussen die Wahrnehmungsverhältnisse, die Kamera und Schnitt bei Film und Fernsehen dem Zuschauer ermöglichen, den mündlichen oder schriftlichen Sprachgebrauch, wenn der Zuschauer sprachlich auf das Gesehene Bezug nimmt? Oder ganz allgemein: Schlagen sich im Sprachgebrauch eines Menschen überhaupt Eigenarten audiovisueller Wahrnehmung nieder? Wie sehen diese Einflüsse der Wahrnehmung auf den Sprachgebrauch aus?

2.2 Film- und Fernsehwirkung auf Kinder und Jugendliche

Die dringende Notwendigkeit einer Überprüfung dieser Fragen ergibt sich schon allein aus der Tatsache, daß Schulanfänger von heute sich von solchen vor 50 Jahren wesentlich dadurch unterscheiden, daß sie "unter Umständen schon einige Jahre Fernseherfahrung"[6)] besitzen. Sie beziehen somit ihre Informationen und Begriffe nicht mehr nur, evtl. nicht mehr hauptsächlich über die Sprache, sondern über Bilder und Wort-Bild-Kombinationen.

Pädagogische Auseinandersetzungen mit dem Phänomen der Film- und Fernsehwirkung auf Kinder und Jugendliche seit den fünfziger und sechziger Jahren dieses Jahrhunderts in Deutschland geben vor, eine Antwort auf die drei zuletzt genannten Fragen gefunden zu haben. Sie nehmen einen allgemeinen Einfluß des Films und des Fernsehens auf die

Sprache und die Begriffsbildung der Kinder und der Jugendlichen an. Bei der Bewertung dieses Einflusses teilen sich die Meinungen.

Auf der einen Seite wird auf der Basis theoretischer Reflexionen eine negative Auswirkung der "Hypotrophie des Bildes" oder "optischen Reizüberflutung"[7)] besonders im Zusammenhang mit Film und Fernsehen befürchtet. Man argumentiert pessimistisch: Früher (vor der Erfindung und Ausbreitung der Photographie) war "das Bild nur Mittel des Wortes"[8)]. Die heutige "Bilderflut" führt zur Verdrängung des Wortes, zur Verhinderung echter Anschauung und präziser Begriffsbildung. Verkehrszeichenschwemme, Werbung, Photographie, Film und Fernsehen führen zu einer "Sturzflut der Bilder"[9)], die den Gesichtssinn überlasten. Es vollzieht sich, wie schon Emil Dovifat 1955 sagt,[10)] ein Übergang aus "der begrifflichen Art des Denkens in die anschauliche Art des Denkens"[11)]. Ohne empirische Befunde abzuwarten, beklagen Jugendwächter wie H. Krüger "das Ende des lesenden Zeitalters"[12)], in dem das Lesen, das hohe intellektuelle Aktivität verlangt, zugunsten eines Bildkonsums reduziert wird, der geringe Denkleistungen voraussetzt, weil er unmittelbar auf die Sinne wirkt.[13)]
Dank seiner Faszinationskraft überrumpelt der Film nach der Meinung von Gies die Kritikfähigkeit, stellt die Distanzierung in Frage, verhindert das Staunen-können, die Voraussetzung jeder echten Anschauung, mit seiner Welt der Superlative, ohne Bildungsprobleme angemessen zu berücksichtigen.

Die Ausbreitung des Fernsehens wird schließlich in dieser Sicht zum absoluten Höhepunkt der "Hypertrophie des Bildes"[14)]. Obwohl das gesprochene Wort wieder eine größere Rolle spielt (z.B. in Interviews, live-Sendungen u.ä.), führen visuelle Effekthaschereien zur Abstumpfung der Sensibilität und der geistigen Auseinandersetzung mit dem Gesehenen. Die Gängelung durch das Kameraauge trübt den Blick für das Wirkliche und Wahre, verzerrt die Aussagen, führt somit zur "Nivellierung der Haltung gegenüber der Welt"[15]. "Das saubere Herausgreifen der Objekte aus dem Strom der Eindrücke" wird oft unmöglich.[16] Anschauendes Sehen als "Weglassen, Auslesen, Auswählen und Umwandeln" wird durch die "Bildinflation" verhindert.[17]

Derartige Phänomene dürften in der Tat nach den gegenwärtigen sprach- und denkpsychologischen Erkenntnissen nicht ohne Einfluß auf die Begriffsbildung des Kindes und damit auf das Klassifizieren und Benennen von Objekten bleiben. Ihr empirischer Nachweis bleibt allerdings in derartigen predigtähnlichen Abhandlungen zusammen mit der notwendigen kategorialen Analyse aus.
Hier werden gute Bücher mit schlechten Filmen verglichen und letztere als äußerst wirksam hingestellt, so daß vor ihnen nicht genug gewarnt werden kann. Dabei zeigt schon Cervantes im "Don Quichote", daß eine Lektüre ebenso zu klischeehafter Trübung der Wirklichkeitssicht führen, Kritikfähigkeit verhindern und die Anschauung blockieren kann.

Gewiß ist es so, daß der moderne Mensch sich zunehmend visuell bzw. audovisuell informiert. Film und Fernsehen erfüllen weitgehend Funktionen, die früher ausschließlich Bücher oder andere gesprochene und geschriebene Texte ausübten. Dies wird als pädagogische Herausforderung allgemein anzuerkennen sein und von allen Medienpädagogen gesehen.[18] Die oben am Beispiel von Gies geschilderte pessimistische Sicht ist aber erst angebracht, wenn nachgewiesen wird, ob und wie Bildmedien Anschauung und Begriffsbildung schädlich beeinflussen. Erst eine exakte Analyse des Problems anhand theoretisch fundierter Kategorien kann Anhaltspunkte für eine erfolgreiche Therapie bieten, die über allgemeine Ratschläge, wie den zur Konsumaskese, zur Wahrhaftigkeitserziehung, Maßstabgewinnung, Desillusionierung, "Rückbesinnung auf das enge Verhältnis von Anschauung und Wort"[19] etc. hinausgeht.

Wer die Gefahren des ständig steigenden Bildmedieneinflusses sieht, muß nicht notwendig zu einer "Resignation ... über den Untergang einer gewissen logozentrisch orientierten Welt"[20] gelangen. Medienpädagogen, die weniger den Anschein medienkundlicher Laien erwecken als die oben zitierten, sehen eine Fülle positiver Möglichkeiten der Veränderung unserer Informationskultur für die Sprachentwicklung und Begriffsbildung der Kinder.

Den Vorwurf der Verführung zur geistigen Passivität entkräftet J.M.L. Peters[21]:
Filmzuschauer lassen sich keineswegs passiv von einer Bilderflut überspülen, die kaum eine Denkleistung von ihnen verlangt. Im Vergleich zur Zeit vor etwa fünfzig Jahren lebt der Mensch von heute aktiv in zwei Welten. Er nimmt emotional und geistig am Leben anderer Menschen teil, wenn er sich als Film- oder Fernsehzuschauer in diese hineinversetzt, ihre Welt zu seiner eigenen macht. Bevor das Kind sich selbst erkennen lernt, erfährt es etwas vom Leben anderer. Es sammelt Kenntnisse über Gedanken, Gefühle, Verhaltensformen anderer. Der Film ist für das Kind eine "neue Sprache"[22], ein "nicht logisches Mittel der Kommunikation"[23], das es dem jungen Menschen erleichtert, "sich in unserer Welt zurechtzufinden"[24].

Um diese "Sprache" zu verstehen, muß das Kind "perzeptiv denken"[25] lernen: Es muß Objekte und Personen in Verbindung bringen, die in separaten Bildern dargestellt werden, Perspektiven erkennen, sich in eine Situation hineinversetzen, Vergleiche vollziehen, Gründe und Konsequenzen ermitteln, sich vom eigenen Standpunkt lösen[26], Lücken ergänzen, voraussehen, sich erinnern, Zeitsprünge nachvollziehen usw.[27]. Von Filmen, die diese Aktivitäten fördern, ist nicht anzunehmen, daß sie die Anschauung im Sinne von Gies[28] hemmen. Sie dürften eher geeignet sein, sie zu fördern. Beherrscht ein Kind die sogenannte "Filmsprache", d.h. versteht es die filmischen Mittel (Schnitte, Einstellungsgrößen, -perspektiven, Kamerastandpunkte ...), so erfordert das Filmsehen nach der Meinung von Peters "eine größere originale Aktivität als das Lesen eines Buches, weil die Filmbilder stets einmalig sind"[29]. Unsere Frage ist, ob sich eine derartige Aktivität im Sprachgebrauch niederschlägt, ob z.B. die Bezeichnungen differenzierter werden und auf klare Begriffe schließen lassen.

Fest steht, daß sich heute "selbst der Analphabet über Filme, über Bilder, über das Fernsehen ein Ausmaß von Sachwissen aneignen" kann, "das ihm vor 100 Jahren sicher verschlossen geblieben wäre"[30]. Wenn bei Erwachsenen die Fach- und die Allgemeinbildung durch das Fernsehen vergrößert wird und Rationalisierungsvorgänge angeregt werden, wie Caselmann festgestellt hat[31], muß immerhin die Möglichkeit gesehen werden, daß Kinder neue Sichtweisen erwerben, die sich auf ihren Sprachgebrauch auswirken.

Auf einen weiteren wichtigen Aspekt in diesem Zusammenhang verweist Paul Heimann[32]:
Die "technisierte Tonbildsprache" in Film und Fernsehen ist "ein eigentümliches Aggregat aus Wort- und Bildfragmenten"[33], ein "Tonbild-Teppich, der als Einheit erlebt und als integrierte Aussage verstanden wird"[34]. Bei der Film- und Fernsehrezeption erleben die Kinder somit nicht Bild und Sprache getrennt, sondern in einer ihnen unbewußt bleibenden "Interferenz"[35], die einer "Externalisierung" der "Interferenz von Bild-, Wort- und Gedankenreihen beim Sprechen und Denken"[36] gleicht.

Da jedes der beiden Medien seine Eigentümlichkeiten auf das andere einwirken läßt, liegt es nahe, eine fortwährende Beeinflussung der Sprache des Kindes durch das Film- und Fernsehbild anzunehmen. Heimann verweist damit auf die Möglichkeit "einer zunehmenden Konkretisierung des Sprachgebrauchs, einer materiellen Anreicherung, Differenzierung, möglicherweise eines Verlustes an logischer Präzision"[37]. Ebenso könnte sich "eine antagonistische Tendenz" durchsetzen, die "die Sprache zu höherer Abstraktion treibt, um der flutenden Bilderwelt in neuen Denkbewegungen und Sprachformeln Herr zu werden"[38]. Dabei könnten die visuellen Medien sogar über den Dauerkontakt mit der gesprochenen Sprache (parole) auf das Sprachsystem (langue) Einfluß nehmen.[39]

Eine Überprüfung der Thesen Heimanns ist nur empirisch möglich. Ihre Verifikation impliziert jedoch eine Wirkung der Wahrnehmung auf den Sprachgebrauch, die auch beim Filmbetrachten zum Tragen kommt. Die Klärung dieser Grundlagen erstrebt diese Untersuchung.

2.3 Anschauung im Sprachunterricht

Im Rahmen des Deutschunterrichts werden Fragen zur Beziehung zwischen Wahrnehmung und Sprechen immer dann akut, wenn semantische Probleme auftreten, genauer: wenn sich Lehrer und Schüler mit dem Sachbezug von objektbezogenen Vollwörtern konfrontiert sehen.
Dies geschieht z.B. wenn der Schüler vor der Aufgabe steht, einen "treffenden", d.h. doch wohl in der Regel "der Sache angemessenen" Ausdruck zu finden, oder wenn er bei Differenzierungsübungen im Rahmen der Wortschatzarbeit u.a. auf die Unterschiede der Dinge oder Vorgänge verwiesen wird, auf die sich die Wörter beziehen.

Da eine Sprachgemeinschaft bei aller Willkürlichkeit (Arbitrarität[40]) des Wort-Sache-Bezuges im Sprachsystem (langue[41]) für den Sprachgebrauch (parole[42]) mehr oder weniger eindeutig verbindliche "Gebrauchsregeln"[43] entwickelt hat, die sich u.a. auch auf Bedingungen hinsichtlich des Bezugsobjektes oder dessen Wahrnehmung beziehen[44], muß der Schüler im Sprachunterricht dieselben lernen. Dies sollte zu der logischen Folgerung führen, daß der Sprachunterricht besonders bei seiner Aufgabe, den Wortschatz der Schüler zu bereichern, Bezugsobjekte und Wahrnehmungsprozesse mit in seine Methodik einbezieht. Wie dürftig sehen jedoch didaktische und methodische Reflexionen und Praktiken in dieser Hinsicht aus!

Auf der einen Seite werden Wahrnehmungsleistungen mit beurteilt, wenn die sprachliche Leistung bewertet wird: Aufsatzränder sind geziert mit Bemerkungen wie "Ungenau!" oder "Bis in die kleinsten Einzelheiten genau beschrieben, gute Beobachtungsgabe"[45], oder auch nur: "Treffende Wortwahl!"[46], ohne daß der Lehrer die Bezugsobjekte gesehen hätte und so die Wahrnehmungs- und die Sprachleistung angemessen beurteilen könnte. Auf der anderen Seite werden Worte mit Worten erklärt, während der Lehrer von den Schülern einen "anschaulichen Stil" verlangt, ohne daß sich der Lehrer darüber Klarheit verschafft, ob mit dem Wort auch der Begriff erworben wurde.

Um derartige methodische und didaktische Leerläufe zu verhindern, wurden im grundlegenden Sprachunterricht spätestens seit Comenius[47] Anschauungsmaterialien verwendet, die den Sachbezug von Wörtern präzisieren und klären halfen. Deutschlehrer scheinen zwar zu keiner Zeit den zwei Weisen in "Gullivers Reisen" geglichen zu haben, die unter der Last ihrer Anschauungsmaterialien beinahe zusammenbrachen,[48] dennoch ist es mehr oder weniger üblich, bei "sachorientierten" Aufsatzformen u.ä. Textproduktionen, wie z.B. Gegenstandsbeschreibungen, Erlebnisberichten etc. Objekt- und Erlebnisgrundlagen vorzugeben, so daß sie zur Kontrolle der sprachlichen Bezugnahme herangezogen werden können. Daß auch dieses häufig unterbleibt, liegt sicher nicht nur an der Schwierigkeit, genügend verfügbare Materialien zu finden, und der Bereitschaft, diese zu nutzen. Ein derartiger Rückgriff auf die Objektmerkmale bei der Analyse der Wortbedeutung ist semantisch bedenklich, weil er den referentiellen[49], d.h. sachbezogenen Aspekt einer Wortbedeutung als den einzigen oder immer wesentlichen erscheinen läßt. Er vernachlässigt selbst bei objektbezogenen Wörtern zumindest den expressiven[50] und appellativen[51] Aspekt der Bedeutung, der aus einem Wort selbst oder dessen Kontext zu entnehmen ist. Mit anderen Worten: Es lassen sich z.B. die Wörter, die über Gangarten informieren, am präsentierten Vorgang erklären, wie etwa "laufen, spazieren, schlendern, schleichen" etc. Wörter, die Wertungen und Appelle enthalten, wie "auffällig, verräterisch, unbedacht" oder "Unerhört! Unglaublich!" etc. lassen sich nur schwer oder gar nicht mit Hilfe einzelner Gegenstände erläutern. Sie informieren über eine bestimmte Sicht eines Objektes oder bestimmte Intentionen in bezug auf dieses, was nur schwer oder gar nicht am Objekt selbst ablesbar wird. Zur Veranschaulichung notwendig wäre hier die Präsentation von Zusammenhängen aus bestimmten Perspektiven und mit bestimmten Intentionen oder derart, daß Schüler zur Einnahme bestimmter Perspektiven und zu Intentionen provoziert werden. Diese Möglichkeit bietet der Film.[52)] Ob er direkt zu semantischen Merkmalen von Wörtern hinführt und unter welchen Bedingungen er dazu in der Lage wäre, soll unsere Untersuchung überprüfen.

Der Film präsentiert nicht dokumentarisch Gegenstände, Personen und Vorgänge, sondern immer schon aus einer bestimmten Sicht heraus. Er nimmt immer schon "eine bestimmte Haltung ... zum Objekt"[53)] ein: "Das Objekt wird aus einer bestimmten Perspektive in bestimmter Größe für eine bestimmte Zeit unter bestimmter Beleuchtung durch eine bestimmte Bewegung der Kamera in einer bestimmten Richtung aufgenommen, kann sich an einer bestimmten Stelle im Raum in eine bestimmte Richtung bewegen und dadurch in ein bestimmtes axiales Verhältnis zur Kamera und zu möglichen anderen Objekten gelangen."[54)] Diese Möglichkeiten der Kamera, zu werten und zu appellieren, können entsprechende Möglichkeiten der Sprache veranschaulichen. Ob sie die Fähigkeit zu deren Gebrauch fördern, ist zu untersuchen.

Eine exakte Analyse der Filmgestaltungsmittel im Deutschunterricht unter syntaktisch-semantischen Aspekten zur Verdeutlichung semantischer Merkmale der Sprache wird bisher noch nirgendwo ausführlich didaktisch reflektiert,[55)] geschweige denn empirisch repräsentativ durchgeführt.

Stattdessen finden sich seit den zwanziger und dreißiger Jahren[56)] in deutschen medienpädagogischen Veröffentlichungen mehr oder weniger allgemeine Hinweise auf die Möglichkeit der Sprachförderung mit Hilfe von Filmen:

So behauptet E. Wasem pauschal: Der Film fördert an und für sich "die Vorstellungen, die Begriffsbildung und damit letztlich die Sprachgewandtheit"[57], weil Begriffe durch Sinnentätigkeit erworben werden und damit das Filmerleben "mittelbar und unmittelbar den Wort- und Sprachschatz bereichert" und "die Stilbildung des Jugendlichen" beeinflußt".[58]

Positive Einzelerfahrungen liefern Lichtblicke (aber nicht mehr):
F. Stückrath und seine Mitarbeiter beobachteten z.B. bei Kindern in einem Barackenlager, "daß die sprachliche Funktion einen außerordentlichen Auftrieb nahm und das ganze sprachliche Leben sich reicher entfaltete"[59], so daß die Kinder besser als ihre Eltern sprachen, als sie zwei bis drei Stunden wöchentlich mehr als diese fernsahen.

F. Zöchbauer verallgemeinert - allerdings ohne Quellenangabe - vermutlich die Beobachtungen, die Schramm, Lyle und Parker[60] unter bestimmten Bedingungen in den USA gemacht haben, und hält es für erwiesen, daß "der Wortschatz bei Schulanfängern bei Kindern aus Fernsehfamilien bei gleicher Familienbildungsstufe doppelt so hoch ist als bei den Kindern, die nicht fernsehen".[61]

H. Ruprecht berichtet von Erfahrungen mit dem Dokumentarfilm "Pferd und Fohlen" bei 7- und 8jährigen Schülern:

"Der Einfluß auf das Sprachverhalten war außergewöhnlich, was sich sowohl in der Anzahl als auch in der Originalität von passenden Eigenschaftswörtern, Verben und 'Namen' für Stute und Fohlen zeigte".[62] Weitere Filme über den Fuchs, das Eichhörnchen, die Katze, den Schwan u.a. Tiere führten zu ähnlichen Ergebnissen. Ruprecht verspricht sich darum aus der Verbindung von Filmeinsatz und "filmspezifischen Sprachtrainingsformen" vor allem für mittel- und schwach begabte Schüler und "solche aus wenig sprechanregendem Milieu" eine "wesentliche Verbesserung ihrer sprachlichen Differenzierungsfähigkeit".[63)]

In der deutschdidaktischen Literatur zum Filmeinsatz findet sich kein einziger Bericht über eine repräsentative empirische Untersuchung der Filmwirkung auf den Sprachgebrauch der Schüler. Einzelerfahrungen werden als anregende Beispiele präsentiert,[64)] zu denen unbelegte Thesen verkündet werden. Ihre Generalisierbarkeit und Beweiskraft geht über die der obigen Beispiele nicht hinaus. Typisch für die Exaktheit derartiger Schriften ist z.B. die Abhandlung von R. Sauter über den "Film im Sprachkundeunterricht" und in der Aufsatzerziehung.[65)] Detaillierte Aussagen wie z.B. "Tonfilme würden hier die eigene Sprachkraft der Schüler in zu starkem Maße negativ beeinflussen oder gar erdrücken"[66)], werden ohne theoretische oder empirische Beweise präsentiert. So werden hier neben wertvollen Anregungen auch fragwürdige Verallgemeinerungen weitergereicht, die gefährlich für die didaktische Planung werden können. Sie versprechen pauschal Erfolge, wo die Bedingungen für dieselben noch völlig ungeklärt sind oder z.B. in den USA ermittelt wurden und für deutsche Verhältnisse erst noch nachzuweisen sind. (Aus den USA kann auch ein Gegenbeispiel zu den Erfahrungen von Ruprecht (s.o.) genannt werden: E. Arnet berichtet von einer amerikanischen Schulklasse, die zum Thema "Eichhörnchen" mit einer Filmvorgabe keinen "sehr guten", mit einer mündlichen Beschreibung allerdings viele "sehr gute" Aufsätze schrieb.[67)] Doch kann dies lediglich das Niveau verdeutlichen, auf dem sich die deutschdidaktischen Reflexionen zu diesem Thema bewegen. Einzelbeispiele erlauben keine Generalisierungen.)

Man kann darum nicht umhin, die Klage von Franz Weinert über die Oberflächlichkeit, Uneffektivität und Unwissenschaftlichkeit der medienpädagogischen Forschungen[68)] auch auf die Veröffentlichungen zum Filmeinsatz im Sprachunterricht zu beziehen und sich seiner Forderung anzuschließen, endlich nach den Faktoren und Bedingungen zu fragen, die "jeweils für die Wirkung eines bestimmten Mediums bzw. eines bestimmten Medienteiles entscheidend" sind.[69)]

Vor diesem Hintergrund ist diese Untersuchung als ein Versuch zu sehen, einige grundlegende Voraussetzungen für einen erfolgreichen Einsatz audiovisueller Medien im Deutschunterricht zu klären, nämlich die Korrespondenzen zwischen einigen Wahrnehmungsverhältnissen, die filmische Gestaltungsmittel ermöglichen, und semantischen Merkmalen der sprachlichen Verarbeitung des Filminhalts.

Die Diagnose dieser Korrespondenzen soll Prognosen darüber ermöglichen, mit wie gestalteten Filmen man welche sprachlichen Merkmale mit welcher Wahrscheinlichkeit bei welchen Schülern unter welchen situativen Voraussetzungen provozieren kann.

3 Forschungsstand

Empirische Befunde zur genannten Problemstellung sind in vier Bereichen zu erwarten, und zwar im Zusammenhang
(1) der Grundlagenforschung zum Unterrichtsfilm,
(2) der Wahrnehmungspsychologie,
(3) der Massenkommunikationsforschung,
(4) der empirischen Forschung zur Referenzsemantik.
Tatsächlich findet sich jedoch keine einzige Untersuchung der Korrespondenz mehrerer Filmgestaltungsmittel mit semantischen Merkmalen sprachlicher Bezugnahme auf die gefilmten Objekte. Hier soll dennoch ein kurzer Überblick über den bisherigen Stand der Forschungen gegeben werden, deren Themenkreis in der Nähe unserer Fragestellung liegt, so daß der Stellenwert dieser Untersuchung deutlich wird und Beziehungen zwischen unseren und thematisch benachbarten Befunden die Interpretation der unsrigen erleichtern können.

Forschungen zum Unterrichtsfilm haben weniger in Europa[70)], wohl aber in den USA eine lange Tradition[71)]. Seit 1918 werden die Beziehungen zwischen sogenannten Unterrichtsfilmen und Lernergebnissen untersucht, allerdings erst seit 1949 als experimentelle Forschungen zu spezifischen Faktoren.

Dabei ist jedoch "mit hoher Sicherheit"[72)] lediglich ermittelt worden, daß Menschen von Filmen etwas lernen, d.h. daß Filme zu faktischen, haltungsmäßigen, meinungsbezogenen und motorischen Lernprozessen führen.[73)] Die Befunde sind problematisch im Hinblick auf die Lernkontrolle und Effektivitätssteigerung. Publikumscharakteristika, Lernmechanismen und Methoden erscheinen zwar als Variablen, entbehren jedoch einer präzisen Systematik.
Ihre Wissenschaftlichkeit leidet, wie Franz Weinert noch 1970 unwiderlegbar sagen kann[74)], vor allem an folgenden Mängeln:

(1) Einzelerfahrungen werden verallgemeinert. Fernsehfilme werden z.B. mit einer traditionellen Unterrichtsmethode verglichen und als generell erfolgreicher hingestellt, obwohl Unterrichtsmethoden wie Fernsehfilme jeweils Variablenspektren schwer begrenzbaren Ausmaßes sind.

(2) Unberücksichtigt blieben bisher:
a) die Eigenarten der Lehrer,
b) die Problematik der Meßverfahren und Tests,
c) fast jegliche theoretische Basis.

Mit einer auf Grund derartiger Mängel nur "mittleren Sicherheit"[75)] wird eine Fülle von interessanten Variablen untersucht, z.B. das Zeitlupentempo[76)], die Bildschärfe[77)], die Farbe[78)], die Blickweite[79)], Grade der Wirklichkeitsnähe[80)], die Dramatisierung des Films[81)] usw.

Aus diesen Befunden lassen sich einige Hilfen für die Planung und Durchführung unserer Untersuchung ableiten. Dabei stützen wir uns auf Hovlands Ansicht, daß eine Generalisierung aus dem Lernbereich weitgehend möglich ist.[82)] Die für uns relevanten Experimente werden in der Überblick-Tabelle aufgeführt und bei deren Analyse kategorisiert.

Ein Vakuum herrscht weitgehend noch in der Berücksichtigung des Kommunikationsnetzes zwischen Forschung und Anwendung.[83)] Vernachlässigt wird ferner die Anwendung moderner rhetorischer Analyseformen im Bildbereich. Stattdessen wird die traditionelle Rhetorik auf das Bildmedium angewandt. Ein großer Mangel herrscht an Untersuchungen über "Filme und höhere geistige Prozesse"[84)] wie Begriffsbildung, kritisches Denken, Generalisierung etc. Seit der Kritik Hobans hat sich bisher nichts Wesentliches entwickelt.

Allgemein trifft heute noch der Vorwurf von Pryluck und Snow[85)] zu, daß die Zusammenhänge zwischen Mediengestaltung und möglichen Wirkungen nicht exakt ermittelt werden, weil "die elementaren physikalischen und strukturalen Charakteristika des Films niemals voll ausgearbeitet, ihre Informations-Interaktionen mit Lernenden nie voll" untersucht wurden.[86)]

In diesem elementaren Forschungsvakuum setzt diese Untersuchung an, im vollen Bewußtsein der Unmöglichkeit, derart fundamentale Fragen "voll" zu beantworten.

Für uns relevante Befunde der Wahrnehmungspsychologie und der Massenkommunikationsforschung seien im folgenden Überblick mit berücksichtigt.

Der Referenzsemantik fehlen in diesem grundlegenden Bereich noch völlig repräsentative empirische Untersuchungen. Es sei hier lediglich auf die Ansätze von Osgood und Olson[87)] verwiesen. Osgood stellt in dieser Fallstudie fest, daß es einen "Einfluß perzeptueller Präsuppositionen auf die Form von Sätzen" und auf "den lexikalischen Inhalt der Sätze"[88)] gibt. Er kommt zu ähnlichen Ergebnissen wie Olson, daß nämlich ein Sprecher einen "Gegenstand bis zu dem Grade spezifiziert, der für den Hörer erforderlich ist, um das intendierte Bezugsobjekt von seinen Alternativen zu unterscheiden."[89)]

S. Moscowici ermittelte 1967, daß sich die Kommunikator-Objekt-Distanz auf die Struktur des Kommuniqués auswirkt. Je größer die Distanz war, als desto geringer erwies sich die lexikalische Redundanz und als desto größer das Gesamtvolumen der sprachlichen Produktion.[90)]

In der Richtung dieser Studien untersuchten T. Herrmann und W. Deutsch systematisch situative Momente der "Objektbenennung"[91)]. Unsere Untersuchung prüft einen anderen Bereich, indem sie die situativen Momente konstant und die Wahrnehmungsverhältnisse variabel hält.

Unseren Problemkreis berühren 11 Untersuchungen mit aspektweise relevanten Ergebnissen (2 aus den fünfziger, 6 aus den sechziger und 3 aus den siebziger Jahren) zur Wirkung einzelner Filmfaktoren auf spezielle Faktoren der Rezeptionsverarbeitung. Von diesen untersuchen nur 6 mit Hilfe von Varianzanalysen die Beziehungen zwischen Filmgestaltungsmitteln und mehr oder weniger validen Responsefaktoren. 5 überprüfen relativ unsystematisch und ohne Theoriebezug definierte Strukturmerkmale wie z.B. Schwierigkeit, Linearität, Emotionalität im Hinblick auf das Filmverständnis bei Kindern in verschiedenen Altersstufen.

In die Tabelle sind darüber hinaus 6 Untersuchungen der sechziger und siebziger Jahre aufgenommen, die Responsedifferenzen zu Filmen und Diasequenzen ermitteln, um die Wirkung der Bewegung zu erfassen. Von diesen findet lediglich die von Dwyer keine Lernerfolgssteigerung durch die Bewegung. Dieser Widerspruch scheint mit der Abhängigkeit des Lernerfolgs von den Intentionen zusammenzuhängen,[92)] einer intervenierenden Variablen, die bei allen Untersuchungen zum Lernerfolg berücksichtigt werden muß.

4 weitere Untersuchungen der sechziger und siebziger Jahre zum Zusammenhang zwischen visueller Wahrnehmung und Sprachgebrauch liefern interessante Aspekte für unsere Problemstellung. Obwohl 3 davon mit einer unzureichenden Probandenzahl (N = 44, 48, 60) durchgeführt wurden und darum nicht aussagekräftig sind, seien sie hier erwähnt, weil ihre Befunde Hinweiswert besitzen.

Tabelle 1: Überblick über themarelevante Untersuchungen der Filmforschung

Verfasser	Anzahl der Prob.	Jahr	Stimulusvariable	Responsevariable
Allen,W.H./ Cooney,S.M. [93]	1063 Stud.	1964	Linearität der Filmgestaltung	Lernen/Behalten
Allen,W.H./ Weintraub,R. [94]	582 Stud.	1968	Bewegung (gegenüber Statik)	kognitives Lernen
Anderson,H.L. [95] (Diss.)	278 Stud.	1973	Kamerawinkel (horizontal, vertikal), Augenkontakt	Glaubwürdigkeit, Gefallen, Verstehen, Ablehnung, Zustimmung
Dwyer,F.M. [96]	139 Stud.	1969	Bewegung	Lernen
Fraisse,P./ de Montmollin,G. [97]	115 Stud.	1952	Einstellungsgröße, Einstellungslänge	Behalten
Gregory,R.J. [98] (Diss.)	Stud.	1961	Montage als Behauptung, Emotionalisierung, Relationalisierung	entsprechende verbale Hinweistypen
Lajeunesse,L./ Rossi,R. 99)	218 Schül.	1966	Ton, Farbe, Einstellungsgrößen (T+G, T. G)	(Fragebögen) Wissen, Aufsätze
Mialaret,G./ Melies,M.G. [100]	135 Schül.	1954	Einstellungszahl, -größe, -länge, Verfolgungsfahrt als allg.Komplex.	Beschreibung (Inh.), Fragebogen (z.Inh.), Behalten (Identif.), räuml. Einordnen
Mialaret,G./ Malandain,C. [101]	212 Schül.	1962	Komplexität der Bildgestaltung	Aufzählung der Fakten, Interpretation
Miller,W.C. [102] (Diss.)	80 Stud./ Erw.	1967	Bewegung	Galvan.Haut-Test (GSR), Behalten, Attitude-Test
Parker,P.J. [103] (Diss.)	120 Stud.	1971	Filmdichte (jew. Löschung des 3., 6., 8. o. 10. Bildes)	Informationswiedergabe
Penn,R. [104] (Diss.)	450 Stud.	1967	Einstellungslänge (8, 2, 0,5 Sek.), Beschleunigung, Verlangsamung	Assoziationen mit Activity, Potency, Evaluation
Schulz,W./ van Lessen,R./ Schlede,C./ Waldmann,N. [105]	200 Stud.	1976	Syntagmen-Typen, Einstellungslänge, -größe	Information, Konnotation, Einstellung
Troth,M.M. [106] (Diss.)	210 Schül.	1971	Bewegung	Bildbetrachtung, Satzvervollständig.
Weintraub,R.L. [107] (Diss.)	Schül.	1972	Bewegung, Stille-Sequenz, Stille	Faktenwissen, Ordnen, Begriffe
Wiss. Institut für Jugendfragen München 108)	2000 Schül.	1962	Emotionalität, Komplexität	Verstehen, Ausdruck, Emotion (Puls)

Tabelle 2: Ergebnisse der Untersuchungen in Tabelle 1

Verfasser	Ergebnisse
Allen/Cooney	Die Wirkung der Präsentation auf das Lernen nimmt mit zunehmendem Alter der Probanden ab.
Allen/Weintraub	Die Bewegung des Films ist der Diareihe und Einzeldias bei allen Personalvariablen überlegen.
Anderson	Kamerawinkel (horizontal und vertikal) und Augenkontakt haben einen deutlichen Einfluß auf die Dynamik, das Gefallen, die Zustimmung, die Haltung (Genaueres nach den Tabellen).
Dwyer	Die Bewegung steigert bei realistischen Darstellungen nicht den Lerneffekt.
Fraisse/ de Montmollin	Behalten wird gefördert durch: Bedeutung des Films, Wichtigkeit von Einstellungen, Totale, Action-Töne, Einstellungslänge.
Gregory	Valide ist nur die Behauptungsstruktur.
Lajeunesse/ Rossi	Am erfolgreichsten: Vorherrschen von Großaufnahmen (G), am erfolglosesten: Vorherrschen von Totalen. Jeder der 3 Filmtypen war für gewisse Fälle passend.
Mialaret/ Melies	Technische Schwierigkeiten beeinflussen das Verstehen. Keine Deutung des Films vom Ende her. Bühnenelemente werden nicht lokalisiert.
Mialaret/ Malandain	Interpretation ist als Response bei allen Altersstufen häufiger als Aufzählung und Beschreibung, nimmt mit Alter zu.
Miller	Die Filmgruppe erzielt signifikant höhere Werte in der Attitudemessung (Semant. Differential) als die Diagruppe.
Parker	Die Dichte des Films im Sinne der Untersuchung hat wenig bis keinen Effekt auf die Informationswiedergabe.
Penn	Einstellungslängen und Objektgeschwindigkeiten wirken sich auf die Activity und Potency, nicht aber auf die Evaluation aus (Genaueres im Anschluß an die Tabellen).
Schulz/ van Lessen/ Schlede/ Waldmann	Der Syntagmentyp und die Einstellungsgröße wirken sich am stärksten auf die Informationsvermittlung, Beurteilung, Einstellung und Konnotationen aus, am wenigsten die Einstellungslänge.
Troth	Alle Filmgruppen erzielten signifikant höhere Meßwerte als die Diagruppen.
Weintraub	Bewegte Bilder sind generell überlegen, unabhängig von den Personalvariablen.
Wiss.Institut für Jugendfragen	Verstehen von Filmen ohne Action steigt mit dem Alter. Dynamische Szenen provozieren Emotionen. Rückblenden unverstanden.

Tabelle 3: Themarelevante Untersuchungen der Wahrnehmungs- und Denkpsychologie

Verfasser	Anzahl der Prob.	Jahr	Stimulusvariable oder Personalvariable	Responsevariable
Allen, J.C.[109)] (Diss.)	48 Kinder (4-8J.)	1969	Testergebnisse zu 5 Wahrnehmungstests	Testergebnisse zu Sprachtests (Synt., morphol., Assoz., Wortgebrauch)
Drowns-Garmize, K.S. 110) (Diss.)	60 Stud.	1973	Testergebnisse zu Sprachfähigkeitstests	23 Items zum Inhalt eines Films ("Genesis")
Hinz, R.P.[111)] (Diss.)	44 Schül.	1967	Bilderserien auf 3 Levels: komplex, nur Hauptgegenstand, Hauptgegenstand ohne Detail	Responsetyp, Wortzahl, Sachlichkeit
Simon, J.[112)]	9 Klassen Schül.	1961	3 Gruppen: ohne Hilfe, Dias aus Film, Film	Aufsätze
Smith, G.P.[113)]	125 Stud.	1969	Ergebnisse von 9 sensorischen Diskriminationsaufgaben	3 Variablen kreativen Denkens: Verbale Flüssigkeit, Flexibilität, Originalität
Potter, M.C.[114)]	94 Kinder/ Stud.	1966	6 Bilder unterschiedlichen Schärfegrades	Erkennungszeiten, Strategien, Äußerungen beim Erkennen

Tabelle 4: Ergebnisse der Untersuchungen in Tabelle 3

Verfasser	Ergebnisse
Allen	Wahrnehmungsfähigkeiten korrespondieren mit Sprachfähigkeiten signifikant in allen Aspekten des Sprachgebrauchs, Lokalisationsfähigkeit korrespondiert mit morphol. und ass. Fertigkeit, Formkonstanz mit syntaktischen Fertigkeiten.
Drowns-Garmize	Die Gruppe mit der größten Sprachfähigkeit erzielte signifikant mehr Punkte bei den 23 Items zum Filminhalt.
Hinz	Höhere Bildkomplexität führt nicht zu höherem R-Typ, höherer Wortzahl, sachl. Differenzierung.
Simon	Der Film stimuliert Kinder direkt, inspiriert nicht nur Kinder überhaupt, sondern hilft, besser zu schreiben.
Smith	Die 3 Kreativitäts-Variablen korrelieren nicht mit den sensorischen Diskriminationsfähigkeiten.
Potter	Äußerungen von Vermutungen in einschränkenden Ausdrücken nehmen mit dem Alter zu. Gesprächige und Schweigsame erkennen später als mittlere Sprecher.

Zu Filmgestaltungsmitteln und damit Wahrnehmungsverhältnissen lassen sich folgende Ergebnisse zusammenfassen:

(1) Zur Einstellungsgröße:

a) Die Totale: fördert bei Nachrichtensendungen das Behalten (Fraisse/de Montmollin);
korrespondiert mit den schlechtesten Ergebnissen beim Wissenstest (Lajeunesse/Rossi);
übt einen schwach ungünstigen Einfluß auf die Einstellung, das Gefallen und die Informationsvermittlung aus (Schulz u.a.).

b) Die Großaufnahme: korrespondiert mit den besten Ergebnissen beim Wissenstest (Lajeunesse/Rossi);
übt einen schwach günstigen Einfluß auf die Einstellung, das Gefallen und die Informationsvermittlung aus (Schulz u.a.).

(2) Zur Einstellungsperspektive:

Der vertikale Kamerawinkel beeinflußt allgemein stark die Wahrnehmung der Dynamik der Quelle (Anderson);

a) Die Froschperspektive: wird als weniger dynamisch empfunden als die Normalsicht;
bewirkt ohne Augenkontakt mehr Zustimmung als die Vogelperspektive;
läßt die Quelle weniger interessant erscheinen (Anderson).

b) Die Normalsicht: wird als dynamischer empfunden als die Frosch- und Vogelperspektive;
bewirkt mit Augenkontakt mehr Zustimmung gegenüber den Botschaftstopiks als die Froschperspektive (Anderson).

c) Die Vogelperspektive: wird als weniger dynamisch empfunden als die Normalsicht;
bewirkt mit Augenkontakt mehr Zustimmung gegenüber den Botschaftstopiks als die Froschperspektive;
läßt die Quelle interessanter erscheinen als die Froschperspektive (Anderson).

(3) Zur Kamerabewegung und Objektbewegung (Blick):

Der horizontale Kamerawinkel und der Augenkontakt beeinflussen allgemein das Gefallen an der Quelle (Anderson);

a) Ohne Augenkontakt: bewirkt eine nach links blickende Person höchstes Gefallen, eine nach rechts blickende keines.

b) Mit Augenkontakt: bewirkt eine um 30 Grad nach rechts oder direkt in die Kamera blickende Person Gefallen, eine um 30 Grad nach links blickende Person Gleichgültigkeit (Anderson).

(4) Zur Einstellungszahl:
Die Dichte des Films bleibt ohne Einfluß auf die Informationswiedergabe, d.h. es ändert sich nichts an der Wiedergabe, wenn jedes 3., 6., 8., 10. Bild gestrichen wird (Parker).

(5) Zur Einstellungslänge und Objektgeschwindigkeit:
Die Einstellungslänge beeinflußt das Behalten (Fraisse/de Montmollin), das Verstehen (Mialaret/Melies), weniger als die Einstellungsgröße und der Syntagmentyp die Informationsvermittlung, das Urteil über den Film und die Einstellung (Schulz u.a.)

a) Die konstante Schnittzahl: assoziiert positiv mit Activity und Potency, nicht mit Evaluation (Potency bei Fahrzeugen und Personen als Objekten, Activity bei Fahrzeugen, Personen und Rechtecken) (Penn); die konstant schnelle Schnittzahl bewirkt konsistent mehr Wort-Assoziationen als die langsamere (außer bei Rechtecken), sie verstärkt die Wahrnehmung von Activity und Potency (außer bei Rechtecken) (Penn).

b) Die akzelerierende Schnittzahl: korreliert stärker als die konstante mit wachsender Activity und Potency bei Personen, nicht bei Fahrzeugen (Penn).

c) Die abnehmende Schnittzahl: korreliert stärker als die konstante mit der Wahrnehmung geringerer Activity und Potency bei leblosen Objekten (Fahrzeugen), entgegengesetzt ist die Wirkung bei belebten (Menschen) und abstrakten (Rechtecken) Objekten.

d) Interaktionen zwischen Schnittzahl und Objektgeschwindigkeit: bleiben bei Personen ohne Auswirkung auf die Potency, wirken signifikant auf die Activity (Penn);

wachsende Schnittzahl und Objektgeschwindigkeit beeinflußt signifikant die Assoziationen zu den Objektbegriffen ("Paar", "Mann", "Szene") (Penn; wachsende oder schnelle Schnittzahl verstärkt die Wahrnehmung der Activity bei Rechtecken oder Fahrzeugen (Penn).

e) Interaktionen zwischen Einstellungslänge und -größe: nahe und kurze sowie ferne und lange Einstellungen begünstigen das Urteil über Filme, viele nahe und kurze Einstellungen fördern besonders die Informationsvermittlung (Schulz u.a.).

(6) Zu den Syntagmen (Einstellungsmontageformen):
Nach filmtheoriebezogenen Kategorien: (nur Schulz u.a.)[115]
Ob ein Film aus "autonomen" Kompakteinstellungen, aus "linear-sukzessiven" oder "achronologischen" Montageformen besteht, wirkt sich besonders auf die Informationsvermittlung und die Beurteilung der Filmdarstellung, kaum auf "die Vermittlung von Einstellungen und konnotativen Wirkungen" in bezug auf den Inhalt aus.

a) Die achronologische Form wirkt am schlechtesten bei der Informationsvermittlung und Beurteilung der Filmqualität (am allerschlechtesten wirkt die Kombination von achronologisch + kurz + fern oder achronologisch + lang + nah bei der Informationsvermittlung);
die achronologische Form, mit geringer Distanz kombiniert, bewirkt eine weniger pessimistische Stimmung.

b) Die linear-sukzessive Form ist effektiver als die beiden anderen bei der Informationsvermittlung, besonders bei geringer Kameradistanz;
sie vermittelt den stärksten Eindruck von "Intensität", besonders bei Nähe und Länge der Einstellungen;
sie wirkt bei großer Kameradistanz weniger pessimistisch.

c) Die "Autonome Einstellung" läßt bei Nähe die Qualität des Films besser erscheinen;
bewirkt den schwächsten Eindruck von "Intensität";
wirkt bei großer Kameradistanz weniger pessimistisch.

Ohne Theoriebezug:

d) Linearität ist für jüngere Probanden wichtiger zum Verständnis des Films als für ältere (Allen/Cooney); Komplexität beeinträchtigt das Verstehen (Mialaret/ Melies).
"Erwachsenenfilme" werden von Kindern schlecht verstanden, besonders wenn sie Rückblenden enthalten (Wiss.Institut für Jugendfragen, München).

Da bei allen Untersuchungen außer bei Anderson, Penn und Schulz u.a. ein präziser Theoriebezug fehlt, fällt es schwer, die Ergebnisse zu vergleichen und zu Gesamtaussagen zusammenzufassen. Die Ergebnisse der drei genannten Ausnahmen zeigen jedoch, welcher Bedingungskomplexität eine exakte Ergebnisbeschreibung gerecht werden muß, weil selten ein Befund auf eine einzige Variable zurückzuführen ist. Dies verhindert jedoch eine Generalisierung, die zum Vergleich mehrerer Untersuchungen notwendig ist.

Die Folgerung aus dieser Schwierigkeit ist eine Generalisierung, die jeweils exakt das Bedingungsbündel definiert, das mit ihrer Gültigkeit verbunden ist. Den Thesen der übrigen, nicht theoriebezogenen Filmuntersuchungen ist aus diesen Erwägungen heraus zu mißtrauen.

Die Chance, zu gültigen Gesetzmäßigkeiten vorzustoßen, liegt darin, in größerem Ausmaß theoriebezogene Untersuchungen durchzuführen. Eine Faktorenanalyse der Ergebnisbedingungen kann gemeinsame Nenner aufdecken.[116] Der gemeinsame Bezug aller Befunde auf derart ausgefilterte gemeinsame Faktoren könnte eine direkte Interpretation der Befunde auf der Basis vorhandener Theorien auch aus anderen Disziplinen ermöglichen, was nahezu allen Untersuchungen fehlt.

Wenn z.B. Penn als einer der wenigen, die überhaupt eine theoretische Interpretation ihrer Ergebnisse wagen, seine differenzierten und recht komplexen Befunde (s.o.) mit Berlyne's Theorie der Aufmerksamkeitsförderung durch einen steigenden Neuigkeitsgrad erklärt,[117] so zeigt das deutlich die Misere unpräziser Theoriebezogenheit, die unpräzise Kategorien zur Folge hat, aber natürlich auch den Mangel an differenzierten Theorien in diesem grundlegenden Bereich.

4 Methodologische Grundsätze

Nach den vorangegangenen Überlegungen zum Forschungsstand versteht es sich von selbst, daß diese Untersuchung nicht in Form einer "Bewertungsuntersuchung"[118] oder "Feldforschung"[119] durchgeführt werden kann. Derartige Studien lassen den Untersuchungsgegenstand in seiner Komplexität bestehen und machen es deshalb unmöglich, bestimmte Responsevariablen bestimmten Stimulusvariablen zuzuordnen.

Prüft man z.B. die Gesamtwirkung eines Films auf den Sprachgebrauch, wie es in der Literatur beschrieben wird, die wir zum Situationsrahmen unseres Problems nannten, ist nicht zu ermitteln, welches Filmelement mit welchem Sprachelement korrespondiert. Das hat zur Folge, daß die Ergebnisse nicht transferierbar sind. Befunde einer Feldstudie können nicht im strengen Sinne, d.h. unabhängig von Zeit, Ort und Begleitumständen, vor allem aber von der speziellen Konstellation der Elemente übertragen werden. Insofern sind sie "wissenschaftlich wertlos".[120]

Wissenschaftlich und didaktisch-methodisch brauchbare Befunde müssen generalisierbar sein. Das ist nur mit einem analytischen Experiment erreichbar, in dem Einzelfaktoren isoliert und kontrollierbar variiert werden, so daß die Folgen einer Variablenvariation auch eindeutig auf diese zurückgeführt werden können und für spätere identische Variationen auch identische Ergebnisse zu erwarten sind.[121]

In diesem Sinne ist die Forderung von Schmidt zu verstehen,[122] daß eine Methode den Untersuchungsgegenstand möglichst "verzerrungsfrei" abzubilden hat. Der Idealfall wäre eine "isomorphe" Abbildung, wie F. Klix[123] sie versteht, in der "die Relationen zwischen den Elementen einander eineindeutig entsprechen".[124] Es wäre dann möglich, von den Relationen der Befunde auf Relationen des untersuchten Objektbereiches zu schließen und umgekehrt. Da eine experimentelle Situation die natürliche Komplexität des Untersuchungsgegenstandes zugunsten der Kontrollierbarkeit reduziert, ist die Eineindeutigkeit in der Regel beim Experiment nicht gegeben. Angestrebt wird eine Eindeutigkeit, mit der man von den Befunden auf den Untersuchungsgegenstand schließen kann.

Die Komplexität der Elemente des Films wie auch des Sprachgebrauchs macht es bereits problematisch, eindeutige Zuordnungen zu erreichen. Diese Untersuchung versucht das mit Hilfe größtmöglicher Ausgewogenheit im Verhältnis zwischen präziser Formalisierung und organischer Objektnähe. Die Filmvariablen werden zwar kontrollierbar variiert, bilden aber zusammen eine gebräuchliche Filmgestaltung. Die Sprachvariablen werden mit Hilfe formalisierter Aufgabenstellungen isolierbar gemacht, deren Formalisierung geht aber nicht über das Maß hinaus, das bei der Gestaltung von Aufgaben im Unterricht vertretbar ist. Den Grad der Eindeutigkeit der Zuordnung ermittelt die Wahrscheinlichkeitsberechnung der Statistik.

In diesem noch genauer zu beschreibenden Rahmen muß darum unsere Untersuchung den "Gütekriterien diagnostischer Verfahren"[125)] genügen, nämlich denen der "Objektivität, Reliabilität und Validität"[126)].

Die Merkmale müssen eindeutig kategorisiert, ermittelt und zueinander in Beziehung gesetzt werden, unabhängig von den Auswertern, identisch "bei wiederholter Anwendung in geringem zeitlichen Abstand"[127)] und als valide Indikatoren der Problemstellung.[128)]

Bei der Auswahl der Analysekategorien und der Formulierung der Hypothesen, mehr und intensiver jedoch bei der mit diesen verbundenen Interpretation der Ergebnisse wird eine solche Untersuchung vom "Bereich objektiver Erfahrung" auf den "Bereich objektiver Erkenntnis" verwiesen.[129)]

Wissenschaftstheoretisch und methodologisch weiß sich unsere Untersuchung dem auf Karl Poppers Theorien aufbauenden Wissenschaftsverständnis und den mit ihm verbundenen Theorien verpflichtet, ohne sich die bei der spezialisierenden Aspektauswahl auftretende Unzulänglichkeit dem Gesamtgegenstand und seinen Bezügen gegenüber als wissenschaftlichen Fehler im Sinne Klaus Holzkamps u.a. marxistischer Wissenschaftler anzulasten.[130)]

Im Sinne des "Scheinwerfermodells" der Erkenntnisgewinnung von Karl Popper[131)] werden hier Beobachtungen von einem "Erwartungshorizont" aus unternommen. Diesen bildet ein Geflecht von Hypothesen auf der Basis der Kommunikationstheorie, der Semiotik, der Wahrnehmungs- und Informationsverarbeitungspsychologie und der Psycholinguistik (einschließlich Soziolinguistik). Diese Theorien führen nicht nur zu Hypothesen, sondern damit zugleich zu unseren Analysekategorien und nach der statistischen Identifizierung der Befunde zu deren Interpretation.[132)]

In unserem Fall geht es nicht darum, eine speziell auf unser Problem bezogene Theorie auf ihre Richtigkeit zu überprüfen, da es bisher keine "zusammenfassende wissenschaftliche Erkenntnis", auch keine "systematische rein erkenntnismäßige Darstellung einer Wissenschaft"[133)] zu unserem Problem gibt.

Unsere Aufgabe ist also zunächst die logische Überprüfung der Vereinbarkeit mehrerer Theorien aus den genannten Wissenschaftsbereichen im Hinblick auf ihre Axiome und Theoreme zu unserem Problemkreis.[134)]

Sodann sind die Aussagen der miteinander vereinbaren Theorien zu unserem Problem einer "faktischen Kritik", d.h. einer "Konfrontation mit den Fakten"[135)] zu unterziehen. Aus den Theorien sind problemrelevante Einzelaussagen abzuleiten und so präzise zu definieren, daß sie als "potentielle Konfirmatoren bzw. Falsifikatoren"[136)] dienen können, d.h. sie dürfen nicht so allgemein formuliert sein, daß sie gar nicht widerlegt werden können. Der Satz "Filmgestaltungsmittel wirken sich auf die Sprachverwendung aus" ist schwerer zu falsifizieren als der Satz "Großaufnahmen provozieren differenziertere Wörter als Totalen". Je leichter ein Satz zu falsifizieren ist, desto eindeutigere Befunde werden bei seiner Überprüfung zu erwarten sein.

Um zu prüfen, ob die "potentiellen Konfirmatoren bzw. Falsifikatoren" sich als tatsächliche erweisen, d.h. für die eigentliche Durchführung der Untersuchung, sind nach K.-D. Opp vier Entscheidungen notwendig:[137)]

(1) Die Auswahl einer Testsituation, in der die von der Theorie beschriebenen Phänomene so exakt erfaßbar sind, daß die Einzelaussagen der Theorie auch als Konfirmatoren oder Falsifikatoren wirksam werden können und nicht durch störende intervenierende Variablen ihre Aussagekraft verlieren. Da die Entscheidung immer zu Kompromissen zwischen Experimental- und Realsituation führt, ist sie als wichtiger Faktor bei der Ergebnisinterpretation zu berücksichtigen.

(2) "Die Akzeptierung oder Zurückweisung potentieller Falsifikatoren oder Konfirmatoren"[138)] ist notwendig, bevor diese zur Überprüfung einer Theorie angewandt werden. Ergebnisse können auf Grund von intervenierenden Variablen zustande gekommen sein, die mit Hilfe von "Hintergrundtheorien"[139)] erklärt werden könnten (z.B. Theorien zu Phänomenen der Testsituation, Aufgabenstellung, zum Antwortverhalten etc.), ebenso aber auch auf "Randbedingungen"[140)] zurückzuführen sein (z.B. die Verhältnisse der Datenerhebung etc.)[141)]. Der Grad ihrer Beweiskraft wird durch eine Vorprüfung einschätzbar.

(3) Die "Widerlegung oder Bestätigung der geprüften Theorie"[142)] ist mit Hilfe der Konfirmatoren bzw. Falsifikatoren immer nur vorläufig zu erreichen. Ein wahres Theorem kann bestätigt werden, obwohl die Theorie falsch ist, ebenso ein falsches, obwohl die Theorie wahr ist. Insofern gilt es bei der letzten Entscheidung Vorsicht walten zu lassen.

(4) "Bewahrung, Modifizierung oder Eliminierung der geprüften Theorie"[143] sind nicht schon mit der Prüfung selbst entschieden. Wird eine Theorie widerlegt, darf sie nicht sogleich eliminiert werden, will man nicht die Möglichkeit ungenutzt lassen, durch geringfügige Änderungen wahre theoretische Sätze zu erhalten. Grundsätzlich sollte eine Theorie nur dann eliminiert werden, wenn es keine Alternativtheorie gibt und sie völlig falsch ist und nicht erfolgreich modifiziert werden kann.[144] Je wahrer und informativer eine Theorie im Vergleich zur Alternative ist, desto eher wird man diese eliminieren.[145] Wenn von zwei alternativen Theorien keine so informationslos und falsch ist, daß sie eliminiert werden kann, sind beide zu bewahren.[146]

Im Hinblick auf die didaktische Anwendung ist im Sinne Poppers[147] umgekehrt wie bei der Erklärung der wissenschaftlichen Ergebnisse zu verfahren. Nun werden aus der erwiesenen Theorie unter Kenntnis der Anfangsbedingungen logische Folgerungen in bezug auf die technische Anwendung deduziert.

Während dabei die didaktischen Intentionen, die anthropogenen und soziokulturellen Theoriebezüge gegeben sind, werden "technisch realisierbare Anfangsbedingungen"[148] gesucht, aus denen mit Hilfe der überprüften Theorie die Intentionen deduziert werden können. Derartige Anfangsbedingungen, von denen diese Untersuchung jetzt ausgeht, sind nach der generalisierenden Deduktion methodisch zu konzipieren, einem Methodenvergleich zu unterziehen und für die "Entwicklung didaktischer Apparate, d.h. didaktischer Systeme, die diagnostische mit therapeutischen Maßnahmen verbinden"[149], bereitzustellen.[150]

Damit bildet unsere Untersuchung einen Bestandteil der Grundlagenforschung zur "Empirischen Sprachdidaktik", wie sie von H. Messelken in seiner fundamentalen Darlegung[151] dieses Forschungsbereiches definiert und problematisiert worden ist, d.h. einen Bestandteil eines "Prozesses, der Beschreibung und Veränderung des menschlichen Sprachverhaltens zum Ziel hat."[152)]

5 Theoretischer Bezugsrahmen

5.1 Kommunikationsmodell

5.1.1 Vom visuellen Empfang zum sprachlichen Senden

Unser Untersuchungsgegenstand vereinigt in sich faktisch zwei Prozesse unilateraler (oder Einweg-) Kommunikation.[153)] Der Schüler, der einen Film sieht, ist Empfänger bei der Kommunikation zwischen Filmproduzent und Zuschauer. Derselbe Schüler wird zum Sender bei der Kommunikation mit dem Empfänger seines Schreibens. Für die Sicht des Schülers haben wir aus methodischen Gründen eine "bilaterale Kommunikationskette"[154)] konstruiert: Er richtet nämlich sein Schreiben an den Regisseur des Films, um diesem etwas zu dessen filmischer Nachricht mitzuteilen.[155)]

Es liegt angesichts dieser Situation nahe, von der überaus modellreichen Kommunikationstheorie[156)] auch ein Modell für unseren Untersuchungsgegenstand zu erwarten.[157)] Dieses soll hier lediglich über die Art, Anzahl und Interaktionsweisen der Variablen orientieren und die Schwerpunkte lokalisieren helfen. Im Anschluß daran wird die Bedeutung der Theoriebezüge zu den einzelnen Variablen klarer im Hinblick auf den gesamten Kommunikationsprozeß einzuschätzen sein.

George Gerbner veranschaulicht unseren Interaktionsprozeß mit seinem Grundmodell[158)], wenn wir die Symbole für das Sprechen in solche für das Schreiben umwandeln, zur vorläufigen Orientierung:

(1) "Someone
(2) Perceives an event
(3) And reacts
(4) In a situation
(5) Through some means
(6) To make available materials
(7) In some form
(8) And context
(9) Conveying content
(10) With some consequence."[159)]

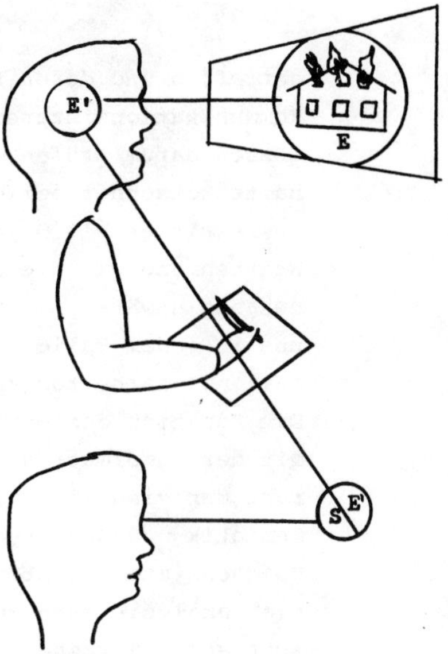

(E = Ereignis
E' = Wahrnehmung
SE' = Statement über das Ereignis)

Figur 1: Variation der dramatisierten Version des Interaktions-Modell von G. Gerbner

Dieses Modell berücksichtigt zehn Variablen bzw. Variablenkomplexe, die im Hinblick auf die Auswahl der Testsituation zu reflektieren sind.

(1) Mit "Someone" wird auf die Personalvariablen des visuell Wahrnehmenden und sprachlich Produzierenden verwiesen. Art und Umfang derselben werden von ihrer Relevanz für den Rezeptions- und Produktionsprozeß und von der didaktischen Intention der Ergebnisanwendung bestimmt.

(2) Mit "perceives an event" sei darauf hingewiesen, daß hier nicht das Ereignis selbst übermittelt wird und seine Elemente den Kommunikationsprozeß bestimmen, sondern das, was der Rezipient vom Ereignis wahrnimmt (deshalb der Kreis um das brennende Haus als Ausschnitt aus dem Realitätsfenster). Nun ist unser Ereignis ein Film, der gegenüber der gefilmten Realität schon eine Vorauswahl

getroffen und deren Repräsentationen aus bestimmten Kommunikationsinteressen heraus kombiniert hat. Wir müssen darum prüfen, inwieweit wir ihn als zeichenhafte Botschaft semiotisch zu analysieren haben und inwieweit er als Objekt zu betrachten ist, dessen Wahrnehmung wie die anderer Objekte der Realität zu behandeln wäre. Die visuelle Repräsentation verweist uns in jedem Falle auf die Wahrnehmungs- und Informationsverarbeitungspsychologie.

(3) Die Reaktion des Betrachters setzt im Grunde schon mit der Informationsverarbeitung, d.h. der Dekodierung der visuellen Signale ein. Hier berühren sich Semiotik und Denkpsychologie, insofern der Film als Zeichensystem verstanden werden kann. Sichtbare und hier analysierbare Reaktion ist jedoch erst die geschriebene Sprache. Die Verbindung zwischen Denk- und Sprachpsychologie hat zu klären, in welcher Weise visuelle Signale in sprachliche umgesetzt werden können. Ihre Theoreme bestimmen unsere Kategorien.

(4) Als situative Momente sind physikalische, soziale und methodisch bedingte Gegebenheiten zu berücksichtigen und konstant zu halten, die die Wahrnehmung der Sprachproduktion beeinflussen. Hier ist die systematische empirische Forschung nicht sehr weit entwickelt. Die Reflexion der Bedingungen muß daher auf der Basis möglichst vieler Einzelstudienergebnisse und situationstheoretischer Ansätze erfolgen. Da die Sprechakttheorie bisher noch in den empirischen Kinderschuhen steckt, kann sie uns außer einigen wenigen ("wunderlichen"[160]) Hinweisen nichts Wesentliches zur Analyse der Situation beitragen.

(5) Reaktionsmittel ist in unserem Falle die geschriebene Sprache, die mit linguistischen Methoden zu analysieren ist. Aus ihren psycholinguistischen Aspekten erhoffen wir Rückschlüsse auf die Schreiber.
Auf der Basis der Annahme, daß die produzierte sprachliche Botschaft als eine Übersetzung der rezipierten visuellen angesehen werden kann, empfiehlt es sich für

die Ermittlung der Korrespondenzen beider Medien und Botschaften, die Beschreibung mit Hilfe einer Theorie vorzunehmen. Diese Theorie wäre hier die Semiotik.

Der Wechselbezug beider Medien bringt es mit sich, daß dann der Film Auskunft über den Objektbezug der Sprache (die Semantik, nach G. Klaus die Sigmatik), die Sprache Auskunft über den Objektbezug des Films geben kann. Syntaktische Vergleiche und Analogien können dabei die Lokalisation und Identifikation der Bezüge erleichtern. Im pragmatischen Bereich wären die sprachlichen Merkmale als Wirkungen des Films, die filmischen Merkmale als Präsuppositionen der Sprachverwendung zu betrachten.

(6) Die Absicht, Materialien zu erschließen, wollen wir hier allgemein als Intention eines Sprachgebrauchs berücksichtigen und konstant halten. Sie wirkt sich auf die Auswahl der sprachlichen Mittel und damit auf die Selektionsfreiheit des Lesers aus, diese wiederum auf die Sicht der bezeichneten Objekte.

(7) Die Form der Sprachverwendung wird unter stilistischen und rhetorischen Aspekten der Form der Filmgestaltung gegenübergestellt werden können. In dieser Untersuchung beschränken wir uns allerdings auf stilistische Momente der Wortwahl und der Satzlänge.

(8) Der Kontext spielt bei der semantischen Analyse der Wörter eine entscheidende Rolle. Sein Einfluß auf die Bedeutung ist zu berücksichtigen, wenn deren Merkmale ermittelt werden. Da hier der Kontext konstant gehalten wird, läßt sich das bei der Merkmalskategorisierung für alle Merkmale erledigen.

(9) Auf die übermittelten Inhalte richtet sich das Hauptaugenmerk der Untersuchung. Wir möchten wissen, ob die semantischen Merkmale der Wörter mit relevanten Merkmalen der Bezugsobjekte und ihrer Wahrnehmung korrespondieren. Dabei wird zunächst zu klären sein, was wir unter "Inhalten", die die "Bedeutung" von Zeichen ausmachen, verstehen.

(10) Die Konsequenzen der Statement-Produktion sind nicht nur an den Intentionen zu messen. Als solche sind sämtliche Effekte anzusehen, die mit den geschriebenen Wörtern verbunden sind. Wir interessieren uns demnach nicht nur für die semantischen, sondern ebenso für die sogenannten "ektosemantischen" oder "diagnostischen" und "expressiven"[161] Merkmale der Sprache, die Ungeheuer "individuums- und situationsgebundene Merkmale" nennt[162] und die nach Bühler als "Symptome" für die Schreiberhaltung und als "Appelle" an den Leser verstanden werden können.[163] Wieweit und wie sie objektiv erfaßbar sind, wird bei der Auswertung der Daten zu problematisieren und zu regeln sein.

Die entscheidenden Aspekte des Rezeptions-Produktions-Prozesses sowie die Beziehung zwischen Statement und Event soll das Abschlußdiagramm Gerbners verdeutlichen, das im Grunde das semiotische Dreieck von Ogden und Richards[164] differenziert:

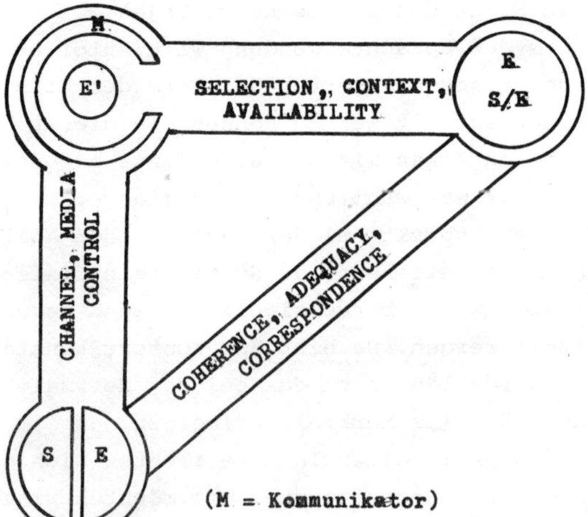

Figur 2: Reduziertes Abschlußdiagramm von G. Gerbner zur Kommunikation

5.1.2 Position des Vermittlers

Die Annahme, der Film sei eine Botschaft aus Zeichen, läßt eine weitere Spezifizierung des Gerbner-Modells sinnvoll erscheinen. Die Einbeziehung des "Statement of an event" (S/E) in den Kreis des "events" ist im letzten Modell irreführend. Die Wahrnehmung eines Objektes, das keine Zeichenfunktion hat, unterscheidet sich nämlich in wesentlichen Punkten von der Dekodierung eines Zeichens. Dies ist im Zusammenhang der Semiotik genauer zu erläutern. Hier sei nur so viel gesagt, daß das Zeichenobjekt nie der endgültige Gegenstand einer Betrachtung ist, sondern daß hinter ihm immer noch ein weiteres Objekt gesehen wird, auf das das Zeichen verweist. Das Befragen eines Zeichenobjektes nach dem Gegenstand, auf den es verweist oder den es vertritt, nennen wir Dekodieren. Ein Zeichen wird darum mit anderen Augen gesehen. Der Blick richtet sich nicht mehr auf alle Merkmale des Objektes, sondern nur noch auf die, die eine Verbindung mit dem eigentlichen Betrachtungsobjekt herstellen. Die Verbindungsmomente zwischen dem Zeichen und dem bezeichneten Objekt muß der Betrachter kennen, sie müssen in der Lage sein, in ihm die Verbindung auch herzustellen. Die Selektion bei der Wahrnehmung (siehe letztes Modell) wird durch diese Momente determiniert.

Ein Modell, das ein Ereignis mit Stellvertreter- oder Verweisfunktion zum Ausgangspunkt hat, entwickelt z.B. Halbert Gulley im Hinblick auf die Rezeption und Produktion sprachlicher Zeichen.[165] Obwohl Gulley die Modelle von Johnson und Osgood verbindet und damit Osgoods Mediationstheorie impliziert,[166] soll hier das Modell zunächst ohne diese Implikationen rein formal benutzt werden. Es dient der differenzierteren Orientierung in der Annahme, die Filmwahrnehmung stünde als Zeichendekodierung am Anfang der Kommunikationskette.

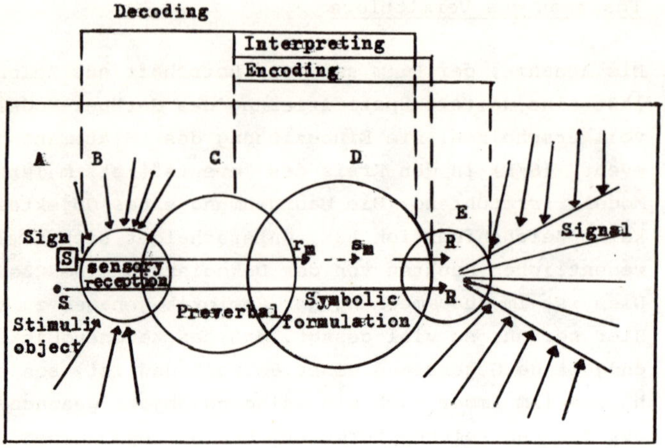

Figur 3: Modell von H. Gulley zum Hören und Sprechen[167)]

Dieses Modell veranschaulicht die folgende vorläufige Sicht des Untersuchungsgegenstandes:
Stimulus bei der Filmrezeption ist der Film als Stellvertreter [S] eines realen Objektzusammenhanges S. Genauer gesagt: Beim Filmbetrachten werden die Stimuli [S] unter vielen anderen (Pfeile bei A, B) herausgefiltert, die im Betrachter eine Verbindung zu dem realen Stimulusobjekt S herstellen. Ein solcher Verbindungspunkt r_m (= Mediationsresponse) löst einen neuen Stimulus s_m aus, der zur verbalen Reaktion R führt. Dieser Prozeß ist nur möglich, weil er analog zu dem Prozeß der Wahrnehmung des realen Objektes S verläuft (Parallele). Die "Dekodierung" dieser speziellen Filmstimuli beginnt schon bei der sensorischen Wahrnehmung (B), durchläuft dann nicht- oder vorverbale Bereiche (C), z.B. Gefühle, bildliche Vorstellungen, und löst dann im verbalen Bereich (D) den neuen Stimulus s_m für die sprachliche Response R aus.

Ein Schüler sieht z.B. in einer Großaufnahme einen Kopf mit zusammengezogenen Gesichtszügen, heruntergesenkten Mundwinkeln, Tropfen an den Augen, wackelndem Kinn usw. Die genannten Merkmale des Gesichtes verbindet er mit seinen früheren Wahrnehmungen eines weinenden Menschen, evtl. mit den damals empfundenen Gefühlen o.ä. Reaktionen (r_m). Sie lösen in ihm einen neuen Impuls aus (s_m), der sich verbal artikuliert. Er kann z.B. sagen: "Ein Junge weint".

Auf der hier skizzierten Modellbasis wäre das Ziel dieser Untersuchung das folgende: aus der Korrespondenz bestimmter S - und R-Fälle oder -Merkmale werden Gesetzmäßigkeiten abzuleiten versucht, die Rückschlüsse auf die Mediationsresponse r_m erlauben, um diese als Stimulus s_m für die Schulung der Sprachproduktion im Unterricht planbar zu machen. Die Berechtigung des Modells ist jedoch zunächst noch zu prüfen.

5.1.3 Zusammenfassung

Gegenstand dieser Untersuchung sind Quelle und Nachricht des Kommunikationsprozesses zwischen Filmzuschauern und Filmproduzenten über die gefilmten Objekte.

Untersuchungsziel ist es, Zusammenhänge zwischen Merkmalen der Quelle und der Nachricht zu ermitteln, die Rückschlüsse auf den Verbindungsprozeß zulassen.

Weil die Quelle kein Ereignis der Realität ist, sondern ein filmischer Repräsentant, ist sie zunächst im Hinblick auf ihre Zeichenhaftigkeit einer semiotischen Analyse zu unterziehen. Der Prozeß der sprachlichen Verarbeitung visueller Wahrnehmungen ist unter semiotischem Aspekt als Übersetzungsprozeß visueller Zeichen in sprachliche zu verstehen, bei der die Mediationsresponse (r_m) auf einen visuellen Zeichenstimulus zugleich ein sprachlicher Mediationsstimulus (s_m) ist.

5.2 Semiotik

5.2.1 Der Film als Zeichensystem

Die Erklärung zum Modell von Gulley (s.o.) und dem Unterschied zwischen einer Wahrnehmung des Films als Zeichenkombination von einer Rezeption eines nicht zeichenhaften Ereignisses bedarf noch einiger Erläuterungen und Präzisierungen.

Untersucht man, wie die Wahrnehmung eines "normalen" Gebrauchsgegenstandes eine sprachliche Beschreibung oder Bezeichnung desselben beeinflußt, erwartet man von der Wahrnehmungspsychologie eine Auskunft über alle wahrnehmbaren und tatsächlich rezipierten Aspekte des Gegenstandes und deren Verarbeitung, weil die Wahrnehmungen der Schüler bei der Untersuchung sich auf alle möglichen Aspekte richten können. Bei der Betrachtung des Films hat der Schüler nicht mehr die Möglichkeit, unter allen Aspekten auszuwählen. Seine Selektionsfreiheit ist eingeschränkt. Der Kameramann hat für ihn entschieden, welche Aspekte fixiert werden und welche nicht. Das hat für diese Untersuchung den unüberschätzbaren Vorteil, daß alle Probanden nur dieselben Aspekte wahrnehmen können.

Der Kameramann hat jedoch nicht nur willkürlich oder einem einmaligen impressionistischen Talent folgend Ansichten seiner Objekte fixiert und kompilatorisch verknüpft. Er filmte, um verstanden zu werden, und wurde verstanden. Das war jedoch nur möglich, weil er die Ansichten der Objekte so ausgewählt, bemessen und miteinander kombiniert hat, daß alle Filmzuschauer in die Lage versetzt werden, von seiner Auswahl auf die Gesamtobjekte und den Gesamtzusammenhang zu schließen. Alle Zuschauer, allerdings erst von einem gewissen Alter an (!), verstanden die filmisch fixierten Ansichten als Zeichen für den von keiner Kameraselektion eingeschränkten objektiv vorhandenen Gesamtzusammenhang des Objektbereiches oder Geschehens. Dies meint der Satz: Der Film wird als Botschaft aus Zeichen dekodiert.

Nun könnte man immer noch einwenden, eine derartige Dekodierung unterscheide sich nicht wesentlich, vielleicht überhaupt nicht von der "normalen" Wahrnehmung, denn auch bei dieser schließen wir von wenigen Aspekten auf Gesamtobjekte.[168] Die Unterscheidung lohne darum nicht den definitorischen Aufwand. Beim Filmbetrachten hat man "kein rechtes Dekodiergefühl". Wir müssen selten Verständnis- und Interpretationsschwierigkeiten überwinden. Im Nachhinein erinnern wir uns an Personen, Vorgänge, Dinge, nicht aber an Zeichen, die zu entschlüsseln gewesen wären. Der Film hätte dann nach wie vor den Vorteil einer homogenen Objektsicht, die visuelle "Dekodierung" wäre aber ein rein wahrnehmungspsychologisches Problem. In der Tat berühren sich bei der Untersuchung der Filmrezeption die Fragestellungen der Semiotik und der Wahrnehmungspsychologie so eng, daß Rückschlüsse von der Filmbetrachtung auf die allgemeine Wahrnehmung zu erhoffen sind.

Dennoch wäre es wissenschaftlich unökonomisch und unsachlich, die semiotische Betrachtung des Untersuchungsgegenstandes zu übergehen. Unökonomisch, weil von der Semiotik Beschreibungs- und Orientierungshilfen im Hinblick auf den Untersuchungsgegenstand und -prozeß zu erwarten sind, unsachlich, weil die filmische Fixierung von Objektansichten einer Manipulierbarkeit offen steht, die die "normal" wahrgenommenen Ansichten nicht dulden. Die Fixierung macht die Ansichten erst zu Mitteln für Kommunikationszwecke. Als Mittel unterliegen sie einer Systematisierbarkeit, die sich an ihrer Brauchbarkeit und ihren Funktionen orientieren kann, was bei der "normalen" Wahrnehmung kein Primäraspekt ist, oder richtiger gesagt, erst durch Anstöße von Seiten der Semiotik ins Blickfeld geraten zu sein scheint.

In dieser Untersuchung werden also die Filmelemente, die die Verständigung bewirken und Informationen liefern, als manipulierbare Materialien, als Mittel betrachtet, die auf Objekte der Realität hinweisen, diese bezeichnen. Sie sind

"Signifikanten", bezeichnende Materialien, denen der Filmzuschauer ein "Signifikat", d.h. eine Information über ein Objekt der Realität, entnimmt.[169] Diese bei allen Zuschauern nahezu gleiche Informationsentnahme ist jedoch nur möglich, weil alle ein einigermaßen stabiles Bezugssystem besitzen, das die Verbindung zwischen den Signifikanten und Signifikaten einheitlich herzustellen ermöglicht. Ein solches Bezugssystem nennt die Semiotik "Kode"[170].

Damit ist das o.g. häufige "Fehlen eines Dekodiergefühls" (Peirce, der Begründer der modernen Semiotik, würde sagen: das häufige Nichtbemerken einer "Semiotizität"[171]) jedoch noch nicht erklärbar. Der Signifikant steht dem Signifikat und dem Objekt der Realität selbst so nahe, daß er häufig gar nicht bemerkt wird (s.o.).

Da der enge Objektbezug die Zeichenhaftigkeit des Films problematisch zu machen scheint, ist dieser genauer zu untersuchen. Dies geschieht am besten anhand des Zeichenmodells von Peirce, das denselben differenziert.[172]

Jedes Objekt (also auch ein Filmelement) kann nach Peirce dadurch zum Zeichen werden, daß ein Interpret seinem Material (Mittelcharakter, M) einen Verweis auf ein Objekt (O) entnimmt, weil eine Instanz (Interpretant) diese Verweisentnahme festgelegt hat. So ist es möglich, der Buchstabenfolge "D-r-e-i-e-c-k" (M) einen Verweis auf die geometrische Figur:  (O) zu entnehmen, weil die deutsche Sprache (I) dies in ihrem Lexikon fixiert hat.[173] Das Zeichenhafte oder die "Semiotizität" eines Objektes besteht also nicht in irgendeinem Substanzmerkmal, sondern in dessen Behandlung unter den genannten drei Aspekten, d.h. als "triadische Relation".[174] Sie wird schon seit Aristoteles als Zeichenkriterium gesehen[175] und seit Ogden und Richards[176] mit einem sogenannten "semiotischen Dreieck" veranschaulicht.

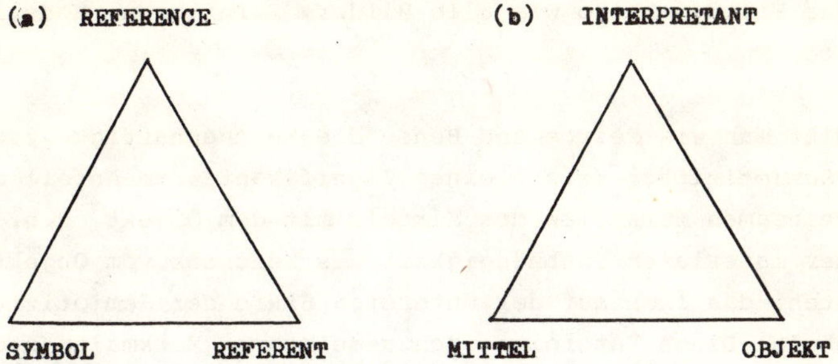

Figur 4: Semiotische Dreiecke von Ogden und Richards (a) und Bense nach Peirce (b)

Im Sinne der Peirce-Definition wäre ein Filmelement dann als Zeichen anzusehen, wenn es als ein Material betrachtet werden kann, dem die Zuschauer Verweise auf Objekte der Realität entnehmen, weil eine allen gemeinsame Verbindung gegeben ist, die eine Fixierungsinstanz als Interpretant stiftet.

Diese "gemeinsame Verbindung" kann der Interpretant[177] auf unterschiedlicher Basis vornehmen. Er kann völlig willkürlich "arbiträre"[178], abstrakte, orts- und zeitunabhängige "Symbole"[179] den Objekten zuordnen (z.B. in der Sprache). Er kann aber auch einem Objekt Zeichencharakter verleihen, indem er es mit dem bezeichneten Objekt zusammen an einem bestimmten Ort zu bestimmter Zeit Verbindung halten läßt, so daß es das bezeichnete Objekt praktisch "verrät". Ein solcher "Index" ist z.B. ein Wegweiser.[180] Am stärksten beteiligt der Interpretant das Bezugsobjekt nach der Auffassung von Peirce an der Verweisfunktion der dritten Zeichenart, dem "Ikon"[181].

Dieses "ikonische Zeichen" verweist auf ein Objekt, indem es so viele gemeinsame Züge mit diesem trägt, daß der Interpret in der Lage ist, einen Analogieschluß zu ziehen.[182] Zu diesen Zeichen gehören die visuellen Elemente des Films, ebenso wie alle Bilder, Strukturen, Modelle etc.

Mißt man wie Peirce und Bense die Zeichenhaftigkeit oder "Semiotizität" (s.o.) eines Signifikanten am Anteil an gemeinsamen Merkmalen des Mittels mit dem Objekt, d.h. an der materialen Unabhängigkeit des Zeichens vom Objekt, steht das Ikon auf der untersten Stufe der Semiotizitätsskala. Diese Rangfolge nach gemeinsamen Merkmalen stellt Bense mengenalgebraisch dar[183]:

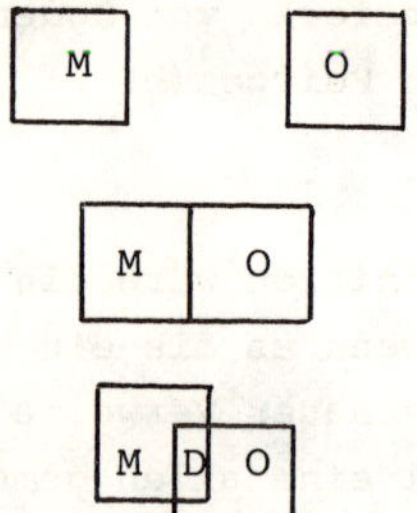

(1) Symbol

(2) Index

(3) Ikon

Figur 5: Relation der Merkmalsmengen von Zeichen (Mittel) und Objekt (O) nach Bense

Das Filmbild ist im Hinblick auf diese Rangordnung ein Ikon mit sehr geringer Semiotizität, da es ein sehr hohes Maß gemeinsamer Merkmale mit dem Bezugsobjekt aufzuweisen scheint. Wenn beim Zuschauer, wie oben angedeutet, der Eindruck unmittelbarer Objektbegegnung entstehen kann, scheint dieses Zeichen, wie alle ikonischen nach Peirce "unmittelbar kommunikativ"[184] zu sein. Damit wäre das Ikon jedoch kein Zeichen mehr, das als solches Mittel sein muß. Die Peirce-Bense-Sicht des Ikons widerspricht sich hier selbst. Ein Zeichen kann nicht zugleich mittelbar und unmittelbar wirksam sein. Insofern ist die Charakterisierung der Zeichenhaftigkeit des Filmbildes über Peirce und Bense unbefriedigend.

Sie ist z.B. ungeeignet, einen Einwand gegen die Zeichenhaftigkeit des Filmbildes zu entkräften, der von einem Vertreter der marxistischen Semiotik erhoben wird.[185) Resnikow versteht die Fotografie als "Abbild" und unterscheidet dieses vom Zeichen, weil bei ihm die Ähnlichkeit mit dem Objekt "notwendiges und wesentliches Merkmal"[186) ist, beim Zeichen jedoch nicht. Er macht konsequenter als Peirce die äußerliche Unabhängigkeit vom Objekt (Arbitrarität) zum Kriterium für ein Zeichen und vermeidet damit den o.g. Widerspruch von Peirce und Bense. Dafür unterläuft Resnikow ein anderer Widerspruch, der dieselbe Wurzel wie der Peircesche zu haben scheint. Beide benutzen den Begriff "Ähnlichkeit", ohne ihn genau zu definieren und zu untersuchen.[187)

So erklärt Resnikow auf der einen Seite das Foto zum Abbild, weil die Ähnlichkeit mit dem Objekt unabdingbar ist, gesteht aber zugleich zu, daß die Ähnlichkeit "wesentlicher Merkmale des Gegenstandes" nicht notwendig ist,[188) ja Ähnlichkeit bei der Fotografie überhaupt nur erkannt wird, wenn ein Lernprozeß vorausgegangen ist.[189) "Tiere und Kleinkinder identifizieren Gegenstände noch nicht mit photographischen Abbildern",[190) wie B.S. Ukrainzew darlegt.[191)

Die Interpretation eines Bildes beruht demnach nicht auf "unmittelbar kommunikativ" zugänglichen Objektähnlichkeiten, sondern auf einer gelernten Zuordnung eines "variablen Ineinanderlaufens von hellen und dunklen Punkten auf einer Fläche"[192) zu einem Objekt der Wirklichkeit mit räumlicher Ausdehnung.

Piaget mißt in diesem Sinne die Steigerung der Zeichengebrauchsfähigkeit von Kindern an der Fähigkeit der Differenzierung von Zeichen und Objekten bei der Zeichenverwendung. Die erste Stufe nimmt dabei das Index-Zeichen ein, bei dem Zeichen und Objekt noch undifferenziert sein können, wie z.B. bei einem Pars-pro-toto, bei dem ein Objektteil das Objekt vertritt. Auch im Tierreich werden indexikalische Zeichen verwendet (Geruch, Geschmack etc.).

Der Gebrauch ikonischer Zeichen verlangt mehr Differenzierung zwischen Zeichen und Objekt, ein "repräsentatives Denken", das das Bild als Vertreter des Objekts erkennt, ohne daß das Objekt anwesend ist. Das Ikon setzt eine "interiorisierte Imitation"[193], eine "geistige Umstrukturierung des Objektes" voraus.[194]

Einen definitorisch und forschungsmethodisch wichtigen Schritt vorwärts bei der Charakterisierung filmischer Zeichenhaftigkeit unternimmt Umberto Eco, der die semiotische Basis für diese Untersuchung liefert.

Er sieht das Hauptkriterium der Zeichenhaftigkeit eines Objektes in seiner Bestimmtheit durch einen Kode[195], d.h. durch ein "System von konventionell durch die Gesellschaft (wenn auch auf unbewußter Ebene) festgelegten Regeln"[196].

Der Nachweis dieser Regelhaftigkeit für den Film hätte entscheidende Folgen für die Untersuchung der Filmrezeption im Rahmen dieses Modells.
Wahrnehmungspsychologisch wäre dann nicht mehr die Erkenntnis des ganzen Objektes zu analysieren, sondern die Wahrnehmung der relevanten Merkmale von Zeichen, die der Kode festlegt.

Der oben angedeutete von Ukrainzew untersuchte Lernprozeß, der zum Verständnis von Fotografien notwendig ist, schließt schon eine "Naturgesetzlichkeit des ikonischen Zeichens"[197] aus.
Eco korrigiert konsequent die Definition des ikonischen Zeichens von Peirce und Morris und vermeidet den vagen Ähnlichkeitsbegriff von Resnikow, indem er "Ähnlichkeit" wahrnehmungspsychologisch erklärt. Ikonische Zeichen besitzen nach Eco keine Eigenschaften des Bezugsobjektes, auch nicht einige, wie Morris einschränkt.[198] "Sie reproduzieren einige Bedingungen der gewöhnlichen Wahrnehmung

auf Grund von normalen Wahrnehmungscodes"[199] und selektionieren dabei "diejenigen Stimuli, die es mir erlauben können, eine Wahrnehmungsstruktur aufzubauen, welche - auf Grund der Codes der erworbenen Erfahrung - dieselbe 'Bedeutung' wie die vom ikonischen Zeichen denotierte wirkliche Erfahrung besitzt."[200]

Diese Zeichenwirkung sei am Beispiel eines Bildes aus dem Untersuchungsfilm erläutert:
Wenn in der tonlosen Fassung unseres Films eine der beiden Personen, ein Onkel, der seinen Neffen sucht, am Tor eines Schuppens steht und den Neffen ruft, sehen die Schüler einen Mann, der seinen Mund in einer bestimmten Weise öffnet, seinen Körper dabei reckt und angestrengt umherblickt. Sie beschreiben aber ein akustisches Merkmal (Rufen). Hier ist leicht einzusehen, daß die visuellen Merkmale der Mundbewegung usw. ikonische Zeichen für einen akustischen Vorgang sind. Was hat nun dieses Zeichen mit dem Objekt gemeinsam?

Der Zuschauer hört nichts, sieht dagegen "visuelle Stimuli, ... räumliche Verhältnisse, Lichteinfälle usw. ... in einem bestimmten Wahrnehmungsfeld koordiniert".[201] Er koordiniert diese Stimuli ergänzend weiter, "bis sich eine wahrgenommene Struktur bildet, die auf Grund von erworbenen Erfahrungen eine Reihe von Synästhesien auslöst"[202] und in ihm die Vorstellung des Rufens erzeugt.

Die Selektion bestimmter Stimuli des schon koordinierten Feldes und die eigene Strukturierung auf Grund von Erfahrungen erfolgt in "erlernten Techniken", die Eco Kodes nennt.
Damit ist Eco bereits weit in das Feld der Wahrnehmungspsychologie vorgedrungen, auf das man notwendig geraten muß, wenn man den Peirceschen Ähnlichkeitsbegriff weiter analysiert. Semiotisch ist in diesem Bereich die Suche nach Kodes und Regelsystemen. Da zur Beschreibung der stattfindenden Prozesse die Wahrnehmungspsychologie befragt

werden soll, sind von Eco nur noch Gliederungsvorschläge und Regelbeschreibungen zu erwarten.

5.2.2 Kodifizierung der filmischen Zeichen

Der sogenannte "ikonische Code" setzt nach Eco zwei Kodes voraus, die jeder Wahrnehmung von Objekten zugrunde liegen. Ein "Wahrnehmungskode" legt die "Bedingungen für eine ausreichende Wahrnehmung"[203] (z.B. Lichtverhältnisse, geometrische Proportionen etc.) fest. Ein "Erkennungskode" "strukturiert Blöcke von Wahrnehmungsbedingungen" zu "Bedeutungsblöcken"[204] (z.B. beim erwähnten Filmbild den Block von Hell-dunkel-Verteilungen zur Bedeutung "offener Mund"). Der eigentliche ikonische Kode bestimmt schließlich die relevanten Züge der beiden übrigen Kodes, die graphisch übertragen werden müssen, damit Verständnis erreicht wird. Er legt damit "die Äquivalenz zwischen einem bestimmten graphischen Zeichen und einem relevanten Zug des Erkennungskodes fest".[205]
Ihn müssen Kinder erlernen, wenn sie z.B. Fotografien erkennen wollen (s.o.).

Nach dieser Definition ist jede grafische Technik als Kode zu betrachten, da sie die Darstellung eines Objektes bestimmt, "von einer einzigen fortlaufenden Linie" (bei der Zeichnung) "bis zu jenem Spiel des Nebeneinander von Farbtönen und Helligkeitsstufen ..., aus denen konventionshalber solche Wahrnehmungsverhältnisse entstehen, die mir die Erkennung einer Figur oder eines Hintergrundes erlauben".[206]

Der Kode gleicht damit einem Struktursystem, das bestimmten Signifikaten bestimmte Strukturen als Signifikanten zuordnet, und zwar unabhängig vom Darstellungsmaterial. Ein so gleichbleibendes "Strukturskelett" ist "kein Phänomen analoger Ähnlichkeit, das sich einer Analyse entzöge",[207] weil es auf binäre Entscheidungen zurückführbar ist.

Den Beweis erbringt Eco "z.B. der genetische Strukturalismus von Piaget und die neuro-physiologischen Theorien, die auf kybernetischen Modellentwürfen gründen" und die Wahrnehmung auf "digitale Vorgänge"[208] zurückführen.

Mit dieser Argumentation läßt Eco die Semiotik stufenlos in die Informationsverarbeitungspsychologie übergehen und hat eine problematische Entscheidung getroffen. Die klassische Semiotik, zu der auch Peirce zu zählen ist, setzt ein "interpretierendes Bewußtsein"[209] voraus, das ein Zeichen deutet. Eco erweitert den Interpretanten von Peirce bis ins Unbewußte hinein. Indem er den Kodebegriff seiner Semiotik mit dem Kode der Neurophysiologie auf eine Ebene stellt, verwässert er einen Schwerpunkt seines eigenen Semiotikverständnisses, der in der Annahme einer gesellschaftlichen Konventionalisierung aller Kodes besteht.[210] Über den Anteil der Gesellschaft an dieser Kodifizierung wird die Wahrnehmungspsychologie im nächsten Kapitel zu befragen sein.

Dennoch ist für diese Untersuchung Ecos Kode-Vorstellung brauchbar, insofern der ikonische Kode die Elemente der Wahrnehmung und des Erkennens nach den Regeln gesellschaftlicher gemeinsamer Erfahrungen in der Fixierung eines Bildmaterials gliedert und zu kombinieren erlaubt. Der Gewinn der semiotischen Analyse liegt dann weniger in der Charakterisierung der Einzelelemente als in der Systematisierung der Relationen aller Elemente zueinander, so wie sie den gesellschaftlichen Konventionen entspricht, die sich in Kodes artikulieren.

Da der "ikonische Kode" sich nur auf stehende Bilder bezieht, ist er im Rahmen des Films nur ein Bestandteil einer für den Film typischen Gruppe von Kodes. Dabei können die Elemente des einen Kode zugleich die Elemente eines anderen sein, der sie anders, in der Regel komplexer und im Hinblick auf andere Kommunikationsfunktionen, organisiert.

Diese Untersuchung konzentriert sich auf den visuellen Teil des Films. Merkmale des Tons werden später nur zum Vergleich herangezogen.

Der "kinematographische Code", den Eco vom "filmischen Code" mit stilistischen Erzählregeln im Sinne von Metz[211)] abgrenzt, "codifiziert die Reproduzierbarkeit der Wirklichkeit durch kinematographische Apparate".[212)]

Diese produzieren zunächst einmal photographische Bilder und damit "ikonische Aussagen", die den Inhalt ganzer sprachlicher Sätze darstellen können (s.u.). Sie lassen sich in Elemente mit noch eigenständiger Bedeutung vom Umfang etwa eines Wortes gliedern, in "ikonische Zeichen". Sie sind nur im Zusammenhang des Bildes, d.h. der ikonischen Aussage identifizierbar, z.B. ein Dreieck als Dach, ein Viereck als Fenster, obwohl diese geometrischen Figuren isoliert alles mögliche bedeuten könnten.
Hier wird die Schwierigkeit deutlich, ein ikonisches Zeichen in phonem-analoge bedeutungslose, aber distinktive Merkmale zu zerlegen. Eco nimmt als solche Elemente des "Wahrnehmungskodes" an, der "die Bedingungen für eine ausreichende Wahrnehmung" festlegt; sie konstituieren die "Zeichen", die Elemente eines "Erkennungskodes" sind ("Nase, Ohr, Himmel, Wolke"). Sie könnten als Bildmorpheme gelten.

Zusammenfassend stellt Eco einen Katalog von zehn Kodes auf, die an einer Gliederung eines Bildes beteiligt werden können. Fünf erfassen dabei die Denotation (die Vergegenwärtigung des Aussage-Objektes), das, was Roland Barthes "die buchstäbliche Nachricht" nennt[213)]:

"1) Wahrnehmungscodes: s.o.;

2) Erkennungscodes: ... strukturieren Blöcke von Wahrnehmungsbedingungen in 'ikonischen Sätzen' ... (z.B. schwarze Streifen auf weißem Fell), auf Grund deren wir wahrzunehmende Gegenstände erkennen ...;

3) Übertragungscodes: z.B. das Raster einer Druckphotographie"

4) Tonale Codes: ... das System von fakultativen Varianten, die schon konventionalisiert sind (z.B. 'Stärke', 'Spannung');

5) Ikonische Codes: Sie gliedern sich in Figuren, Zeichen und Aussagen.
   a) Figuren: Wahrnehmungsbedingungen (z.B. Beziehungen von Figur und Hintergrund, Lichtkontraste, geometrische Verhältnisse) ..., zahlenmäßig nicht endlich und nicht immer diskret ..., ein Kontinuum an Möglichkeiten, aus dem soundsoviele individuelle Botschaften hervorgehen ...;
   b) Zeichen: Sie denotieren ... Erkenntniseinheiten (s.o.);
   c) Ikonische Aussagen: ... 'Bilder' ... (ein Mann, ein Pferd usw.) ..., in Wirklichkeit komplexe ikonische Aussagen (vom Typ: 'dies ist ein stehendes Pferd im Profil' oder auch: 'hier ist ein Pferd')..."[214]

Auf Grund von fünf Codes kommen Konnotationen (einer Gesellschaft gemeinsame Assoziationen) zustande (R. Barthes spricht von der "symbolischen Nachricht"[215]):

"6) Ikonographische Codes: "Sie wählen als Signifikanten die Signifikate der ikonischen Codes aus, um komplexere und Kulturgut gewordene "Aussagen" konnotativ zu bezeichnen (nicht 'Mann' oder 'Pferd', sondern 'Mann-Monarch', 'Pegasus' ...)";[216]
"7) Codes des Geschmacks und der Sensibilität:" durch Geschmack bestimmte Konnotationen von Elementen der übrigen Codes (z.B. "griechischer Tempel" = harmonische Schönheit", "Ideal des Griechentums", "Altertum")
"8) Rhetorische Codes: ... aus der Konventionalisierung von noch nicht dagewesenen ikonischen Lösungen", entsprechend der literarischen Rhetorik mit "Figuren, Prämissen, Argumenten"..
"9) Stilistische Codes:" originelle Lösungen, die z.B. Kennzeichen eines Autors sein können;
"10) Codes des Unterbewußtseins: ... strukturieren bestimmte ... Konfigurationen, die konventionellerweise für fähig gehalten werden, bestimmte Identifikationen oder Projektionen auszulösen, bestimmte Reaktionen zu stimulieren, psychologische Situationen auszudrücken."[217]

Die Grundlagen der Filmdekodierung beschreibt der ikonische Kode. Unsere Problemstellung macht es darum erforderlich, die Filmvariablen aus seinem Zusammenhang zu entnehmen. Die Übersicht Ecos zeigt, welche Vorsicht man bei der Formulierung von Nachrichten walten lassen muß, die man speziell vom ikonischen Kode ableitet. Zusätzlich intervenieren die Kodes der gefilmten Objekte, die Pasolini u.a. für die grundlegenden halten[218] und die die Komplexität der Kodierungen uferlos erscheinen lassen. Außerdem darf man nicht die Tatsache übersehen, daß die Komplexität der Interaktionen von Zeichen unterschiedlichster Kodes verbietet, Aussagen allgemeingültig auf einen Kode zurückzuführen.[219] Dieses Problem ist bei der Kategorienbildung zu klären.

Zunächst aber muß man eine Besonderheit des Films beachten, die Eco im Vergleich zur Zweigliedrigkeit der Sprache "dritte Gliederung" nennt und einleuchtend an einem Einstellungsbeispiel Pasolinis erklärt:
Eine Einstellung, in der ein Lehrer in einem Klassenzimmer zu seinen Schülern spricht, ist auf der Ebene eines ihrer photographischen Bilder eine "ikonische Aussage" (z.B. "ein großer blonder Mann ist hier, hell gekleidet usw."). Sie kann im oben beschriebenen Sinne in "Zeichen" gegliedert werden, z.B. "menschliche Nase", "Auge", "viereckige Oberfläche" usw., denen nur die ikonische Aussage als Kontext die Erkennbarkeit und damit die Bedeutung verleiht. Diese Zeichen sind gliederbar in "Figuren", wie z.B. "Winkel", "Helldunkelbeziehungen", "Rundungen", "Beziehungen Figur - Hintergrund".[220]
Damit ist jedoch noch nicht die Dimension erfaßt, die dem Film seine Realitätseffekte ermöglicht, nämlich die Bewegung, man könnte verallgemeinern, die Zeit. Jedes Photogramm (Bild) ist als Bestandteil einer Einstellung, die eine Bewegung wiedergibt, auch mit einem Bestandteil der Bewegung gefüllt. Im Film ist dieses streng abgegrenzt fixiert, wie es die Kinesik für ihre Beschreibung und Gliederung der realen Bewegung gerne zur Verfügung hätte und hypothetisch "Kinem" nennt. Sie versteht darunter ein Bewegungselement, das wie das Phonem in der Sprache noch keine Eigenbedeutung erkennen läßt, sondern diese erst nach regelhafter Verbindung mit anderen zu einem "Kinemorphem" gewinnt.

Die Einzelbilder einer Einstellung, die Kopfschütteln zeigt, verraten nichts über die Bedeutung der Gesamtbewegung. Sie erzeugen den Bewegungseindruck aber auch nicht, indem sie sich unabhängig voneinander aneinanderreihen. Sie repräsentieren das Kopfschütteln, indem sie schon bei der Kombination von ikonischen Zeichen, z.B. des Kopfstellungswinkels zur Bildachse, zu ikonischen Aussagen (Lehrer vor der Klasse) durch die Berücksichtigung der Gesamtwinkelsumme des Kopfschüttelns in jedem Einzelbild auf einer neuen Ebene Sinn konstituieren, die über das Einzelbild und selbst seine Addition hinausgeht und die Bewegung denotiert. Diese speziell kinematographische Signifikationsweise stellt Eco in einem dreidimensionalen Diagramm dar, das zum m.E. besseren Verständnis etwas verändert werden soll[221]:

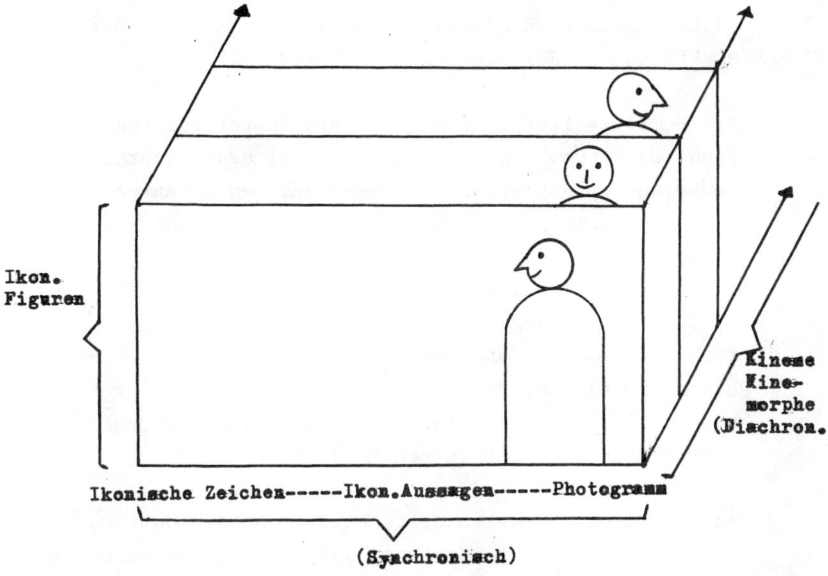

Figur 6: Dramatisierte Form des Schemas von Eco zur 3. Gliederung beim Film

In dieser Untersuchung soll zwar keine kinesiche Analyse durchgeführt werden, die Gliederbarkeit der Bewegung dank der filmischen Zeichenhaftigkeit bringt dennoch methodische Vorteile. Es lassen sich nämlich auf dieser vierten Ebene, in der Einstellung, in der alle Bilder (ikonischen Aussagen) mit einem ununterbrochenen Kamerablick verbunden sind, einige Merkmale der Bewegungswahrnehmung isolieren:

Zunächst ist die Zeit eines Bewegungsabschnittes meßbar und kann mit der speziellen sprachlichen Bezeichnung dieses Abschnittes in Beziehung gesetzt werden. Das Entsprechende läßt sich aber auch mit den unterschiedlichen Größen des Objektes, z.B. bei einer "Bewegung auf den Betrachter zu" vornehmen. Die unterschiedlichen Wahrnehmungsgrößen des Objektes könnten sich ja stärker auf die Bezeichnungsweise des Objektes auswirken als die Tatsache der Bewegung selbst. Entsprechendes gilt für die Veränderung der Perspektiven und der Richtung der Bewegung.

Die Semiotik liefert uns somit ein Raster zur Lokalisierung von Merkmalen, von denen wir auf Grund wahrnehmungs-, denk- und sprachpsychologischer Theorien annehmen, daß sie für die Bezeichnung gesehener Objekte relevant sind.

Ob und inwieweit dieses Raster zugleich zur Lokalisierung der sprachlichen Merkmale geeignet ist, soll im Zusammenhang der Kategorienentwicklung erläutert werden. Ein einheitliches Raster hätte den Vorteil, daß mit seiner Hilfe die Korrespondenzen beider Medien auf äquivalenten Ebenen ermittelt werden könnten.

Außer bei der formalen Systematisierung des Untersuchungsgegenstandes ist die Semiotik jedoch noch bei weiteren Orientierungsproblemen hilfreich.

Es lassen sich im Sinne von Morris Fragerichtungen und Dimensionen abgrenzen und in Beziehung setzen.[222] Dies verhindert z.B., daß man bei der semantischen Fragestellung vergißt, daß jedes Zeichen auch in der syntaktischen

Dimension zu sehen ist und beide Aspekte zusammen in der dritten, pragmatischen Dimension zu berücksichtigen sind.[223]

Es lassen sich im Anschluß an die behavioristische Fragestellung von Morris[224] Dekodiererverhaltensweisen kategorisieren[225] oder mit semiotisch-informationstheoretischen Methoden Bedeutungen dadurch ermitteln, daß man in einzelnen Redeganzheiten ("univers du discours"[226]) tatsächliche Signifikanten und Signifikate mit den an einer Stelle im Zusammenhang möglichen vergleicht.[227]
Derartige Möglichkeiten betreffen die Kategorisierung der Analyseelemente und sollen im Zusammenhang mit dieser erörtert werden.

5.2.3 Zusammenfassung

Die Filmwahrnehmung läßt sich als eine Dekodierung von Zeichen mittels eines kinematographischen Kodes beschreiben. Innerhalb dieses Kodes sind die Filmgestaltungsmittel distinktive Merkmale (Figuren), die nur im Zusammenhang eines ikonischen Zeichens (kleinstes Element mit erkennbarer Bedeutung) Bedeutung haben. Ikonische Zeichen sind nur dekodierbar innerhalb ikonischer Aussagen (Bilder), diese beim Film innerhalb von Einstellungen.

Die relativ geringe Distanz zwischen Signifikant und Signifikat beim ikonischen Zeichen macht die Abgrenzung der Kodeelemente problematisch und führt zu Grundelementen, die dem psycho-physischen Bereich angehören. Gesellschaftliche und organische Kodes gehen über erfahrungsbedingte Ausprägungen ineinander über. Die Semiotik verweist auf die Wahrnehmungspsychologie.

5.3 Wahrnehmungspsychologie

5.3.1 Psycho-physische Prozesse des Wahrnehmens und Erkennens

Diese Untersuchung versucht die Korrespondenzen zwischen grundlegenden Wahrnehmungsverhältnissen, wie sie in einem Film fixiert werden können, mit semantischen Merkmalen sprachlicher Bezugnahmen auf die gefilmten Objekte zu ermitteln.
Dazu hat die Semiotik ein Raster geliefert, das vom Faktum der Verständigung ausgehend, die Träger der stattgefundenen Verständigung zu gliedern und aufeinander zu beziehen erlaubt. Derartige Relationsbeschreibungen ermöglicht die Semiotik. Wie es geschieht, daß die distinktiven Merkmale (Figuren) die Bedeutung verändern können, kann die Semiotik nicht erklären. Ja, die Schwierigkeit Ecos, die Figuren und Zeichen des ikonischen Kodes exakt voneinander zu trennen, was ja bei einem präzisen Kode möglich sein muß, zeigt die Grenzen der Semiotik im Bereich visueller Nachrichten.

Eine Erklärung von Korrespondenzen zwischen visuellen und sprachlichen Merkmalen setzt nun aber nicht nur eine klare Definition der Merkmale voraus, sondern die Transparenz des Prozesses sprachlicher Übersetzung der visuellen Zeichen auf der Ebene der distinktiven Merkmale.

Weder das Zeichenmaterial (Mittelbezug) noch die Bedeutungen (Objektbezüge) erlauben eine direkte Verbindung beider Medien (siehe Kap. 5), die ein gemeinsames Vorkommen in den Untersuchungsergebnissen erklären könnten, ebensowenig ein völlig willkürlicher und apodiktisch festlegender Interpretant oder Kode. Eine Erklärung ist in der Tat nur im Zusammenhang eines gesellschaftlichen Kodes zu suchen, insofern man darunter eine Art der Informationsverarbeitung versteht, die einer Kulturgemeinschaft gemeinsam ist, weil deren psycho-physische Grundlagen und Techniken gleich sind. Wir benötigen deshalb zur Prüfung und Erklärung unserer Konfirmatoren und Falsifikatoren die theoretische Basis der Wahrnehmungs- und Denkpsychologie.

Im Hinblick auf die Objektwahrnehmung sind sich alle modernen Wahrnehmungstheorien in drei für diese Untersuchung wesentlichen Punkten einig[228]:

(1) "Der subjektive visuelle Eindruck spiegelt" nicht "die objektive Reizsituation und -konstellation wider,

(2) die visuelle Erfahrung (Wahrnehmung) beginnt" nicht "erst, wenn der Reiz oder das Reizmuster (Objekt) präsentiert wird und endet" nicht "mit deren Verschwinden,

(3) der Wahrnehmungseindruck als passives Ergebnis der Reizeingabe ist durch die sprachliche Angabe des Wahrnehmenden über das, was er aufgenommen hat" nicht im Sinne einer "einfachen Kopie oder Spiegelung" "hinreichend beschrieben und abgebildet".[229]

Diese Erkenntnisse wenden sich von vornherein gegen jeden Versuch, einen psychischen Prozeß, wie z.B. den der Versprachlichung, unmittelbar mit Merkmalen von Objekten zu erklären. Auch die moderne marxistische Wahrnehmungspsychologie auf der Basis der Widerspiegelungstheorie widerspricht nicht der allgemein anerkannten Auffassung, daß Wahrnehmung eine aktive "Organisation" von Figuren, Gestalten, Strukturen ist.[230]

Bei der ungeheuren Reizfülle könnte unser visueller Rezeptionsorganismus unmöglich seine Orientierungsaufgabe erfüllen, wenn er alle Reize einzeln empfangen und verarbeiten würde. Er ist darauf angewiesen, zu selegieren und zu strukturieren, d.h. ausgewählte Reize so zu organisieren, daß sie als größere Einheiten leichter und schneller zu verarbeiten sind.

Jede Selektion ist immer eine Abstraktion, d.h. eine Reduzierung unwesentlicher Merkmale zugunsten von zweckdienlichen, diskriminierenden, wiederkehrenden etc., also konstanten Reizen oder Reizaspekten, die die Orientierung des Subjektes durch Klassifizierung ermöglichen.[231)]

Nennen wir die Filter- und Abstraktionstechniken Kodes, weil sie es ermöglichen, von den selektierten Reizen auf die Gesamtmenge der Reize zu schließen, so wären diese als gesellschaftlich zu bezeichnen, insofern sie als Aktivitäten gelernt werden müssen und sich mit zunehmendem Alter differenzieren.

Verglichen mit der allgemeinen Wahrnehmung wäre die Filmwahrnehmung auf dieser Basis als eine zweite Selektion und Organisation von visuellen Reizen anzusehen, die schon Selektionen und Abstraktionen der Kamera sind.
Die Fixierung der zweiten Verarbeitung unterscheidet sich jedoch wesentlich von der ersten und ermöglicht erst die dritte Fixierung mit Hilfe der Sprache.

Um dies ein wenig transparent zu machen, seien hier in einem kurz skizzierenden Überblick die modernen Wahrnehmungstheorien nach den Merkmalen befragt, an denen eine sprachliche Fixierung ansetzen könnte.[232)]
Zumindest drei Theorien sind geeignet, die Elemente zu erklären, die Eco Elemente des Wahrnehmungs- und Erkennungskodes nennt:

Nach der "Cell-Assembly-Theory"[233)] wird bei jeder Wahrnehmung eine Anzahl Nervenzellen im Zentralnervensystem aktiviert, und zwar für jedes Element einer Figur eine Zellengruppe. Die Identifizierung der Figur erfolgt durch "unbewußte additive Rekonstruktion"[234)]. Dabei unterstützen sich die Zellengruppen gegenseitig. Ihr Kontakt wird mit der Zeit enger, sie wachsen durch Wiederholung zusammen.
Während das Auge in "Phasen-Sequenzen" eine Figur wie ein

Scheinwerfer absucht, bauen die Zellengruppen, die sich gegenseitig fördern, ein System auf, das mit der ganzen Figur korrespondiert. Dabei erlöschen jedoch nicht die Teilgruppen, sondern werden in einem "Phasensatz" immer wieder mit dem System verglichen. Wahrnehmungen des Ganzen wechseln fortwährend mit denen der Teile. Ein Lernprozeß kann nach dieser Theorie als stetige Korrektur der Zellengruppen angesehen werden, wobei die Umgebung jeweils die Zellengruppen nach einem Versuch wieder aufbaut. Das Ergebnis sind Zellenpatterns.[235)]

Diese Theorie kann erklären, wie es zu Elementbildungen und Strukturen kommt, die man einen Kode im Sinne eines Systems nennen kann, das vielen Menschen auf Grund vieler Wiederholungen, die Patterns verursachen, gemeinsam ist.

Die "Sensory-Tonic-Theory"[236)] geht über die eben beschriebene hauptsächlich dadurch hinaus, daß sie bei der Wahrnehmung eine Interaktion zwischen sensorischen Impulsen und "propriozeptiven Impulsen" aus dem Muskelbereich annimmt. Sie gibt uns damit einen weiteren Anhaltspunkt im Hinblick auf die Personalvariablen. Gerade im muskulären Bereich sind wichtige Altersunterschiede zu erwarten.

Nach der "Set-Theory"[237)] komplettiert jede Wahrnehmung schon vorher in ständiger Bewegung befindliche Sets von muskulären und sensorischen Aktivitäten. Ein Reiz wird nur dann verarbeitet, wenn er bei seiner Komplettierung des schon vorhandenen internen Sets eine bestimmte Schwelle übersteigt. Erst wenn sich ein Set stabilisiert hat, kann er in verschiedenen Situationen durch konstante Reize ausgelöst werden, die die Erfahrung konstantisiert hat. Als unterschwelliger Wahrnehmungszustand ist er je einem speziellen Reiz zugeordnet. Gegensätzliche Reize können sich behindern. Diese Theorie erklärt physiologisch, wie es zur Selektion von Reizen kommt, ferner die Wahrnehmungsgeschwindigkeit und Empfangsbereitschaft als Personalvariablen.

Die sogenannte "Adaptation-Level-Theory"[238] betont den Erfahrungscharakter der Wahrnehmungsschwelle. Jedes Individuum entwickelt eine quantitative Rangordnung zu seinen Erfahrungen und mißt neue Reize und Strukturen an vorhandenen Standardwerten. Dieser Level entscheidet, ob ein Reiz als neutral, positiv oder negativ empfunden wird, je nach den Durchschnittswerten der Erfahrung. Gemeinsame Durchschnittswerte einer Gesellschaft konstituieren nach dieser Theorie einen Kode. Diese Untersuchung setzt deren Vorhandensein voraus, wenn sie ihre Ergebnisse mit statistischen Methoden ermittelt.

Genauere Auskunft über den Prozeß der Selektion als Verarbeitung geben die Schlußfolgerungen E. Brunswiks, die man als "Wahrscheinlichkeitstheorie"[239] bezeichnen kann. Die Wahrnehmung hat danach immer vorläufigen Wahrscheinlichkeitscharakter, weil die Reize nach ihrer Zuverlässigkeit eingestuft und gewichtet werden. Der Organismus mißtraut demnach oft gewissen Objekt-Impulsen und vertraut mehr seiner Erfahrung (!). Er stellt zunächst ein Hypothesensystem auf, das er überprüft.

Unter diesem Aspekt wäre der Kode als "ein Wahrscheinlichkeitssystem" anzusehen, "das über die Gleichwahrscheinlichkeit" (Isotopie) "des Ausgangssystems gelegt wird, um dieses kommunikativ zu beherrschen".[240]
Bisher ist noch unklar, wie die Verbindung dieser organischen Reizorganisationen zu den Aktivitäten aussieht, die wir Bewußtsein nennen. Erst in diesem Bereich jedoch lassen sich nach den heutigen gesicherten Erkenntnissen der Sprachpsychologie die sprachlichen Verarbeitungsprozesse genauer beschreiben.

Die "Transaktionstheorie"[241] beschreibt an der Wahrnehmung den Prozeß "einer dynamischen Transaktion zwischen Organismus und Umgebung"[242], der sich an der Erfüllung bestimmter Intentionen orientiert und von Motivationen, vorläufigen hypothetischen Entwürfen, Kenntnissen des Aktionsbereiches und vorangegangenen Lernprozessen beeinflußt wird.[243)]

Ein rigoroser "Transaktionalismus"[244)], der jegliche Wahrnehmung auf Erfahrung zurückführt, verkennt allerdings, daß es einen "primären visuellen Mechanismus zu geben scheint, bestehend aus Sehnerven, dem Corpus geniculatum laterale und dem Cortex striatum, der so angelegt ist, daß er - unabhängig von jeglichem Lernen und Erfahrung - die Unterscheidung von Helligkeit, Farben, Bewegung und einfachen Formen ermöglicht".[245)] Dieser Mechanismus läßt sich nur auf einer Ebene mit einem genetischen Kode als Kode bezeichnen, und Eco irrt, wenn er hier gesellschaftliche Konvention "hineinzuschmuggeln" versucht und den "Wahrnehmungskode" nicht von den übrigen Systemen abgrenzt.

Allerdings integriert der Primärmechanismus mit zunehmendem Alter seine Aktionen in "höherrangige kognitive Prozesse"[246)], z.B. die der "Identifikation, Klassifikation und Kodierung unter Verwendung von Wahrnehmungsschemata, die in beträchtlichem Maße von Lernen, Erinnerung, Aufmerksamkeit, Denken und Sprache abhängig sind"[247)] und die als "Erkennungskodes" betrachtet werden können.

An einer Fülle von optischen Täuschungen[248)] zeigt sich zum Beispiel, daß unterschiedliche Stimuli ein und dieselbe Retinareaktion bewirken können. Der Betrachter entscheidet auf der Basis seiner Erfahrungen über die Wahrscheinlichkeit der richtigen Reaktion. Entscheidend ist dabei die Häufigkeit, mit der die Situation in der Vergangenheit mit dem Stimulus verbunden war. Die Überprüfung gespeicherter Wahrnehmungserfahrungen führt zu zielgerichteten Auseinandersetzungen mit der Umgebung. Dabei sehen wir nach Ansicht der Transaktionstheorie die Welt unter dem Aspekt des Funktionierens im Sinne unserer Zwecke. "Wahrnehmung schreibt der Umgebung die Charakteristika zu, die in der Vergangenheit unsere Absicht am besten erfüllt haben".[249] Diese Theorie führt zur Annahme einer "Gegenstandsbedeutung", wie sie K. Holzkamp entfaltet.[250] Gegenstände werden demnach so wahrgenommen, wie sie ihre Aufgabe im Arbeitsprozeß erfüllen. Diese Annahmen hätten wichtige Konsequenzen für die Personalvariablen dieser Untersuchung, besonders die Einteilung in soziale "Schichten" und die mit ihnen verbundenen Erklärungen schichtspezifischer Untersuchungsergebnisse.

5.3.2 Visuelle Dekodierung beim Betrachten eines Filmbildes

Wirft der Projektor sein Licht durch den Film, entsteht auf der Leinwand ein "visuelles Feld"[251], das von Dunkelheit begrenzt wird. Diese Grenze wirkt jedoch nicht nur nach außen als Ende des Lichts, sondern auf der Basis der eingangs geschilderten vorhandenen Zellen-Patterns des Zuschauers in dessen Vorstellung nach innen in das Feld. "Jeder Ausschnitt" bildet "mit dem dargestellten Gegenstand eine eigene besondere Form" und wirkt "unterschiedlich auf die Wahrnehmung und somit auf das Bewußtsein, das Gefühl und das Verständnis ein."[252]
Der Zuschauer ergänzt aktiv die Einstellungsgrößen oder orientiert sich innerhalb ihrer Grenzen nach den vorhandenen Merkmalimpulsen, je nach seiner bisherigen Erfahrung, motiviert durch sein Beobachtungsinteresse. Einzelimpulse innerhalb der Bildgrenzen, wie z.B. Umrisse, Farben usw. werden zu Strukturen organisiert[253] und auf das Ganze der Bildaussage bezogen.

Die einzelnen Elemente erhalten ihre Bedeutung als Bestandteile des Ganzen in bezug auf dieses. Unsere Reaktionen auf Elemente "hängen vom Kontext ab"[254].

Grundsätzlich kann jedes Element "benutzt werden, um eine weite Spanne verschiedener Reaktionen zu produzieren, je nach der Beziehung zum Design"[255] des Gesamtbildes. Haben sich jedoch bestimmte Beziehungen stabilisiert, kann ein

Element eine Eigenbedeutung erwerben, die es bei einer neuen Kontextverbindung mit in diese einbringt.

So kann z.B. eine einfache Linie den Raum aufteilen und uns zur Beziehung der getrennten Teile aufeinander veranlassen. Entsprechendes gilt für die Anordnung von Personen nach den Achsenverhältnissen eines Bildes.

Vertikale Anordnungen scheinen mehr Erregung zu erwirken als horizontale, während eine Diagonale Labilität empfinden läßt.

Ein Beispielbild aus dem Untersuchungsfilm mag dies verdeutlichen: Der schon oben erwähnte Onkel sitzt mit seinem Neffen im Zugabteil, um diesen, der aus seinem Internat weggelaufen ist, nach Hause zu bringen. Letzteres weiß der Zuschauer, und das steuert sein Beobachtungsinteresse. Der Onkel liest Zeitung, der Junge blickt in sich zusammengesunken vor sich hin. Sitzt der Junge nun unterhalb der Bilddiagonalen, der Onkel oberhalb, wird gleichsam die "Last des Onkels" auf den Jungen drücken, ebenso wenn der Junge sitzt und der Onkel steht (Figur 7, a und b). Der Druck scheint dynamischer zu sein, als wenn beide vertikal angeordnet sind (d), obwohl er auch dann spürbar wird. Sehen wir dagegen beide Personen auf einer Linie sitzen oder stehen, reagieren wir beruhigter (c).

Die Anordnungslinie von Personen in einem Bild kann somit als distinktives Merkmal (Figur) des ikonischen Kodes oder als stabilisiertes Merkmal von Zellenstrukturen (Patterns, Sets), das zur genannten Reaktion führt, angesehen werden. In diesem Sinne sind Wirkungen von den Achsenverhältnissen eines Filmbildes, aber z.B. auch von Bewegungsrichtungen der Objekte zu erwarten.

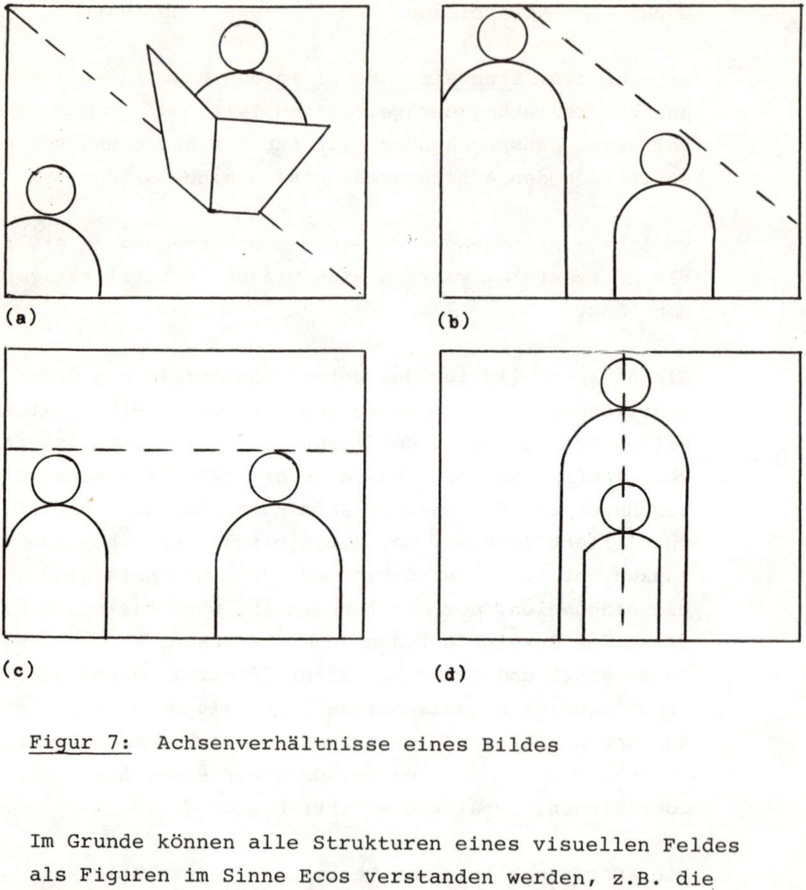

Figur 7: Achsenverhältnisse eines Bildes

Im Grunde können alle Strukturen eines visuellen Feldes als Figuren im Sinne Ecos verstanden werden, z.B. die Prinzipien der Gruppierung von Personen[256], der Separierung durch Kontrast, z.B. mit Hilfe der Belichtung, der Objektpositionen, der Schnitte usw., das Figur-Grund-Verhältnis, Tiefendarstellungsweisen[257] usw.[258].

In diesem Sinne sind auch die Form-Charakteristika der Gestalttheorie als Bedeutungsmerkmale dekodierbar, z.B. starke und schwache, offene und geschlossene Formen, Konstanz, Symmetrie usw.[259]; ebenso auch optische Täuschungen[260].

Die Beziehung derartiger Phänomene auf die Gesamtstruktur, so daß deren Bedeutung verändert wird, kann insofern als kodifiziert gelten, als sie gelernt werden muß, bis sich mit ihrem Erwerb aus der "diffusen Phase" der Wahrnehmung über die "differenzierende" die "integrierende Phase"[261] entwickelt hat. Erst in der letzten Phase ist das Kind in der Lage, Einzelheiten in ihrer Relation zur Gesamtstruktur zu erkennen.

Diese oben unter neuro-physiologischem Aspekt beschriebene Integrationsfähigkeit ist für die Dekodierung des Films noch aus einem anderen Grund von entscheidender Bedeutung. Als bewegter Bilderfluß verlangt der Film einen fortwährenden zeitlich festgelegten Standortwechsel.

Die "Standortgebundenheit" oder "Perspektivität"[262] ist an und für sich ein "Grundmoment menschlicher Erfahrung"[263]. Wir sehen jedes Objekt immer nur aus einer bestimmten Perspektive, die von unserem Standpunkt abhängt. Diesen kann ich zwar wechseln, ich wechsele damit aber lediglich zu einer anderen Perspektive über. Das ganze Objekt ist für mich nie visuell faßbar. Daraus folgt, daß ich bei jeder Perspektivenwahrnehmung von meiner Erfahrung im Umgang mit dem Objekt und seinen vielen Perspektiven auf die übrigen Perspektiven und ihre Integration zu einer Ganzheit verwiesen werde.[264] Es bestehen "Verweisungsganzheiten" im Sinne C.F. Graumanns:
"Die Gerichtetheit auf ... Weiteres an der wahrgenommenen Sache ... macht den antizipatorischen Grundzug der sachlich motivierten Gerichtetheit unseres Wahrnehmens aus".[265]

Unterschiedliche Perspektiven werden somit nicht nur als äußerliche, begrenzte Objektansichten verstanden, sondern im Hinblick auf die Bedeutung der betreffenden Aspekte für unseren Umgang mit dem Objekt und seinem Nutzen für uns. Die Perspektive wird zu einer bestimmten "Sicht des Objektes", die immer schon einen bestimmten Standpunkt des Betrachters impliziert.

Ein wesentliches Charakteristikum des Films ist es, daß die Kamera den Betrachterstandpunkt festlegt und führt, weil der Betrachter gleichsam "mit den Augen der Kamera" sieht. Die Kamera wählt die Perspektive aus, unter der der Zuschauer das ganze Objekt sehen soll, und verläßt sich dabei auf die Erfahrung des Betrachters im Umgang mit Perspektiven und Objekten, d.h. auf einen Kode der "Verweisungsganzheiten"[266].

Er spielt bei der Filmdekodierung eine entscheidende Rolle. Je nach der Perspektive kann ein Objekt erhaben, erniedrigt oder neutral gesehen werden. Diese Sicht bezieht sich jedoch immer auf das ganze Objekt mit allen seinen Beziehungen und Eigenheiten. Der Betrachter kann sich vom Objekt angegriffen oder verlassen oder ignoriert fühlen, je nach seiner Sicht der Objektbewegung. Es liegt nahe anzunehmen, daß die Fixierung dieser Patterns auch zu sprachlichen Impulsen führt, die wir in den expressiven Momenten der Wortbedeutung erfassen können.

Die Perspektivenvielfalt des Films erfordert demgemäß beim Zuschauer eine intensive Dekodierungsaktivität, die alles andere ist als ein passiver Konsum. Vom Betrachter wird "perzeptives Denken" verlangt.[267] Er muß sich seines Standpunktes bewußt werden, ihn wechseln können (je nach der Kamerabewegung), zwei Standpunkte miteinander verbinden (z.B. bei Blick und Gegenblick), sich in den Standpunkt einer Person innerhalb des Films hineinversetzen (bei der subjektiven Kamera) usw.[268]

Dabei bestimmt der Film durch seine Schnitte <u>die Einstellungslänge</u> und entscheidet damit über die Informationsverarbeitungszeit, mit dieser aber über deren Ergebnisse.

Das Kurzzeitgedächtnis des Menschen, das Inhalte vorübergehend für Sekunden oder Minuten speichert, die dann verlöschen oder ins Langzeitgedächtnis übergehen, hat nur eine begrenzte "Zuflußkapazität" von 16 bit pro Sekunde

und eine Gegenwartsdauer von höchstens 10 Sekunden bei Erwachsenen.[269)]
Mit Hilfe der Zeitlimitierung kann demnach der Film-Cutter bestimmen, welche Informationen intensiv analysiert, abstrahiert, in ein Syntagma integriert, allgemein verarbeitet und sprachlich enkodiert werden können und welche nicht. Er kann dabei davon ausgehen, daß auch unterschwellige Reize wirksam sind. N.F. Dixon hat z.B. nachgewiesen, daß unterschwellig vorgeführte Wörter bei anschließender Befragung Synonyme provozieren.[270)]
Von großem Einfluß ist die Aufmerksamkeitssteuerung durch die Bildgestaltung. Nach Berlynes Versuchsergebnissen steigern ein hoher Komplexitätsgrad, ein starker Überraschungseffekt und die Unstimmigkeit von Elementen die Aufmerksamkeit.[271)]

Daß auch hier die Erfahrung eine Rolle spielt, zeigt die Tatsache, daß die Speicherkapazität mit dem Alter zunimmt.[272)]
Alle genannten Besonderheiten der Filmdekodierung bereiten Kindern zunächst Schwierigkeiten.
Bei den Experimenten von Gerhartz-Frank zum kindlichen Filmverständnis[273)] zeigten sich darum dieselben Entwicklungsschritte, die Murphy für die allgemeine Wahrnehmung in drei Phasen aufteilt (s.o.).[274)]

In einer ersten Phase gaben vor allem Schulanfänger das Gesehene als diffuse Einzeleindrücke wieder, die ohne zeitliche und strukturelle Ordnung nach ihrer Erlebnisintensität registriert wurden.
Eine zweite Phase ist zwar durch größere Differenzierung und Sachlichkeit gekennzeichnet, die Wiedergabe erfolgt aber immer noch ohne ganzheitliche Konzeption, rein kompilatorisch. Die Differenzierungsfähigkeit steigt in einer dritten Phase, in der ein Filmgeschehen sachlich und unverfälscht, aber noch uninterpretiert berichtet wird. Erst in einer vierten Phase (im Alter der Vorpubertät) werden alle Einzelfakten auf eine zentrale Aussage bezogen und strukturiert wiedergegeben.[275)]

Je nach seiner Fähigkeit, seinen Standpunkt zu erkennen und zu wahren, wird das Kind den Film distanziert oder engagiert bis zum Realitätserlebnis dekodieren. Die Einzelstudien von Keilhacker, Brudny und Lammers[276)] z.B. zeigen, daß Kinder einen Objektstandpunkt derart erlebnisecht übernehmen, daß sie sich mit einer Person identifizieren[277)], von deren Standpunkt aus verbal und motorisch in das Geschehen eingreifen möchten[278)], Furcht und Freude miterleben[279)]. Ebenso übertragen sie ihre eigene Erfahrungswelt in den Film[280)], vergleichen, diskutieren während der Vorführung usw.

Diese Auswirkungen von Wahrnehmungsphänomenen auf sprachliche Aktivitäten, die unter pragmatischem Aspekt (Verteidigung des Helden, Beurteilung, Erörterung etc.) registriert wurden, lassen auch Korrespondenzen zwischen Wahrnehmungselementen und semantischen Merkmalen sprachlicher Bezugnahme erwarten, da die Pragmatik immer schon die Semantik (und Syntaktik) impliziert.[281)]

Vor allem aber läßt das Vorhandensein von Kodes, das die Wahrnehmungstheorien im oben genannten Sinne nahelegen, darauf schließen, daß die Kodes, die die Wahrnehmung determinieren und deren Elemente durch das Filmmedium lediglich ein weiteres Mal kodifiziert werden, mit den Kodes in Verbindung stehen, die die sprachliche Verarbeitung regeln.

Die Wahrnehmungstheorie beleuchtete hier nicht nur die psycho-physischen Voraussetzungen und Prozesse der visuellen Dekodierung, sondern verwies dabei zugleich auf entwicklungs- und sozialbedingte Faktoren, die bei der Auswahl der Personalvariablen zu berücksichtigen sind.

5.3.3 Zusammenfassung

Die modernen Wahrnehmungstheorien bestätigen die Annahme, daß die visuelle Rezeption nach kodeähnlich strukturierten Patterns erfolgt, die sich auf Grund organischer Primärmechanismen, sowie auf der Basis von Erfahrungen und Lernprozessen entwickeln.

Spezielle Phänomene der Filmwirkung können auf derartige Kodes in unterschiedlichen Entwicklungsstadien zurückgeführt werden. Diese Wirkungen äußern sich in Verhaltensweisen, die eine Verbindung zwischen Wahrnehmungsresponses und Sprachstimuli demonstrieren oder implizieren.

5.4 Psychologie des Denkens und der Sprache

5.4.1 Abstraktion: Von der Wahrnehmung zum Begriff

Als "missing link" unserer Kommunikationskette bleibt noch der Prozeß der sprachlichen Enkodierung der Reaktion auf den visuellen Reiz zu klären. Auf dem mit Hilfe der Wahrnehmungspsychologie erklommenen Plateau der kognitiven Struktur (Erkennungskode) begegnet man, wenn man in Richtung Sprache blickt, dem Begriff. Da Wahrnehmung im Sinne Kants[282)] zur Anschauung, Anschauung zu Begriffen führen soll, Begriffe sich in Worten artikulieren, scheint die Begegnung von Wahrnehmung und Sprache auf dieser Ebene stattzufinden. Für die Dekodierung visueller Zeichen als Bedeutungsentnahme, die wieder sprachlich enkodiert werden kann, genügt "nicht Assoziation, sondern Wissen einer Assoziation"[283)], eine "kognitive Verfügbarkeit"[284)] ist erforderlich.

Die sogenannte "Kybernetik-Theorie" der Wahrnehmung beantwortet auf überzeugende Weise die Frage nach der "Formkonstanz", d.h. die Frage: Was führt dazu, daß eine Form als konstant empfunden wird, obgleich sie z.B. ihre räumliche Position ebenso ändert wie ihre Analogie auf der Netzhaut?

Diese Theorie nimmt an, daß die Interaktion des Sehorganismus mit dem Gehirn "Standardpositionen auf der Netzhaut" bewirkt.[285)] Jede Input-Variable wird in eine Endposition manövriert, die dem Zustand des Organismus optimal gerecht wird, "kasuelle und zu spezifische Aspekte werden übersehen und eine endgültige Position, die sogenannte "kanonische Position" wird selegiert.

Experimente mit den Cortexzellen haben erwiesen, daß die elektrische Stimulation von Cortexzellen[286] für die Erfahrung natürlicher Formen, "frei von Größe und Position im visuellen Feld"[287] verantwortlich ist. "Universalbilder", die in Cortexregionen mit der Funktion eines visuellen Gedächtnisses gespeichert werden, scheinen das Ergebnis eines durchschnittsbildenden Prozesses über vielen Teilbildern zu sein, in einer Eins-zu-eins-Projektion von der Netzhaut in das Sehzentrum des Gehirns übertragen".[288] Das Netzhautbild wird im Cortex als Nervenbild wiederholt und mit dem Durchschnittsbild verglichen. Dies ist das Ergebnis eines cortikalen "Scanning (= Raster-)Prozesses".

Die cortikale Vergleichsmöglichkeit versetzt den Menschen in die Lage, im Fluß seiner Erlebnisse und Erfahrungen Wiederholungen zu fixieren und wiederzuerkennen. Auf diese Weise können "Einheiten organismischer Erfahrung" zu "Klassen 'geistiger' Erfahrungen"[289] werden, die unabhängig von aktuellen Ursprungssituationen geistig vergegenwärtigt und verarbeitet werden können. Die Einheitenbildung vollzieht sich dabei im Individuum und ist keine Eigenart der Objektwelt. Zur Fixierung derartiger Einheiten benutzt der Mensch Zeichen. So sagt Cassirer: "Das Zeichen bildet gleichsam für das Bewußtsein das erste Stadium ... der Objektivität, weil durch dasselbe zuerst dem stetigen Wandel der Bewußtseinsinhalte Halt geboten, weil in ihm ein Bleibendes bestimmt und herausgehoben wird."[290]

In diesem Sinne nennt Jespersen den Menschen ein "klassifizierendes Tier" und den Vorgang des Sprechens, wie er in dieser Untersuchung analysiert wird, eine "Verteilung verschiedener Phänomene auf verschiedene Klassen, wobei diese Verteilung nach den wahrgenommenen Ähnlichkeiten und Verschiedenheiten vor sich geht."[291]

Wie Wygotski[292] und z.B. auch Lenneberg[293] ausführlich reflektieren, sind die meisten höheren Lebewesen auf Klassifikation angewiesen und zu ihr fähig, der Mensch benutzt jedoch im Unterschied zu ihnen völlig abstrakte Zeichen, Symbole, zur Fixierung und Mitteilung.[294] Dies ermöglicht es ihm als einzigem Lebewesen, Kategorien aufeinander zu beziehen,[295] und das bedeutet, abstrakt zu denken, mit "Begriffen" zu operieren, Begriffssysteme auszubilden.[296] Dabei soll hier zunächst mit Wygotski definiert werden, daß ein Begriff entsteht, "wenn eine Reihe abstrahierter Merkmale wieder synthetisiert und die so gewonnene abstrakte Synthese zur Grundform des Denkens wird, mit der das Kind seine Umwelt erfaßt und deutet."[297]

Die Fähigkeit zur Abstraktion[298] als Voraussetzung begrifflichen Denkens muß das Kind erlernen.[299] Dabei verläuft die Entwicklung nicht von der Erfassung einzelner Merkmale zur abstrakten Situationscharakterisierung, sondern eher umgekehrt von undifferenzierten, "synkretistischen"[300] Pauschalwahrnehmungen, die schon mit Bezeichnungen mitgeteilt werden, über ein Denken in Komplexen, das Wörter als Familiennamen für Objektgruppen mit gemeinsamen Merkmalen verwendet,[301] bis zum Gebrauch "potentieller" und echter Begriffe im oben genannten Sinne.[302]

Im Schulalter sind die Fähigkeit der Kinder zur Begriffsbildung und ein mehr oder weniger großes Repertoire an Begriffen entwickelt. Die Schüler sind fähig zur Klassifizierung von Objekten. Diese ist für das "Erkennen" von Objekten und damit für jede sprachliche Bezeichnung Voraussetzung. Eine sprachliche Bezugnahme auf ein Objekt oder Zeichen setzt voraus, daß dieses als Mitglied einer bestimmten Objektklasse erkannt wird.[303]

Der Erkennungsprozeß durchläuft nach F. Klix in umgekehrter Reihenfolge die Schritte der klassifizierenden Merkmalsprüfung, bei der "invariante Merkmale und die Strukturformen ihrer Verknüpfung"[304] selektiert werden. Das Erkennen geht "von den allgemeinen Merkmalen aus, die den Situationstyp fixieren, über immer differenziertere, die als konjunktive Verknüpfungen zunehmend engere bzw. spezifischere Teilklassen aus der Gesamtmenge herauslösen."[305] Die dabei eingehaltene Grundregel scheint den oben genannten physiologischen Prozessen zu entsprechen: "Läßt sich beim Blick über ein Merkmalsensemble eine Folge von Merkmalsveränderungen (Verknüpfungen) so herstellen, daß sie mit einer im Gedächtnis fixierten Sequenz zur Deckung gebracht werden kann, dann ist die Entscheidung darüber gleichbedeutend mit erkannt oder nicht erkannt. Die Spezifität des Erkennungsvorgangs hängt von dem Punkte ab, an dem die Prüfserie der Merkmalsabtastungen abbricht. Ist das früher der Fall, bleibt die Situationscharakteristik allgemein. Je später abgebrochen wird, um so spezifischer ('individueller'!) ist der Erkennungsprozeß."[306]

Diese Auffassung von Klix, die wegen ihrer Präzision wörtlich zitiert wurde, ist eine Säule der theoretischen Basis dieser Untersuchung. Das heißt, wir gehen davon aus, daß dieser Prozeß auch beim Filmbetrachten stattfindet (als Dekodierung ikonischer Zeichen), und prüfen, ob die Filmgestaltungsmittel, also die von der Kamera und dem Filmschnitt ermöglichten Wahrnehmungsverhältnisse, dazu führen, die "Merkmalabtastungen" später oder früher abbrechen zu lassen. Wir prüfen, ob sie z.B. selbst derart relevante Merkmale darstellen, daß die Prüfserie sie nicht übergeht, oder ob sie anderen Merkmalen dazu verhelfen, daß sie nicht übergangen werden. Träfe das zu, könnte durch sie der Erkenntnisprozeß "spezifischer, individueller" werden. Die sprachliche Fixierung wäre dann noch zu erklären.

Den Verlauf des Erkennungsprozesses veranschaulicht Klix in einem "heuristischen Funktionsbild"[307]:

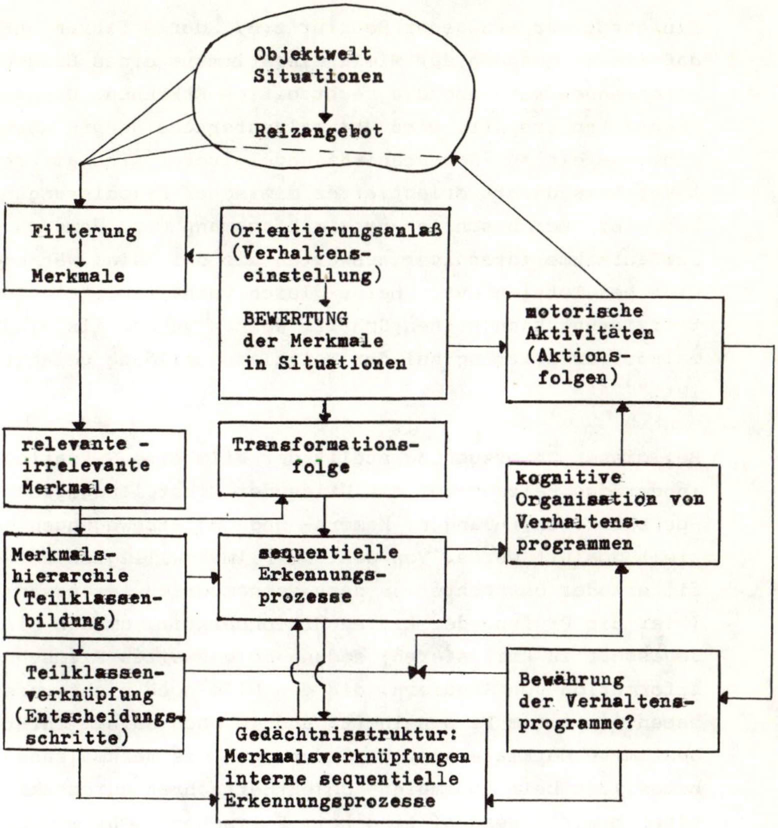

Figur 8: Funktionsbild von F. Klix, verwendet zur Veranschaulichung des Erkennungsprozesses

5.4.2 Möglichkeiten unterschiedlicher Informationsverarbeitung und ihrer Steuerung

Das obige Funktionsbild macht u.a. deutlich, wie sehr der Orientierungsanlaß und die "Merkmalsdifferenzierung bei der Teilklassenbildung"[308] darüber entscheiden, wie differenziert ein Objekt identifiziert wird. Ihre Erfahrungsabhängigkeit ist die Basis für die Differenzierung der Personalvariablen dieser Untersuchung.

Ein autoritär erzogener Schüler z.B., der erfahren hat, daß man an Nuancen der Mimik die Stimmung eines Erwachsenen erkennen kann und die rechtzeitige Erkennung Unannehmlichkeiten erspart, wird Merkmalsunterscheidungen vornehmen, die ein zur Souveränität angeleitetes Kind als relativer Laie derart orientierter mimischer Dekodierung nicht betreibt. Der beschriebene Mimikfachmann wird demnach eine Großaufnahme intensiver auswerten als der Laie, während sich bei Totalen evtl. beide gleich verhalten. "Die Identifizierung kann keinen Schritt weiter gehen, als die Merkmalsdifferenzierung bei der Teilklassenbildung gelangt ist."[309]

Bei dieser Untersuchung stellt der Film eine Situation dar, in der das Reizangebot mit Hilfe der Einstellungsgrößen, -perspektiven, -längen, Kamera- und Objektbewegungen gezielt dosiert wurde. Von den vom Film bewilligten Reizen filtert der Betrachter je nach seinem Orientierungsanlaß (hier die Prüfung der klaren Erkennbarkeit, um den Filmregisseur zu kritisieren; sodann beim zweiten Filmsehen die Information von Schülern, die den Film noch nicht gesehen haben, in einem Film-Beiheft) und je nach seinem Interesse bestimmte Merkmale aus. Veränderungen des Merkmalsangebotes, die beim "normalen" Objektbetrachten durch Aktivitäten bewirkt werden, sind beim Filmsehen nicht möglich. Sie werden ebenfalls vom Film durch seine Montage vorgenommen, die damit aber zugleich auch die Transformationsfolgen der Merkmalskomplexe bestimmt, d.h. die Umstrukturierung und -gruppierung von Merkmalen unter neuen Aspekten (z.B. bei Blick und Gegenblick die Vergleichsmerkmale statt der vorher evtl. im Hinblick auf die eine Person ausgewählten Merkmale). Die Merkmale werden hierarchisiert, zu Teilklassen verknüpft und, falls schon ein Gedächtnisbild des Objektes existiert, erkannt, d.h. "sequentiell klassifiziert"[310]. Existiert kein Bild im Gedächtnis, wird hypothetisch klassifiziert. Neue Aktivitäten würden nun normalerweise angeregt, um die Hypothesen zu überprüfen. Hier entscheidet der Film, was zur Bewährung oder Nichtbewährung geliefert wird. Decken sich die zusätzlichen Merkmale "an einem bestimmten Entscheidungspunkt, dann ist der Erkennungsprozeß abgeschlossen."[311)]

Der Film hat demnach beim Erkennungsprozeß wichtige Steuerungsmöglichkeiten: Er dosiert die Initiationsreizmenge und deren Veränderungen und führt damit zu Transformationsfolgen, die dem Gedächtnisbild schon ein von ihm präjudiziertes Bild präsentieren, das die Erkennung mitbestimmt. Insofern läßt sich mit Hilfe des Films ein Experiment zur Untersuchung der Benennung von Objekten auf der Basis des Erkennens komplexer Situationen einrichten, das zwar nicht die präzise Graduierbarkeit von Lennebergs Farbenexperiment besitzt,[312)] dafür aber die enge Beziehung auf biologisch-physikalische Größen überwindet.

Nun hat jeder Zuschauer bereits für ihm bekannte Objektmengen, "ausgearbeitete (interne oder äußere) Verhaltensantworten" auf das für diese "spezifische Merkmalsangebot" entwickelt, die Klix "Bedeutungen" nennt.[313)]

In diesem Sinne hat z.B. die in sich zusammengesunkene Haltung des Jungen, der im Untersuchungsfilm seinem Onkel gegenübersitzt, für einen zuschauenden Schüler so viele Bedeutungen, wie es für ihn Orientierungsanlässe gibt. Der Schüler kennt diese Haltung evtl. von seinem kleinen Bruder, der sie einnimmt, wenn er ihn ermahnt oder zur Rede stellt. Der Schüler deutet sie in diesem Zusammenhang als "Trotz", weil er nach offenen Ohren für seine Ermahnungen oder Bitten sucht und sie durch diese Haltung versagt bekommt. Bei einem anderen Orientierungsanlaß, z.B. wenn er ergründen möchte, warum die Mutter den kleinen Bruder mit einem Geschenk getröstet hat und nicht ihn, kann der Schüler ein und dieselbe Merkmalsmenge der brüderlichen Körperhaltung als "Täuschung" deuten, weil er den Effekt der Haltung mit einer Absicht in Verbindung bringt. Und schließlich kann dieselbe Merkmalsmenge als "Traurigkeit" gedeutet werden, wenn der Schüler z.B. die Stimmung des Bruders prüft, nachdem er ihm etwas fortgenommen hat.

Bei jedem der drei Orientierungsanlässe war jedoch nicht nur dieselbe Merkmalsmenge zugegen und ist unterschiedlich gedeutet worden. Sie erhält auch jedesmal eine eigene Struktur, indem z.B. vom Wahrnehmenden die Merkmale der Menge besonders betont und untereinander und mit anderen mengenexternen Merkmalen (z.B. Mimik, Tonfall, Händehaltung etc.) verbunden werden, die der Deutung am meisten entgegenkommen. Die Umstrukturierung der Merkmale bei jeder neuen Orientierung nennt Klix "Transformation".

Die gesamte "Bedeutungsfunktion einer Objektmenge läßt sich demnach durch eine Strukturbildung in verschiedenen Ebenen darstellen, wobei jeder Ebene ein Orientierungsanlaß entspricht".[314] Es hat sich ein "semantisches Netz"[315] gebildet.

Auf jeder Ebene dieses "Netzes" "gibt es Klassenbildungen und Merkmalsverknüpfungen, Bezeichnungen der Klassen, Beziehungen zwischen den bezeichneten Klassen und auch Relationen zwischen Eigenschaften in den verschiedenen Transformations- bzw. Klassifizierungsebenen. Auf diesen Relationen beruhen die sprachlichen Analogiebildungen."[316]

Die Interaktion zwischen "Grobklassifizierung" und unterschiedlichen Differenzierungen bei der Teilklassenbildung mit den dazugehörigen Aktionen und Strategien ist in der Lage, Zusammenhänge zu erfassen, die sich bei der Betrachtung der äußeren Objektansichten nicht wahrnehmen lassen. Die Klassifizierung in Transformationsfolgen erlaubt die Erkennung der "Tiefenstruktur einer Informationsquelle"[317], die nur durch kognitive Strategien erfaßt werden kann. Dazu ist demnach auch ein Blinder, ja wohl sogar ein Blindgeborener in der Lage,[318] nachdem er mit Hilfe irgendwie gearteter Reize sein semantisches Netz aufgebaut und kognitiv verarbeitet hat.

Klix veranschaulicht sein Modell des semantischen Netzes mit folgender Figur:

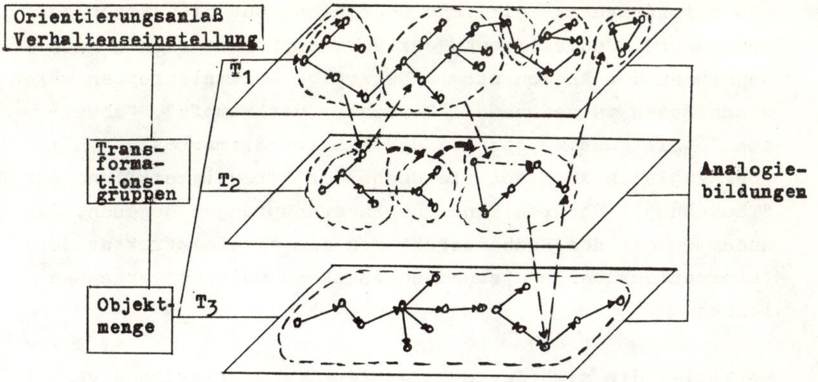

(bold dashed arrow) Relationen zwischen bedeutungstragenden Einheiten
(solid arrow) durch Verhaltensmarkierung (oder adäquate Gedächtnis-operation)erzeugbare Merkmalstransformation)
(dash-dot arrow) abstraktive Verdichtungen
(dashed arrow) durch Wechsel der Verhaltenseinstellung erzeugbare, indirekte Relationen zwischen Merkmalen
(dashed oval) geschlossen benennbare Merkmalsgruppierungen einheitlicher Bedeutung (T = Transformation)

Figur 9: "Aufbau eines semantischen Netzes" nach F. Klix (1971, S. 584)

Das Modell verdeutlicht u.a., daß bestimmte Teilmengen von Objektmerkmalen (durch Wiederholung und Konstantisierung) feste Verbindungen eingehen,[319] die jeweils geschlossen mit einer Benennung gekennzeichnet werden. Sie haben eine "einheitliche Bedeutung"[320]. Derartige Fixierungen bilden eine "Grundlage für die Wahl fester (sprachlicher) Bezeichnungen in einer variablen Objektwelt."[321] Bezeichnungen können dann wiederum die Wahrnehmung von Merkmalen[322] beeinflussen, ohne gleich einen deterministischen Zwang ausüben zu müssen, wie es die sogenannte "linguistische Relativitätstheorie"[323] annimmt.

So können auf der ersten Ebene unseres Filmbildbeispiels ("Trotz") unterschiedliche Merkmalsteilmengen mit einem Wort zusammengefaßt gekennzeichnet werden, z.B. Merkmale der Passivität (bewegungslos, still, abwesend), Merkmale der Verkrampfung (verkniffene Lippen, geballte Faust, starrer Blick etc.), Merkmale gezielter Reaktion (Vermeiden von Blickkontakt, zeitliche Begrenzung auf die Aktion des Gegenübers, Segmentierung der Verkrampfungsmerkmale nach Segmenten der Aktion etc.). Derartige Merkmalsgruppen wären geschlossen zu benennen: "Passiv", "verkrampft", "abweisend". Die Zusammenfassung der Passivitätsmerkmale gehört aber zugleich auch auf die Ebene der "Traurigkeit" und der "Täuschung". Dadurch sind Ebenenverknüpfungen gegeben, die zusammen mit den Ebenenstrukturen die "Tiefenstruktur der Informationsquelle" "zusammengesunkene Haltung" erkennen lassen.

Merkmale, die sich durch derartige Transformationen verändern und umgruppieren, müssen dabei nicht diskret sein. Es kann auch der Grundtyp konstant bleiben, während sich seine Ausprägung verändert. Dann wechselt "die angepaßte Verhaltensantwort" erst "von einer bestimmten Ausprägungsstufe an".[324] Dies geschieht z.B. beim Film immer dann, wenn durch die Annäherung eines Objektes seine Größe verändert wird, oder infolge anderer Bewegungen seine Perspektive, seine Helligkeit, seine Achse zum Betrachter. Hier erfolgt die Klassifizierung" über die Bildung von Relationen"[325]. Merkmale wie die Perspektive, Größe etc., die bei der Einstellungsgestaltung im Film eine entscheidende Rolle spielen, zählen demnach zu den "relationalstetigen Merkmalen"[326] des Signifikats. Die Bestimmung der Ausprägungsstufe ist die Frage der Klassifizierung der Untersuchungsdaten.

Es sei nun angenommen, der Schüler, der das oben genannte Beispielfilmbild betrachtet, besitzt ein entfaltetes semantisches Netz mit den möglichen Bedeutungen der Körperhaltung des Jungen. Zunächst besitzt er keinen anderen Orientierungsanlaß als die beiden oben genannten, nämlich ein Informations- und Erkennungsinteresse im Hinblick auf seine Aufgabe als Filmkritiker und Beiheft-Verfasser. Er führt also einen Erkennungsprozeß durch, der den umgekehrten Weg der Klassifizierung einschlägt. Der Kameramann hat für den Zuschauer Merkmale selektiert, die dieser evtl. auf einer

Ebene seines semantischen Netzes klassifiziert und in Teilmengen geordnet hat. Das heißt, der Kameramann versetzt den Zuschauer mit Hilfe der selegierten Merkmale zunächst in einen Orientierungsanlaß hinein, auf dessen Ebene der Zuschauer seine eigenen Merkmalsmengen und -strukturen fixiert und mit sprachlichen Etiketten verknüpft hat.
Da die Ebenen jedoch nicht isoliert sind, sondern innerhalb des Netzes interagieren, beteiligt der Zuschauer an der Identifizierung der Objektbedeutung sämtliche Ebenen, die er beim jeweiligen Stand seiner Netzentwicklung mit der primär angesprochenen verknüpft hat. Dies erklärt z.B. Graumanns Phänomen der "Verweisungsganzheit" (Kap. 5.3.2) und die Pars-pro-toto-Wirkung von Indexzeichen. Einen Einfluß auf das endgültige Erkennen kann der Film darum nur ausüben, wenn er den Weg der Verknüpfungen steuert, den der Zuschauer verfolgt. Dies ist ihm durch die Verstärkung und Überbetonung bestimmter Merkmale möglich, und zwar mit Hilfe der Montage bestimmter Einstellungen u.a. filmischer Mittel. (Hier zeigt sich in nuce die Notwendigkeit, den Film als Botschaft aus Zeichen zu verstehen. Dies kann der Film nämlich nur in dieser Eigenschaft.)

Wird bei dem Beispiel-Schüler also primär die Ebene "Traurigkeit" aktiviert, kann es zwei Gründe geben, daß der Schüler bei dieser Deutung und den mit ihr verbundenen Benennungen der Teilmerkmalsmengen bleibt. Er kann keine Verknüpfungen mit anderen Ebenen entwickelt haben (abhängig von Personalvariablen), oder die weitere Gestaltung der Szene im Zugabteil selektiert derart stark die Merkmale dieser "Traurigkeitseben", daß der Schüler auf ihr das Erkennen vollzieht und evtl. nach einer Benennung sucht (abhängig von Filmvariablen).

Die obige Darstellung des Beispielfalles hat den Erkennungsprozeß und die evtl. Suche nach einer Benennung stark vereinfacht. Die Klassifizierung der Merkmale einer Körperhaltung im Hinblick auf die in dieser ausgedrückte Stimmung oder Absicht ist derart komplex, daß eine Abstraktion durchgeführt werden muß,[327] d.h. nach Klix, die Objektmerkmale müssen "herausgelöst, verdichtet und verkürzt"[328] werden.

Das Herauslösen im sensorischen Bereich ist als Merkmalsauswahl hinlänglich geklärt. Für die Verbindung mit der Sprache wichtiger sind die beiden letztgenannten Operationen, besonders die "Verdichtung".

Die Verdichtung erfolgt entweder dadurch, daß ein einziges Element einer Merkmalsmenge alle übrigen repräsentiert oder "dadurch, daß verschiedene anschauliche Eigenschaften durch ihre Anordnung ausgedrückt und damit zusammengefaßt werden."[329] Die Struktur einer solchen Zusammenfassung wäre "Begriffsstruktur"[330] zu nennen. Der vielzitierte Beispiel-Schüler speichert nicht zu jedem Neigungswinkel des Kopfes eine entsprechende Deutung der Stimmung, sondern "verdichtet" beim Klassifizieren, indem er etwa speichert: je tiefer der Kopf nach unten sinkt, desto tiefer ist die Stimmung gesunken. Entsprechend ist schon oben verfahren worden, als die Merkmale zu Beispielebenen("Trotz, Traurigkeit, Täuschung") formuliert wurden. "Passiv, verkrampft, abweisend" sind Bezeichnungen für Begriffe, denen die abstrakte Verdichtung vieler anschaulicher Merkmale vorausging.

Diese "abstraktiven Verdichtungen"[331] werden beim Erkennen nicht wieder in ihre Strukturbestandteile aufgelöst, sondern lediglich anhand von Substrukturen erkannt.[332] Der Schüler kann also erkennen: Der Junge ist passiv oder verkrampft oder abweisend, auch ohne daß er sich sämtliche anschaulichen Merkmale dabei klar gemacht hat.[333] Dies ist jedoch nur möglich, weil die komplexen Strukturen mit Hilfe von Markierungen oder Etiketten "gedächtnismäßig fixierbar"[334] zusammengefaßt worden sind. Zur Markierung dienen Zeichen, besonders Worte, die einfacher faßbar und speicherbar sind. "Die abstraktiven Verdichtungen zu stabilisieren und speicherbar zu machen - das ist eine Funktion der Sprache."[335]

Auf die Möglichkeit einer Speicherung visueller Vorstellungsbilder verweist z.B. G. Atwood[336]. Aus seinen Untersuchungsergebnissen leitet er ein theoretisches Modell ab, nach dem auch visuell gespeicherte Bilder durch Gedanken abrufbar sind, so daß Interaktionen zwischen visuell und sprachlich gespeicherten Reizen ermöglicht werden. Das folgende Schema veranschaulicht dieses Modell[337]:

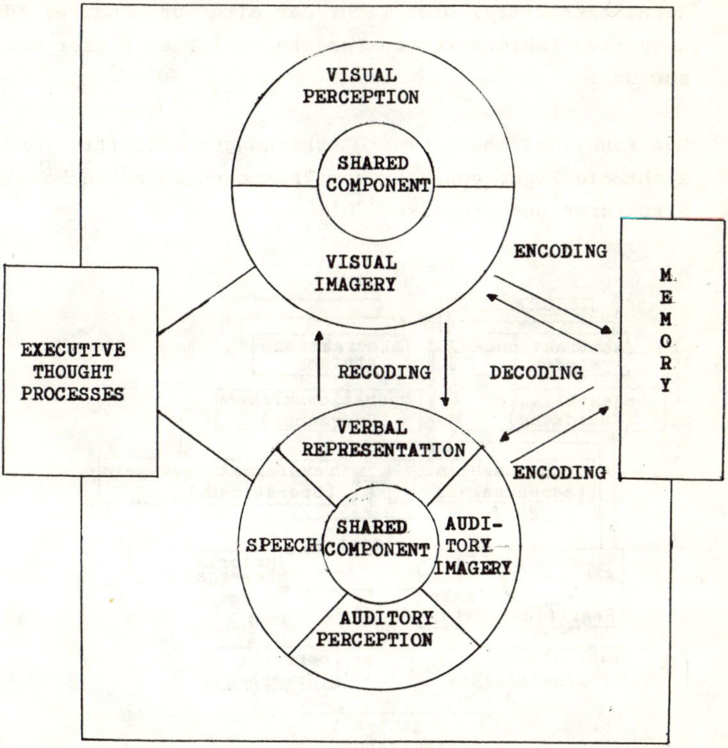

Als Kommunikationsmedium ermöglicht jedoch immer erst die Sprache die Mitteilung. "Die Bezeichnungen wirken folglich intern wie extern als Darstellungsmittel für kognitive Strukturen."[338]

Da nach Klix die "Begriffsstruktur" in der Regel aus verknüpften Merkmalen und der dazugehörigen Verknüpfungsvorschrift besteht, kann sie zugleich als "Erkennungsvorschrift" angesehen werden.[339]

Ihre Ausbildung ermöglicht einen "Erkennungsalgorithmus"[340], der Merkmale eines Objektes prüft, ob sie den Verknüpfungsvorschriften genügen und damit das Objekt zum Klassenelement machen.

Demnach bestimmt der Grad der Ausbildung der Begriffsstruktur bei den Probanden den Weg ihrer jeweiligen Erkennungsschritte. Dies macht das Alter und Indizes für kognitive Fähigkeiten zu Personalvariablen dieser Untersuchung.

Das Funktionsschema einer "Erkennungsvorschrift" verdeutlicht die Figur von Klix zum "Komponentenaufbau kognitiver Strukturen und Prozesse"[341]:

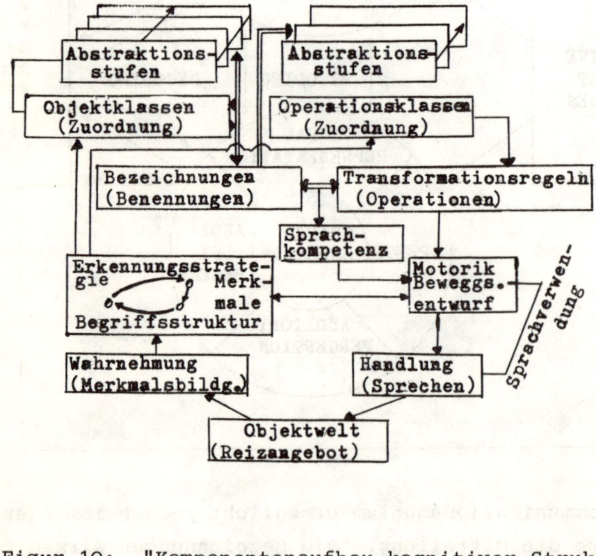

Figur 10: "Komponentenaufbau kognitiver Strukturen und Prozesse" (Klix, 1971, S. 620)

Die Figur sei hier am Beispiel des Films erläutert:
Der Beispiel-Schüler sieht die Einstellung zur "Zugabteilszene" und konzentriert sich auf den Jungen. Die Merkmalsstrukturen der Haltung des Jungen sind bei ihm auf den Ebenen seines semantischen Netzes für die Bedeutungen von Körperhaltungen dieser Art entwickelt und verdichtet, d.h. er besitzt bereits eine entfaltete Begriffsstruktur, die die Erkennung steuert (s. "Erkennungsstrategie"). Er ordnet demnach die Haltungsmerkmale den Objektklassen z.B. der "Passivität, Verkrampftheit, Abweisung" zu, evtl. auch einer Operationsklasse, wenn er die Haltung als verkürzendes Ergebnis eines Prozesses des langsamen trotzigen Verkrampfens o.ä. ansieht, der mit anderen Prozessen des Sichzurückziehens in eine Klasse gehört. Die jeweiligen Begriffsstrukturen stehen in Verbindung mit "abstrakteren Begriffssystemen"[342] oder "abstrakteren Operationsklassen" z.B. "Trotz", "Resignation", "Isolation", "menschliches Verhalten", "allgemeines Verhalten", "Freiheit", "Leben". Die Interaktion der Systeme realisiert einen Denkprozeß, der, ganz im Sinne z.B. Wygotskis[343], "Bezeichnungen (Benennungen) als Fixierungsmittel benutzt (siehe Doppelpfeile zwischen "Abstraktionsklassen" und "Bezeichnungen"!). Die Bezeichnungen richten sich nach der "Sprachkompetenz" des Probanden und setzen sich, je nach dem "Bewegungsentwurf" angesichts aller kommunikationsrelevanten Bedingungen in die Sprachverwendung um, die auf die "Objektwelt" Bezug nimmt.

Im Falle dieser Untersuchung ist der "Bewegungsentwurf" nicht eine Verlautbarung im "sprechmotorischen Ausdruck"[344], sondern das Schreiben nach Ablauf des Zusammenhanges. Dadurch wirken sich zusätzlich Gedächtnisfaktoren und schreibspezifische Transformationsbedingungen[345] auf die Sprachverwendung aus.

Wirkungen der elementaren Wahrnehmungsbedingungen, die die Filmgestaltungsmittel (Figuren) fixieren, auf den beschriebenen Prozeß können sich an folgenden Punkten ereignen:

Wie schon erwähnt, kann der Film in seiner Zeichenverwendung Repräsentanten und Operationen für die Begriffsstrukturen hervorheben und kombinieren, die er provozieren möchte. Sind sie schon im Speicher des Zuschauers vorhanden, kann der Film mit seiner Montage die Erkennungsstrategie beeinflussen, indem er die Merkmalsstrukturen wiederholt, durch Kontrast betont, durch Ergänzungen und Variationen stützt, die in seinem Sinne sind. Dabei ist zu erwarten, daß nicht einzelne Gestaltungsmittel dazu in der Lage sind, sondern daß der Aufwand an interagierenden Mitteln zunimmt, je komplexer die Begriffsstruktur und die Erkennungsstrategie ist, die der Film beeinflussen will. Derartige Interaktionen haben W. Schulz u.a.[346] (s. Kap. "Forschungsstand") nachgewiesen.

Der Einfluß auf die Erkennungsstrategie wirkt sich nun auf die Zuordnung zu bestimmten Objektklassen und deren Abstraktionsstufen aus (falls er tatsächlich stattgefunden hat), damit auf Denkprozesse und Bezeichnungen, die zu den kognitiven Operationen verwandt werden.
So betont z.B. die zweite Filmfassung mehr als die erste die Wächterposition des Onkels, zeigt diesen vier Sekunden mehr allein, und zwar in der Froschperspektive mit strengem Blick über die Zeitung lauernd. Als Kontrast zur in sich versunkenen Haltung des Neffen könnte dies die "Trotz"-Merkmale i.o.S. verstärken, die weitere Merkmalsprüfung steuern und über die Abstraktionsstufen "Isolation", "menschliches Verhalten" oder "Freiheit", "Reaktion" zur Bezeichnung "mißtrauisch", "entschlossen", "tatenlustig" (s. Ergebnisse) führen, wozu die Haltung des Jungen allein wenig oder gar keine Hinweise bietet.

Damit ist jedoch auf keinen Fall gesagt, daß diese letztgenannten Bezeichnungen die sein müssen, die die Auswerter dieser Untersuchung auf den Antwortbögen der Schüler finden. Welche Bezeichnungen schließlich zur kommunikativen Wirksamkeit aufgeschrieben werden, hängt von einer Fülle situativer Faktoren ab,[347] die der Film ebensowenig wie die Sprachkompetenz in einer Projektion beeinflussen kann (z.B. von den Intentionen des Schreibers und seinen sozialen Beziehungen zum Empfänger des Schreibens).[348] Inwiefern eine stetige Filmwirkung über die Steuerung von Erkennungsstrategien auf die Dauer auch im Sinne Paul Heimanns[349] auf die Sprachkompetenz der Sprecher und Schreiber, ja letztlich sogar auf die Sprache als langue einwirken kann, läßt sich nur in Langzeituntersuchungen ermitteln. Sprachkompetenz und situative Faktoren i.w.S. sind die wichtigsten intervenierenden Variablen bei dieser Untersuchung. Wie wirken sich auf die Stärke des zu ermittelnden Zusammenhanges (konkret: auf den Kontingenzkoeffizienten) aus und machen eine statistische Auswertung mit einer hohen Probandenzahl und einer möglichst weitgehend formalisierten Situation erforderlich.

Eine Dauerwirkung des Films auf die Sprachkompetenz von Zuschauern wäre z.B. nach der Mediationstheorie von Osgood dadurch möglich, daß sich der Film permanent an den Vermittlungsprozessen bei der Entstehung einer Wortbedeutung beteiligt, indem er die Verbindung (r_m) zwischen einer Lautform (R) und bestimmten Reizen eines Bezugsobjektes (S) mit seinen Mitteln bekräftigt.[350] Der Vorgang kann in diesem Rahmen nicht genauer erläutert werden, ebensowenig wie die Fülle der noch ungeklärten psycholinguistischen Probleme, die mit dem Erwerb der Begriffe, der Abstraktion, der Externalisierung etc. verbunden sind. Dazu sei auf die Ausführungen von F. Klix und H. Hörmann verwiesen.

Wenn hier trotz der genannten intervenierenden Variablen in der Untersuchung nicht nur die Begriffe, sondern auch die jeweils vielfältig möglichen Bezeichnungen der Begriffe analysiert werden, so geschieht dies nicht nur auf der Basis der statistisch zu ermittelnden Kontiguitätserwartung, sondern auch auf der Grundlage des allen "Kundgabeformen" gemeinsamen Prozeßzusammenhanges, den das abgebildete Funktionsschema von Klix (s.o.) darstellen möchte. "Allen Kundgabeformen aber liegt die ... beschriebene Doppelstruktur zugrunde: die Auswahl von Bedeutungsträgern, ihre Umsetzung in interne, sprachliche Einheiten, ihre Transformation nach Maßgabe des die Äußerung tragenden Motivs und ihre Überführung in die Laut- oder Oberflächenstruktur der Sprache."[351] Die Begriffsstruktur steckt dabei die Möglichkeiten für das Denken ab, d.h. die Gedanken ermitteln und repräsentieren die "Tiefenstruktur der Informationsquelle". Die "Transformation der Gedanken in sprachliche Äußerungen"[352] kann als die Überführung dieser Tiefenstruktur in eine sprachliche Oberflächenstruktur verstanden werden.[353]

Wieweit die Wahrnehmungsverhältnisse, die der Film fixiert, an der Tiefenstruktur beteiligt sein können oder wieweit sie deren Transformation beeinflussen, versucht diese Untersuchung aus ihrer Korrespondenz mit der Oberflächenstruktur abzuleiten.

5.4.3 Zusammenfassung

Die Bezeichnung von Objekten beim Schreiben setzt voraus, daß diese als Mitglieder einer Objektklasse erkannt und angesichts dieser Mitgliedschaft auf kognitiver Ebene bezeichnet werden, nachdem andere potentielle Klassenzugehörigkeiten erwogen und verglichen, also geistig verarbeitet worden sind. Diese Verarbeitung richtet sich nach der erworbenen Begriffsstruktur des Subjekts und seinen gelernten Erkennungsstrategien.

Der Film kann durch die Akzentuierung von Objektmerkmalen und Merkmalstransformationen mit Mitteln der Einstellungsgestaltung und Montage die Abstraktionsschritte eines Subjekts beeinflussen und evtl. steuern, was sich auf die Wahl der Bezeichnungen im kognitiven Bereich auswirken müßte.

Die Transformation der kognitiven "Tiefenstruktur" der Informationsquelle in eine sprachliche "Oberflächenstruktur" hängt im wesentlichen von der Sprachkompetenz des

Schreibers, vom Gedächtnis, von psychischen Faktoren der Externalisierung bis zum Schreiben und von situativen Faktoren der Kommunikationssituation (einschließlich Schreiberintention, Wissen über das Objekt etc.) ab. Die Untersuchung geht hypothetisch davon aus, daß der Einfluß der Filmgestaltungsmittel und der durch sie ermöglichten Wahrnehmungsverhältnisse auf die sprachliche Oberflächenstruktur um so größer ist, je stärker die Tiefenstruktur der Filmsignifikate von den Filmgestaltungsmitteln beeinflußt wird.

5.5 Linguistische Semantik

5.5.1 Aspekte der Bedeutung eines sprachlichen Zeichens

Die oben erwähnte Menge der intervenierenden Variablen zwischen der Bezeichnung auf kognitiver Ebene und der im Kommunikationsprozeß aktualisierten sprachlichen Bezeichnung weist schon darauf hin, daß mit der Definition von F. Klix, ein Wort sei die "Bezeichnung für Begriffe"[354], nicht gesagt ist, daß man die volle Bedeutung eines Wortes erfaßt hat, wenn man den dahinterstehenden Begriff aufspürt. Ebenso geht daraus hervor, daß man den von einem Wort bezeichneten Begriff nicht ohne Weiteres vom Wort ablesen kann, da das Wort sich ja noch nach vielen anderen Bedingungen der Kommunikationssituation gerichtet hat.[355] Die Worte müssen zwar als Bezeichnungen für Begriffe "auch die durch die Begriffsstruktur fixierten Teilmengen bis herab zur Spezifizierung des Individuums auszudrücken gestatten"[356], wie diese Fixierungen aber zu ermitteln sind, ist angesichts der nicht objektorientierten Ausdrucksmöglichkeiten des Wortes immer noch ungeklärt.

Zunächst soll eine Standortklärung der linguistischen Semantik im Verhältnis zur allgemeinen Semiotik diese Problematik präzisieren helfen. G. Wotjak veranschaulicht den Standort mit folgendem Diagramm[357]:

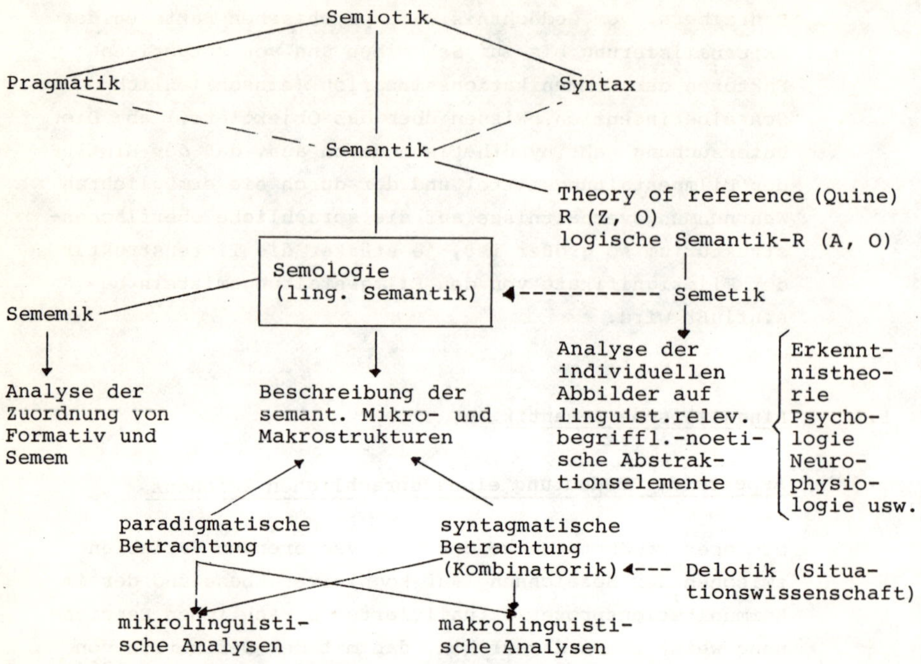

<u>Figur 11:</u> Standortklärung der linguistischen Semantik nach Wotjak

Zur detaillierten Klärung aller Einzelaspekte sei auf G. Wotjaks Erläuterungen verwiesen. Hier interessieren vor allem die Position der bisherigen Theoriebezüge und die noch offenen Probleme. Grundsätzlich skizziert sind bisher einige Theorien zur Analyse der individuellen Begriffsstrukturen, die G. Wotjak im Sinne der marxistischen Widerspiegelungstheorie "Abbilder" nennt, "auf linguistisch relevante begrifflich-noetische Abstraktionselemente", und zwar mit Hilfe theoretischer Ansätze aus der Semiotik (statt Erkenntnistheorie), der Psychologie und der Neurophysiologie. Genauere Differenzierungen der Merkmalsklassen in einzelne kleinste Bedeutungseinheiten, "Seme", sind bei der Entwicklung der Analysekategorien vorzunehmen, die im Sinne Wotjaks "semetisch" vorgeht.

Eine direkte Verbindung einer derartigen "Semetik" und der linguistischen Semantik oder "Semologie" kann es jedoch nicht geben, da die Sprache mit abstrakten, "arbiträren" Symbolen operiert, die unabhängig von den begrifflichen Strukturen konventionell festgelegt wurden.[358)]

Eine theoretische Verbindung ist über den Bereich der allgemeinsemiotischen Semantik möglich und wurde hier schon durch die semiotische Ausgangsposition vorbereitet.
Philosophische Implikationen sind dabei Theorien über das Verhältnis zwischen Zeichen und Objekt (R(Z, O)) und zwischen Gedanken und Objekt auf logischer Ebene.[359)]

Die gepunktete Verbindungslinie zwischen Semetik und Semologie im Diagramm versucht diese Untersuchung zu verfolgen und evtl. zu verdichten.

Zu klären bleiben noch die Bezüge, die in der unteren Hälfte der Diagramm-Mitte skizziert sind.
Eine ausführliche Diskussion der semantischen Theorien ist in diesem Rahmen nicht möglich. Das Untersuchungsinteresse erfordert eine Konzentration auf die Aspekte, die für die Definition der Sprachvariablen als Korrespondenzen von Filmvariablen relevant sind.

Ein grundsätzlicher Unterschied zwischen filmischen und sprachlichen Zeichen liegt darin, daß die kleinsten Bedeutungseinheiten, die Seme (in Ecos Kode wären das die Bedeutungen der Figuren) beim Film zwar bild- und objektgebunden, aber in ihrer Anordnung frei sind, so daß es kein filmisches Lexikon-Analogon geben kann, während bei der Sprache die Seme zwar völlig "frei" vom Objekt, aber an ihren Platz innerhalb der Gesamtbedeutung eines Wortes, innerhalb eines Semems, gebunden sind. Diese Stabilität des Sememverbandes ermöglicht die "intersubjektive Verständigung und Information"[360)] auf abstrakte Weise, d.h. ohne objektorientierte Reizmuster, wie sie die ikonischen Figuren auslösen.

Überhaupt ist die Verständigung mittels eines derart abstrakten Zeichens wie des Wortes nur möglich, weil dieses einem allen Benutzern gemeinsam bekannten Regelsystem gehorcht, das die individuelle Freiheit des Sprachgebrauchs in dem Maße einschränkt, wie es die allgemeine der Systematisierung einer langue gewahrt hat. Die Isotopie der sprachlichen Elemente wird u.a. durch den festen Kode der Grammatik und den weniger festen der semantischen Regeln in ihrer Gleichwahrscheinlichkeit reduziert.[361] Das bedeutet: Ein Schüler richtet sich bei der Wahl seines Wortes zur Bezeichnung von Objektmerkmalen nicht nur nach deren Begriffsstruktur, sondern auch z.B. nach der grammatischen Richtigkeit des vorgegebenen oder von ihm geplanten Satzes, nach dem Paradigma der an einer Stelle des Satzes möglichen Wörter etc. Die linguistische Semantik versucht demgemäß "Mikro- und Makrostrukturen" (s. Diagramm) zu beschreiben, und zwar die Mikrostrukturen "der internen Beziehungen der Sememkonstituenten im 'Verband eines Semems'"[362], also der kleinsten Bedeutungseinheiten innerhalb einer Wortbedeutung, und die Makrostrukturen "der externen paradigmatischen und syntagmatischen Beziehungen der Sememe"[363], d.h. der Wortgruppen- und Grammatikverbindungen ganzer Wortbedeutungen.

Sollen bei der Entwicklung der Sprachvariablen und bei der Interpretation der Befunde Merkmale der Wortbedeutung erfaßt werden, muß vorher geklärt werden, welcher Aspekt der Bedeutung mit welcher angemessenen Analysemethode beschreibbar wird.

Was alles unter "Bedeutung", speziell der Bedeutung eines Wortes zu verstehen ist, kann hier nicht diskutiert werden.[364] Hier soll zur Orientierung die von G. Blanke vorgeschlagene, allerdings recht unsystematisch entfaltete Auffächerung in sechs Kategorien genügen,[365] weil sie den Vorteil hat, nach verschiedenen Zeichenfunktionen des Wortes zu differenzieren.

Funktional gesehene Bedeutungsaspekte des Wortes lassen sich mit ebenso gesehenen Bedeutungsaspekten filmischer Zeichen leichter vergleichen. (Ungeeignet ist diese Einteilung im Hinblick auf eine systematische Unterscheidung der Semantiktheorien und Analysemethoden, da nicht jede Zeichenfunktion eine eigene Analysemethode verlangt.)

In Anlehnung an die Erweiterung der Bühlerschen Sprachfunktionen durch R. Jakobson[366] lassen sich sechs Bedeutungskategorien isolieren, die man wohl eher Bedeutungsaspekte nennen sollte[367]:

(1) Die "intralingual-paradigmatische Bedeutung" erwächst aus den Beziehungen eines Wortes zu anderen eines Paradigmas, seines Kontextes, dank seiner grammatischen Position und Wertigkeit. Sie ist hier nicht nur bei der Formalisierung der sprachlichen Leistung zu reflektieren. Sie ist die einzige Bedeutung, die einer anschließenden rein sprachlichen Analyse zugänglich ist.

(2) Die "referentielle Bedeutung" besteht aus den Informationen eines Wortes über ein Objekt. Sie interessiert uns hier in erster Linie, da sie die Sicht des Objektes und die Begriffsstruktur des Schreibers offenbaren kann.

(3) Die "assoziative Bedeutung" besteht aus den typischen Assoziationen (Konnotationen), die eine Sprachgemeinschaft mit einem Wort verbindet. Da es u.U. möglich ist, daß die Assoziation mit dem gewählten Wort bei der Objektbezeichnung auf einer Assoziation mit Objektmerkmalen beruht, kann sie hier aufschlußreich sein. Diese Art der Bedeutung ist ebenso als eine

(4) "affektive oder emotive Bedeutung" zu bezeichnen, wenn sie einer Intention des Schreibers entspringt, der sie bewußt provozieren möchte.

(5) Die "situative oder pragmatische Bedeutung" erhält ein Wort durch die Situation oder den kulturellen Rahmen seiner Artikulation. Dies ist bei der Auswertung im

Hinblick auf die Schulklassensituation zu bedenken. Wenn ein Schüler z.B. schreibt: "Der Junge blickt im Zugabteil blöde vor sich hin", so hat das Wort die situative Bedeutung der verbalen Befreiung aus schulischen Zwängen zur sinnvollen Stellungnahme.

(6) Die "stilistische oder poetische Bedeutung" erhält ein Wort in einem poetisch-ästhetischen Kontext, der seine übliche Bedeutung überhöhen kann. Selbst dieser Bedeutungsaspekt ist zu berücksichtigen, wenn Schüler z.B. Wörter um des Reimes willen gebrauchen oder um gewisse Verfremdungseffekte zu erzielen, aber auch allgemein aus stilistischen Erwägungen.

Wenn diese Untersuchung auch unter dem Titel "Audiovisuelle Faktoren kindlicher Objektbezeichnung" beschrieben wird, so analysiert sie doch nicht nur den Bezeichnungsaspekt im engeren Sinne der Referenzsemantik, sondern die Beziehungen zwischen audiovisuellen Stimuli und allen semantischen Merkmalen der zur Bezeichnung verwendeten Wörter. Dabei konzentriert sie sich auf die referentielle Bedeutung im obigen Sinne und damit auf die objektbezogenen Wörter ("full words", "content words"[368]), versucht aber Merkmale der übrigen Bedeutungsaspekte, so weit es möglich ist, zu erfassen. Sie fragt nach den Merkmalen, die E.U. Grosse in Anlehnung an Bühler "symbol-, symptom- und signalfunktionelle Seme"[369] nennt, ohne dabei Kontextbeziehungen zu übersehen.

Die Untersuchung der Beziehung zwischen Objekt-und semantischen Wortmerkmalen fragt natürlich nach der Relation zwischen Zeichen und Objekt und damit in der Dimension, die G. Klaus "Sigmatik" nennt.[370] Angesichts der denkpsychologischen Bezüge, die im vorigen Kapitel erörtert wurden, scheint jedoch eine Trennung von Semantik und Sigmatik überflüssig, da die Zeichenrelation in jedem Fall über das "semantische Netz" der Begriffstrukturen führt.[371] Man kann natürlich den sensorischen Teil des Begriffbildens und Erkennens isoliert betrachten und diesen Betrachtungsaspekt Sigmatik nennen.

5.5.2 Mentale und verbale Bedeutungseinheiten und ihre Beschreibung

Die Analyse der Bedeutung in dieser Untersuchung basiert auf den Modellen von K. Heger und K. Baldinger.[372] Durch die Erweiterung des semiotischen Dreiecks von Ogden und Richards (s.o.) zu einem Trapez, das zwischen Signifikat und Begriff eine dritte Größe, die Wortbedeutung, das Semem, treten läßt, ermöglicht Heger die modellhafte Isolierung der Wortbedeutung und liefert einen Orientierungsplan für die hier noch fehlende Transparenz der Beziehung zwischen Wort und Begriff im Anschluß an das Modell von Klix zum Aufbau kognitiver Prozesse (s. Figur 10).

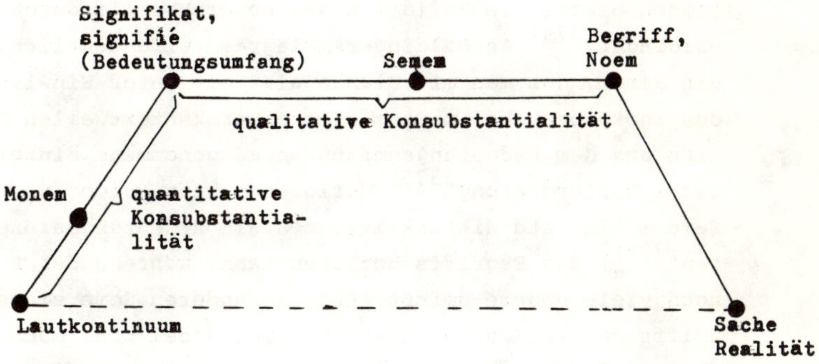

Figur 12: Hegers Modell der Inhalts- und Ausdrucksseite eines sprachlichen Zeichens (nach Blanke und Wotjak[373]).

An dem Modell interessiert in diesem Zusammenhang nicht die Unterscheidung der Ausdrucksebene in eine physische Lautgestalt und eine psycho-physische phonetische Form (Monem), die zusammen mit dem Signifikat in der Relation einer rein "quantitativen Konsubstantialität" zu sehen ist. Wichtig ist, daß der Begriff im Sinne von Klix unabhängig von jeder konkreten Sprachverwendung als selbständige kognitive Größe isolierbar ist, obwohl er zusammen mit einer Menge von Wortbedeutungen (Sememen) und dem Bedeutungsumfang eines Monems eine qualitativ gleiche substantielle Einheit bilden kann. Existiert nur ein einziges Semem, so ist dieses zugleich das Signifikat, und die Substanzeinheit ist auch quantitativ gegeben. Das ist aber selten der Fall. Häufiger sind die Fälle, in denen einem Signifikat viele Sememe zugeordnet sind, die sich überschneiden können. Die Unterschiede derartiger Sememe sind zu analysieren, wenn polyseme Wörter mit den zugrundeliegenden Wahrnehmungsverhältnissen zu vergleichen sind.

Eine Veranschaulichung der Unterschiede und möglichen Relationen bietet die Variation des Heger-Modells durch K. Baldinger.[374] An Baldingers Diagramm wird deutlich, daß ein Semem, das man mit Blanke als "die unter Einwirkung des Wortgebrauchs im Satz oder einer kontextuellen Disjunktion aus dem Bedeutungsumfang herausgenommene einzelsprachliche Wortbedeutung"[375] definieren kann, sich auf wenige Seme ("kleinste distinktive, mentale Bedeutungseinheiten"[376]) des Begriffs beziehen kann, während der Begriff noch viele andere umfaßt. Auf die anderen Seme eines Begriffs beziehen sich andere Sememe, dabei z.B. auch solche, die mit dem ersten Semem ($Semem_1$) ein Sem gemeinsam haben, im Diagramm z.B. $Semem_2$. Das gemeinsame Sem bringt es mit sich, daß beide Sememe ($Semem_{1\ und\ 2}$) ein gemeinsames Signifikat haben, obwohl sie nicht dieselben Begriffs-Seme enthalten. Das gemeinsame Signifikat fixiert ein einheitlicher Wortkörper.

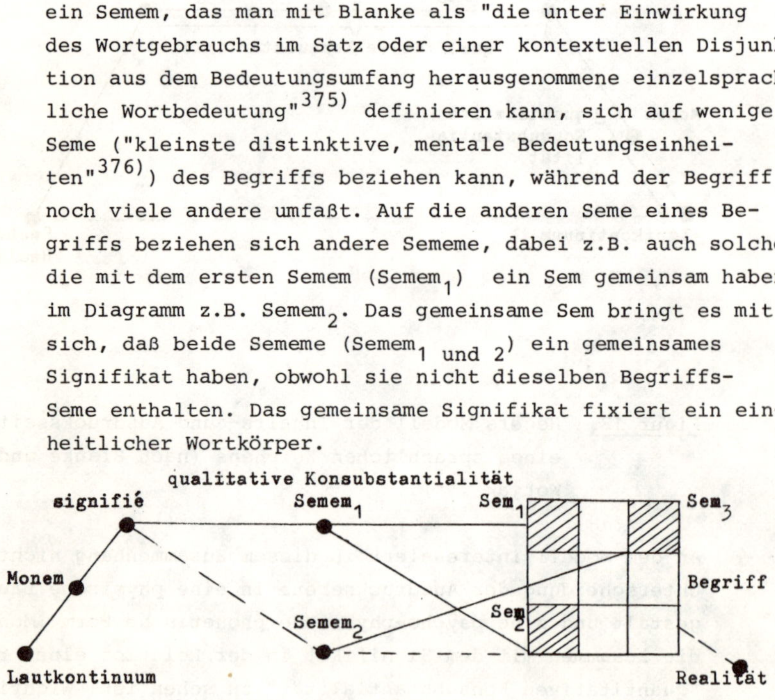

Figur 13: Skizze von Baldinger zum Verhältnis zwischen Begriff und Semem in der Variation von Wotjak[377]

Am Beispiel des Satzes über den Jungen im Zugabteil lassen sich die skizzierten Relationen folgendermaßen verfolgen: Ein Schüler schreibt den Satz: "Der Junge saß traurig im Zugabteil." Darin ist die Buchstabenfolge "t-r-a-u-r-i-g" als verschriftlichtes Lautkontinuum der Körper der bedeutungshaltigen Monem-Form mit etwa folgendem Bedeutungsumfang: /schmerzerfüllt/, /bedauerlich/, /unerfreulich/, /erbärmlich/ etc.[378] ... (alle laut Lexikon möglichen Bedeutungsmerkmale des Wortes "traurig"). Diesem Signifikatumfang können mehrere Sememe zugeordnet werden, z.B. /traurig/ im Sinne von/**im Stimmungstief/ und /traurig/ im Sinne von /unerfreulich/.** Beide Sememe haben mindestens ein begriffliches Sem (Sem_2) gemeinsam, nämlich z.B. /beklagenswert/. Daneben besitzt jedes Semem aber andere nicht gemeinsame Seme, z.B. $Semem_1$ /Stimmungstief/, $Semem_2$ /unangenehmer Eindruck/. Der Begriff umfaßt alle diese und noch viele andere Seme, die der Merkmalsdifferenzierung und Abstraktion zu verschiedenen Orientierungsanlässen in der Erfahrung des Schülers entstammen. In das Semem gehen demnach auch Seme ein, die nicht objektiv erfaßbaren Merkmalen des Objekts entsprechen, sondern z.B. den "innerhalb einer Sprachgemeinschaft üblicherweise mit der betreffenden Bezeichnung ausgelösten emotionalen und ästhetischen Wertungen, vorausgesetzt, daß diese in den linguistisch relevanten Durchschnitt eingegangen sind."[379]

Die vor diesem Hintergrund zu sehende Ausgangsbasis für den linguistisch-semantischen Teil dieser Untersuchung soll eine letzte Variante des Heger-Modells verdeutlichen, nämlich die von Vernay[380] differenzierte Baldinger-Variante, die Blanke veränderte:

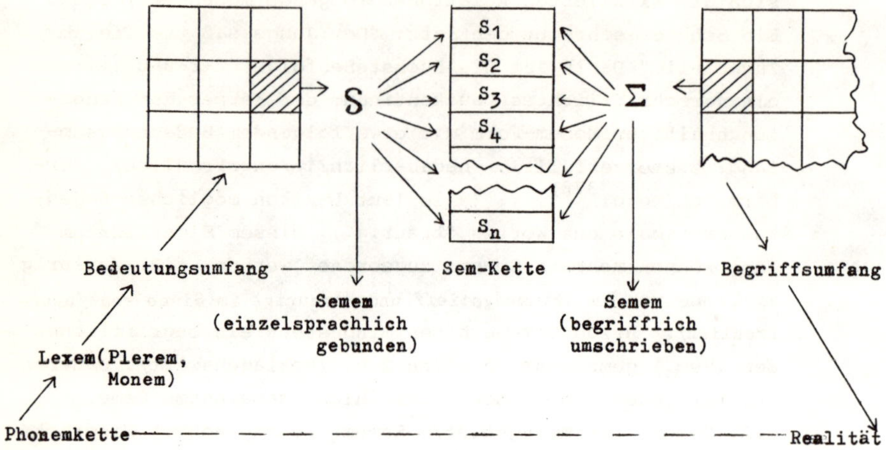

Figur 14: Variation des Baldinger-Modells von Vernay und Blanke zum Verhältnis zwischen Sememen und Semen, Signifikat und Begriff (geringfügig verändert)

Dieses Modell betont die Offenheit des Begriffs für weitere Semveränderungen und das Verhältnis zwischen begrifflicher Bedeutung als begrifflichem Semkomplex und einer sprachlichen Bedeutung im Semem-Verband.[381)]

Es läge nun angesichts der von Klix vertretenen Auffassung von der Überführung einer Tiefenstruktur der Informationsquelle in eine sprachliche Oberflächenstruktur nahe, sich die kontextuelle Einbettung eines Lexems und damit eines Semems in den Satzverband nach der Theorie der interpretativen Semantik Chomskys[382)] oder der generativen Semantik Lakoffs[383)] vorzustellen und ein entsprechendes Analyseverfahren zu benutzen.[384)] Hier soll das wegen der grundsätzlichen Mängel dieses semantischen Ansatzes unterbleiben, die von Kutschera mit Hilfe logischer Kriterien nachweist.[385] Vor allem bleibt bei Chomskys Ansatz "völlig offen, wie die Menge der semantischen Kategorien zu bestimmen ist."[386] Dieser Vorgang ist hier aber als nächstes zu erörtern. Dabei sollen nur die grundlegenden Ausgangspositionen geklärt werden, weil die benutzten Analyseverfahren bei der Entwicklung der Kategorien zu erläutern sind.

Es geht darum, die Seme zu ermitteln, die ein Semem im Satzverband besitzt, da diese mit den filmischen Bedeutungseinheiten verglichen werden sollen. Nun begegnet dem Analytiker aber nicht das Semem in direkt greifbarer Erscheinung, sondern die Graphemkette eines Lexems, von dem er zunächst einen Bedeutungsumfang im Lexikon der deutschen Sprache erfahren kann. Diese sogenannte "lexikalische Bedeutung" ist "der semantische Komplex aller möglichen semantischen Varianten, die Bedeutungspotenz".[387] Sie abstrahiert von allen möglichen Kontexten und beschreibt damit einen Umfang, den ein Semem im Kontext in der Regel niemals aufweist.[388] Insofern ist sie für diese Untersuchung jeweils nur zum Teil relevant, und es ist unergiebig, diesen Teil vom übrigen Bedeutungsumfang abzuheben, da dieser ja für den betreffenden Kontext gar nicht in Frage kommt.

Für die Sem-Ermittlung des Wortes "abgespannt" in dem Satz: "Der Junge sitzt abgespannt im Zugabteil" ist es wenig ergiebig, im Lexikon zu erfahren, daß auch Pferde "abgespannt" sein können, selbst wenn sie noch frisch und munter sind. Das Sem im Pferde-Zusammenhang ist kein Sem des Semems im Beispielsatz.

Relevant für die Sem-Ermittlung eines Semems sind lediglich die Seme, die das Semem von denjenigen seines Paradigmas unterscheiden, d.h. von der Gruppe der Sememe, die an derselben Stelle im Satzkontext möglich wären.
Es interessieren an dem Semem von "abgespannt" somit die Seme, die es von den Sememen der Lexeme "erschöpft", "müde", "erledigt" etc. unterscheiden.

Damit fragen wir nach der Stellung des Lexems in dem semantischen Feld[389], das vom Satzkontext festgelegt wird, oder nach der Stellung innerhalb eines "Wortfeldes" im Sinne von E. Coseriu.[390] Coseriu definiert:

"Ein Wortfeld ist in struktureller Hinsicht ein lexikalisches Paradigma, das durch die Aufteilung eines lexikalischen Inhaltskontinuums unter verschiedene in der Sprache als Wörter gegebene Einheiten entsteht, die durch einfache inhaltsunterschiedene Züge in unmittelbarer Opposition zueinander stehen."[391]
Ein Paradigma ist hier ein System von Oppositionen "an einer bestimmten Stelle der chaîne-parlée"[392], aus dem der Sprecher oder Schreiber sein Wort ausgewählt hat.

Ein derartiges Wortfeld besitzt nicht die Prinzipien des Trier-Weisgerberschen Wortfeldes, nämlich das Prinzip der "Ganzheit, Geordnetheit, Wechselbestimmtheit, Vollständigkeit, Wohlgeschiedenheit" und "Lückenlosigkeit",[393] weil es kein Bestandteil der Struktur einer sprachlichen "Zwischenwelt" zu sein beansprucht.[394] Es genügt darum, von einer vorläufigen Abgrenzung des Paradigmas mit Hilfe der "Begriffsgruppen"[395] im "Deutschen Wortschatz" von Wehrle-Eggers[396] auszugehen und mit Hilfe linguistisch-semantischer Techniken die distinktiven Bedeutungseinheiten zu isolieren.[397] Dabei darf aus den oben genannten Gründen eine Begriffsgruppe nicht mit einem Wortfeld verwechselt werden.
Ebenso bildet die Menge der von allen Schülern in einen Satzkontext eingefügten Wörter ein Paradigma, das zum Zweck der hier erforderlichen Analyse als ein Wortfeld aufgegliedert werden kann.

Auf diese Weise lassen sich die Seme eines Lexems unabhängig vom dahinterstehenden Begriff und den Merkmalen eines speziellen Objektes differenzieren (obwohl sie in der Regel dann unter Hinzuziehung von allgemeinen Merkmalen beschrieben werden) und dann zu den vom Film selektierten bzw. betonten Objektmerkmalen in Beziehung setzen. Anderenfalls

ergäbe sich eine "self-fulfilling prophecy", die zeigt, daß Objektmerkmale mit Wörtern beschrieben werden, die mit diesen Objektmerkmalen charakterisiert wurden und somit diesen entsprechen müssen.
Lexeme werden nicht nur durch die Opposition zu anderen desselben Paradigmas identifizierbar, sie werden auch strukturierbar, z.B. nach der Art ihrer Oppositionen[398], nach einer gemeinsamen Semklasse, nach Über- und Unterordnungen, bestimmten Dimensionen etc.[399] Die Anzahl der Sememe eines Lexems (vgl. Figur 13) wird dabei an der Zugehörigkeit eines Lexems zu mehreren Wortfeldern deutlich und überprüfbar.

Da die Wortfeldanalyse nur mit Wörtern vorgenommen wird, die dem "primären Wortschatz" angehören und nicht mit Modifikationen, Komposita u.ä. Nuancierungen[400], sind derartige Wörter zusätzlich in einer Analyse "sekundärer Strukturen"[401] zu erfassen. Dies geschieht ebenfalls im Paradigmenzusammenhang mit Hilfe von Kontextanalysen, Kollokationsproben, Ersatzproben[402] u.ä. linguistischen Techniken.

Die Darstellung der Analyseergebnisse erfolgt in jedem Fall in Form einer Matrix, wie sie in der Merkmalssemantik von Greimas, Pottier, Wotjak u.a.[403] üblich ist. Dies ist genauer im Zusammenhang der Kategorienentwicklung zu erläutern.

Daß die Analyse der sprachlichen Bezugnahme auf die gefilmten Objekte auf der Basis der Wortfeldtheorie der strukturellen Semantik erfolgen soll, bedeutet nicht, daß hier alle Implikationen akzeptiert und die Differenzen zwischen den einzelnen Vertretern der Konstituentenanalyse übersehen werden. Es ist in diesem Rahmen jedoch nicht möglich, alle speziellen Fragen zu diskutieren. Die Wortfeldanalyse wird auch keinesfalls als die einzig brauchbare Methode der Wortschatzdifferenzierung angesehen. Unter "Feld" wird kein universaler Strukturbegriff verstanden, sondern ein "heuristisches Hilfsmittel zur Anschaulichmachung von Struktur"[404] im Sinne eines Relationensystems, das sich ständig

verändern kann.[405] Hier wird die Konstituentenanalyse hauptsächlich deshalb benutzt, weil sie sprachliche Seme so zu isolieren erlaubt, daß diese filmischen Semen gegenübergestellt werden können.
Die Unfähigkeit der gegenwärtigen konstituentenanalytischen Ansätze zur Erstellung objektiver allgemeingültiger semantischer Strukturbeschreibungen wird dabei nicht übersehen.[406]

5.5.3 Zusammenfassung

Die Analyse der distinktiven sprachlichen Bedeutungseinheiten (Seme) ist unabhängig vom Begriff und damit von den Möglichkeiten kognitiver Wahrnehmungsverarbeitung vorzunehmen, obwohl die begrifflichen Bedeutungseinheiten mit den sprachlich im Kontext artikulierten in Verbindung stehen.

Die Seme einer Wortbedeutung im Kontext (eines Semems) sind im Rahmen des Lexem-Paradigmas mit Hilfe linguistisch-semantischer Analysetechniken zu ermitteln, d.h. im Rahmen eines Wortfeldes im Sinne von E. Coseriu mit Mitteln der strukturellen Semantik, der semantischen Konstituentenanalyse.

6 Variablen, Erhebungsinstrumente und Hypothesen

6.1 Film

6.1.1 Variablen

6.1.1.1 Syntagmen

Die grundsätzliche theoretische Klärung der filmischen Gliederungsmöglichkeiten im Rahmen des oben genannten "kinematographischen Kodes" diente der Orientierung über die Möglichkeiten des Films, Erkennungseinheiten zu präsentieren, zu variieren und zu kombinieren. In diesem Zusammenhang waren die Mittel der Kameraführung und des Schnitts "Figuren", die die kleinsten Erkennungseinheiten (Zeichen) in ihrer Bedeutung zu variieren vermochten. Von der Wahrnehmungs- und Denkpsychologie wurde die Möglichkeit dieser Bedeutungsveränderung bestätigt.

Da jedoch sämtliche Gliederungselemente immer im Zusammenhang ihres jeweiligen Kontextes zur Wirkung gelangen, ist zunächst der Stellenwert der Filmgestaltungsmittel innerhalb eines Filmkontextes noch zu bestimmen, damit die Beziehungen zu den übrigen größeren und auch andersartigen Elementen angemessen berücksichtigt werden können.

Die Hauptschwierigkeit bei der Isolierung von Filmvariablen unter gleichzeitiger Ermittlung ihres Stellenwertes im Kontext liegt in der Strukturkomplexität desselben. Grundsätzlich lassen sich nach Ruesch und Kees[407)] zwei Informationskanalklassen unterscheiden: eine Klasse von Kanälen mit digitaler Information (z.B. Buchstaben, Worte, Zahlen), die klar definierte Struktureinheiten besitzen und eine von der Bedeutung getrennte syntaktische Analyse ermöglichen, und eine Klasse von Kanälen mit "analoger Information" (z.B. Bilder, Gesten, Intonation), die diese Abstraktheit nicht besitzen, weil sie den Empfänger dadurch informieren, daß sie ihm Analogieschlüsse zum Objekt, über das informiert wird, ermöglichen und darum immer Gemeinsamkeiten mit diesem enthalten, von denen nicht abstrahiert werden kann. Inwiefern es eine Frage des Forschungsstandes ist, analoge Information auf digitale zurückzuführen, soll hier offen bleiben.[408)] Beide Klassen sind im Film in sechs Unterteilungen vertreten:

"Digital Channels

Audio verbal:	Video verbal:
The words actually used in narration or dialogue	Printed words and symbols projected on the screen as titles, etc.

Analogic Channels

Audio nonverbal:	Video nonverbal:
Sound effects, music, other nonverbal auditory cues.	The visual component of motion pictures, including action portrayed, gestures, facial expressions, physical objects, settings.

Audio paraverbal:	Video paraverbal:
Inflections and intonations associated with spoken words, including characteristic accents and oral expressions used as words.	Embellishments and elaborations on the printed words and symbols used in the video verbal channel."[409)]

Nimmt man nicht die Sprache als Unterscheidungskriterium, sondern filmische Funktionen, lassen sich vier unabhängige Züge isolieren: Naturgeräusche, Musik, Worte, Bilder. Die eigentliche Leistung des Filmproduzenten ist die Kombination dieser vier Züge durch Montage, so daß eine Botschaft entsteht, die mehr ist als die Summe ihrer Einzelteile, weil alle diese aufeinander bezogen sind.
Es entstehen auf diese Weise "horizontale und vertikale Beziehungen", die Pryluck vereinfacht skizziert[410)]:

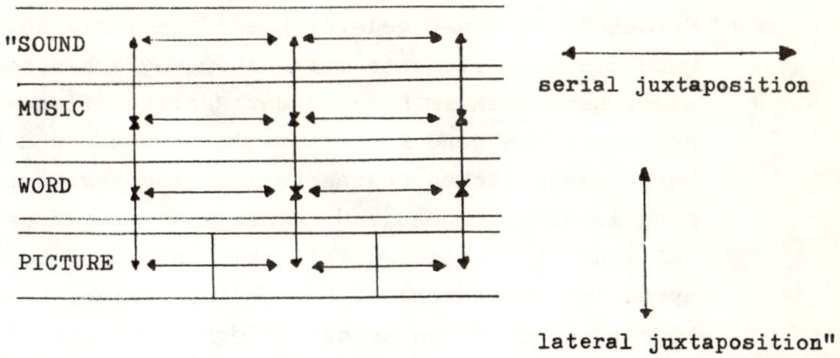

Figur 15: Kanal-Interaktionen beim Film nach Pryluck

Das Verständnis der Effekte einzelner Komponenten kann angesichts der Komplexität der Gesamtgestaltung "nur ein Anfang, eine Grundlinie" sein. "Das fundamentale Problem filmischer Kommunikation ist", wie Pryluck mit Recht betont, "the interaction of these individual effects, serially and laterally."[411)]

In dieser Untersuchung werden die Tonvariablen nur im Zusammenhang einer Filmfassung, die einmal mit und einmal ohne Ton Vergleichsgruppen vorgeführt wird, berücksichtigt. Ansonsten separieren wir den Bildkanal und präsentieren tonlose Fassungen.

Allein die Erarbeitung der Grundlinie, die diese Untersuchung anstrebt, sieht sich auf dem Bildkanal mit einer Komplexität konfrontiert, deren Analyse hologrammartig die Schwierigkeiten der Gesamtfilmanalyse widerzuspiegeln scheint.

Selbst wenn man wie hier durch "Channel Separation"[412)] den Bildkanal isoliert, steht man zunächst vor der Frage, auf wen die Zeichenwirkung zurückzuführen ist, auf die abgebildeten Gegenstände oder auf das Abbild. Nach P.P. Pasolini z.B. ist das eigentliche Zeichensystem, das dem Film ermöglicht, Botschaften zu übermitteln, die Realität selbst, deren Objekte das Publikum als "Symbole der visuellen Sprache"[413] lesen gelernt hat[414] und die auf der Leinwand die Grundelemente der "kinematographischen Sprache" ausmachen. Auch im Bereich der Realität liegen, wie U. Eco aufzeigt, genügend Konventionalisierungen und Kodes vor, um in wesentlichen Bestandteilen eine strukturelle Beschreibung zu ermöglichen (z.B. Kinesik, Proxemik usw.[415]), so daß man dort Variablen isolieren und deren Korrelation mit sprachlichen Variablen von Schülerleistungen ermitteln könnte. Diese Kodes können jedoch nicht Spezifika des Films und damit der Wahrnehmungssteuerung genannt werden. Damit Filmgestaltungsmittel kontrolliert variiert und ihre Wirkungen isoliert werden können, sind die Objekte konstant zu halten. Eine präzise Analyse der Botschaft, die speziell der Bildkanal überträgt, als Signifikat der sprachlichen Bezugnahme, verlangt, daß dieses in exakt abgegrenzte Elemente gegliedert werden kann. Sollen seine Gesetzmäßigkeiten erfaßt werden, ist man auf der Suche nach semantischen und syntaktischen Regeln eines Kodes, der die Bedeutung, Zusammensetzung und Kombination der Elemente definitiv bestimmt.[416]

Nun ist U. Eco im Hinblick auf den Kode-Begriff äußerst großzügig, voller Hoffnung auf spätere Forschungsergebnisse und oft naiv analogiefreudig. So spricht er "der Einfachheit halber"[417] von Kodes, wo "einfache Repertoires"[418] vorliegen. Es erhebt sich aber bei der Suche nach Regeln exakt definierter Analysekategorien die Frage nach lexikon- und grammatikähnlichen Systematisierungen, in denen die Gestaltungsmittel ihren festen Platz haben.

Der Versuch, die Botschaft des Films mit den Methoden der Textanalyse zu erfassen und auf ein zugrundeliegendes Zeichensystem zurückzuführen, das der Sprache bis in ihre Wortbildungs- und Grammatikregeln hinein vergleichbar ist,[419] scheitert jedoch grundsätzlich an dem unterschiedlichen Verhältnis von Wort und Bild als Bedeutungsträger (Signifikanten) zum Gegenstand der Bedeutung (Signifikat),[420] wie er im Zusammenhang des Theoriebezuges zur Semiotik geklärt wurde. Er sei jedoch hier noch einmal unter dem Aspekt des Unterschiedes zur Sprache aufgegriffen, weil hier die Entscheidung zu treffen sein wird, in welchem Umfang die Filmgestaltungsmittel mit Merkmalen z.B. eines Wortes zu vergleichen sind, wenn das Wort mit seinem Bezugsobjekt in Beziehung gesetzt werden soll. Was ist denn das Bezugsobjekt z.B. des Wortes "traurig" bei dem oben eingeführten Beispiel der Haltung des Jungen im Zugabteil? Ist es die Haltung während eines Bildes, während einer Einstellung, während einer Einstellungskombination, weil der Gegenblick des Onkels, der ja nur dazwischengeschaltet ist, den Ausdruck für die Haltung des Jungen im oben erwähnten Sinne beeinflußt hat? Die Schwierigkeiten entspringen der grundsätzlichen Problematik der Mediendifferenz.

Während die Sprache digital informiert, indem sie "symbolische"[421], "arbiträre"[422], rein durch Konvention bestimmte Zeichen nach rein konventionellen Regeln bildet und kombiniert, besitzt das Zeichenmaterial, das die Filmbotschaft "analog" übermittelt, diese Distanz zwischen Signifikant und Signifikat nicht. Es informiert durch eine "repräsentische Rede"[423] von Bildern, die mit "perzeptiver Genauigkeit das Ereignis, das signifié, dessen signifiant" sie sind, reproduzieren[424] und deshalb, wie Christian Metz formuliert, "ein offenes, schwerlich zu kodifizierendes System mit nicht-diskreten Grundeinheiten" und "zu natürlicher Verständlichkeit"[425] bilden. Die Abstraktheit der Sprache ermöglicht es, ihre Struktur unabhängig von der Bedeutung als potentielles System (langue) zu analysieren und auf zweifache Weise zu gliedern: in gestaltbildende Elemente mit einem Minimum an Eigenbedeutung (Morpheme) und rein distinktive Elemente ohne Eigenbedeutung (Phoneme).[426] Signifikanten, die das Reizmuster ihres Signifikats provozieren (s.o.), können nicht unabhängig von diesem analysiert und auf bedeutungslose Einheiten reduziert werden, sie sind immer "aktualisierte Einheiten der Rede"[427], die eine parole konstituieren, der die langue fehlt. Diese Tatsache hat schwerwiegende Konsequenzen für die Generalisierbarkeit unserer Untersuchungsergebnisse. Jeder Film, und zwar auch eine statistisch abgesicherte repräsentative Auswahl von Filmen, stellt immer eine filmische Rede oder Botschaft dar, der im ganzen kein abstraktes, allgemeingültiges Regelsystem zugrundeliegt, auf das vom Einzelbeispiel geschlossen werden könnte.

Aus diesem Grunde kann die Zuordnung zwischen filmischen und sprachlichen Einheiten zum Zweck der statistischen Korrespondenzermittlung nicht über kleinste Einheiten erfolgen, die ja in einer Grammatik beider Medien verankert sein müßten, um verglichen werden zu können. Der Vergleich erfolgt über Redeganzheiten, geschlossene Aussagen, die inhaltlich verbindbar sind und innerhalb derer dann die kleinsten Merkmale zueinander in Beziehung gesetzt werden können. Konkret: Da wir für ein einzelnes Wort keine Entsprechung im Film finden, gehen wir von einer Aussage, einem Satz aus und ordnen ihm alle die Einstellungen zu, die den Inhalt des Satzes repräsentieren. Die semantischen Merkmale des Wortes, das die zentrale Prädikation des Satzes enthält, vergleichen wir mit den elementaren "Figuren" des Einstellungskomplexes.
Zu diesem Verfahren sind zunächst möglichst formale Charakteristika von Einstellungskomplexen zu erfassen, die die Mitgliedschaft einer Einstellung zu diesen prägen können.

Christian Metz beschränkt sich darauf, als "fürs erste unentbehrlichen Bezugspunkt" seiner "Semiologie des Films" die "Einstellung" anzunehmen, im Bewußtsein, daß es sich hierbei nicht um das kleinste Element der filmischen Bedeutung handelt, sondern um "das kleinste Element der filmischen Kette", "eine schon komplexe Einheit"[428], die "Realitätsblöcke" repräsentiert und am ehesten einem sprachlichen Satz entspricht.[429] Sie ist Grundbestandteil der sogenannten "großen Syntagmen" (Filmsegmente auf dem Größenniveau von Sequenzen). Mit deren Systematisierung entwirft Metz eine Rhetorik, die zugleich die seiner Meinung nach einzig mögliche Grammatik des Films ist, weil im

Film "die Konnotation nichts anderes als die Form der Denotation" ist.[430] Das heißt, die Menge der möglichen Assoziationen wird im Film von der Repräsentationsform des eigentlich Gemeinten aktualisiert. Die Figuren dieser Rhetorik sind

"1) signifikativ (im Gegensatz zu 'distinktiv'),
 2) diskret,
 3) von großer Dimension,
 4) für das Kino typisch und allen Filmen gemeinsam"[431],

"wobei die Länge und die innere Komposition der angeordneten Elemente (d.h. der ... Bilder) vollkommen freigestellt ist."[432]

Für diese Untersuchung sind fünf der acht großen Syntagmen von Metz auf Grund der genannten Eigenschaften als Variablen auf der Ebene der Einstellungskombination brauchbar, obwohl sie als rein rhetorische Figuren gelten sollen, die mit einer "Grammatik" nichts gemein haben. Daß die Mitgliedschaft zu einem Syntagma als dem Kontext einer Einstellung die Wirkung der Einstellungsgestaltung mitbestimmt, haben die Ergebnisse von W. Schulz u.a. gezeigt.[433]

Weil sie "allen Filmen gemeinsam" sind, wenn man diese Montageformen so weit gefaßt versteht, wie es ihre Diskretheit erlaubt,[434] ermöglichen sie eine, wenn auch sehr bedingte Übertragbarkeit der Untersuchungsergebnisse im syntagmatischen Bereich. Als "diskrete" Einheiten gewährleisten sie eine präzise Beschreibung, zu der sie allerdings genauer charakterisiert werden müssen. Weil sie "signifikativ" sind, lassen sie Korrelationen mit sprachlichen Elementen der Textproduktion erwarten.

Dichotomisierend unterscheidet Metz folgende Syntagmen:

1) Die "Autonome Einstellung" steht allen Syntagmen mit mehreren Einstellungen gegenüber und stellt als "Sequenzeinstellung" einen größeren Zusammenhang ohne Unterbrechung dar. Als "Einfügung" streut sie Zusatzinformationen interpolierend ein, um Vergleiche zu ermöglichen, Gedanken o.ä. zu verdeutlichen, Verfremdungseffekte zu bewirken oder Details zu betonen.

Die Syntagmen mit mehreren Einstellungen lassen sich in "achronologische und chronologische" unterteilen, je nachdem, ob sie die zeitlichen Verhältnisse der Objekte definieren; von den achronologischen gibt es zwei, die in dieser Untersuchung nicht analysiert werden und hier nur zur Abhebung der übrigen von ihnen mit beschrieben werden sollen:

2) Das "parallele Syntagma" verflicht zwei oder mehrere Motive ohne Zeitfixierung und überhöht so ihren Vergleich symbolisch (z.B. "Szenen aus dem Leben der Reichen und dem der Armen").

3) Das "Syntagma der zusammenfassenden Klammerung" reiht nicht zwei oder mehrere Motive, sondern zwei oder mehrere Beispiele eines Motivs aneinander und stellt so "ein filmisches, gewissermaßen stotterndes Äquivalent zur Begriffs- bzw. Kategorienbildung" dar (z.B. Szenen der Zerstörung, Bombardierung, Trauer zum Begriff "Kriegselend").

Zu den chronologischen Syntagmen gehört

4) das "deskriptive Syntagma", das die Simultaneität von Ansichten eines Objektes oder einer Handlung in Fortlaufenden Bildern präsentiert, z.B. die Beschreibung eines Produkts oder seiner Produktion durch die Kombination simultaner Aspekte.

Die Alternative sind die "narrativen Syntagmen", die eine Zeitabfolge darstellen. Sie sind wiederum dichotomisierbar in

5) das "alternierte Syntagma" (= "alternierte Montage", "parallele Montage", "Synchronismus"), das zwei oder mehrere Ereignisserien alternierend verflicht (z.B. Bilder der Verfolger und der Verfolgten), und

die "linear narrativen Syntagmen", die sich auf zweifache Weise auf einen Handlungsstrang konzentrieren:

6) Die "Szene im eigentlichen Sinne" entspricht einer Theaterszene, die die Einheit der Zeit und des Ortes wahrt, die Zeitfolge kontinuierlich wiedergibt.

Die "Sequenzen" gehen "diskontinuierlich" vor, sparen Unwichtiges aus, bleiben aber bei einer Handlung, und zwar wiederum auf zweifache Weise, als

7) "gewöhnliche Sequenz", die "unorganisiert" Uninteressantes überspringt, und als
8) "Sequenz durch Episoden", in der "symbolische Zusammenfassungen eines Stadiums einer ziemlich langen Entwicklung" erscheinen, um diese zu verdichten.[435] Diese kommt ebenfalls im Analysefilm nicht vor.

Da uns ihre Auswirkungen auf die sprachliche Reaktion der Schüler interessiert, fragen wir nach dem "signifikativen" Aspekt aller Syntagmen und versuchen zunächst, ihren Zeichencharakter systematischer, als Metz es tut, zu beschreiben.

An der Charakterisierung der Signifikationsweisen der acht Syntagmen soll hier zugleich demonstriert werden, welchen Vorteil die Analyse einer Informationsquelle mit sich bringt, die als Botschaft aus Zeichen semiotisch dekodiert werden kann. Die Syntagmen stellen Superzeichen dar, die nach stilistisch-rhetorischen Regeln filmische Zeichen organisieren (superisieren[436]). Ihre dichotomische Definition durch Metz[437] erlaubt eine direkte semiotische Analyse nach Redeganzheiten ("univers du discours") im Sinne von Prieto.[438] Dabei wird evident, daß es sich bei der Zeichenhaftigkeit und Bedeutung visueller Zeichen immer nur um Organisationsformen von Wahrnehmungsverhältnissen handeln kann. Dies erleichtert hier wiederum die Rückschlüsse auf die allgemeine Wahrnehmung und ihre Auswirkungen auf die Sprachverwendung, da das, was als "Bedeutung" der visuellen Elemente beschrieben wird, immer nur "Sichtweisen des Objektes" sind. Sie sind als vorläufige Charakterisierungen anzusehen, die erst durch die Ergebnisse dieser Untersuchung, d.h. durch ihre Auswirkung auf die sprachliche Verarbeitung, differenzierter beschreibbar sind.

Im Sinne Prietos bilden alle acht Syntagmen als geschlossener Katalog der Syntagmenmöglichkeiten das "sematische Feld"[439] auf dieser Ebene, dem das "noetische Feld"[440] aller durch die Syntagmen ermöglichten Weisen, die Objekte zu sehen, zugeordnet ist.

Die Realisation eines Syntagmas, z.B. der Autonomen Einstellung, macht nun aus dem sematischen Feld ein "univers du discours", d.h. die Menge aller in Frage kommenden Möglichkeiten, die aber nun schon durch eine verwirklichte Möglichkeit (das Autonome Syntagma) aufgeteilt wird.

Das Autonome Syntagma bestimmt jetzt nämlich nicht nur die Sicht des Objektes (signifiziert das Objekt) durch die von ihm selbst ermöglichten Sichtverhältnisse, sondern auch dadurch, daß es alle übrigen in Frage kommenden Syntagmen und damit alle irgendwie unterbrochenen Sichtweisen der übrigen Syntagmen ausschließt, was dem syntagmengewöhnten Zuschauer etwas bedeutet. Die Bedeutung eines Syntagmas läßt sich also nicht nur durch die ihm eigenen Wahrnehmungsverhältnisse beschreiben, sondern zusätzlich durch die von ihm ausgeschlossenen. Dies läßt sich bei allen Syntagmen weiter fortführen. Entsprechend wird später bei den Gestaltungsmitteln verfahren.

Orientiert am "Syntagmen-Stammbaum" von Metz besitzt ein Syntagma so viele Aspekte zur Beschreibung seiner Bedeutung, wie es Knoten im Verzweigungsnetz aufweist:

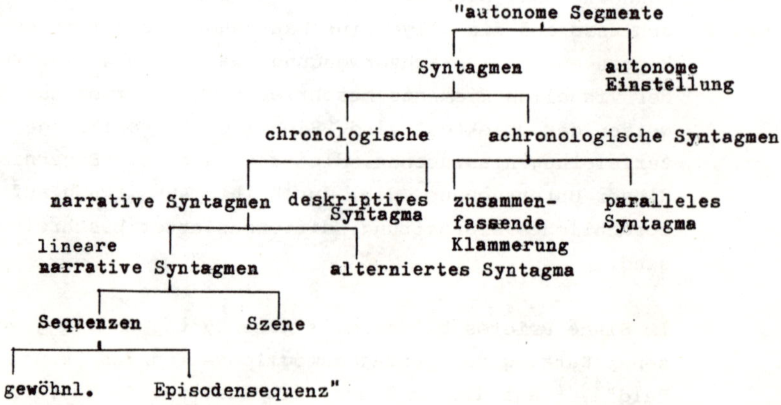

Figur 16: Syntagmenstammbaum von Metz, S. 198[441)]

Ein Syntagma mit sechs Knoten am Ende des Stammbaums kann demnach vor der empirischen Untersuchung und ihren Ergebnissen schon durch sechs Aspekte semiotisch beschrieben werden: Eine gewöhnliche Sequenz ist charakterisierbar durch ihre Mitgliedschaft in sechs "univers du discours":

(1) als unterbrochenes Syntagma schließt sie Ununterbrochenheit aus,
(2) als chronologisches Syntagma die Zeitlosigkeit,
(3) als narratives Syntagma die Simultaneität,
(4) als linear narratives Syntagma die Alternation,
(5) als Sequenz die ununterbrochene Zeitlich- und Räumlichkeit der Szene,
(6) als gewöhnliche Sequenz die Verdichtung der Episodensequenz.

Diese an der Informationstheorie und ihrer binären Aufgliederung der Möglichkeiten[442] orientierte semiotische Analyse erleichtert dieser Untersuchung die Zusammenfassung von Kategorien zu größeren Einheiten, wie es die statistische Analyse der Daten erforderlich machen kann, wenn Signifikanzen ermittelt werden sollen.

Beim folgenden Überblick ist das noetische Feld der Syntagmen in die drei Bereiche der Bühlerschen[443] Zeichenfunktionen aufgeteilt worden.

Da man davon ausgehen kann, daß jede Einstellungsmenge, die das Signifikat eines sprachlichen Satzes repräsentiert, auch zu einem der acht Syntagmen gehört, ist diese Zugehörigkeit auch ein Teil der Bedeutung dieser Einstellungsmenge, die "filmische Äußerung"[444] genannt werden soll.

Die Syntagmenzugehörigkeit der filmischen Äußerung ist demnach die erste Filmvariable, deren Korrespondenz mit semantischen Merkmalen der sprachlichen Äußerung untersucht wird.

Tabelle 5: Zeichenfunktionen der 8 Großen Syntagmen von Chr. Metz

Zeichenfunktion / Syntagma	Präsentation der Sache als:	Bewertung durch den Autor als:	Aufforderung zur Aktivität als:
Autonome Einstellung (1) Sequenzeinstellung	überblickbarer, ununterbrochener Zusammenhang mehrerer Fakten	in jedem Augenblick wichtiges Ereignis	Vorstellung, dem Gesamtgeschehen beizuwohnen (Zeitbeurteilung)
(2) Einfügung	betont wichtiges Einzelelement, für das der Handlungsfluß unterbrochen wird	bei der Sicht des Zusammenhangs unbedingt zu berücksichtigende Einzelheit	Integration der zwangsläufig zu beachtenden Einzelheit in den Zusammenhang
Paralleles Syntagma	zeitunabhängiger Wechsel von Ereignissen zweier Bereiche	das allgemein Beachtenswerte am Vergleich beider Bereiche	selbständige Suche des "tertium comparationis" und dessen Generalisierung
Zusammenfassende Klammerung	zeitunabhängige Serie typischer Ereignisse eines Bereiches	das allgemein Beachtenserte an einem Bereich	selbständige Abstraktion der gemeinsamen und distinktiven Merkmale, Bezug auf den Gesamtbereich, Generalisierung
Deskriptives Syntagma	Ausschnitte eines räumlichen Zusammenhangs zum selben Zeitpunkt	relevante Aspekte einer Situation zur gleichen Zeit	ruhige, von keinem Zeitdruck beeinträchtigte Konzentration auf Erscheinungen einer Situation an einem Ort
Alterniertes Syntagma	chronologischer Wechsel von Ausschnitten aus mehreren Handlungen	entscheidende Konfrontation bestimmter Aspekte zweier Handlungen während ihres Verlaufs	vergleichende Entdeckung von Wechselwirkungen während des Handlungsprozesses
Szene	kontinuierlicher Zusammenhang von Einzelansichten eines räumlichen und zeitlichen Ganzen	dokumentarisch repräsentative Ganzheit einer Auswahl von Einzelaspekten an einem Ort zu einer Zeit	Sichhineinversetzen in die Situation unter realen Teilnahmebedingungen, gewohnten Sichtweisen
Gewöhnliche Sequenz	chronologische Serie ausgewählter Handlungsschritte	die Stellvertretung der Aktion durch eben diese Schritte	Ergänzung der Aussparungen im Sinne der gezeigten Ausschnitte
Sequenz durch	chronologische Reihe von Repräsentanten größerer Zusammenhänge	die Charakterisierung von Prozessen durch ihre Ergebnisse o.ä.	eigene Schlußfolgerungen von den Ergebnissen auf d. Prozesse

Die unterschiedlichen Arten der Syntagmengestaltung lassen deutlich werden, wie unterschiedlich auch die Einstellungen sein können, die zu einer geschlossenen Präsentation einer Objektsicht gehören. Ein Alterniertes Syntagma präsentiert z.B. die Sicht eines Verfolgten mit Hilfe dazwischengeschalteter Einstellungen des Verfolgers, evtl. mit Einfügungen Autonomer Einstellungen, die die Gedanken des Verfolgten demonstrieren, etc.

Es entsteht darum für diese Untersuchung das Problem, welche Einstellungen zu einer filmischen Äußerung gehören, die das Signifikat des sprachlichen Satzes repräsentiert, von dem noch dazu nur der zentrale Prädikationsträger als sprachliche Variable analysiert werden soll.

Gehören also zum Signifikat des Satzes "Der Neffe sitzt <u>traurig</u> im Zugabteil" nur alle Einstellungen, die den Neffen zeigen, oder auch die, die im Gegenblick den Onkel vergegenwärtigen, oder sogar die, die in Autonomen Einstellungen das Zugfenster zeigen, das rhythmisch hell und dunkel werdend signalisiert, daß ein Bahnhof in der Nähe ist?

Insofern die Metzschen Syntagmen "Informationsblöcke" darstellen (s.o.), die eine geschlossene Prädikation im Umfang eines Satzes enthalten, deckt sich ihr Umfang mit der einer filmischen Äußerung, und man ist geneigt, alle Mitglieder des Syntagmas zusammen als Signifikat des Sprachbezuges anzusehen. Schließlich hat Metz seine Einheit unter dem Aspekt derartiger Geschlossenheit konzipiert (s.o.), und diese Konzeption soll hier übernommen werden.

Dies hat jedoch schwerwiegende Konsequenzen. Zunächst einmal gilt dann das Zug-Abteil-Syntagma ebenso als Signifikat eines Satzes über den Onkel, z.B. "Der Onkel sitzt <u>wachsam</u> im Zugabteil". Ein und dieselbe filmische Äußerung kann also Signifikat mehrerer sprachlicher Äußerungen sein. Da der Orientierungsanlaß im Sinne von Klix (s.o.) jedesmal ein anderer ist, wird jedesmal eine andere Merkmalsprüfung vorgenommen, die im beschriebenen Sinne zur anderen Bezeichnung führen muß. Gehört dann jedoch die Einfügung des Zugfensters hinzu, obwohl der Onkel gar nicht in dessen Richtung blickt, wohl aber der Neffe? Es wird deutlich, daß eine unmittelbare mechanische Zuordnung hier nicht weiterhilft.

Es ist die Vorentscheidung zu treffen, welches Medium die Quantitäten als Informationsmengen bestimmt. Das ist in dieser Untersuchung die Sprache, da die Wahrnehmungsvoraussetzungen semantischer Merkmale der Sprachverwendung interessieren. Welche Einstellung zu der filmischen Äußerung gehört, die das Signifikat eines Satzes präsentiert, richtet sich nach dem Umfang und der Art der Information, die nötig ist, um in dem Satz die Prädikation realisieren zu können. Dabei ist es dann möglich, daß Einstellungen Informationen an mehrere Äußerungen liefern und darum in allen diesen zu berücksichtigen sind.

Da das Informationsinteresse der Schüler bei ihren sprachlichen Bezugnahmen immer auf den genannten Neffen und seinen Onkel konzentriert ist, werden alle Einstellungen, die andere Objekte zum Inhalt haben als die beiden Personen, auf ihren Informationswert in bezug auf diese befragt und Sätzen über diese zugeordnet.

Daß bei der Zuordnung Probleme zurückbleiben, weil die Subjektivität bei nicht-binären Informationsquellen nicht völlig ausgeschlossen werden kann, zeigt das Beispiel des Autonomen Syntagmas mit dem Zugfenster.

Man kann argumentieren: Das Zugfenster sieht nur der Neffe. Dessen Blick beeinflußt die sprachliche Bezeichnung der Stimmung, so daß ein Schüler schreiben kann: "Martin sitzt <u>entschlossen</u> im Zugabteil". Der Onkel sieht das Fenster nicht. Bei der Bezeichnung seiner Sitzweise kann also diese Einstellung keine Rolle spielen.

Man kann aber auch argumentieren: Der Schüler sieht den Onkel auf den Neffen blicken, während dieser zum Zugfenster schaut. Dieses filmische Arrangement provoziert den Schüler, bei seiner Bezeichnung die Wachsamkeit des Onkels zu betonen. Die Autonome Einstellung zählt mit als Lieferant des Signifikats.

Um die Subjektivität zu reduzieren, ist hier festgelegt worden, daß nur direkte Verbindungen zum Hauptobjekt einer sprachlichen Bezugnahme mit zum Signifikat zählen.

Entsprechend ist zu verfahren, wenn das Signifikat eines Satzes nicht ein ganzes Syntagma füllt, sondern als filmische Aussage nur ein Bestandteil des Syntagmas ist. Die Syntagmenzugehörigkeit bleibt eine Variable. Die Einstellungsmenge ist im beschriebenen Sinne abzugrenzen.

Es erübrigt sich hier also die Frage, ob eine Einstellung einem Satz entspricht oder ob ähnliche Zuordnungen zwischen filmischen und sprachlichen Elementen möglich sind. Derartige Zuordnungsvorschläge[445)] übersehen völlig die informationstheoretischen und -psychologischen Bedingungen.

Eine Einstellung kann den Informationsgehalt für viele Sätze bilden, ebenso wie ein Satz nur von vielen Einstellungen zu übersetzen sein kann. Das hängt ganz vom Kontext, von den Kommunikationsumständen etc., allgemein von der Unsicherheit ab, die die Einstellung bzw. der Satz beseitigt, diese wiederum vom Orientierungsanlaß. So kann durchaus ein einziges Wort den Informationsgehalt einer ganzen Einstellung übernehmen, wenn diese nur so viel Neuigkeit enthält, wie es dem Informationsgehalt des Wortes entspricht (weil z.B. vorausgegangene Einstellungen alle übrigen Informationen redundant gemacht haben), und das Informationsinteresse sich gerade auf diese Neuigkeit richtet.

6.1.1.2 Einstellungsebenen (Gestaltungsmittel)

Nach den bisherigen Ausführungen zum Umfang der filmischen Äußerungen (s.o.) ergibt sich als nächste zu beachtende Filmvariable die Anzahl der Einstellungen (EZ). Daß die Anzahl der Einstellungen und damit die Häufigkeit der Schnitte eine wichtige Rolle z.B. bei den Assoziationen zu Wörtern spielen, die sich auf den Filminhalt beziehen, hat Roger Penn in seiner Dissertation[446)] anhand von 45 Filmen mit Hilfe semantischer Differentiale nachgewiesen.[447)]
Es ist ein Unterschied, ob man ein Objekt mit einem einzigen ununterbrochenen Blick erfaßt und, falls es sich nicht selbst in unterschiedliche Positionen begibt, nur von einer Warte betrachtet, oder ob je nach Syntagmenart die Aspekte gewechselt werden.

Im Rahmen der einzelnen Einstellungen werden nun die Filmvariablen erfaßt, die die elementaren Wahrnehmungsverhältnisse realisieren, die Figuren im Sinne Ecos, auf die es dieser Untersuchung hauptsächlich ankommt. Die Einzelbilder, aus denen jede Einstellung besteht, sind im o.g. kinematographischen Kode Ecos die nächste Gliederungsstufe. Im Rahmen der Einstellung gleichen sie sich jedoch völlig bis auf die Veränderungen, die auch durch die Figuren erfaßt werden. Darum haben sie hier lediglich als Einstellungslänge (EL) eine quantitative Bedeutung, die jedoch in Sekunden gemessen werden soll, damit sie besser mit einer normalen Wahrnehmungsdauer verglichen werden kann. Im folgenden wird die Einstellungslänge zu den übrigen Filmgestaltungsmitteln gerechnet.

Als systematische Katalogisierung übernehmen wir die Tabelle von Ekkat Kaemmerling, der die Einstellung als "eine bestimmte Haltung der Kamera zum Objekt" und ihre "filmästhetischen Mittel" als Elemente einer "Rhetorik als Montage" benutzt[448)]:

Tabelle 6: Katalog filmästhetischer Mittel und Ebenen von E. Kaemmerling

"Ebenen (der filmästhetischen Mittel)	Äquivalenzkriterien und -relationen
1 Einstellungsgröße	Detail/Groß/Nah/Amerikanisch/ Halbnah/Halbtotal/Total/Weit
2 Einstellungsperspektive	Untersicht/Bauchsicht/Normalsicht/ Aufsicht
3 Einstellungslänge	m (sec., Bildkader)
4 Einstellungskonjunktion	Schnitt/Abblende/Aufblende/ Überblende ...
5 Belichtung	Unter-/Normal-/Über-/Mehrfach-Belichtung
6 Kamerabewegung	Schwenk/Parallelfahrt/Aufzugsfahrt/ Verfolgungsfahrt/Handkamera/ statische Kamera
7 Kamerabewegungsrichtung	oben/unten/links/rechts/Zoom
8 Objektbewegung	Haupt-/Nebenbewegung/im Vordergrund/ im Hintergrund
9 Objektbewegungsrichtung	heraus/hinein/entlang des Bildes
10 Achsenverhältnisse	z.B. spitzer Winkel mit Gleichläufigkeit der Achsen usw."

Die Gestaltungsmittel sind filmkundlich allgemein festgelegt[449)].

Joachim Paech demonstriert in seinem "Lexikon Schülerfernsehen" zur "Didaktik der Massenkommunikation 3"(1977) die unterschiedlichen Wahrnehmungsmöglichkeiten, die z.B. die Einstellungsgrößen gewähren, an markanten Realisationen zu einem einzigen Bild (entsprechend verfährt er bei den Einstellungsperspektiven):[449a)]

Einstellungsgrößen:

Figur 17:

(1) Detail

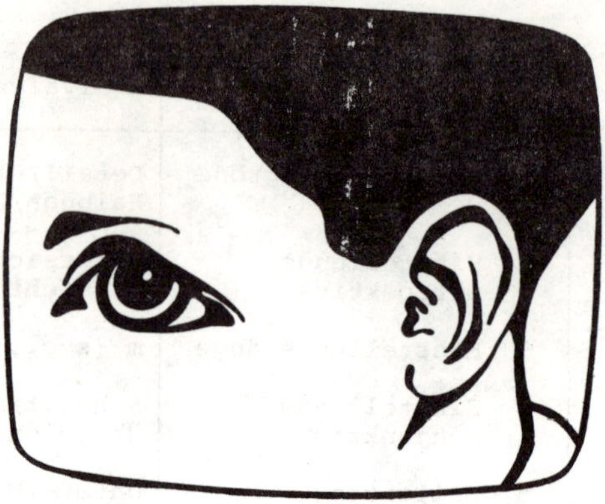

Figur 18:

(2) Groß

Figur 19:

(3) Nah

Figur 20:

(4) Amerikanisch

Figur 21:

(5) Halbnah

Figur 22:

(6) Halbtotal

Figur 23:

(7) Total

Figur 24:

(8) Weit

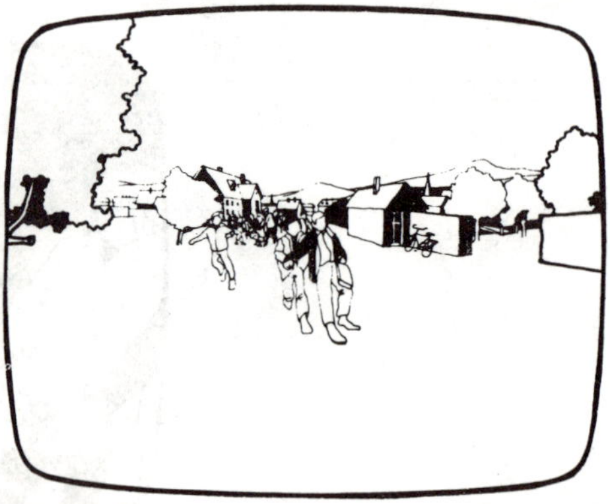

Einstellungsperspektiven:

Figur 25:

(1) die Froschperspektive

(Untersicht bei Kaemmerling)

Figur 26:

(2) die Normalsicht
(Augenhöhe)

Figur 27:

(3) die Vogel-
perspektive
(Aufsicht)

Zwischenwerte wie die Bauchsicht sollen hier übergangen werden.
Die Einstellungskonjunktionen oder Schnitte spielen in dieser Untersuchung keine Rolle, da bei diesem Film wie bei den meisten modernen Filmen keine Blenden mehr benutzt werden.
Die Belichtung bleibt beim Untersuchungsfilm konstant. Die Kamerabewegung ist als Schwenk zu betrachten, wenn die Kamera auf einem festen Standpunkt beharrt und um sich blickt. Als Parallelfahrt begleitet sie ein Objekt an dessen Seite, als Aufzugsfahrt in die Höhe. Als Verfolgungsfahrt eilt sie hinter dem Objekt her, und die statische Kamera verharrt auf ihrem Standpunkt völlig bewegungslos und läßt die Objekte an sich vorüberziehen oder

sich irgendwie bewegen. Sämtliche Bewegungen können nun nach ihren Richtungen differenziert werden. Das Zoom oder die Gummilinse bewirkt eine Annäherung an das Objekt oder eine Entfernung, indem das Objektiv gedreht wird.
Bei der Objektbewegungsrichtung wird von Herbewegung gesprochen, wenn das Objekt auf den Zuschauer zukommt, von Hinbewegung, wenn es sich entfernt, von Querbewegung "entlang des Bildes", wenn es am Zuschauer vorbeizulaufen scheint.
Die Achsenverhältnisse können nach dem Winkel bestimmt werden, um den z.B. die Bewegungsrichtung eines Objektes von der Achse abweicht, die durch die Kamera führen würde.

Den Stellenwert der Filmgestaltungsmittel innerhalb einer filmischen Äußerung oder eines Syntagmas verdeutlicht für diese Untersuchung brauchbar E. Kaemmerling[450)] in seinem Strukturmodell in Anlehnung an die literarische Strukturanalyse Roman Jakobsons[451)].

Jede filmische Äußerung besteht in der Regel aus mehreren Einstellungen, die auf einer sogenannten "syntagmatischen Achse" kombiniert werden. So besteht z.B. das Syntagma, das den Neffen und seinen Onkel im Zugabteil zeigt, in der ersten der drei Filmfassungen aus acht Einstellungen (Onkel + Neffe/ Neffe/ Onkel/ Neffe/ Zugfenster/ Neffe/ Onkel/ Onkel + Neffe). Nun realisiert jede der acht Einstellungen auf allen genannten zehn Ebenen eins der pro Ebene möglichen Filmgestaltungsmittel, denn jede der Einstellungen besitzt eine bestimmte Größe, Länge, Perspektive usw. Es findet demnach auf jeder der zehn Ebenen eine Selektion aus dem jeweiligen Paradigma der ebenenspezifischen Mittel statt. Charakterisiert man nun die ganze filmische Äußerung jeweils in bezug auf eine der zehn Ebenen, betrachtet man zwangsläufig eine syntagmatische Kette der von allen Einstellungen selektierten Paradigmen-Mitglieder.

So sind beim genannten Beispiel-Syntagma auf der Ebene der Einstellungsgröße vier Nahaufnahmen mit vier Amerikanisch-Aufnahmen kombiniert, die die gesamte filmische Äußerung auf der Ebene der Einstellungsgröße charakterisieren. Dieses Prinzip der Kombination veranschaulicht Kaemmerling an dem für den Film veränderten Funktionsbild von Jakobson[452]:

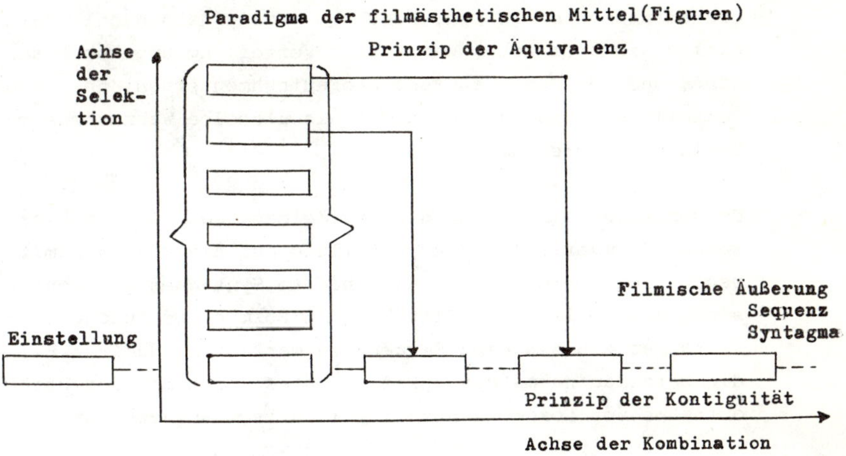

<u>Figur 28:</u> Syntagmatische Kombination nach paradigmatischer Selektion auf einer Ebene der Filmgestaltungsmittel (nach E. Kaemmerling)

Als Filmvariablen gelten im Bereich der Filmgestaltungsmittel also nicht die Mittel einer einzelnen Einstellung, sondern die pro Ebene zusammengefaßten Mittel einer ganzen filmischen Äußerung, d.h. die Ebenen selbst. Erst in dieser syntagmatischen Kombination können Bedeutungsveränderungen durch die Mittel des Films in ihrer Auswirkung auf eine sprachliche Bezugnahme erfaßt werden.

Die einfache Addition der Gestaltungsmittel auf ihren jeweiligen Ebenen kann jedoch zu Verzerrungen bei der Erfassung der Wahrnehmungsverhältnisse führen.

Die filmische Äußerung, die das Signifikat für den sprachlichen Satz über den Neffen im Zugabteil liefert, könnte z.B. als Alterniertes Syntagma dreimal den Kopf des Jungen und fünfmal den Kopf des Onkels präsentieren, also acht Großaufnahmen enthalten. Dieselbe Großaufnahmenzahl enthielte sie aber auch, wenn deren Verteilung umgekehrt aussähe, und der Junge in fünf Großaufnahmen erschiene. Beide Verteilungen sind jedoch nicht als dieselbe Wahrnehmungsbasis zu verstehen.

Um derartige Verzerrungen zu vermeiden, soll zu den einzelnen Filmvariablen die Verteilung auf die Personen mit registriert werden, wenn Alternierte Syntagmen gegeben sind. Ebenso ist eine Einfügung in Form eines Autonomen Syntagmas z.B. in eine Sequenz zu markieren, damit z.B. die Detailaufnahme des Onkelgesichtes nicht mit der Detailaufnahme von Lokomotiventeilen identisch ausgewertet wird.

Im Sinne von Roman Jakobson gilt die Kombination selektierter Paradigmen-Mitglieder auf der syntagmatischen Achse nicht nur als Strukturprinzip einzelner Aussagen, sondern auch umfangreicherer Texte.[453)]

Entsprechend soll in dieser Untersuchung auch der Film als ganzer durch die Summe seiner Gestaltungsmittel auf den mit unterschiedlichen Paradigmen-Mitgliedern realisierten Ebenen charakterisiert werden, also durch die Summe seiner Großaufnahmen, Vogelperspektiven, subjektiven Kameraeinstellungen etc. Auch hierbei ist die Verteilung der Mittel auf die beiden Hauptpersonen zu differenzieren, da sich die sprachlichen Bezugnahmen auf diese konzentrieren. Mit den Filmvariablen (= Ebenen der Filmgestaltungsmittel) des Gesamtfilms sollen Merkmale eines geschlossenen Textes verglichen werden.

Um die Gestaltungsmittel im Hinblick auf ihre Bedeutung für die Wahrnehmung der Objekte zu größeren auch jeweils statistisch relevanten Einheiten zusammenfassen zu können, soll nun diese Bedeutung genauer charakterisiert werden.

Es gibt unterschiedliche Versuche, die Bedeutung von filmästhetischen Mitteln des Kamerablickes zu definieren, alle haben jedoch gemeinsam, daß subjektive Eindrücke der Verfasser generalisiert und durch die Beschreibung der physikalisch bedingten Wahrnehmungsmöglichkeiten objektiviert werden.

Siegfried Kracauer sieht z.B. die Bedeutung einer Großaufnahme darin, daß sie "neue Aspekte der physischen Realität" entdeckt, "jede Großaufnahme enthüllt neue und unerwartete Formationen der Materie; das Gewebe der Haut erinnert an Luftaufnahmen, Augen verwandeln sich in Seen oder vulkanische Krater ...", sie "verwandelt vertraute Anblicke in ungewohnte Formen".[454)] Damit sagt sie etwas Bedeutendes über das Objekt aus, was dieses allein nicht verraten würde und was mehr ist als eine reine Bezeichnung im Sinne eines vergegenwärtigenden Nennens. Übersteigert vermittelt Zöchbauer, gestützt auf die Analysen Kempes[455)], Schülern in der Filmerziehung die Einsicht: "Alles Wesentliche und Bedeutsame muß groß, alles Unwesentliche und Unbedeutende klein gezeigt werden"[456)], so als würde Objekten durch die Großaufnahme <u>immer</u> "Wesentlichkeit" und "Bedeutsamkeit" zugesprochen. Im Extremfall führt solche Deutelei dazu, daß man z.B. wie Zöchbauer an der Absturz<u>richtung</u> eines Autos erkennen kann, ob "noch jemand lebendig herauskommt"[457)].

Abgesehen von der Subjektivität solcher Eindrücke ignorieren derartige isolierte Wirkungsbeschreibungen die Beteiligung aller Mittel auf allen Ebenen an der Endaussage. Weiterhin mißachten diese Wirkungsbeschreibungen, daß der Bildausdruck nicht mit dem Bildrand aufhört, sondern die Zuschauer "wissen, daß der flüchtig gesehene Raum wohl durch den Ausschnitt abgegrenzt, aber nicht abgeschlossen wird"[458)]. Die gegenwärtigen Einstellungen werden, wie oben erläutert, mit den vorangegangenen in der Vorstellung verknüpft, die Gesamtgestalt ergänzt etc.[459)]

Zu einer apriori-Überprüfung der Wirkung der Gestaltungsmittel auf das Objekt zwänge der Ansatz von J.M.L. Peters, "Bedeutungsprinzipien"[460] zu beschreiben, d.h. Arten und Weisen, in denen der "Kamerablick" (also die Filmgestaltungsweise) dem Objekt so etwas wie Bedeutung verleiht.

In diesem Sinne kann die endliche Menge systematisierbarer "leerer Formen"[461] uns nach Peters sogar "das Recht geben, von einer Filmsprache ('langue') zu reden."[462]

J.M.L. Peters unterscheidet folgende Signifikationsweisen:

(1) "Im Verhältnis von Kamerablick und Objekt kann eine physische oder psychische Eigenschaft des Abgebildeten zu erkennen gegeben werden und damit eine 'eigentliche' oder eine 'bildliche', metaphorische Bedeutung zur Geltung kommen."

Eine Kamerabewegung kann z.B. detaillierte Aspekte eines Objektes als dessen typische oder zufällige Eigenschaften in "eigentlicher" Weise artikulieren, oder sie kann durch ihre Unruhe, Kürze, ihren Standpunktwechsel etc. die psychische Unruhe einer Person auf "metaphorische" Weise zum Ausdruck bringen.

(2) "Es ist entweder der Kamerablick, der dem abgebildeten Objekt eine Bedeutung zuspricht, oder es ist das Objekt, das an die Kamera (d.h. an den Zuschauer) eine Bedeutung 'abgibt', so daß von einer aktiven oder einer passiven Bedeutungsweise des Kamerablicks gesprochen werden kann."

Die oben beschriebene psychische Unruhe z.B. kann dadurch artikuliert werden, daß die Filmperson selbst unruhig ist, so daß sie die Einstellungsgrößen, -perspektiven, -längen selbst verändert, indem sie auf die Kamera zukommt, sich unter oder über ihr aufhält, früher oder später aus dem Bild verschwindet oder dadurch, daß sie in ihrem normalen Tempo bleibt, ihre innere Unruhe nicht in äußere umsetzt, sondern das die Kamera tun läßt.

(3) "Die zum Ausdruck gebrachte Bedeutung kann eine Konstatierung oder eine Evaluation des Abgebildeten enthalten."

(4) "Diese Konstatierung oder Evaluation kann von außen her kommen ('objektiver Kamerablick'), oder von einer der Personen in der Filmhandlung ausgehen ('subjektiver' Kamerablick)."

"Subjektiv" sind die Bedeutungsweisen 1 bis 3 möglich, wenn die Kamera "mit den Augen und Ohren" einer Person der Filmhandlung sieht oder hört, indem sie ihren Blick auf die von dieser Person beachteten Dinge richtet. Versetzt sie sich nicht derart in eine Person, bleibt sie "objektiv". Ihre Beweglichkeit und die der Person ermöglichen Zwischenwerte. Sehen wir z.B. mit den Augen einer Person auf ein Objekt, verdanken wir das einer "subjektiven Kamera", kommt diese Person jedoch mit ins Bild, weil sie auf das Objekt zugeht, verliert die Kamera ihre Subjektivität und filmt "objektiv", und zwar in gesteigertem Maße.

Sicher hat Peters Recht, wenn er sagt, daß derartige Kamerablickweisen den Objekten Bedeutung zukommen lassen. Wollte man die Kamerablicke mit den Wahrnehmungsweisen eines Menschen vergleichen, müßte man sich wohl auf die Haltung gegenüber dem Objekt beim Wahrnehmen beziehen, und nicht auf elementare Wahrnehmungsverhältnisse. Da außerdem die Subjektivität bei der Identifizierung der Bedeutungsprinzipien sehr groß sein dürfte, ist diese Art der Dekodierung hier nicht anwendbar. Von einer "Langue" kann wohl in diesem Zusammenhang nicht die Rede sein, allenfalls wieder von einer Rhetorik.

Im Sinne von Peters soll hier jedoch dessen zentrales "Bedeutungsprinzip", die "subjektive Kamera" (sK) als Filmvariable mit der Funktion eines normalen Gestaltungsmittels übernommen werden.

Ohne eine systematische Festlegung auf linguistische Analogien im Sinne E. Kaemmerlings[463)] oder W.A. Kochs[464)] soll hier der Bedeutungsaspekt der Figuren oder Filmgestaltungsmittel vom materialen Aspekt unterschieden werden, damit Zusammenfassungen unter diesem Aspekt möglich werden. Die kleinste Bedeutungseinheit, die ein Gestaltungsmittel als Bestandteil einer filmischen Äußerung distinktiv realisiert, wird hier als Analogie zur kleinsten Bedeutungseinheit in der Linguistik "Sem" genannt. Ein Film-Sem erhält dadurch seine Bedeutung, daß von der jeweils durch das Filmgestaltungsmittel ermöglichten Sicht des Objektes bestimmte Merkmale dieses Objektes so betont werden, daß eine bestimmte Transformationsebene im semantischen Netz des Zuschauers aktiviert wird,[465] die unter den oben genannten Umständen zu bestimmten Abstraktionen und Bezeichnungen führen kann. Haben mehrere Gestaltungsmittel dieselbe Bedeutung (z.B. "Nähe" auf der Ebene der Einstellungsgröße und der Objektbewegung oder der Kamerabewegung), so sei diese hier in Anlehnung an die linguistische Bezeichnung rekurrenter Seme "Klassem" genannt. Den Bedeutungsaspekt einer Ebene nennen wir in Anlehnung an H. Geckeler[466] "Dimension". Vor der genaueren Erläuterung dieser Relationen soll hier versucht werden, die Seme und Dimensionen zu beschreiben, nachdem sie mit Hilfe der Prieto-Analye (s.o.) ermittelt wurden.

Die Bedeutung der Einstellungsgrößen-Ebene (sematisches Feld) ist nach der obigen Definition die Dimension des Objektausmaßes (noetisches Feld), da eine bestimmte Realisation dieser Dimension die Transformation bestimmter Objektmerkmale in ihrem Ausmaß beeinflussen kann.

Eine Großaufnahme macht nun das sematische Feld zu einem "univers du discours" auf Signifikanten-Ebene und teilt es in die tatsächlich zutreffende Klasse der filmischen Übergrößen und die ausgeschlossenen Klassen der filmischen natürlichen Größen ein. Auf der Signifikatsebene ist damit die Bedeutung von Detailmerkmalen durch deren Repräsentation und zugleich durch den Ausschluß der "natürlichen Größen" realisiert. Das nun entstandene univers du discours der Übergrößen teilt die Großaufnahme nun in die tatsächliche Kopfgröße und die ausgeschlossenen Klassen der umfangreicheren Brustbildgröße (Nah) und der noch kleinere Objektmerkmale hervorhebenden Detailaufnahme ein. Sie signifiziert damit die Objektmerkmale des ganzen Kopfes (Gesichtszüge, Kopfhaltung, Blick, Identitätsmerkmale der Person etc.) unter Ausschluß der Brust- und Armmerkmale. Die

Bedeutung der Kopfganzheit signalisiert dabei der Verzicht auf die Detailgröße.

In diesem Sinne kann durch die Aufgliederung der jeweiligen Wahrnehmungsverhältnisse einer Dimension in univers du discours die vorläufige (= nicht-empirische) Sem-Charakterisierung aller Dimensionen durchgeführt werden.

Dabei macht es die Häufigkeit der jeweiligen Seme in einem relativ kurzen Film, aber auch die Trennschärfe der Variablen erforderlich, die Dimensionen in nur drei Stufen einzuteilen, nämlich die beiden Extreme und die Mittelposition.

In der folgenden Tabelle wird versucht, die Seme so konkret wie möglich unter Angabe der "Sicht des Objektes" zu beschreiben, und zwar einmal, indem die Merkmale des Objektes genannt sind, die durch ein Gestaltungsmittel betont werden, zum anderen, indem die mittels Kamera ermöglichte Wahrnehmungsweise charakterisiert wird.

Die Kamerabewegungsrichtung und die Achsenverhältnisse sind hier ausgespart, weil sie mit der Objektbewegungsrichtung zusammen erfaßt werden.

Tabelle 7: Liste der Ebenen und Figuren mit ihren Dimensionen und Semen

Signifikant		Signifikat		
Ebene	Figur	Dimension	Sem	Wahrnehmungsweise
E-Größe	D / N / G	Ausmaß (Distanz)	isoliert.Det.	detaillierend
	Am / HN		Individuum	individualis.
	HT / T / W		Zusammenhang	orientierend
E-Perspektive	Frosch	Stellung gegenüber Subjekt	überlegen	erhebend
	Vogel		unterlegen	erniedrigend
	Normal		auf 1 Ebene	solidarisierend
Äußerungslänge	21 u.m.Sek.	Anwesenheitsdauer	lang im Blick	ausführlich
	1-10 Sek.		kurz im Blick	knapp
	11-20 Sek.		mittellang	mittelmäßig
E-Konjunktion	Schnitt	Verknüpfung im Verlauf	abruptbegegn.	konfrontierend
	Blende(auf,ab)		allmähl.begeg.	autonomisierend
	Überblende		verwoben begeg.	kommunizierend
Belichtung	Unterbelichtung	Licht, Kontur, Stimmung	dunkel, düster	verbergend
	Überbelichtung		hell, grell	bloßstellend
	Normalbelicht.		normal	normal
Kamerabewegung	Verfolgung	Beobachtbarkeit	Bewegungserleb.	partizipierend
	Schwenk		Überblick	Umschau haltend
	statisch		Anblick	starr sehend
Objektbewegung (Ort)	Vordergrund	Ort des Objekts	vorn im Blick	hervorhebend
	Hintergrund		hinten	zurückstellend
	Mitte		in der Mitte	Raum lassend
Objektbewegungsrichtung	her	Aktionsrichtung	Kommen	betreffend
	hin		Gehen	entlassend
	quer		Vorbeigehen	neutral
subjekt. Kamera	Schulterblick	Beobachter	Blickfeld einer Person	identifizierend

Abkürzungen: D = Detail-, G = Groß-, N = Nahaufnahme,
Am = Amerikanisch, HN = Halbnah, HT = Halbtotale,
T = Totale, W = Weit (siehe Tabelle 6)

Das Verhältnis zwischen Dimensionen, Klassemen und Semen soll die folgende Figur verdeutlichen, die nach der bildlichen Beschreibung E. Kaemmerlings[467)] angefertigt wurde:

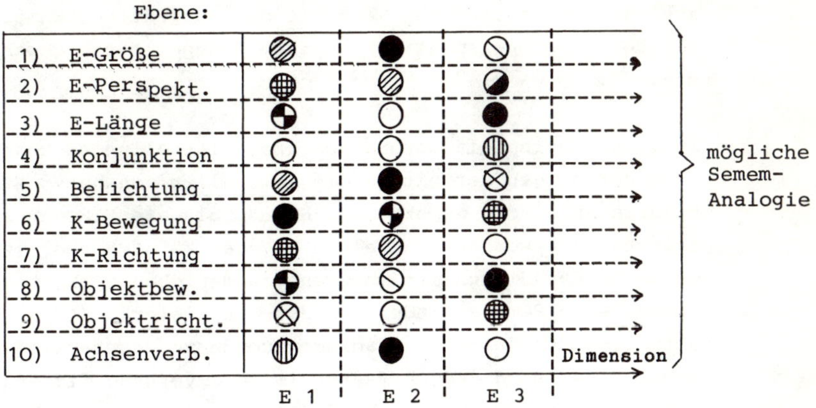

(E = Einstellung; K = Kamera)

● = Beispiel-Klassem (auf Ebene 1, 3, 5, 6, 8, 10)

○ (irgendwie gefüllt) = Sem

<u>Figur 29:</u> Aufbau eines Syntagmas in seinem Bedeutungsaspekt

Von Bedeutung ist hier besonders, was als ein Klassem gelten soll. Bezogen auf eine filmische Äußerung sind zunächst alle identischen Seme einer Dimension als ein Klassem zu bezeichnen. Darüber hinaus sollen aber auch die Seme unterschiedlicher Dimensionen als Klassem zusammengefaßt werden, die eine bestimmte Merkmalsmenge eines Objektes gemeinsam akzentuieren.

Wie schon oben angedeutet, kann z.B. die "Nähe" (= Engagement, Teilnahme u.ä.) zum davonlaufenden Neffen des Beispielfilms dadurch bewirkt werden, daß in einer Einstellung der Äußerung eine Groß- oder auch Nahaufnahme mit der Herbewegung und der Verfolgungsfahrt der Kamera zusammen realisiert wird. An diese Einstellung kann sich eine zweite anschließen, die durch die subjektive Kamera den Zuschauer mit den Augen des Jungen sehen läßt, und zwar in der Vogelperspektive, in der der Junge tatsächlich auf die Bahnschienen blickt, über die er läuft. Eine dritte anschließende Einstellung kann mit der subjektiven Kamera aus der Froschperspektive zu einem Schuppentor hochschauen etc.

In dieser Beispieläußerung von drei Einstellungen könnten nach der obigen Definition die Seme aller genannten sieben Figuren unter dem Aspekt der "Nähe" als ein Klassem zusammengefaßt werden. Dieselben Figuren könnten aber jeweils in Paradigmen mit anderen als den oben genannten ebenso auch Seme zu anderen Klassemen liefern. (Auch Lexeme aktualisieren je nach Paradigmenzuordnung unterschiedliche Seme. Diese sind jedoch fester im Sememverband fixiert und besitzen nicht die Freiheit der Filmseme.)

W. Schulz u.a. haben mit Hilfe von Faktorenanalysen an 20 sozialkundlichen Filmen untersucht, welche Filmvariablen in engerer Beziehung zueinander stehen und welche voneinander unabhängiger sind.[468)] Es ergaben sich "vier voneinander unabhängige Gestaltungsdimensionen", welche in bezug auf die untersuchten 14 Bild- und Tonvariablen in unterschiedlicher Stärke ausgeprägt sind und damit unterschiedlich stark dominieren. In dieser Weise vorherrschende Gestaltungsmittel dürften als klassemprägend in der jeweiligen Faktorendimension anzusehen sein. In der ersten Dimension, welche die Faktorenanalyse nicht weiter bestimmen kann, überwiegt die Länge der filmischen Äußerung (Sequenzlänge bei Schulz u.a.) neben der Anzahl der Einstellungen innerhalb derselben. In der zweiten Dimension dominiert die Einstellungslänge, und zwar über die "Einstellungen mit Schwenk oder Fahrt". Die dritte Dimension bezieht sich allein auf Tonvariablen und wird von "Einstellungen mit Sprache im On" beherrscht (sie kommen in der vierten Filmfassung dieser Untersuchung vor). In der vierten Dimension herrschen die Einstellungsgrößen vor, und zwar nahezu sechsmal so stark wie die Einstellungsperspektiven "Vogel" oder "Frosch".

Auf der Basis dieser statistischen Berechnung ist zu erwarten, daß die dominierenden Figuren Kernklasseme liefern, so daß andere Figuren in ihrer Umgebung zur Aktualisierung der adäquaten Seme gebracht werden. Es wurden allerdings nicht die Kamera- und Objektbewegungen und die subjektive Kamera berücksichtigt. Die Syntagmenzugehörigkeit erwies sich als "besonders wichtige Gestaltungsvariable".[469)]

6.1.1.3 Zusammenfassung

Als Filmvariablen gelten:
(1) der Syntagmentyp, zu dem eine filmische Äußerung gehört;
(2) die Ebenen der filmischen Äußerungen mit ihren Bedeutungsdimensionen, die durch die Seme der Ebenenfiguren charakterisiert sind;
(3) Bedeutungsgemeinsamkeiten aller Figuren einer filmischen Äußerung, die als rekurrente Seme "Klasseme" genannt werden sollen.

6.1.2 Testfilm

6.1.2.1 Eignung

Eine Neuproduktion von Testfilmen, in denen bestimmte Variablen systematisch variiert werden, wäre hier wünschenswert gewesen. Dazu standen jedoch nicht genügend Mittel zur Verfügung. Außer der Objektbewegung und der subjektiven Kamera sind jedoch alle hier untersuchten Variablen durch die Faktorenanalysen von Winfried Schulz u.a.[470)] zum Set von 20 Filmen und die Analyse von Roger Penn mit 45 Filmen[471)] abgesichert, die Variablen Syntagmentyp, Einstellungslänge und -größe zusätzlich durch die systematisch variierten, zu diesem Zweck produzierten 10 Testfilme von W. Schulz[472)] u.a. Die hier benutzten Testfilme haben den

Vorteil, daß sie nicht bestimmte Variablen komplett variieren, sondern nur jeweils die Mischungsverhältnisse der Variablen zugunsten bestimmter Ausprägungen kontrollierbar verändern, so daß die Gesamtfilme die Komplexität normaler Filme bewahren. Sie stellen somit einen Zwischentyp zwischen laborartigem Experimentalfilm und Normalfilm dar.

Der FWU-Film "Auf die Einstellung kommt es an"[473] erwies sich aus folgenden Gründen als brauchbar für die Untersuchung der beschriebenen Problematik:

(1) Er ist eine Kombination von drei unterschiedlich gestalteten Filmversionen zu einem, bis auf geringfügige Differenzen völlig identischen Inhalt, so daß der Inhalt als Konstante eliminiert werden kann.

(2) Da der Inhalt auch völlig ohne Ton verständlich ist, ist auch dieser eliminierbar und eine Isolation der Bildgestaltung in drei Vergleichsgruppen möglich, zusätzlich noch der Vergleich mit einer oder mehreren Tonausführungen.

(3) Da alle drei Fassungen bestimmte filmästhetische Mittel konstant halten (Einstellungskonjunktion, Belichtung), wird die Anzahl der Variablen eingeschränkt, die dadurch stärker statistisch abgesichert werden können, worunter die Generalisierbarkeit der Variableneffekte allerdings zusätzlich leidet.

(4) Der Inhalt ist kurz und beschränkt sich auf wenige Personen (ein Erwachsener, ein Kind), Handlungen (Sitzen, Laufen, Sehen) und Gegenstände (Zug und Bahngelände mit Zubehör) in unterschiedlichen Situationen bzw. unter differenzierten Aspekten, so daß auf diese bezogene Sprachproduktionen Wort-und Begriffsfelder entstehen lassen, die eine sinnvolle Komponentenanalyse erst möglich machen, weil die Anzahl der Seme gering bleibt (zumindest die der symbolfunktionellen).

(5) Die Eigenarten der Personen und Handlungen sind geeignet, kognitive, emotionale und pragmatische Reaktionen zu provozieren, wie sie sich in Sprachproduk-

tionen niederzuschlagen pflegen und als symptom- und/ oder signalfunktionelle Seme äußern (z.B. ein kognitives Interesse am Verlauf eines Fluchtversuches und der Angemessenheit der dabei notwendigen Aktionen; ein emotionales Engagement für den Verfolger oder den Verfolgten, dabei die Identifikationsmöglichkeit[474] mit dem Verfolgten im Alter der Kinder; ein pragmatisches Interesse an der gerechten Beurteilung der Fakten).

(6) Der Aufbau der Filmhandlung als Interaktion zweier Personen ist geeignet, mehrwertige Prädikationen zu provozieren, weil so nahegelegt wird, eine Person oder deren Handlung im Hinblick auf die andere zu charakterisieren (z.B. das Laufen des Flüchtenden als "Fliehen" zu bezeichnen, im Hinblick auf den Verfolger). Auch die Wertigkeit[475] der Prädikationen wäre dann als Sem zu erfassen.

(7) Der Inhalt ist überschaubar und klar gegliedert und damit für alle Schulkinder verständlich.[476]

(8) Der Inhalt ist spannend mit Effekten eines Kriminalfilms und somit für fernsehgewohnte Schulkinder motivierend anzusehen.

(9) Die Filmgestaltungsmittel sind dem "Filmsprache"-Verständnis von Schulkindern angemessen.[477]

(10) Die Filmgestaltung wird informationspsychologischen Bedingungen gerecht,[478] so daß zwischen Sehen und Schreiben kein störendes und die Ergebnisse verzerrendes Vergessen zu erwarten ist.

6.1.2 Inhalt

In den ersten beiden Einstellungen, die aus technischen Gründen (siehe Durchführung) fortgelassen wurden, wird der etwa 12jährige Martin (M) von seinem Onkel (O) auf einem Polizeirevier abgeholt und zum Zug gebracht. Ein Kommentar erklärt: "Martin Odemann. Vor einem Jahr hatte er einen Diebstahl begangen und wurde deshalb von der Schule gewiesen. Er kam auf ein Internat. Dort ist jetzt ein wertvoller Bernsteinfund verschwunden. Der Verdacht fiel auf Martin. Statt sich zu verteidigen, lief er davon. Sein Onkel ist gekommen, um ihn zurückzuholen."[479)]

Ein Zug fährt durch die Nacht. M und O sitzen sich in einem Abteil gegenüber. Während O Zeitung liest und nur ab und zu auf Martin blickt, sieht M in sich zusammengesunken vor sich hin, dann auf Fenster und Tür. M erhebt sich und verläßt das Abteil. (Die Abteilszene haben nur die beiden ersten Fassungen.) M schaut im Gang des Zuges aus dem Fenster, öffnet dieses, und als der Zug hält, läuft M durch den Gang aus dem Wagen, über den Bahnsteig zum Zugende und verschwindet im Dunkeln über die Gleise. O bemerkt Ms Flucht, steigt aus und folgt M über den Bahnsteig und die Schienen ins Dunkel. M entdeckt einen Holzlagerschuppen an den Schienen, versucht vergebens, die Schiebetür der Vorderseite zu öffnen und verschwindet (in Fassung 1 endgültig) um die Schuppenecke.

In Fassung 2 und 3 sieht man M um die Schuppenecke kommen, das Rückwandtor öffnen, ins Schuppeninnere schlüpfen, das Tor wieder schließen und sich im Innern hinter einer Holztreppe verstecken.

Auch O findet in allen Fassungen den Schuppen, versucht wie M vergebens vorne einzudringen, öffnet das Rückwandtor und tritt in den Schuppen ein. O macht Licht an, schaut sich suchend um, und als er M nicht findet, löscht er das Licht wieder und verläßt den Schuppen. Der Zug fährt ab. Die für die Medienkunde gedachten Kommentare, die behaupten, in der ersten Fassung wirke M verdächtig, in der zweiten bemitleidenswert, die dritte sei neutral, entfielen für die Untersuchung.

6.1.2.3 Mikroanalyse (Einstellungen und Syntagmen)

Die Analyse wurde auf doppelte Weise durchgeführt:

Bei der ersten lief während der Filmprojektion nach der Methode B. Wembers[480] ein Tonband ab, auf das der Beobachter im ersten Durchgang den Inhalt jeder Einstellung sprach und das Ende jeder Einstellung durch ein Stoppzeichen markierte, so daß am Tonbandablauf hinterher die Zeit jeder Einstellung mit der Stoppuhr gemessen werden konnte.
Im zweiten und dritten Durchgang fixierte der Beobachter nur noch ein Stichwort zum Inhalt auf dem Tonband, dafür aber Angaben über die verwendeten filmästhetischen Mittel (Figuren), die sich in einer Einstellung gegenüber der vorangegangenen geändert hatten. Der vierte Durchgang fixierte den Ton des Films. Nach diesen Bandaufnahmen wurde eine Analyseliste angefertigt.

Bei der zweiten Methode lief der Film durch einen, später zum exakten Vergleich durch zwei Laufbildbetrachter, und die genauen Daten jeder Einstellung wurden mit denen der ersten Liste verglichen, diese gegebenenfalls korrigiert. Identische Einstellungen konnten bei der simultanen Verwendung zweier Bildbetrachter identifiziert, geringe Abweichungen, die in der ersten Methode nicht erfaßt worden waren, ermittelt werden. Zur Erfassung der Einstellungslänge wurde jedes Bild gezählt.

Die erste Methode hatte den Vorteil, die Bewegungsfiguren (Objektbewegung und Kamerabewegung) deutlicher erfaßbar zu machen, Zeit und Ton zu fixieren, die zweite den Vorteil der Ruhe zum präzisen Ermitteln und Vergleichen.

Ideal wäre hier natürlich eine automatische Filmanalyse, wie sie von P. Ekman und seinen Mitarbeitern entwickelt wurde.[481] Über den Umweg einer Filmübertragung auf ein Videomagnetband wird die Kompatibilität mit einem Computer ermöglicht, der eine kodierte Bilderzahl nach Inhalt und Form automatisch zu analysieren erlaubt.[482)]

Um eine valide statistische Prüfung der Korrespondenzen durchführen zu können, sind für die sprachliche Bezugnahme solche Signifikate auszuwählen, deren filmische Signifikanten sich in den unterschiedlichen Fassungen nur in einer unabhängigen Variablen unterscheiden. Da diese in der Regel beim Film mit mehreren abhängigen Variablen verbunden sind (z.B. die Herbewegung mit der Einstellungsgröße, Syntagmentyp mit einer Mindesteinstellungszahl), mit denen sie mindestens ein Sem gemeinsam haben, erfolgt die Auswahl der Signifikate nach dem Kriterium der unterschiedlichen Klasseme. So können die unterschiedlichen Häufigkeiten der jeweils mit den Filmfassungen korrelierenden Sprachmerkmale zunächst mit speziellen Filmklassemen in Verbindung gebracht werden. Die weitere Auffächerung in einzelne Seme, die speziellen Figuren zugeordnet werden können, hängt davon ab, wie viele Korrespondenzbeispiele zur Verfügung stehen, um die Seme spezieller Figuren auszufiltern. Dies führt zu einer Reduzierung der Variablenzahl auf Grund der statistischen Häufigkeiten.

In der folgenden Tabelle werden zu den selektierten Signifikanten immer nur die Ebenen und Figuren aufgeführt, in denen sich die Filmfassungen unterscheiden.
Die dazugehörigen Seme ermöglichen die Ermittlung der Klasseme beim Vergleich mehrerer filmischer Äußerungen.

In bezug auf die an einer filmischen Äußerung beteiligten Seme der Fassungen ist das Klassem jeweils das logische Produkt[483)] der unabhängigen Seme.
Die von den filmischen Mitteln realisierte Bedeutung einer ganzen filmischen Äußerung wird hier zur Orientierung beim Vergleich der Fassungen als vorläufig formulierte "filmische Aussage" in der letzten Spalte aufgeführt. Sie beinhaltet die filmische Signifikation des Objektes innerhalb einer Äußerung.

Tabelle 8: Auswahl der Signifikate für den Sprachbezug (filmische Äußerungen mit dem Informationsgehalt der Sprachvariablen-Sätze)

Sign. Nr.	Signifikat	Film Nr.	differierende Ebene	differierende Figuren	differierende Seme	Filmische Aussage
2	O.u.M sitzen sich im Zug gegenüber.	F1	EZ EL	8 E 56 Sek.	ausführlich	Anwesenheitsdauer
		F2	EZ EL	7 E 39 Sek.	knapper als F2 anwesend	Anwesenheitsdauer
		F3	Obj	fehlt	abwesend	Abwesenheit
		F4	Ton	MI,MZ	rhythmisierend	Stimmung zu F2
9	M läuft durch d.Gang aus d. Wagen.	F1	Synt	AS(M,O)	vergleichend	Verhaltens-vergleich (Betonung der Onkel-Sicht)
			EZ, EL	2E(M),16 Sek 5E(O),16	ausführlich i.d. Gg.-Sicht(5 x)	
			EG(O	G-T(O)	Detail-Gg-Sicht	
			KB(O	sK,Vf (O)	identif.Gg-Sicht	
		F2	Synt	AS(O,M)	vergleichend	Verhaltens-Vgl. (Betonung der Martin-Sicht)
			EZ, EL	2E(M),14Sek 1E(O), 5"	kurze Gg-Sicht in 1 Blick	
			EG(O	G(O)	Detail-Gg-Sicht	
		F3	Synt	AE	ununterbrochen	Einseitigkeit
		F4	Ton +F2	MI,MZ,NG +F2	rhythmisierend, naturalisierend, verbindend	Akustische Klammerung
11	M läuft über den Bahnsteig ins Dunkel.	F1	EZ	1E(M), 1E (Bahnbeamter)	sehr knapp	Überblick
			EL	2,5(M),1,5(B	sehr knapp	
			EG	HT-T	orientierend	
			KB	Vf	partizipierend	
			OB	hin	entlassend	
			EP(B	V(B),sK	überlegen	
		F2	EZ	2E(M),1E(B) 1(Wagen)	ausführlich	Erleben aus der Nähe
			EL	20Sek(M), 2(B),2(W)	ausführlich (sehr)	
			EG	N-T(M),Am-N	detaillierter	
			KB	Sw (B-Blick)	umschauend	
			OB	1her,1hin	betroffen und entlassend	
			EP(B	wie F1	wie F1	
		F3	EZ	wie F1	wie F1	Anblick aus d.Nähe
			EL	wie F1	wie F1	
			EG	G(M), G(B)	am detailliertesten	
			KB	wie F1	wie F1	
			OB	quer(M)	neutral	
		F4	Ton	R(Off.),NG	Integration des Nicht-Sichtbaren	Spannungssteigerung
13 + 14	O. steigt aus u.läuft über d.Bahnsteig ins Dunkel.	F1	Synt	Sequenz	auf O konzentrierend	Einseitigkeit i.d. Sicht Os
			EZ	2E(O),1E(Lok)	stark konzentriert (dicht)	
			EG	N-T	detailliert	
			OB	2 hin	entlassend	
		F2	Synt	AS (O,M)	vergleichend	(siehe nächste Seite)
			EZ	2E(O), 2E(M, davon 1sK)	ausgewogene Blickverteilung	
			EG	HT-Am(O), G+G(M)	Detail-Ggsicht	

Signif. Nr.	Signifikat	Film Nr.	differierende Ebene	differierende Figuren	differierende Seme	Filmische Aussage
13 + 14	(Fortsetzung s.o.)	E2	OB	2 her(O)	betroffen von O	Verhaltens-Vgl. (M betont)
			KB(M	Vf; sK:Schiene i.MsSicht	identifizierend mit M	
		F3	Synt	wie F2	wie F2	Verhaltens-Vgl. (relativ ausgewogen)
			EZ	2E(O),1E(M)	auf O konzentr., mit Blick auf M	
			EG	G-Am(O),T(M)	detailliert mit orientierendem Ggblick	
			KB	Vf	partizipierend	
			OB	1 her(O), 1 hin(O), 1 hin(M)	betroffen von O. O u.M entlassend	
		F4	Ton	R,NG,MB,MZ (energischen Ruf Os,Schritte,crescendo)	Os Stimmung charakterisierd naturalisierend intensivierend	Steigerung der Spannung zw. O und M
12	M läuft über d. Schienen.	F1	Synt	E aus Sequenz	auf M konzentr.	Kurz-Überblick üb.Ms Verhalten
			EZ	1E(M)	ununterbrochen	
			EL	4,5 Sek.	knapp	
			EG	T	orientierend	
			OB	hin	entlassend	
		F2	Synt	AS (M,O)	vergleichend	Miterleben mit M, im Hinblick auf O
			EZ	3E(M),;E(O)	auf M konzentr. mit Blick auf O	
			EL	12 Sek(M), 5 Sek(O)	ausführlich: M, knapp: O	
			EG	G-N(M), HT-Am(O)	M detailliert, O individualis. bis orientierend	
			OB	her (M+O)	betroffene Sicht	
			KB	Vf=sK(M)	mit M identifizierend	
		F3	Synt	wie F2	wie F2	Anblick aus der Nähe (relativ ausgeglichen zw. M u. O)
			EZ	2E(M),1E(O)	auf M konzentr. mit Blick auf O	
			EL	8,5(M);4,5(O	M ausführlicher als O	
			EG	G+T(M),N-Am (O)	M detailliert u. orientierend; O individualisiert	
			OB	hin(O+M), quer(O+M)	O u.M entlassend u. neutral	
			KB	Vf(O+M)	partizipierend an O u. M	
		F4	Ton	NG,MB,R,MZ	wie in F4(13/14)	
16	M versucht vergebens, von vorne in den Schuppen zu gelangen.	F1	Synt	AS (M,O)	vergleichend	Verhaltens-Vgl. aus d.Ferne (M als überlegen betont)
			EZ	2E(M),1E(O)	auf M konzentr. mit Blick auf O	
			EL	14(M),4(O)	M ausführlich, O knapp	
			EG	HT-T(O+M)	orientierend	
			EP	V(O); F(M)	O ist unterlegen	
			OB	hin(O),her(M	O entlassend, von M betroffen	
		F2	Synt	E aus Sq	auf M konzentr.	Einseitiger Anblick Ms i.d. Ferne
			EZ	1E(M)	auf M konzentr.	
			EL,EG	wie F1	wie F1	
			OB	hin	M entlassend	
		F4	Ton	NG,MB,MZ	naturalisierend, spannungsteigemd	

Signif-Nr.	Signifikat	Film Nr.	differierende Ebene	differierende Figuren	differierende Seme	Filmische Aussage
16 (20)	(Forts.) M am Rückwandtor	F3	Obj.fehlt. Da Verwechslungen mit "M am Rückwandtor" möglich sind, wird dessen Gestaltung angegeben:			
			Synt	E aus AS	vergleichend	Kurzanblick des Erfolgs im letzten Moment (O folgt sof.)
			EZ	wie F2	wie F2	
			EL	4,5	sehr knapp	
			EG	Am/HN	individualisierd.	
			OB	hin	entlassend	
			Obj	Erfolg f.M	aufwertend	
17	O läuft üb. d. Schienen.	F1	Synt	AS(O,M)	vergleichend	Verhaltens-Vgl. aus d.Ferne mit Zeitbetonung
			EZ	2E(O),1E(M), 1E(Lok)	auf O konzentr. mit Blick auf M	
			EL	6,5(O),6(M), 4(Lok)	ausgewogen lang	
			OB	hin(O), her(O+M)	O entlassend,von O u.M betroffen	
			Obj	Lok (AE),G	Zeitdruck-Hinweis	
		F2/4	Obj	fehlt	Abwesenheit	Vermutbar
		F3	Synt	AE	ununterbrochen	Neutraler **Kurzanblick**
			EL	3 Sek.	knapp	
			OB	quer	neutral	
21 + 23	O versucht wie M vergebens, i.d. Schuppen zu gelangen. - O dringt durch d.Rückwandtor i.d. Schuppen ein	F1	Synt	Sq	nur O im Blick	Genaue Beobachtung Os (kurz **betroffen**)
			EZ	3E(O),1E (Treppe)	auf O konzentr.	
			EL	28,5(O),1Sek (Treppe)	O sehr ausführl.	
			EG	HN-HT	individualisierd. mit Orientierung	
			OB	quer(hin)her	neutral+betroffen	
		F2	Synt	AE(Nr.21)	ununterbrochen O	Kurzanblick des Mißerfolgs
			EG	T	orientierend	
			EL	14 Sek.	knapp	
			Obj	nur O a.Vordertor	Mißerfolg	
		F3	Synt	AS(O,M)	vergleichend	Verhaltens-Vgl. mit Betonung Os
			EZ	3E(O),1E(M), 1E(Treppe)	auf O konzentr. mit Blick auf M	
			EL	wie F1 + 4,5	ausführl.O(sehr), knapp M	
			EG	wie F1+Am(M)	O wie F1,auch M individualisierd.	
			OB(M)	hin	M entlassend	
			EP(M)	V(auf M)	M überlegen	
		F4	Ton	MB,NG,R(O)	emotionalisierend naturalisierend, O charakterisierd	Dynamisierung des Kurzanblick von F2
22	M versteckt s. im Schuppen hinter einer Holztreppe.	F1	Obj	fehlt	Abwesenheit	Vermutbarkeit
		F2	Synt	Sq-Ende	nur M im Blick	Miterleben mit M
			EZ	3E(davon 1sK)	unterbrochen	
			EL	7,5	rel.ausführlich	
			EP	F (auf M)	M überlegen	
			EG	N(Treppe)	Situationsdetail	
			KB	sK:Treppe,Sw	identifizierend	
			Bel	Unterbelichtg	unheimlich	
		F3	Synt	E aus AS	vergleichbar	Kurzanblick
			EZ	1E	ununterbrochen	
			EL	4,5	rel.knapp	
			EP	V(auf M)	M unterlegen	
		F4	Ton	R(O)	O charakteris.	Spannung

Signif. Nr.	Signifikat	Film Nr.	differierende Ebene	differierende Figuren	differierende Seme	Filmische Aussage
25	O orientiert s. im Schuppen u. macht Licht an.	F1	Synt	Szene mit AE (AE=Zug)	auf Ms Situation (Zeitdruck) konzentriert	Miterleben mit O (Betonung seiner Lage)
			EZ	2E(O), 1E(Zug	ununterbrochen O	
			EL	11(O), 3,5(")	rel. knapp	
			EG	N(O), T(Zug)	Nähe Os mit Hintergrundorientierung	
			OB KB	hin(Os Blick = subj. K	identifizierend	
		F2	Synt	AS(O,M)	vergleichend	Einmaliger Verhaltens-Vgl., "im Angesicht Os"
			EZ	2E(O), 1E(M)	auf O konzentr. mit Blick auf M	
			EL	20(O); 3,5(M)	O ausführlich, M knapp (6:1)	
			EG	HN/N(O); G(M)	O individualis., M detailliert	
			OB	her(Os Blick) quer(MsBlick)	von O betroffen, gg. M neutral	
		F3	Synt	AS(O,M)	vergleichend	Mehrmaliger Verhaltens-Vgl "im Angesicht beider"
			EZ	3E(O), 2E(M)	auf O konzentr. mit 2 Blicken M	
			EL	23,5(O); 12,5 (M)	O ausführlich, M knapp (2:1)	
			EG	Am(O); G+D(M)	O individualis., M sehr detaill.	
			OB	her (O+M)	von beiden betr.	
		F4	Ton	MZ	pointierend	Zuspitzung v. F2
24a	M blickt zwischen den Treppen-Stufen hindurch.	F1	Obj	fehlt	Abwesenheit	Lücke
		F2	EG	N(M+O)	Nähe aller	Verhaltens-Vgl. mit O-Dominanz
			EL	6,5(M); 16,5(O	O ausführlich, M knapp	
		F3	EG	G+D(M); Am(O)	M detailliert, O individualis.	Ausgeglichener Verhaltens-Vgl. mit M-Nähe
			EL	12,5(M); 11(O)	ausgeglichen ausführlich	
		F4	Ton	MZ, R	pointierend, O charakteris.	Spannungsteigerg. von F2
26	O schaut suchend über d. Gerümpel.	F1	Synt	Szene	auf Os Sicht konzentriert	Miterleben mit O allein
			EZ	2E(Os Blick) 1E(Os Hand)	auf O konzentr.	
			EL	32,5(Schuppen üb. Os Schult.) 3,5(Os Hand)	ausführl. Blick Os (=Sicht des Schuppens)	
			EG	N/HT(O/Schupp) D(Os Hand)	orientierender Blick, detailliert O	
			OB KB	hin(Os Blick sK; Zoom; Sw	identifizierende Orientierung	
		F2	Synt	AS(O,M)	vergleichend	Verhaltens-Vgl. "im Angesicht Os" mit M
			EZ	1E(M); 2E(O)	auf O konzentr. mit Blick auf M	
			EL	18,5(O); 3(M)	O ausführlich, M knapp	
			EG	N/HN(O); N(M)	beide nah	
			OB	her-quer(Os Blick); quer(M	von O betroffen, gg. M neutral	
			KB	Vf(mit O)	partizipierend an Ms Sicht von O	
			EP	F(auf O)	überlegen: O	

Signif-Nr.	Signifikat	Film Nr.	differierende Ebene	Figuren	differierende Seme	Filmische Aussage
26	(Forts.)	F3	Synt	Szene	wie F1	Beobachten von u.Miterleben mit O
			EZ	1E(O),1E(Os Hand),1E(Os Blick=Schupp	wie F1	
			EL	8(O);5,5(Hand 17(Schuppen)	O selbst u.sein Blick ausführl.	
			EG	Am(O)+wie F1	orientierender Blick des individualis.u.detaill. sichtbaren O	
			OB	her+hin(Os Blick)	betreffende und identifizierende	
			KB	wie F1	Orientierung	
			EP	wie F2	wie F2	
		F4	Ton	R	O-Charakterisierg	Zusatzinform.
27	O löscht das Licht u.verläßt den Schuppen.	F1	Synt	E aus Szene	auf O konzentr.	Detaillierter O-Anblick
			EZ	1E(Os Hand), 1E(O)	Detail-Isolierg.	
			EG	D(Hand);HN(O	detaillierend	
		F2	Synt	E aus AS	vergleichbar	Individualisierender O-Anblick
			EZ	1E(O)	geschlossen	
			EG	HN(O)	individualisierd.	
		F3	Synt	E aus Szene	Teil einer geschlossenen O-Sicht	Anblick Os im Situations-Zshg.
			EZ	wie F2	wie F2	
			EG	HT(O)	orientierend,i.d. Zshg.integrierd.	
		F4	Ton	fehlt		
24b	M bleibt im Schuppen zurück (blickt zw. Stufen hindurch).	F1	Obj	fehlt	Abwesenheit	Vermutbarkeit
		F2	Obj	M + Lok	Assoziation	Konfrontation mit M mit kurzer Assoziation
			EL	7(M);4(Lok)	knapp	
			EG	HN(M);N(Lok)	M individualis., Lok detaillierd.	
			OB	her(Lok)	betreffende	
					Assoziation	
			EP	F(auf Lok)	überlegene Ass.	
			Bel.	Gegenlicht	hervorstechende Assoziation	
		F3	Obj	letzter Wagen	Assoziation	Kurz-Konfrontation mit M mit langer Assoziation
			EL	3,5(M); 21,5(letzter Wagen)	M sehr knapp, Ass. äußerst lang	
			EG	HN(M),N-HT (letzter W.)	M wie F2, Assoz. orientierend u. i.d.Zshg.integrierend	
			OB	hin(letzt.W.)	entlassend	
		F4	Ton	abgeschaltet		

Abkürzungen: **Synt = Syntagma**
AS = Alterniertes Syntagma
AE = Autonome Einstellung
Sq = Sequenz
M = Martin
O = Onkel
X(y) = Figur X zum Objekt y

6.1.2.4 Makroanalyse (Gesamtfilm)

Um den Kontext der einzelnen filmischen Äußerungen jeweils berücksichtigen zu können und auch sprachliche Leistungen auf das Filmganze zu beziehen, ist neben der oben durchgeführten Mikroanalyse eine Makroanalyse notwendig, welche die Konstellationen der Filmfiguren im gesamten Film zu erfassen und zu beschreiben versucht. Dabei sollen die Unterschiede der drei Filmfassungen ohne Ton mit Hilfe der Berechnung des Phi-Koeffizienten[484)] auf ihre statistische Signifikanz hin überprüft werden. Wie bei der Mikroanalyse wird auch hier ein wesentlicher Vergleichspunkt der Fassung sein, wie jede von diesen die filmischen Mittel auf die beiden Personen (Onkel und Martin) verteilt hat.

Die Tabelle zur Makroanalyse (siehe nächste Seite), welche sich auf die wesentlichen Filmfiguren (Syntagma, Einstellungszahl, -länge, -größe und Objektbewegungsrichtung) beschränkt, verdeutlicht die wesentlichen Unterschiede der drei Filmfassungen als ganze:

Auf der Ebene der großen Syntagmen unterscheiden sich die Fassungen signifikant im Verhältnis der Syntagmen mit Zeitabfolge (Alternierte Syntagmen und Sequenzen) zu denen ohne eine solche (Autonome Einstellung, deskriptive Syntagmen und Szenen). Während dieses Verhältnis in der dritten Fassung völlig ausgeglichen ist (4 : 4), überwiegen in der ersten Fassung die Syntagmen ohne Zeitabfolge, also die statischen (72,8 % : 27,2 %), während im Film 2 die dynamischen mit Zeitabfolge dominieren (66,6 % : 33,3 %). Die Signifikanz des Unterschiedes zwischen Fassung 1 und 2 unter diesem Aspekt drückt der Phi-Koeffizient von 0,39 aus:

Tabelle 9: Syntagmen mit und ohne Zeitabfolge in den Fassungen 1 und 2

	Film 1	Film 2	
AE/Deskr./Sz	8	3	$Phi_{korr} = 0,39$
AS/Sq	3	6	

Tabelle 10: Ergebnisse der Makroanalyse

Filmfassungen	Film 1				Film 2				Film 3			
Personen-Anteil	Onkel		Martin		Onkel		Martin		Onkel		Martin	
Film - Figuren ↓	f	%	f	%	f	%	f	%	f	%	f	%
SYNTAGMEN: AE	5 (45,5 %)				2 (22,2 %)				3 (37,5 %)			
Deskript.Synt.	2 (18,2 %)				1 (11,1 %)				- -			
AS	2 (18,2 %)				3 (33,3 %)				2 (25 %)			
Sq	1 (9,1 %)				3 (33,3 %)				2 (25 %)			
Sz	1 (9,1 %)				- -				1 (12,5 %)			
Summe	11 (100 %)				9 (100 %)				8 (100 %)			
E - ZAHL: Gesamt	39 (100 %)				36 (100 %)				27 (100 %)			
davon zu O + M	28 (72 %)				29 (81 %)				19 (70 %)			
differenziert*	22	56,4	12	30,8	10	27,8	24	66,7	12	44,4	11	40,7
E - LÄNGE: Gesamt	238 Sek.=3,97Min.				221 Sek.=3,68Min				201,5Sek.=3,36Min			
Durchschnitts-EL	6,1 Sek./E				6,1 Sek./F				7,4 Sek./E			
ΣEL (O/M) ohne subj.Kamera(!)	114	47,9	81	34	87	39,4	110	49,8	82	40,7	62	31
davon: EL = 1-5 Sek.	7	43,8	4	36,4	4	40	12	63,2	4	40	6	66,7
6-10 "	7	43,8	6	54,5	2	20	5	26,3	3	30	1	11,1
11-18 "	2	12,5	1	9	4	40	2	10,5	3	30	2	22,2
ΣE ohne subj.K.	16	100	11	100	10	100	19	100	10	100	9	100
Anteil an der ΣE (O + M)	7	25,9	4	14,8	4	13,8	12	41,4	4	21	6	31,6
	7	25,9	6	22,2	2	6,9	5	17,2	3	15,8	1	5,3
	2	7,4	1	3,7	4	13,8	2	6,9	3	15,8	2	10,6
ΣE (O+M)	16	59,3	11	40,7	10	34,5	19	65,5	10	52,6	9	47,4
E - GRÖSSE: T,HT	16 (34,8 %)				8 (17,8 %)				10 (29,4 %)			
HN,Am	14 (30,4 %)				18 (40 %)				13 (38,2 %)			
N,G,D	16 (34,8 %)				19 (42,2 %)				11 (32,4 %)			
Σ EG	46 (100 %)				45 (100 %)				34 (100 %)			
EG(O/M): (Skala 1) T,HT	7	30,5	4	40	3	25	5	21,7	3	30	3	23
HN,Am	9	39,1	4	40	6	50	10	43,5	5	50	5	38,5
N,G,D	7	30,4	2	20	3	25	8	34.8	2	20	5	38,5
Σ EG (O / M)	23	100	10	100	12	100	23	100	10	100	13	100
EG(O/M) bezogen auf Σ EG(O + M) T,HT	7	21,2	4	12,1	3	8,6	5	14,3	3	13	3	13
HN,Am	9	27,3	4	12,1	6	17,1	10	28,6	5	21,7	5	21,7
N,G,D	7	21,2	2	6,1	3	8,6	8	22,9	2	8,7	5	21,7
Σ EG(O + M)	23	69,7	10	30,3	12	34,3	23	65,7	10	43,5	13	56,5
EG - Skala 2: T	3	9,7	4	12,9	1	3,1	3	9,4	1	4,8	1	4,8
HT,HN,Am	9	29	6	19,4	6	18,8	11	34,4	6	28,6	6	28,6
N,G,D	7	22,6	2	6,5	3	9,4	8	25	2	9,5	5	23,8
Σ EG(O + M)	19	61,3	12	38,8	10	31,3	22	68,8	9	42,9	12	57,2
OBJEKTBEWEGUNGS-RICHTUNG: her	8	42,1	8	53,3	8	61,5	8	42,1	5	38,5	3	30
hin	7	36,8	4	26,7	2	15,4	6	31,6	3	23	3	30
quer	4	21	3	20	3	23	5	26,3	5	38,5	4	40
Σ OB (O/M)	19	99,9	15	100	13	99,9	19	100	13	100	10	100
bezogen auf ΣOB(O + M) her	8	23,5	8	23,5	8	25	8	25	5	21,7	3	13
hin	7	20,6	4	11,8	2	6,3	6	18,8	3	13	3	13
quer	4	11,8	3	8,8	3	9,4	5	15,6	5	21,7	4	17,4
ΣOB (O + M)	19	55,9	15	44,1	13	40,6	19	5[illegible],4	13	56,5	10	43,5

* Bei der differenzierten Zählung der Einstellungen zu O und zu M werden die Einstellungen zweimal gezählt, die O und M zusammen präsentieren. Dadurch ist die Summe der differenziert gezählten Einstellungen zu O und zu M höher als die der Einstellungen zu O + M!

Versucht man, diese Unterschiede in einem "Statik-Koeffizienten" und "Dynamik-Koeffizienten" zu verrechnen, ergeben sich folgende Werte:

Tabelle 11: Statik- und Dynamik-Koeffizient

		Film 1	Film 2	Film 3
"Statik-Koeffizient"	$\frac{AE + Deskr + Sz}{AS + Sq}$ =	2,7	0,5	0,6
"Dynamik-Koeffizient"	$\frac{AS + Sq}{AE + Deskr + Sz}$ =	0,38	2	1

Auf der Ebene der Einstellungszahl unterscheiden sich die drei Filme bei der Verteilung der Einstellungen auf die beiden Personen. Während Film 3 von seinen 19 O und M darstellenden Einstellungen (ohne subj. Kamera, die in der Liste mitgezählt wurde) 37 % auf O und 33,3 % auf M bezieht, ist das Anteilsverhältnis von O zu M in Film 1 42,1 % zu 28,9 %, dagegen in Film 2 umgekehrt 28,6 % zu 54,3 %. Die erste Filmfassung bevorzugt demnach in der Ausführlichkeit und der Aspektezahl den Onkel, die zweite Martin, während die dritte neutral ist. Die Signifikanz des Unterschiedes zwischen Film 1 und Film 2 zeigt der Phi-Koeffizient von 0,26.

Tabelle 12: Verteilung der Einstellungsmengen auf die Personen

E-Zahl in:		Film 1	Film 2	
zu:	O	16	10 sec.	Phi_{korr} = 0,26
	M	11	19 sec.	

Die Unterschiede bestätigt auf der Ebene der Einstellungslänge die unterschiedlich hohe Sekundenzahl, die für die Personen aufgewandt wurde.

Für O stellt F1 47,9 % der Personendarstellungszeit zur Verfügung, für M dagegen nur 34 %, während F2 für O nur 39,4 % dieser Zeit erübrigt, für M dagegen 49,8 %. F3 ist hier allerdings nicht so ausgeglichen (40,7 % : 31 %) wie auf den beiden vorangegangenen Ebenen, aber ausgeglichener als F1 und F2. Zum anderen zeigt das Verhältnis der Anzahlen kurzer Einstellungen von 1 bis 5 Sekunden eine Bevorzugung des Onkels in F1 (O : M = 25,9 % : 14,8 %) und eine Martins in F2 (O : M = 13,8 % : 41,4 %). Auch im Verhältnis der Einstellungen mit einer Dauer von 6 bis 10 Sekunden dominiert in F1 der Onkel (O : M = 25,9 % : 22,2 %) in F2 Martin (O : M = 6,9 % : 17,2 %).

Tabelle 13: Verteilung der Einstellungslängen auf die Personen

EL in:		F1	F2	
zu:	O	114	87 sec.	$Phi_{korr} = 0{,}15$
	M	81	110 sec.	

Unabhängig von den Anteilen des Onkels und Martins unterscheiden sich F1 und F2 signifikant im Verhältnis der kurzen Einstellungen (1 bis 5 Sekunden) mit einer Person zu den längeren (6 bis 18 Sekunden):

Tabelle 14: Verteilung der Einstellungslängen (O + M)

EL in:	F1	F2	
1- 5 sec.	11	16	$Phi_{korr} = 0{,}7$
6-18 sec.	16	13	

Die neutrale Filmfassung 3 dokumentiert ihre Neutralität nicht nur in der Ausgewogenheit der O- und M-Anteile, sondern in einem im Vergleich zu F1 und F2 hohen Prozentsatz von Sekunden ohne die beiden Personen.

Tabelle 15: Einstellungslänge ohne Personen im Vergleich zu der mit Personen bei F2 und F3

EL in:	F2	F3	
mit O/M	197	144,5 sec.	$Phi_{korr} = 0,43$
ohne O/M	24	56,5 sec.	

Das Ausmaß, in dem sich F1 für den Onkel engagiert, der es ja auf Grund der größeren Identifikationsmöglichkeit der Schüler mit Martin sehr schwer hat, Verständnis und Sympathie zu gewinnen, wird am deutlichsten auf der Ebene der Einstellungsgröße.

Hier unterscheidet sich F1 von F2 signifikant in der Verteilung der nahegehenden Größen Halbnah bis Detail und besonders Nah bis Detail auf die beiden Personen:

Tabelle 16: Verteilung der Nah-Einstellungsgrößen auf die Personen bei F1 und F2

HN, Am, N, G, D in:		F1	F2	
für:	O	16	9	$Phi_{korr} = 0,44$
	M	6	18	
N, G, D				
für:	O	7	3	$Phi_{korr} = 0,56$
	M	2	8	

Aber auch von F3 hebt sich F1 in der Bevorzugung des Onkels durch "nahegehende" Einstellungsgrößen ab:

Tabelle 17: Verteilung der Nah-Einstellungsgrößen auf die Personen bei F1 und F3

HN, Am, N, G, D in:	F1	F3	
für O	16	7	Phi_{korr} = 0,34
M	6	10	
N, G, D für O	7	2	Phi_{korr} = 0,49
M	2	5	

Dem höheren "Statik-Koeffizienten" von F1 entspricht auf der EG-Ebene ein höherer Anteil von Orientierungsgrößen (HT und T) im Vergleich zu den "nahegehenden":

Tabelle 18: Verteilung der Orientierungsgrößen bei F1 und F2

EG in:	F1	F2	
als HT, T	16	8	Phi_{korr} = 0,33
HN-D	30	37	

Auf der Ebene der Objektbewegungsrichtung läßt F1 Martin prozentual häufiger als den Onkel auf den Zuschauer zukommen (O : M = 42,1 % : 53,3 %), während F2 den Onkel häufiger in dieser Weise begegnen läßt (O : M = 61,5 % : 42,1 %) und F3 neutral bleibt (O : M = 38,5 % : 30 %). Umgekehrt ist die Häufigkeitsverteilung bei der "entlassenden" Hinbewegung: F1 bevorzugt den Onkel (O : M = 36,8 % : 26,7 %), F2 Martin (O : M = 15,4 % : 31,6 %), die Verteilung der Querbewegungen entspricht den Hinbewegungen. Das Engagement für den Onkel in F1 und für Martin in F2 wird demnach mit einer häufigeren Hin- und Querbewegung des mit Sympathie Bedachten verbunden, nicht mit häufigerer Herbewegung. Statistisch am stärksten gesichert sind dabei die Unterschiede in der Verteilung der Hinbewegungen:

Tabelle 19: Verteilung der Hinbewegungen auf die Personen bei F1 und F2

HIN in:	F1	F2	
bei O	7	2	$Phi_{korr} = 0{,}47$
M	4	6	

Bedeutend schwächer signifikant sind die Unterschiede in der Verteilung der Quer- und Herbewegungen:

Tabelle 20: Verteilung der Quer-, Her- und Hin+Quer-Bewegungen auf die Personen bei F1 und F2

QUER in:	F1	F2	
bei O	4	3	$Phi_{korr} = 0{,}2$
M	3	5	
OB für O in:	F1	F2	
als HER	8	8	$Phi_{korr} = 0{,}13$
HIN + QUER	11	5	

Schwach signifikant ist auch der Unterschied in der Verteilung der "engagierenden" Bewegungen (HER + HIN) gegenüber der neutralen Querbewegung:

Tabelle 21: Verteilung der Her- oder Hinbewegungen auf die Personen bei F1 und F2

HER + HIN	in:	F1	F2	
bei	O	15	10	$Phi_{korr} = 0{,}15$
	M	12	14	

Hier liegt jeweils eine Bevorzugung der Person durch die "engagierenden" Bewegungen vor, für die sich die Fassung engagiert.

Versucht man, die Unterschiede der drei Filmfassungen im Hinblick auf die Sympathienahme für eine der Personen auf eine kurze Formel zu bringen, so erlauben die folgenden drei Koeffizienten eine klare Differenzierung:

(1) Ein "Affinitätskoeffizient" dividiert die Anzahl der multiplizierten Verbindlichkeit fördernden Elemente durch die Anzahl der multiplizierten Vertreter der Ebenen, denen diese entnommen sind:

$$AK_i = \frac{ENr_i \times EL_i \times (HN + Am + N + G + D)_i \times (Her + Hin)_i \times 100}{ENr_{i+k} \times EL_{i+k} \times EG_{i+k} \times OB_{i+k}}$$

Dabei gilt: i = die Person, für die der AK berechnet wird
k = die zweite Person, evtl. mehrere

Tabelle 22: "Affinitätskoeffizienten" der beiden Personen in allen Fassungen

AK	in:	F1	F2	F3
für:	O	7,41	1,22	3,46
	M	1,09	8,23	2,55

(2) Ein "Engagementkoeffizient" dividiert die Anzahl der multiplizierten Verbindlichkeit fördernden Elemente durch die multiplizierten Summen aller Einstellungen eines Films, der Einstellungslängen, der Orientierungsgrößen (T + HT) und der Querbewegungen:

$$\frac{ENr_i \times EL_i \times (HN + AM + N + G + D)_i \times (Her + Hin)_i}{ENr_F \times EL_F \times (HT + T) \times Quer} = EK_i$$

Dabei gilt: F = Gesamtfilm

Tabelle 23: "Engagementkoeffizienten" der beiden Personen in allen Fassungen

EK	in:	F1	F2	F3
für:	O	1,73	1,12	0,56
	M	0,59	2,72	0,52

(3) Ein "Parteinahmekoeffizient" dividiert die Anzahl der multiplizierten Verbindlichkeit fördernden Elemente für eine Person durch die entsprechenden Elemente für die Gegenperson:

$$\frac{ENr_i \times EL_i \times (HN + Am + N + G \times D)_i + (Her + Hin)_i}{ENr_k \times EL_k \times (HN + Am + N + G + D)_k \times (Her + Hin)_k} = PK_i$$

Tabelle 24: "Parteinahmekoeffizienten" der beiden Personen in allen Fassungen

PK	in:	F1	F2	F3
für:	O	9,48	0,15	1,36
	M	0,11	6,73	0,74

Diese Koeffizienten bestätigen die Charakterisierung der Filmfassungen im Beiheft.[485)]

6.1.2.5 Zusammenfassung

Die Filmvariablen wurden im Testfilm auf folgende Weise isoliert bzw. isolierbar gemacht:
In einer Mikroanalyse wurden die Signifikanten zu 15 Signifikaten ausgefiltert, die sich in ihren filmischen Aussagen unterscheiden und deren distinktive Seme und Figuren einschließlich "Syntagmentyp" auf allen distinktiven Ebenen isolier- und verrechenbar sind. Auf diese Signifikate sind die sprachlichen Bezugnahmen zu richten, so daß die sprachlichen Seme und Klasseme zu den filmischen in Beziehung gesetzt werden können.

In einer Makroanalyse wurden die Ebenen und Dimensionen ermittelt, in denen sich die drei visuell unterschiedlichen Filmfassungen als ganze voneinander abheben.
Die Signifikanzen der Ebenenunterschiede wurden errechnet, so daß die Ebenen als Variablen auf Gesamtfilmebene gelten können. Eine Verrechnung der Verteilungen markanter unterschiedlicher Figuren, welche die Sympathie für eine der Personen provozieren können, erbrachte trennscharfe Koeffizienten, die die Filme als Ganze zu Variablen machen, und zwar im Hinblick auf die Parteinahme für eine der beiden Hauptpersonen mit filmischen Mitteln.

Ein Koeffizient, der die Syntagmentypen, im Hinblick auf die Darstellung zeitlicher Abfolgen gruppiert, verrechnet, ermöglicht eine Unterscheidung der Gesamtfilme nach ihrer Dynamik bzw. Statik.

6.2 Sprache

6.2.1 Variablen

6.2.1.1 Quantitative Text- und Satzmerkmale

Die angemessenen Sprachvariablen, deren Korrespondenz mit semantischen Merkmalen des Gesamtfilms, d.h. der Verteilung von Semen und Klassemen in einer geschlossenen Filmfassung zu ermitteln lohnte, wären die semantischen Ebenen oder "semantischen Isotopien" von geschlossenen Texten im Sinne von Greimas[486] oder der auf dessen Isotopie-Theorie aufbauenden Textsemantiker.[487]

Die dazu notwendige Analyse ist jedoch derart aufwendig, daß sie den Rahmen der zur Verfügung stehenden Zeit und Mittel überstiege und einer anschließenden Untersuchung vorbehalten bleiben muß.

Stattdessen wurden als Variablen des geschlossenen Textes die rein quantitativen Verhältnisse der Textkonstitution ermittelt, und zwar die Wortzahl, das Verhältnis der unterschiedlichen Wörter zur Gesamtwortzahl (TTR-Wert), der Prozentsatz an Substantiven, Verben, Hilfsverben, Adjektiven, Partizipien, Adverbien, Konjunktionen, die Satzzahl und die Wortzahl pro Satz.

Das Interesse an diesen Variablen basiert nicht auf einer "Hypostasierung durch das Wort" im Sinne Leisis[488]. Es sollen also nicht aus den Mengenverhältnissen von Substantiven, Verben und Adjektiven z.B. unberechtigte semantische Beschreibungen der Texte als vornehmlich auf Dinge, Tätigkeiten oder Eigenschaften konzentriert vorgenommen werden.

Hier geht es um eine stilistische Überprüfung[489], die zu den folgenden semantischen in Beziehung gesetzt werden kann.

Die Identifikation der Werte erwies sich auch hierbei schon als kompliziert. Die Bestimmung der Wortarten richtet sich nach der "Schlüsselliste der Wortkategorien" von H. Messelken[490] bei gleichzeitiger Berücksichtigung grammatischer (Maßstab: DUDEN, Grammatik der deutschen Gegenwartssprache[491]), semantischer und auswertungstechnischer Gesichtspunkte.

Um die Objektivität der Auswertungen so hoch wie möglich erreichen zu können, d.h. so weit wie möglich zu garantieren, daß alle Auswerter zu denselben Variablen auch dieselben Merkmale zuordneten, mußten folgende Definitionen und Extensionen festgelegt werden:

(1) Bei der Ermittlung der Variablen "Wortzahl (Tokens)" ist jede Buchstabengruppe zwischen zwei Lücken als Wort zu zählen, also auch abgetrennte Präfixe (z.B. "er hielt sich auf" = 4 Wörter), Bestandteile von Tempusbildungen ("er war gesehen worden" = 4 Wörter) etc., und zwar nur, dies gilt für alle Variablen, wenn der Aufsatz in Sätzen verfaßt ist. Dies scheint sowohl semantisch als auch auszähltechnisch sinnvoll zu sein, da einmal z.B. semantisch aussagekräftige Adverbien gesondert gezählt wurden (z.B. "Er sah auf das Gerümpel herab" wird abgehoben von "Er sah auf das Gerümpel"), zum anderen keine Zweifelsfälle auftreten konnten. Subjektivität kann auch hier noch wirksam werden, z.B. durch die subjektive Korrektur von evtl. Schülerfehlern (z.B. "Er mußte hinterher laufen"), deren Kontext nicht Eindeutigkeit herstellen kann.

(2) Zur Variablen "Anzahl der unterschiedlichen Wörter (Types)" zählt jedes Wort nur einmal, auch wenn es anders konjugiert oder dekliniert wiederholt wird (z.B. "gehen" = "ging" = "gegangen" = 1 Wort, ebenso:

"er" = "seiner" = "ihm" = "ihn"). Entscheidend ist hierbei der semantische Aspekt, Wörter mit unterschiedlichen Objektbezügen zu registrieren. Die Anzahl dieser Wörter dient zur Errechnung des sogenannten TTR-Wertes (Type-Token-Ratio),[492] des "Verhältnisses zwischen der Anzahl der verschiedenen Wörter in einem Text und der Anzahl der Wörter in diesem Text"[493].

(3) Zu der Variablen Zahl der Substantive sind die Eigennamen hinzuzuzählen.

(4) Der Variablen "Zahl der Verben" sind außer den Vollverben auch die Modalverben zugeordnet worden, da sie ihnen semantisch näher zu stehen scheinen als den Hilfsverben.

(5) Demnach zählen zur Variablen "Hilfsverben" lediglich "haben", "sein" und "werden". Da aber in die Auszählung auch sämtliche tempusbildenden Hilfsverben eingegangen sind, wurde diese Variable in der Endauswertung aufgegeben.

(6) Im Anschluß an die "Schlüsselliste der Wortkategorien" von H. Messelken[494] werden zur Variablen "Adjektive" ausschließlich attributiv gebrauchte Adjektive gezählt, während alle übrigen in prädikativer Stellung als Adverbien galten. Attributiv verwendete Adverbien im herkömmlichen Sinn[495] zählten konsequenterweise hier zu den Adjektiven. Auf diese Weise wurde eine Klärung erreicht, die keine Zweifelsfälle mehr aufkommen ließ. Semantisch ist diese Regelung allerdings fragwürdig, sie fällt jedoch nicht stark ins Gewicht, da die Anzahl der Adjektive in Berichten ohnehin klein ist.

(7) Getrennt von den Adjektiven werden die attributiv gebrauchten Partizipien als gesonderte Variable gezählt.

(8) Als problematisch erwies sich die Extensionsbestimmung der Adverbien, die hier nur grob differenziert wurden als Variable "temporale und lokale Adverbien" und als Variable

(9) "modale und kausale u.a. Adverbien". Obwohl die Bestimmungen des Grammatik-Duden[496] bindend waren, mußte für die Zählung zusätzlich festgelegt werden, wozu Adverbialpräfixe[497] von Verben (z.B. "Er macht die Tür auf,

springt heraus) und Konjunktionaladverbien[498] (z.B. "Da machte er das Licht an.") zu zählen waren. Wir einigten uns dahingehend, daß Adverbialpräfixe, die im Satzzusammenhang vom Verb getrennt erscheinen, nur dann als Adverbien gezählt werden, wenn nach dem temporalen oder lokalen Umstand, den sie bezeichnen, mit einem entsprechenden Fragepronomen eindeutig gefragt werden kann. Zum Beispiel zum Satz: "Er läuft hinterher." kann die Frage gestellt werden: Wohin läuft er? Zum Satz "Er macht das Licht an." kann keine eindeutige Frage nach einem temporalen oder lokalen Umstand, den das "an" bezeichnet, gestellt werden. Das "an" wird als Verbbestandteil zum Verb gezählt.

Adverbien, die am Satzanfang auf den vorhergehenden Satz Bezug nehmen (z.B. "da, dann, doch, inzwischen, trotzdem etc.), zählen als Konjunktionen. Dieselben Adverbien zählen jedoch innerhalb des Satzes als Adverbien.

Ganz im Sinne der DUDEN-Grammatik werden die restlichen Variablen gezählt:

(10) "reine kopulative Konjunktionen" ("und, oder" u.a.),

(11) "temporale und lokale Konjunktionen",

(12) "kausale, modale und übrige Konjunktionen".
Bei allen Konjunktionsvariablen wurden sub- und koordinierende Konjunktionen zusammen gezählt, weil der semantische Unterschied nicht so sehr ins Gewicht fällt, daß er den Arbeitsmehraufwand gerechtfertigt hätte.

(13) Zur Variablen "Zahl der Sätze" zählen alle Wortmengen zwischen zwei Punkten. Wo diese offensichtlich fehlerhaft fehlen, werden sie von den Auswertern ergänzt, um eine textgemäße Satzzahl ermitteln zu lassen. Die Zahlen werden zur Errechnung der endgültigen Variablen "Wortzahl pro Satz" benötigt.

Zur statistischen Auswertung mußten die Variablenwerte gruppiert werden, so daß sich Klassen ergaben, deren Häufigkeitsdifferenzen auf ihre Signifikanz überprüft werden konnten. Die folgende Klassifizierung erwies sich als brauchbar:

(1) Wortzahl (Tokens):

1 - 40 = Wert 1
41 - 80 = Wert 41
81 - 120 = Wert 81
121 und mehr = Wert 121

(2) Types, verrechnet als TTR-Wert mal 10:

1 - 4 (= TTR-Werte 0,1 - 0,4) = Wert 1
6 - 9 (= TTR-Werte 0,6 - 0,9) = Wert 6
5 (= TTR-Wert 0,5) = Wert 5

(3) Substantive (in % der Tokens) (SUBST):

7 - 15 % = Wert 7 (weniger kommen nicht vor)
16 - 18 % = Wert 16
19 - 21 % = Wert 19
22 - 24 % = Wert 22
25 und mehr = Wert 25

(4) Verben (VERB):

1 - 15 % der Tokens = Wert 1
16 - 18 % der Tokens = Wert 16
19 - 21 % der Tokens = Wert 19
22 und mehr % = Wert 22

(5) Adjektive (ADJ):

0 % der Tokens = Wert 0
1 - 2 % der Tokens = Wert 1
3 und mehr % = Wert 3

(6) Partizipien (PART):

0 % der Tokens = Wert 0
1 - 6 % der Tokens = Wert 6

(7) Temporale und lokale Adverbien (ADVTL),

(8) Kausale, modale und übrige Adverbien (ADVREST),

(9) Kopulative Konjunktionen (KOPULA):

0 % der Tokens = Wert 0
1 - 3 % der Tokens = Wert 1
4 - 6 % der Tokens = Wert 4
7 und mehr % = Wert 7

(10) Temporale und lokale Konjunktionen (KONJTL),

(11) Kausale, modale und übrige Konjunktionen (KONJREST):

0 % der Tokens = Wert 0
1 - 3 % der Tokens = Wert 1
4 und mehr % = Wert 4

(12) Wortzahl (Tokens) pro Satz (SATZ):

3 - 7 Tokens pro Satz = Wert 3
8 - 9 Tokens pro Satz = Wert 8
10 - 11 Tokens pro Satz = Wert 10
12 und mehr Tokens pro Satz = Wert 12

6.2.1.2 Merkmale der Wortbedeutung im Kontext

Wie schon bei den Filmvariablen angedeutet, kann eine sprachliche Bezugnahme auf gefilmte Objekte und damit auf filmische Äußerungen nur in einer sprachlichen Äußerung erfolgen, deren häufigste kleinste Einheit der Satz ist. Um innerhalb des Satzes kleinste Bedeutungseinheiten zu ermitteln, deren Korrespondenz mit Filmsemen hier untersucht werden soll, sind die sprachlichen Seme in ihren Minimalgruppierungen aufzusuchen, nämlich im Verband des

Semems, der Wortbedeutung im Kontext. Die Zusammenhänge zwischen Semen, Sememen und lexikalischen Wortbedeutungen oder Bedeutungsumfängen wurden bereits bei der Erläuterung der Theoriebezüge geklärt. An dieser Stelle sind nun die methodischen Probleme der semantischen Konstituentenanalyse zu erörtern, die in dieser Untersuchung im wesentlichen in Anlehnung an B. Pottier, A.J. Greimas[499)], G. Wotjak[500)] und E. Coseriu bzw. H. Geckeler[501)] durchgeführt wird. Damit werden Elemente derjenigen Bedeutung eines Wortes im Kontext ermittelt, die sich als "hierarchisch strukturierter Komplex oder Merkmalbündel von semantischen Merkmalen"[502)] erfassen läßt.

Die von den Schülern produzierten bzw. den Schülern vorzugebenden Wortmengen (Lexemmengen) bilden an der Stelle des vorgegebenen Satzes ein Paradigma, das als Feld verstanden werden kann, wenn man dieses als Strukturierungsrahmen ansieht.

Die Mitglieder eines derartigen Paradigmas unterscheiden sich in sogenannten distinktiven Merkmalen, deren Erfassung zunächst zur Berechnung der Korrespondenz mit den Filmsemen des Bezugsobjektes genügen müßte. Die distinktiven Filmseme können ja nur auf die Wahl eines Mitgliedes des jeweiligen Paradigmas Einfluß genommen haben.

Ergibt sich also bei dem Satz: "Man sieht Martin über die Bahnschienen laufen", daß "laufen" zu einem Paradigma aus den Lexemen "fliehen, rasen, keuchen, laufen" gehört, so genügt zur Differenzierung etwa die folgende Matrix (die Bezeichnung der Seme im Text erfolgt immer in Anführungszeichen):

Seme / Lexeme	Zweckbestimmt	Schnell	Hörbar	Allgemein
fliehen	+	-	-	-
rasen	-	+	-	-
keuchen	-	-	+	-
laufen	-	-	-	+

Figur 26: Matrix mit einem Mindestmaß an distinktiven Semen eines Paradigmas

An dieser Matrix wird schon deutlich, daß wir zur Beschreibung der Seme nicht nur Merkmale des Signifikats, sondern auch solche des Signifikanten ("allgemein") benutzen müssen, da z.B. zu den Oberbegriffen, die hier nach der Definition von Pottier[503] "Archilexeme" genannt werden sollen, keine Signifikatsmerkmale aufgeführt werden könnten, die nicht von den differenzierteren Lexemen impliziert würden.[504]

Die Benutzung der Analyse in dieser Untersuchung stellt jedoch Anforderungen an die Sem-Ermittlung und -beschreibung, die über die obige Erfassung irgendwelcher distinktiver Merkmale eines Paradigmas hinausgehen.

Das Ziel der Untersuchung, statistisch signifikante Bedeutungsdifferenzen zu ermitteln, verlangt eine Sem-Analyse, die möglichst bei allen Paradigmen vergleichbare Seme oder Semkategorien überprüft. Es sagt sehr wenig, wenn die statistische Berechnung ergibt, daß im Paradigma A die Häufigkeit des Sems "belebt", im Paradigma B die des Sems "hörbar" stärker durch eine engagierende Filmgestaltung mittels Großaufnahmen etc. gefördert wird. Seme wie die ersten drei der obigen Matrix sind zu speziell auf ein Paradigma bezogen, als daß sie in statistisch relevanter Häufigkeit auftreten könnten. Das vierte Sem "allgemein" oder "Archilexem" dagegen ist in jedem Paradigma einmal zu erwarten, so daß man fragen könnte: Unterstützt eine bestimmte Filmgestaltung das Vorkommen von Archilexemen?

Das Interesse dieser Untersuchung richtet sich demnach gar nicht auf einmalig vorkommende Seme, sondern auf rekurrente Seme, die schon im Zusammenhang mit der Filmvariablen in Übernahme des Pottier-Terminus[505] "Klasseme" genannt wurden. Im Sinne Coserius definiert Geckeler Klasseme als "eine bestimmte Art von Semen, die auch außerhalb der Wortfelder funktionieren, bzw. die durch eine Reihe von Wortfeldern hindurch funktionieren".[506]

Pottiers Beispiel-Klasseme, z.B. "Animation", "Transitivité", "Continuité", "Materialité",[507] demonstrieren den Abstraktionsgrad derartiger Semkategorien, die als rekurrente "begrifflich-noetische Abstraktionselemente"[508] angesehen werden können. In dieser Eigenart sind sie für diese Untersuchung nicht nur aus statistischen Gründen brauchbar, sondern zusätzlich im Hinblick auf die zu ermittelnde Korrespondenz mit grundlegenden Wahrnehmungsverhältnissen, wie sie von den Filmfiguren ermöglicht werden, und von denen im Zusammenhang der denk- und sprachpsychologischen Theoreme ein Einfluß auf die Abstraktion oder auf die Transformation auf eine vorhandene bestimmte Abstraktionsstufe erwartet werden konnte. Angesichts dieser Erwartungen sind hier Klasseme zu überprüfen, die möglichst unterschiedliche Abstraktionsstufen oder -arten signalisieren.

Pottiers Unterscheidung zwischen "substantiellen und relationellen" sowie zwischen "deskriptiven und funktionellen Semen"[509] zeigt die Richtung auf, in der wir unsere Klasseme zu suchen haben, wenn wir in der Wortbedeutung Spuren des Abstraktionsprozesses entdecken wollen.

Dabei besteht natürlich wieder die oben erwähnte Gefahr der "self-fulfilling prophecy", wenn man Klasseme im Hinblick auf das Bezugsobjekt in filmischer Repräsentation bestimmt und voraussagt, daß sie mit diesen korrespondieren. Hier hilft nur eine strikt getrennte Betrachtung der Film- und Sprachseme, selbst wenn zur Momosemierung eines Lexems die Objektbasis hinzugezogen werden müßte. Als nützlich erwies sich die Klassem-Analyse durch zwei Auswerter, von denen einer den Film gesehen hatte, der andere nicht, bei der in Zweifelsfällen ein dritter, der den Film nicht gesehen hatte, die Entscheidung traf.

Zu den bisher genannten beiden durch die Statistik und das Untersuchungsziel gegebenen Schwierigkeiten kommt noch im Gefolge des letzteren eine dritte hinzu. Da Korrespondenzen zwischen Wahrnehmungsverhältnissen und sprachlichen Bedeutungselementen im allgemeinen zu prüfen sind, darf die sprachliche Analyse sich nicht auf eine einzige Wortart beschränken, die bei der normalen Komponentenanalyse gegeben ist. Hier sind Klasseme zu finden, die durch die Wortfelder von Adjektiven, Substantiven und Verben "hindurch funktionieren". Gesucht sind z.B. gemeinsame Klasseme für die folgenden drei Wortfelder:

Wortfeld 1: "bedrückt, traurig, ängstlich, nachdenklich, aufgeregt, böse";
Wortfeld 2: "laufen, fliehen, springen, rasen";
Wortfeld 3: "Verbrecher, Blitz, Läufer, Hase".

Sie könnten zu den Sätzen gehören:

Satz 1: "Im Zug guckt Martin sehr ..." (Wortfeld 1);
Satz 2: "Ein Bahnbeamter sieht, wie Martin auf den Bahnsteig springt und wie ein ... (Wortfeld 3) zum Ende des Zuges ..." (Wortfeld 2).

Zunächst zeigen sich an diesem Beispiel syntaktische Probleme. Es wird deutlich, daß vor der angestrebten semantischen Konstituentenanalyse eine Kontextanalyse notwendig ist, und zwar im Hinblick auf die syntaktischen Beschränkungen bzw. Möglichkeiten eines Wortes im Satz und im Hinblick auf die Kollokationsfähigkeit eines Wortes mit anderen Wörtern im Satz.[510)]

Je nachdem, ob das Wort "wie" im Satz 2 als Konjunktion oder als Komparativpartikel verstanden wird, beides ist syntaktisch möglich, kann als Wortfeld 3 ein Paradigma von Subjekten des mit "wie_2" eingeleiteten Nebensatzes erscheinen (z.B. "ein Mann", "der Onkel", "eine Gestalt" ...) oder ein Paradigma mit Vergleichen zum Subjekt des mit "wie_1" eingeleiteten(ersten)Objektsatzes (Wortfeld 3). Derartige syntaktisch bedingte bzw. ermöglichte Polysemien waren vor dem Entwurf des Testmaterials zu prüfen. Es galt zu entscheiden, ob diese Polysemien für die vorliegende Untersuchung aussagekräftige Ergebnisse erbringen konnten oder nicht. Falls das nicht der Fall war, mußten sie bei der Testkonstruktion

eliminiert oder bei der Durchführung der Datenerhebung im Unterricht behoben werden. Die Überprüfung kann mit Hilfe einer Konstituentenstruktur-(IC-)Analyse erfolgen, die der semantischen Subkategorisierung vorzuordnen ist.[511)]
Ein Beispiel für eine bewußt grammatisch ermöglichte Polysemierung ist z.B. der Satz: "Als der Onkel sieht, daß Martin geflohen ist, ist der Onkel ...". In diesem Fall kann es aufschlußreich sein zu prüfen, ob bestimmte Wahrnehmungsverhältnisse den Einsatz eines Verbs (z.B. "hinterhergelaufen, ausgestiegen ...") oder eines Adjektivs (z.B. "böse, wütend, besorgt ...") fördern.

Die Mitglieder der Wortfelder 2 und 3 im Beispielsatz 2 sind zusätzlich einem Kollokationstest durch die Auswerter zu unterziehen, da sie semantisch verträglich sein müssen. Die Wahl eines Mitgliedes in Wortfeld 3 schränkt die Freiheit bei der Wahl eines Mitgliedes aus dem Wortfeld 2 ein. Semantisch unmögliche Kombinationen waren bei der Auswertung als unbrauchbar auszuschließen.
Bei den Folgerungen aus den realisierten möglichen Kombinationen ist zu berücksichtigen, daß das Auftreten differenzierender Seme in der ersten Satzlücke ein Differenzieren des Lexems in der zweiten Satzlücke erübrigen kann. Ein Schüler, der die Kombination "wie ein Verfolgter zum Ende des Zuges <u>läuft</u>" gewählt hat, beschreibt den Fluchtvorgang u.U. nicht weniger differenziert als ein Schüler, der "wie ein Hase" mit "zum Ende des Zuges <u>flieht</u>" kombiniert.

Nach allen syntaktischen Vorprüfungen, die sich auf die Standardisierung des Kontextes, der Datenerhebung und in Form einer angemessenen Berücksichtigung der Verhältnisse auf die Interpretation der Befunde auswirken, sind nun Klasseme mit einem Abstraktionsgrad zu suchen, den z.B. die folgende Matrix deutlich machen kann:

	(nur) menschlich	Stärke	Schwäche	Wertung	Prozeß	Archilexem	Spannung	Tempo
bedrückt			+		+			
traurig			+			+		
ängstlich			+				+	
nachdenklich	+	+			+			
aufgeregt					+	+	+	+
böse		+		+				
laufen					+	+		
fliehen			+		+		+	
springen					+			
rasen		+			+			+
Verbrecher	+			+			+	
Blitz		+						+
Läufer	+				+	+		
Hase	-		+					+

Figur 27: Matrix mit distinktiven Semen mehrerer Paradigmen (Klassemen i.w.S.)

Die Bezeichnung eines Klassems in den Spaltenköpfen meint dabei immer eine Informationseinheit, welche die Lexeme, die in dieser Spalte ein Pluszeichen bekommen, enthalten. Das Lexem "bedrückt" enthält also in dem Satzzusammenhang, der zu seinem Paradigma gehört, eine Information über ein "Schwäche"-Moment und einen vorausgegangenen "Prozeß" des "Bedrückens". Diese beiden Klasseme unterscheiden das Lexem "bedrückt" von allen übrigen Lexemen der drei Paradigmen, da kein anderes nur diese beiden hat.

Es ist offensichtlich, daß ein Anwachsen der Paradigmenmenge auch ein Anwachsen der distinktiven Klasseme zur Folge hat. Eine Ausdehnung der Klassemmenge ist aber auch aus einem anderen Grund notwendig. Sollten sich durch die statistischen Berechnungen der Korrelationen bestimmte Gruppierungen ergeben, so könnten zu deren Charakterisierung Klasseme fehlen, da diese bei der Differenzierung aller Paradigmen zu speziell waren. Es müssen demnach zu

den für alle Paradigmen zutreffenden Klassemen auch solche eingeführt werden, die nur spezielle Paradigmen in Klassen einteilen, da gerade deren Klasseme mit bestimmten Filmklassemen korrelieren könnten.
Im Sinne von Klix: Nicht nur die Filmklasseme als Teilklassenbildungen der Objekt-(hier: Zeichen-)Merkmale, sondern auch die sprachlichen Klasseme als "begrifflich-noetische Abstraktionselemente" (s.o.) richten sich nach dem jeweiligen "Orientierungsanlaß". Dieser könnte sich als Ursache einer statistisch signifikanten Merkmalsgruppierung herausstellen.

Eine hier verwendete Merkmalsmatrix erhebt demgemäß keinerlei Anspruch auf eine Erfassung der Bedeutungsstruktur der einzelnen Wörter, sondern ist als ein flexibles Raster zur Fixierung von Klassemen anzusehen,[512)] das sich nach der Art und Anzahl der beteiligten Paradigmen und dem durch den Objektbezug gegebenen Orientierungsanlaß richtet. Die Klassembezeichnungen sind zweckorientiert. Da sich das Interesse allerdings auf Momente der Abstraktion in der Wahrnehmung und der Sprachverwendung richtet, besitzen die Klassembezeichnungen einen Abstraktionsgrad, der über die Grenzen dieser Untersuchung hinaus Anwendung finden kann.

Interessant erscheint uns hierbei die Feststellung, daß zu den brauchbarsten Klassemen im oben genannten Sinne die drei "semantischen Dimensionen" von Ch. Osgood gehören,[513)] nämlich "Activity" (z.B. in "Prozeß", "Tempo", "Spannung"), "Potency" (z.B. in "Stärke", "Schwäche") und "Evaluation" (in "Wertung). Diese "Dimensionen" scheinen nicht nur geeignet zu sein, Assoziationen zu bestimmten Wörtern zu kategorisieren und damit konnotative Bedeutungen zu klassifizieren,[514)] sondern ebenso um Abstraktionselemente denotativer Bedeutung zu gruppieren, und zwar weil sie Richtungen für menschliche Orientierungsanlässe zu bezeichnen scheinen.

Die Möglichkeit, die Seme eines Semems zu hierarchisieren, wäre auch bei der hier aktualisierten Klassem-Analyse eine wichtige Hilfe. Ließen sich objektive Hierarchisierungen anhand von Baumgraphen o.ä.[515] darstellen, könnte z.B. die Anzahl der Knoten eines Semems und damit dessen Stellung in der Abstraktionsstufenleiter[516] zu Klassenbildungen im Hinblick auf den Abstraktionsgrad geeignet sein, mit anderen Wortes: es ließen sich Worte eines bestimmbaren Abstraktionsgrades gruppieren. Man könnte statistisch ermitteln, ob bestimmte Wahrnehmungsverhältnisse mit bestimmten Abstraktionsstufen der Wortwahl beim Sprachgebrauch korrelieren. Ein hehres Ziel, das leider beim gegenwärtigen Stand der Semantikforschung nicht zu erreichen ist.

Die bisherigen Ansätze der semantischen Konstituentenanalyse bieten nicht die Möglichkeit, Hierarchisierungen innerhalb von Sememen nachzuweisen, die so systematisch und allgemeingültig fixiert werden könnten, daß kompatible Strukturen die Sememe vieler Paradigmen auf einer gemeinsamen Ebene transparent machen könnten.[517] Hier wird deshalb auf die Darstellung in Baumgraphen ebenso verzichtet wie auf den Nachweis von Sem-clusters und Sem-configurations innerhalb aller Sememe im Sinne U. Weinreichs[518].

Die Unterscheidung zwischen obligatorischen, fakultativen und virtuellen Semen[519] kann dagegen selbst bei der Klassem-Analyse von Bedeutung sein. Ein fakultatives bzw. redundantes Sem ist z.B. in der obigen Matrix das Sem "Prozeß" beim Paradigma der Verben. Es wird von allen Mitgliedern des Paradigmas impliziert und ist demnach in demselben nicht mehr distinktiv. Vermerken wir es dennoch aus dem oben genannten Grund, weil wir paradigmenüberschreitende Klasseme suchen, so ist es doch anders zu bewerten als z.B. das Klassem "Schwäche", das "fliehen" mit "bedrückt, traurig und ängstlich" gemeinsam hat, oder das Klassem "Prozeß" beim Lexem "bedrückt", bei dem es nicht derart redundant ist. Die nicht redundanten, obligatorischen Seme sind als Klasseme besonders wichtig, da sie die informativsten Befunde erwarten lassen, ebenso aber auch die virtuellen Seme, die zum Sem gehören können oder auch nicht, zu denen wir aber nicht wie Pottier[520] nur die konnotativen Merkmale zählen wollen.

Die folgenden Klasseme haben sich als brauchbar erwiesen und gelten vorbehaltlich späterer Gruppierungen als die statistisch greifbaren Variablen des Sprachgebrauchs, die zu Folgerungen aus den Befunden führen müßten:

1. Relationelle Klasseme: "Detail", "Ganzheit", "Relation"·
2. Substantielle Klasseme: "nur belebt" oder "nur menschlich", "physisch", "psychisch", "Stärke", "Schwäche", "Prozeß" oder "Dynamik", "Spannung"·
3. Deskriptive Klasseme: "Intensität", "Modalität", "Lokalität", "Temporalität"·
4. Funktionelle Klasseme: "Kausalität", "Wertung"·
5. Abstraktive Klasseme: "sinnlich wahrnehmbar", "logisch erschließbar", "nachempfindbar"·
6. Symptomfunktionelle Klasseme: "nicht normalsprachlich", "metaphorisch";
7. ein sprachbezogenes Klassem: "Archilexem".

Die Klasseme wurden in Anlehnung an die Methode G. Wotjaks ermittelt.[521] Am Anfang stand die sprachliche Intuition, deren wissenschaftliche "Salonfähigkeit"[522] wohl angezweifelt werden kann, die aber nicht nur in neueren Analysen wieder bewußt eingesetzt[523], sondern im Grunde von allen Vertretern der Komponentenanalyse verwendet wird. Eine so entstandene Matrix bedarf jedoch nicht nur der Überprüfung durch weitere kompetente Sprachbenutzer, sondern ebenso zusätzlicher Kontext- und Kollokationsanalysen, die mit Hilfe möglichst vieler Kontextsätze und Wortverbindungen aus der Verträglichkeit der Lexeme mit anderen auf distinktive Seme schließen lassen.[524]

Angesichts der o.g. Schwierigkeiten bei der Hierarchisierung von Abstraktionsgraden soll hier außerdem mit Hilfe eines in Anlehnung an Ch. Osgoods "Semantisches Differential" entwickelten "Abstraktionsdifferentials" versucht werden, die

Stärke der Entscheidung für eines von zwei unterschiedlich abstrakten Lexemen zu messen. Dieses Verfahren wird im Zusammenhang mit der Beschreibung der Sprachtestaufgaben erläutert.

6.2.1.3 Zusammenfassung

Als Sprachvariablen gelten:

(1) die Quantitäten aller Wörter, der Worttypen, bestimmter Wortarten, der Wörter pro Satz in frei produzierten abgeschlossenen Texten;

(2) die Lexeme festgelegter Paradigmen, speziell deren Klassenmerkmale (Klasseme);

(3) die Stärkegrade der Entscheidungen zwischen jeweils zwei unterschiedlich abstrakten Lexemen.

6.2.2 Sprach-Testaufgaben

6.2.2.1 Aufgabentypen

Wichtige Gründe sprechen für die auch technisch leichter durchführbare und auswertbare schriftliche Sprachproduktion:

(1) Da sie sich von der mündlichen Leistung hauptsächlich dadurch unterscheidet, daß der Empfängerbezug internalisiert ist und von der Dekodierungssituation des Empfängers sowie von der lautlichen Seite der Sprache abstrahiert wird,[525)] steht stärker als bei der mündlichen Produktion der Objektbezug im Vordergrund, auf den es hier primär ankommt.

(2) Der semantisch bedeutsame Kontext- und Situationsbezug, der die Bedeutung von Lexemen mitbestimmt, ist bei der schriftlichen Leistung präziser zu vereinheitlichen und zu konstantisieren. Das macht sie leichter auswertbar.

Dabei ist im Hinblick auf die quantitativen Verhältnisse der Wortarten in einem geschriebenen Text zu klären, ob die Produktionsart sich schon auf die Verteilung der Häufigkeiten bestimmter Wortarten auswirken kann.
Zur Frage der Über- oder Unterrepräsentation der hier relevanten Wortarten gibt der "Allgemeine Deutsche Sprachtest" von J. Steinert klare Antworten:[526)]

Die "Anteile der Lokal-, Modal-, Temporal- und Kausalaspekte, der attributiven Indefinitpronomen, Zahlen, Adjektive und Konjunktionen sowie die der Satzlängen sind im Schriftlichen und Mündlichen gleich".
"Die Anteile der Verben und Substantive sind im Schriftlichen größer als im Mündlichen", die der Adverbien und der Textlängen "im Mündlichen größer als im Schriftlichen".[527)] Die schriftliche Leistung kann demnach ein valides Meßinstrument sein, wenn man die letztgenannten Besonderheiten berücksichtigt.

Bei der Auswahl der schriftlich zu lösenden Aufgaben sind die Untersuchungsziele (a) zusammen mit testökonomischen Erwägungen[528)] (b) im Blick zu behalten, verbunden mit didaktischen Interessen (c). Das bedeutet konkret:

(1) Es soll ein <u>"freier" Text</u> produziert werden,
   a) damit auch Merkmale eines Textes denen eines Films geschlossen gegenübergestellt werden können, sofern sie semantisch-stilistisch aussagekräftig sind; nur so können evtl. auch semantische Aspekte von Funktionswörtern ermittelt werden;
   b) obwohl eine objektive Auswertung dieses Aufgabentyps sehr schwierig ist, selbst wenn die Wortzahl auf maximal 150 beschränkt wird;[528)]
   c) weil diese Sprachproduktion bislang die wichtigste schriftliche während der Schulzeit darstellt.

(2) Es werden <u>Ergänzungs-(Lückentext-)Aufgaben</u> gestellt,
   a) weil in dieser Untersuchung Merkmale des aktiven Wortschatzes bei einer Sprachproduktion auf

relativ eindeutig festgelegte Objektmerkmale bezogen werden sollen, was nur durch gezielte Fragen oder wie hier durch Kontextfixierung möglich ist, die noch zusätzlich die semantischen Vorteile der Kontextvereinheitlichung besitzt;

b) weil dies die einzige Form freier Aufgabenbeantwortung ist, die relativ objektiv und differenziert ausgewertet werden kann;[529)]

c) weil dieser Aufgabentyp zur gezielten Wortschatzarbeit in der Schule einsetzbar und Schülern vertraut ist.

(3) "Multiple-choice-Aufgaben" sind brauchbar,

a) weil auf diese Weise zusätzlich Merkmale des passiven Wortschatzes auf die Objektmerkmale bezogen werden können und man die Klasseme vorher festlegen kann;

b) weil sie ökonomisch und relativ zufallsunabhängig ausgewertet werden können, obwohl hierbei ebenso wie bei der Kontextfixierung des Lückentextes Spontanaktivität und Eigenständigkeit eingeschränkt und Ebenen und Dimensionen der Abstraktion dadurch beeinflußt werden, so daß die Fixierung des Kontextes und der zur Wahl gestellten Antworten Schwierigkeiten bedeuten, die nur subjektiv zu lösen sind, was Folgen für die Generalisierbarkeit der Ergebnisse hat;[530)]

c) weil Erkenntnisse über den passiven Wortschatz und seine Merkmale Grundlagen für die schulische Wortschatzarbeit sind.

(4) Sogenannte "Stufen-Antwort-Aufgaben" sind brauchbar,

a) weil in Ermangelung objektiver Abstraktionsstufen, die das Ausmaß der Abstraktion auf einer Ebene meßbar werden ließen, wenigstens aus der Intensität der Entscheidung für einen Begriff aus einem Begriffspaar mit minimaler und maximaler Abstraktion, Rückschlüsse auf die dahinterstehende Abstraktion ermöglicht werden sollen, obwohl dies immer nur ein bescheidener Versuch sein kann;

b) obwohl die unter 3b) genannten Schwierigkeiten auch hier bestehen;

c) weil Erkenntnisse über die Intensität von Entscheidungen für oder gegen Lexeme einer bestimmten Abstraktionsart didaktisch und methodisch grundlegend sein können, zumal sich in diesen die Motiviertheit bei der Wortwahl widerspiegelt.

6.2.2.2 Schreibsituation

Da die Lösung der Aufgaben zugleich eine reale Schreibsituation sein soll, die im Hinblick auf eine evtl. spätere Untersuchung unter pragmalinguistischen Aspekten beschreibbar und im Hinblick auf ihre Relevanz für die Bedeutung der Lexeme erfaßbar sein sollte, sind zunächst die Intention und der Adressat des Schreibens festzulegen. Die Situation soll dabei keine derart konstruierte sein, daß sich die Schüler erst phantasievoll in sie hineinversetzen müssen. Die Schreiber sollen so realistisch wie schulisch möglich davon ausgehen, daß ein Adressat über den Inhalt des Films als Filminhalt und nicht als Realität Informationen erhalten möchte. Dabei wird differenziert zwischen einem Adressaten, der den Inhalt kennt, und solchen Empfängern, die ihn nicht kennen, und folgendes festgelegt:

(1) Der "freie Kurzaufsatz" ist als Bericht an den Regisseur des Films zu schreiben, in dem diesem in maximal 12 Zeilen mitgeteilt wird, was der Absender genau erkennen konnte. Der Regisseur, "der gute Filme für Kinder machen möchte", will daraus ermitteln, was er zu undeutlich gefilmt hat.

(2) Die übrigen Aufgaben (Lückentext, Multiple-choice und Stufen-Antworten) enthalten Sätze bzw. im letzten Fall Wörter für ein Film-Beiheft, das Lehrer und Schüler <u>vor</u> dem Filmsehen über den Filminhalt informieren soll. Die Schüler tragen Wörter

ein, kreuzen solche an oder bewerten die, welche für diesen Zweck geeignet sind. ("Die meistgewählten Wörter werden gedruckt.")

6.2.2.3 Lückentext

Um zu gewährleisten, daß das Ausfüllen der Lücken durch Schüler auch eine echte Prädikation des ihm zugeordneten Filmsignifikats ist, muß der Text folgende Bedingungen erfüllen:

(1) Er muß so formuliert sein, daß das Ausfüllen der Lücke überhaupt die Wahrnehmung des fehlenden Referenten zwingend voraussetzt, d.h. daß dieser nicht aus dem Kontext erschlossen werden kann.

(2) Er muß eindeutig auf den ihm zugeordneten Referenten Bezug nehmen und darf keine Wahlmöglichkeiten offen lassen, es sei denn, diese sind als Selektionsprozeßmerkmale relevant (siehe Lücke 5 in Satz 4).

(3) Der Text muß so in die Situation des Signifikats einführen, daß die Prädikation von der Leistung des Gedächtnisses weitgehend unabhängig wird. Dazu wurde dem Lückensatz ein Haupt- oder Nebensatz vorausgeschickt, der in die Situation einführt.

(4) Der Text muß den Wortschatz und den Stil der Schüler benutzen, damit das Ausfüllen der Lücke zugleich das Komplettieren eines im ganzen akzeptierten Satzes ist, den der Schreiber zur Ausübung seines Schreibaktes (s.o.) einsetzt.

Es versteht sich von selbst, daß der Text die "Regeln für den sprachlichen Aufbau von Aufgaben" erfüllen muß, die bei Testkonstruktionen üblich sind.[531)] Die Eindeutigkeit und Verständlichkeit der Zusammenhänge und Begriffe, die dabei von wesentlicher Bedeutung sind, wurden im Vortest an einer für die spätere Population repräsentativen

Stichprobe von 270 Schülern überprüft. Der dabei dennoch unterlaufene Fehler der Mehrdeutigkeit der Lücke 1 in Satz 3 mußte durch den Versuchsleiter mündlich behoben werden. Es wurde ein Vergleich erwartet und nicht ein zweites Objekt der Beobachtung.
Der Lückentext erhielt folgende Endform:

II. Welche Wörter ich in das Film-Beiheft schreiben würde (ich trage die Wörter in die Lücken ein, die am besten zu meinen Beobachtungen passen):
1) Im Zug guckt Martin sehr ... 2) Martin wartet, bis der Zug hält. Endlich steht der Zug, und Martin ... 3) Ein Bahnbeamter sieht, wie Martin auf den Bahnsteig springt und wie ein ... zum Ende des Zuges ... 4) Der Onkel erscheint in der Zugtüre und sieht, daß Martin geflohen ist. Darum ist der Onkel ... 5) Martin versucht, zuerst das Vordertor des Schuppens zu öffnen. Das macht er sehr ... 6) Auch der Onkel versucht, so schnell es geht, in den Schuppen zu gelangen. Dabei sieht er ... aus. 7) Der Onkel hat im Schuppen das Licht angemacht. Nun steht er neben dem Schalter und ... den Schuppen. 8) Der Onkel sucht zwar lange und gründlich, er findet Martin aber nicht, weil der Schuppen zu ... ist.

Figur 28: Lückentext

Um die Lückenergänzungen nicht nur qualitativ, sondern auch quantitativ auswerten zu können, wurden den Schülern keine Vorschriften bezüglich der Wortwahl gemacht. Jeder Schüler konnte so viele Wörter eintragen, wie er wollte. Dies erschwerte allerdings die Auswertung.
Zunächst wurde folgende Regelung getroffen: Jeder Auswerter registriert das Wort, das die zentrale Aussage trägt, und gibt zusätzlich die Anzahl aller Wörter pro Lücke an, damit man eine quantitative Analyse anschließen kann. Es stellte sich jedoch heraus, daß zwar die meisten Schüler nur ein oder zwei Wörter eingetragen hatten, so daß die Bestimmung des zentralen Wortes nicht schwer fiel, bei den übrigen Fällen diese Bestimmung jedoch zum Teil gar nicht, zum Teil nur sehr subjektiv möglich war.

Eine differenzierte Auswertung, die alle Wörter einer Lücke berücksichtigt, hätte erhebliche Schwierigkeiten für die semantische Analyse mit sich gebracht. Aus diesem Grunde wurden bei der Endauswertung nur die Probanden gezählt, deren Wortzahl pro Lücke 1 oder 2 betrug, da man in diesem Kontext davon ausgehen kann, daß 2 zentrale Wörter mit einer Kopula verbunden würden und somit mindestens 3 Wörter ausmachten.

Bei der Klassifizierung der Lückenwörter wurden zunächst die distinktiven Seme jedes Lückenparadigmas ermittelt, Klasseme und Archilexeme fixiert. Der Lückentext ist jedoch so konstruiert, daß sich wichtige Paradigmen zusammenlegen lassen, so daß die Klassifizierung nach gemeinsamen Klassemen erleichtert wird.

Der gesamte Wortkorpus wurde zur effektiven Klassem-Ermittlung im oben beschriebenen Sinne (6.2.1.2) nach wenigen gemeinsamen Archilexemen und Klassemen systematisch analysiert, klassifiziert und für die EDV-Auswertung kodifiziert.

Zur genaueren Charakterisierung der Variablen sollen hier schon diese Ergebnisse der Datenerhebung vor deren Beschreibung in klassifizierter Form aufgeführt werden. Die in der Liste genannten Archilexeme und Klasseme bilden die Ausgangsvariablen im Testsegment "Lückentext".

Tabelle 25: Schlüsselliste zu den Paradigmen des Lückentextes

Archilexem: Laufen (0)

Klassem: Allgemein (00)

gehen	(001)
gelangen	(002)
laufen	(003)
rennen	(004)
stehen	(005)
kommen	(006)
fahren	(007)

Klassem: Schnell (01)

sich beeilen	(010)
flitzen	(012)
rasen	(013)
sausen	(014)
sprinten	(015)
spurten	(016)
wetzen	(017)

Klassem: von x weg (02)

abhauen	(020)
davon-, weglaufen	(021)
sich entfernen	(022)
entfliehen	(023)
fliehen, flüchten	(024)
Flucht ergreifen	(025)
hinausrennen	(026)
verlassen	(027)
verschwinden	(028)
weggehen	(029)

Klassem: Modalitäten (03)

hasten	(030)
hechten	(031)
hetzen	(032)
losrennen	(033)
losstürmen	(034)
springen	(035)
sich stehlen aus	(036)
stolpern	(037)
stürmen	(038)
mitlaufen	(039)

Klassem: metaphorisch (04)

galoppieren	(040)
hoppeln	(041)
huschen	(042)
klettern	(043)
kriechen	(044)
schleichen	(045)
hüpfen	(046)
fliegen	(047)
schlüpfen	(048)
fegen	(049)

Klassem: hinter x her (05)

folgen	(050)
hinterhergehen	(051)
hinterherlaufen	(052)
hinterherhumpeln	(053)
jagen	(054)
nachhasten	(055)
nachlaufen	(056)
verfolgen	(057)
nachspringen	(058)

Klassem: aus x heraus (06)

abspringen	(060)
aussteigen	(061)
erscheinen	(062)
herausspringen	(065)
herauskommen	(066)
herauslaufen	(067)
herausgehen	(068)

Klassem: mit Laufen verbunden (07)

aufmachen	(070)
öffnen	(071)
rufen	(072)
schreien	(073)
zumachen	(074)
aufreißen	(075)
aufschieben	(076)
sich verstecken	(077)

Archilexem: Besehen (1)

Klassem: Allgemein (10)

begucken	(100)
beschauen	(101)
besehen	(102)
blicken	(103)
glotzen	(104)
gucken	(105)
sehen	(106)
schauen in	(107)

Klassem: Modalitäten (11)

beäugeln	(110)
beobachten	(111)
besichtigen	(112)
betrachten	(113)
Blicke schweifen lassen	(114)
Blicke werfen	(115)
spähen	(116)
starren	(117)
auf der Spur sein	(118)

Klassem: Ortsbezug (12)

überblicken	(120)
umgucken	(121)
umschauen	(122)
umsehen	(123)
überschauen	(124)
herausgucken	(125)
herausschauen	(126)

Klassem: Funktion (13)

durchforschen	(130)
durchsehen	(131)
durchsuchen	(132)
inspizieren	(133)
kontrollieren	(134)
mustern	(135)
prüfen	(136)
prüfend absuchen	(137)
suchen	(138)
untersuchen	(139)

Archilexem: Böse (2)

Klassem: Aussehenbezogen (20)

angsteinflößend	(200)
drohend	(201)
erschreckend	(202)
grimmig	(203)
ein böses Gesicht	(204)
fürchterlich	(205)

Klassem: Prozeßbewertung (21)

bösartig	(210)
böse	(211)
brutal	(212)
gefährlich	(213)
hinterlistig	(214)
mörderisch	(216)
rabiat	(217)
schrecklich	(218)
raffiniert, listig	(215)
verschlagen	(219)

Klassem: Vorstufe (22)

entstellt	(220)
grob	(221)
hart	(222)
ruppig	(223)
störrisch	(224)
streng	(225)
stumpf	(226)
unangenehm	(227)
unsanft	(228)

Klassem: Gereizt (23)

ärgerlich	(230)
erbost	(231)
erzürnt	(232)
verärgert	(233)
wütend	(234)
zornig	(235)

Klassem: Reizbar (24)

mißtrauisch	(240)
mürrisch	(241)
sauer	(242)
skeptisch	(243)
unmutig	(244)
unzufrieden	(245)
vorwurfsvoll	(246)
verdrießlich	(247)
reizbar	(248)
nicht freundlich	(249)

Klassem: Vertreter (25)

Bandit	(250)
Dieb	(251)
Gangster	(252)
Gefangener	(253)
Geflohener	(254)
Räuber	(255)
Verbrecher	(256)
Einbrecher	(257)
Sträfling	(258)

Archilexem: Dumm (3)

Klassem: nicht richtig (30)

blöd	(300)
doll	(301)
doof	(302)
dumm	(303)
falsch	(304)
schlecht	(305)
stur	(306)
trübe	(307)
unvernünftig	(308)

Klassem: fragwürdig (31)

juxig	(310)
komisch	(311)
lachhaft	(312)
lustig	(313)
schief	(314)
ulkig	(315)

Klassem: äußerlich nachteilig (32)

auffällig	(320)
lange	(321)
langsam	(322)
laut	(323)
ruckartig	(324)
zappelig	(326)
mit Krach	(327)

Klassem: funktionsnachteilig (33)

flüchtig	(330)
kompliziert	(331)
krampfhaft	(332)
umständlich	(333)
unbeholfen	(334)
ungeduldig	(335)
ungenau	(336)
ungeschickt	(337)
unkontrolliert	(338)
ungründlich	(339)

Klassem: verständnisvoll abwertend (34)

erfolglos	(340)
mühsam	(341)
ringend	(342)
schwach	(343)
schwer	(344)
schwierig	(345)
anstrengend	(346)
vergeblich	(347)

Archilexem: Unordentlich (4)

Klassem: unsauber (40)

dreckig	(400)
rumpelig	(401)
schmutzig	(402)
staubig	(403)
unaufgeräumt	(404)
unordentlich	(405)
unbehaglich	(406)
vermodert	(407)
unsauber	(408)

Klassem: durcheinandergebracht (41)

durcheinander	(410)
durchwühlt	(411)
überfüllt	(412)
verwüstet	(414)
wüst	(415)
voll Gerümpel	(416)
zerwühlt	(417)
zusammengestellt	(418)
verwahrlost	(419)

Klassem: unübersichtlich (42)

unübersichtlich	(420)
mit Verstecken	(421)
versteckreich	(422)
verwinkelt	(423)
voll	(424)
vollgefüllt	(425)
vollgepackt	(426)
vollgerammelt	(427)
vollgestopft	(428)
voller Sachen	(429)

Archilexem: Eigenartig (5)

Klassem: negativ (50)

bedenklich	(500)
unheimlich	(501)
verdächtig	(502)

Klassem: merkwürdig (unklar) (51)

wie einer, der nicht weiß, wohin	(510)
geheimnisvoll	(511)
geisterhaft	(512)
gespenstisch	(513)
heimlich	(514)
merkwürdig	(515)
seltsam	(516)
ungewöhnlich	(517)
sonderbar	(518)
eigenartig	(519)

Klassem: dunkel (52)

dämmerig (520)
dunkel (521)
düster (522)
duster (523)
finster (524)
schummerig (525)
wenig beleuchtet (526)

Klassem: Vertreter (53)

Besessener (530)
Flüchtling (531)
Gejagter (532)
Gesuchter (533)
Irrer (534)
Schatten (535)
Verfolgter (536)
Verrückter (537)
Wahnsinniger (538)
Wilder (539)

Archilexem: Lobend (6)

Klassem: gut (60)

gern (600)
gut (601)
mitleidvoll (602)
schön (603)
zufrieden (604)
froh (605)
freundlich (606)

Klassem: schnell (61)

eilend (610)
eilig (611)
flink (612)
geschwind (613)
hastig (614)
hektisch (615)
rasant (616)
schnell (617)
in Eile (618)

Klassem: energisch (62)

eifrig (620)
energisch (621)
entschlossen (622)
forsch (623)
kurz (624)
stürmisch (625)
tapfer (626)
wild (627)
zügig (628)
verbissen (629)

Klassem: stark (63)

feste (630)
gewaltsam (631)
gewalttätig (632)
heftig (633)
mit Kraft (634)
kräftig (635)
kraftvoll (636)
stark (637)

Klassem: äußerlich vorteilhaft (64)

lautlos (640)
leise (641)
unauffällig (642)
vorsichtig (643)
gezielt (644)

Klassem: Funktionsvorteil (65)

behutsam (650)
einfach (651)
geduldig (652)
genau (653)
geschickt (654)
gründlich (655)
klug, schlau (656)
mühelos (657)
sorgfältig (658)
ordentlich (659)

Klassem: Vertreter (Sache) (66)

Blitz (660)
Flugzeug (661)
Pfeil (662)
Rakete (663)
Rennauto (664)
Sausewind (665)
Sturm (666)
Wirbelwind (668)

Klassem: Vertreter Person (67)

Langstreckenläufer (670)
Läufer (671)
Sportler (672)
Schnelläufer (673)
Teufel (674)
Wettläufer (676)
Sprinter (677)
Renner (678)

Archilexem: Stimmungstief (7)

Klassem: physisch geschwächt (70)

abgehetzt	(700)
abgeschlafft	(701)
angestrengt	(702)
außer Atem	(703)
außer Puste	(704)
entkräftet	(705)
erschöpft	(706)
gehetzt	(707)
verschwitzt	(708)
abgespannt	(709)

Klassem: psychisch geschwächt (71)

benommen	(710)
kaputt	(711)
mitgenommen	(712)
müde	(713)
schläfrig	(714)
sprachlos	(715)
schlapp	(716)
unschlüssig	(717)

Klassem: anfällig (72)

alt	(720)
blaß, bleich	(721)
gelangweilt	(722)
kleinlaut	(723)
langweilig	(724)
nicht wohl	(725)
schwach	(726)
verträumt	(727)
uninteressiert	(728)
ernst	(729)

Klassem: psychisch angegriffen (73)

bedeppert	(730)
bedrückt	(731)
bekümmert	(732)
betrübt	(733)
deprimiert	(734)
enttäuscht	(735)
erschüttert	(736)
geknickt	(737)
gequält	(738)
niedergeschlagen	(739)

Klassem: moralisch angegriffen (74)

beleidigt	(740)
beschämt	(741)
blamiert	(742)
schuldbewußt	(743)
peinlich	(744)

Klassem: sorgenvoll (75)

besorgt	(750)
hoffnungslos	(751)
ratlos	(752)
sorgenvoll	(753)
verzweifelt	(754)
voller Sorgen	(755)

Klassem: psychisch unbe-unbefriedigt (76)

einsam	(760)
verlassen	(761)
in sich gekehrt	(762)
sehnsüchtig	(763)
sehnsuchtsvoll	(764)
traurig	(765)
unglücklich	(766)
verbittert	(767)
mißmutig	(768)
mit Kopf nach unten	(769)

Klassem: in Angst (77)

angsterfüllt	(770)
ängstlich	(771)
angstvoll	(772)
bang	(773)
furchtsam	(774)
in panischer Angst	(775)
verängstigt	(776)
voll Angst	(777)
schreckhaft	(778)

Klassem: angstanfällig (78)

eingeschüchtert	(780)
entsetzt	(781)
erschreckt	(782)
erschrocken	(783)
schüchtern	(784)
verstohlen	(785)
zitternd	(786)
zögernd	(787)
verlegen	(788)

Archilexem: Stimmungshoch (Spannung) (8)

Klassem: aufmerksam (80)

aufgeweckt	(800)
aufmerksam	(801)
interessiert	(802)
neugierig	(803)
wachsam	(804)
beeindruckt	(805)

Klassem: nachdenklich (81)

bedächtig	(810)
erkundigend	(811)
erwartungsvoll	(812)
forschend	(813)
gedankenvoll	(814)
gespannt	(815)
nachdenklich	(816)
überlegend	(817)
in Gedanken	(818)

Klassem: gezielt nachdenkend (82)

ausreißlustig	(820)
auf Flucht sinnend	(821)
lauernd	(822)
spionisch	(823)
etwas im Schilde führend	(824)
tatenlustig	(825)
trotzig	(826)
unternehmungslustig	(827)

Klassem: aufgeregt (83)

aufgebracht	(830)
aufgeregt	(831)
erhitzt	(832)
erregt	(833)
gereizt	(834)
nervös	(835)
unruhig	(836)
beunruhigt	(837)

Klassem: verwirrt (84)

überrascht	(840)
verblüfft	(841)
verdutzt	(842)
verstört	(843)
verwirrt	(844)
verwundert	(845)
zerstreut	(846)
erstaunt	(847)
bestürzt	(848)

Archilexem: Raum, Zeit (Quantität) Tier-Vgl. (9)

Klassem: Quantität (90)

breit	(900)
eng	(901)
geräumig	(902)
groß	(903)
klein	(904)
lang	(905)
lange	(906)
oft	(907)
viel	(908)
dick	(909)

Klassem: Richtung (91)

zum Fenster	(910)
hinterher	(911)
zum Onkel	(912)
raus	(913)
ob Zug hält	(914)
zum Schuppen	(915)
nach draußen	(916)

Klassem: schnelles (+ od.-) Tier (92)

Antilope	(920)
Eichhörnchen	(921)
Gepard	(922)
Hirsch	(923)
Hund	(924)
Känguruh	(925)
Pferd	(926)
Wiesel	(927)
Windhund	(928)
Schnecke	(929)

Klassem: schnelles und starkes (+ od.-) Tier (93)

Bulle	(930)
Hase	(931)
Katze	(932)
Löwe	(933)
Luchs	(934)
Ratte	(935)
Reh	(936)
Tiger	(937)
verscheuchtes Tier	(938)
Wildschwein	(939)

Klassem: Witz-Tier (94) (Rest)

Fuchs	(940)
Hamster	(941)
Igel	(942)
Tier	(943)
Vogel	(944)
Giraffe	(945)
Maus	(946)
Frosch	(947)
Rentier	(948)
Huhn	(949)

In dieser Schlüsselliste zum Lückentext wurden die einzelnen Lexeme so kodiert, daß immer die erste der drei Code-Ziffern das Archilexem nennt, die zweite das Klassem, die dritte den Listenplatz. Dieses Verfahren ermöglicht eine direkte Auszählung nach Archilexemen, nach Klassemen und nach Lexemen durch die EDV-Anlage, je nachdem, ob man nur die ersten, die ersten beiden oder alle drei Ziffern zählen läßt.
Analysiert man die Klasseme wiederum in Paradigmen, wie das bei der Endauswertung auch geschehen soll, prüft man nicht mehr Wortfelder, sondern Begriffsfelder.[532] Bei den Lexemen, deren Häufigkeiten für die statistische Signifikanzberechnung der Differenzen zu gering sind, bleibt keine andere Wahl, als die Begriffsfeldanalyse durchzuführen. Lediglich mit den Wörtern, die eine angemessene Frequenz aufweisen, kann zusätzlich eine Wortfeldanalyse durchgeführt werden. Da die Klasseme sich jedoch nach den häufigsten Lexemen, vornehmlich in ihrer Kennzeichnung richten, kann die Begriffsfeldanalyse zugleich eine Wortfeldanalyse zu den Lexemen sein, die die Klassembezeichnung tragen. Allerdings ist die statistische Signifikanz getrennt zu ermitteln.

Dies wird im Zusammenhang der Auswertung genauer erläutert.

6.2.2.4 Multiple-choice-Aufgaben

Abgesehen von den in 6.2.2.1 genannten Vor- und Nachteilen besitzt die Konstruktion von Multiple-choice-Aufgaben den Vorteil, daß sie wie der Lückentext das Gedächtnis entlastet, weil in den Faktenzusammenhang eingeführt wird. Außerdem können die Alternativen auf Seme konzentriert werden, die schon auf bestimmte Film-Seme Bezug nehmen und die "Sicht der Sache" artikulieren. Ein grundsätzlicher Nachteil aber ist es, daß Entscheidungen aus stilistisch-ästhetischen o.a. Gründen getroffen werden können, die nicht auf der Wahrnehmung der Film-Seme beruhen, im schlimmsten Fall ihren Anschein willkürlichem Ankreuzen verdanken. Letzteres ist nur durch eine hohe Probandenzahl wirkungslos zu machen.

Die Bedingungen, die für den Lückentext aufgezählt wurden, gelten hier nicht nur für die Kontexte, sondern erweisen sich im Hinblick auf die anzubietenden Lexeme als besonders problematisch:

(1) Damit den Schülern nahegelegt wird, ihre Entscheidungen auf Grund ihrer Wahrnehmung zu fällen, darf keines der Alternativlexeme (semantisch) völlig falsch oder aus anderen (z.B. soziokulturellen) Gründen unannehmbar sein. Nur wenn alle Lexeme irgendwie brauchbar sind, führt die Wahrnehmung zur Entscheidung und zu der Frage, wieweit man symptom- und signalfunktionelle Seme angesichts der Wahrnehmung verantworten kann.

(2) Da symbol-, symptom- und möglichst auch signalfunktionelle Seme überprüft werden sollen, darf die Selektionsfreiheit einer Alternative nur auf einer dieser Ebenen liegen, während die beiden übrigen außer Frage stehen. Soll z.B. ein symptomfunktionelles Sem, z.B. ein stilistisches Moment, zur Selektion angeboten werden, darf der semantische und signalfunktionelle Aspekt nicht umstritten sein.

(3) Sogenannte "Reizwörter" (Modewörter o.ä.) sind zu vermeiden, da sie zur Entscheidung auf einer anderen Basis als der der Wahrnehmung führen.

Grundsätzlich ist es nicht zu vermeiden, daß die Wahl eines Lexems von den übrigen Lexemen des Paradigmas mitbestimmt wird, die damit zu den Bedingungen der Ergebnisse gehören.

Die Multiple-choice-Aufgabe erhielt die folgende Endform:

III. Welche Wörter aus einem Film-Beiheft ich am besten finde (ich kreuze immer nur ein Wort an):

1) Martin ist in der Dunkelheit untergetaucht. Nun sieht man ihn über die Bahnschienen

O fliehen	O keuchen
O rasen	O laufen.

2) Der Onkel steigt aus und läuft

O schnell	O wutschnaubend
O voller Sorge	O außer Atem
	O mit einem Affenzahn

über den Bahnsteig.

3) Der Onkel folgt Martin über die Bahnschienen. Man sieht den Onkel im Dunkeln

O rennen	O sprinten
O losfegen	O vorwärtshasten.

4) Im dunklen Schuppen fand Martin

O einen guten Platz	O einen Schlupfwinkel
O eine Unterkunft	O eine Zufluchtsstätte.
O ein Versteck	

5) Als der Onkel in den Schuppen eintritt, steht er zuerst im Dunklen und

O guckt	O betrachtet alles
O glotzt	O prüft die Umgebung.
O späht umher	

6) Als der Onkel im Schuppen stand und Martin suchte, saß Martin

O lustig	O gespannt
O aufgeregt	O ängstlich
O schadenfroh	O erleichtert

in seiner Nähe.

7) Der Onkel dreht sich schließlich um und

O geht aus dem Schuppen raus
O verläßt den Schuppen
O kehrt aus dem Schuppen zum Zug zurück
O gibt seine Suche auf.

8) Martin bleibt

O allein	O befreit
O verlassen	O einsam

im Schuppen zurück.

<u>Figur 29:</u> Multiple-choice-Aufgabe

Der Konstruktionsplan der Multiple-choice-Aufgaben sah zunächst für jeden Satz ein Paradigma von vier Alternativen vor, und zwar für die grundlegenden obligatorischen Klasseme "Archilexem", "Activity","Potency" und "Evaluation", jeweils im weiteren Sinne zu verstehen. Da in einigen Fällen jedoch auch die Richtung von "Potency", nämlich "Stärke" und "Schwäche" überprüfbar werden sollte, ergaben sich in drei Fällen fünf, in einem Fall sogar sechs Alternativen. Die endgültige Gruppierung sollte in jedem Fall der statistischen Berechnung der Differenzen überlassen bleiben.

Die Zuordnung der Klasseme zu den Lexemen zeigt die Grenzen der Objektivität bei derartigen Analysen. Auch hier verfuhren wir sehr großzügig im Hinblick auf die Korrektur durch die Statistik:

Satz 1: fliehen (Evaluation), rasen (Activity), keuchen (Potency im Sinne von Schwäche), laufen (Archilexem);

Satz 2: schnell (Archilexem), vollerSorge (Evaluation), wutschnaubend (Potency = Stärke), außer Atem (Potency = Schwäche), mit einem Affenzahn (Activity) (Stil);

Satz 3: rennen (Archilexem), losfegen (Activity), sprinten (Evaluation), vorwärtshasten (Potency = Schwäche);

Satz 4: guter Platz (Archilexem), Unterkunft (Activity in bezug auf den Prozeß des Unterkommens), Versteck (Potency = Schwäche), Schlupfwinkel (Potency = Stärke; ein Räuber hat z.B. einen Schlupfwinkel), Zufluchtstätte (Evaluation; es ist ein Bezug auf eine moralische, religiöse Norm möglich);

Satz 5: gucken (Archilexem), glotzen (Schwäche) (Stil), umherspähen (Stärke; Assoziation mit Kriegspfad o.ä. ist möglich), alles betrachten (Activity; als intensiver Prozeß beschreibbar), Umgebung prüfen (Evaluation im Hinblick auf die Intention);

Satz 6: lustig (Stärke), aufgeregt (Archilexem), schadenfroh (Evaluation, weil es auf eine Norm beziehbar ist), gespannt (Activity; Ergebnis eines Prozesses, der zur Schwäche führte), ängstlich (Schwäche), erleichtert (Activity 1; Ergebnis eines Prozesses, der zur Stärke führte);

Satz 7: aus dem Schuppen rausgehen (Archilexem), den Schuppen verlassen (Activity als reine Prozeßbeschreibung), aus dem Schuppen zum Zug zurückkehren (Stärke im Sinne einer neuen Aktion) (Dreiwertigkeit), Suche aufgeben (Evaluation im Sinne einer negativen Beurteilung des "Aufgebens");

Satz 8: allein (Archilexem), verlassen (Activity als reine Prozeßbeschreibung), befreit (Stärke), einsam (Evaluation).

In der folgenden vorläufigen Sem-Matrix sind die obligatorischen Seme eingekreist.

Differierende Seme / Lexeme		symbolfunktionelle Seme																	symptomf.			synt.
		Detail	Ganzheit	Relation	nur belebt	physisch	psychisch	Stärkeposition	Schwächeposit.	Prozeß (Dynam.)	Intensität	Modalität	Lokalität	Temporalität	Kausal. i.w.S.	sinnl.wahrnehmb.	log.erschließbar	nachempfindbar	Wertung	nicht normalspr.	metaphorisch	**Archilexem**
MC	fliehen			+					(+)				(+)		+		+		+			
1	rasen		+					+			+			(+)						+		
Si	keuchen	+			+				+		+	(+)				(+)					+	
12	laufen		+										+									(+)
MC	schnell		+			+		+		+				+		+						(+)
2	voll Sorge			+	+		+		(+)						(+)		+	+	+			
Si	wutschnaub.	+		+	+	+	+	(+)		(+)	+	+			+	+	+	+				
13/	außer Atem	+			+	+			(+)	+	+	+				(+)						
14	m.Affenzahn		+			+		+		+	+			+		+				(+)	+	
MC	rennen																					(+)
3	losfegen			+							+		+							(+)	(+)	
Si	sprinten											+								(+)		
17	vorwärtshast.			+					(+)		+	(+)	+					(+)				
MC	guter Platz		+					+											+			(+)
4	Unterkunft		+					+						(+)	+							
Si	Versteck			+					+			+			+		(+)					+
22	Schlupfwinkel			+					+			+			+						(+)	
	Zufluchtst.			+					+						+				+	(+)		
MC	gucken		+																			+
5	glotzen		+								+	+							+	+		
Si	umherspähen		+	+							+	(+)	+									
15	a.betrachten			+								+		(+)								
	Umgeb.prüfen			+									+		(+)		(+)					
MC	lustig		+					(+)								+						+
6	aufgeregt		+						(+)	(+)						+						+
Si	schadenfroh			+				(+)							(+)		(+)		(+)			
24	gespannt			+						(+)						+						
	ängstlich		+	+					(+)							+						
	erleichtert			+				(+)		(+)					+		(+)					
MC	geht raus		(+)										+			+						(+)
7	verläßt			+									(+)			+						
Si	kehrt a.z.			(++)									+				+					
27	gibt Suche a.			+					(+)						(+)		+					
MC	allein		+			+			+							+						(+)
8	verlassen			+		+	+		+	(+)					+		+		+			
Si	befreit			+	(+)		+	(+)		(+)					+		+		+			
24	einsam		+				+		+									(+)				
Si = Signifikat des Films																						
Bestimmungen zu den Sem-Kategorien		Detail d.äußeren Erscheinung	Pers.o.Sache f.sich als Ganzes	in bezug auf and. Ganzheiten	überhaupt nur für Belebtes	physikal. Aktant	psychischer Aktant o.geist.	Ausdruck e.Stärkeposition	Ausdruck e.Schwächeposition	geshehen o.geschehend im Gegensatz z. Zustand	in Verbindung m.e.and. Sem	Art der sichtb.Erscheinung	Ort o.Richtung signalisierend	m.Zeitfaktor j.Art(zB.Geschw.)	kausal, konditional, final, konzessiv, instrumental	für die Formulierung	unerläßliche	Objektbegegnung	d.Bezug a.e.soz.Norm i.mögl.	z.B."gehobene, bildungssprachl. umgangssprachl.,fachsprachl..."	bildlich verstehbar	Archilexem zu den Lexemen der speziellen Aufgabe

Figur 30: Sem-Matrix zu den Paradigmen der Multiple-choice-Aufgaben

Um die Alternativantworten so gleichwertig wie möglich zu formulieren, wurden im Anschluß an den Vorversuch mit den genannten 270 Probanden eine Schwierigkeits- und eine Trennschärfenanalyse nach den bei Lienert angegebenen Methoden durchgeführt. Dabei ergaben sich die Schwierigkeitsindizes nach der Formel[533]:

$$P = 100 \frac{N_R - \frac{N_F}{m-1}}{N}$$

Als N_F galt die Anzahl der Probanden, die in der betreffenden Aufgabe den allgemeinen Begriff wählten, als N_R die Anzahl der gewählten differenzierten Ausdrücke. m ist die Anzahl der Wahlmöglichkeiten. An den Ergebnissen orientierte sich die Endfassung der Aufgaben.

Als Trennschärfenindex wurde der sogenannte "Punkt-Vierfelder-Korrelationskoeffizient" (Phi-Koeffizient) nach der Formel berechnet[534]:

$$r = \frac{ad - bc}{\sqrt{(a+b)\ (c+d)\ (a+c)\ (b+d)}}$$

Hierbei ist <u>a</u> die Anzahl der gewählten <u>differenzierten</u> Ausdrücke einer Aufgabe, die die Gruppe aufwies, welche bei allen acht Aufgaben fünf bis acht differenzierte Ausdrücke wählte <u>("Obere Gruppe":</u> positiv), <u>b</u> die Anzahl der <u>allgemeinen</u> Ausdrücke dieser Gruppe ("Obere Gruppe": negativ), <u>c</u> ist die Anzahl der differenzierten Ausdrücke der "Unteren Gruppe" (mit 1 bis 4 differenzierten Ausdrücken bei 8 Aufgaben), <u>d</u> die Anzahl der allgemeinen Ausdrücke dieser Gruppe. Diese Berechnung sollte eine Aufgabenformulierung gewährleisten die bewirkte, daß bei allen Einzelaufgaben <u>die</u> Schüler die differenzierten Antworten wählten, die auch im ganzen die meisten differenzierten Ausdrücke ankreuzten. Dies ist eine sehr grobe Aufgabenüberprüfung im Hinblick auf das Untersuchungsproblem, da beide Koeffizienten nur zwischen "differenzierten" und "allgemeinen" Ausdrücken unterscheiden, eine präzisere Berechnung wäre aber nur unter der Voraussetzung einer objektiven Abstraktions-Stufenleiter möglich, die der Semantik noch fehlt.

6.2.2.5 Stufen-Antwort-Aufgaben (Abstraktionsdifferential)

Um präzise die Auswirkungen von Filmgestaltungsmitteln auf den Abstraktions- und den Differenzierungsgrad von Lexemen der sprachlichen Bezugnahme ermitteln zu können, wäre ein Meßinstrument notwendig, daß es ermöglichte, die Ausprägung der Abstraktionsweisen und damit die Differenziertheit eines Aspektes sprachlicher Prädikation zu quantifizieren. Eine Möglichkeit wäre theoretisch die Einstufung nach der Anzahl der Seme, z.B. nach der obigen Sem-Matrix. Auch in der dortigen Form zeigt sich, daß die Oberbegriffe die wenigsten Seme haben und die übrigen nach der Anzahl ihrer Merkmale eingestuft werden könnten. Die Praxis erschweren jedoch, wie in 6.2.1.2 angedeutet, zwei grundsätzliche Probleme. Einmal ist eine objektive Angabe der endgültigen Semzahl nicht möglich, zum anderen ist die Menge der Seme nicht nur ein quantitatives Phänomen, so daß die Vergleichbarkeit verhindert wird.

Ein semantisches Meßinstrument ist Osgoods "Semantisches Differential".[535] Osgood versucht, die Bedeutung eines Wortes zu messen, indem er Versuchspersonen zu dem Wort eine Liste von (ca. 24) Adjektiv-Gegensatz-Paaren vorlegt und sie ankreuzen läßt, in welchem von sieben Stärkegraden sie jeweils eines der Paar-Wörter mit dem semantisch zu bestimmenden assoziieren. Verbindet man die Kreuze aller Gegensatzpaare miteinander, ergibt sich eine Kurve, die Hofstätter "Polaritätenprofil"[536] nennt und die bei standardisierten Paar-Listen den Vergleich objektiver Messungen ermöglicht. Die Ermittlung der Interkorrelationen vieler Skalen mit Hilfe von Faktorenanalysen erlaubte es, die hoch miteinander korrelierenden Skalen zusammenzufassen, so daß sich die drei schon erwähnten Dimensionen als Dimensionen des "semantischen Raumes" herauskristallisierten, die Osgood "evaluation", "potency" und "activity" nennt. Weitere Analysen haben keine Dimensionen mehr ergeben, so daß nach dieser Meßmethode die Bedeutung eines Wortes durch seinen Stellenwert im dreidimensionalen "Semantischen Raum" bestimmt ist.

Die Brauchbarkeit für unsere Untersuchung hängt davon ab, was hier als Bedeutung gemessen wird. Osgood will auf der Basis seiner Mediationstheorie[537)] das "affektive Vermittlungssystem" erfassen, das sich auf den Skalen des Differentials als Konnotation eines Wortes artikuliert.[538)] Auch diese Untersuchung ist an Konnotationen interessiert, aber nur insofern sie bei der direkten Denotation eines Objektes diese differenzieren. Natürlich könnte man solche Konnotationen dadurch messen, daß man z.B. zu den angekreuzten Wörtern der Multiple-choice-Aufgaben von jedem Probanden zu einem gewählten Wort ein Semantisches Differential ausfüllen läßt. Es wäre dabei jedoch nicht gewährleistet, daß die Wahrnehmung des Objektes, auf die es uns hier ankommt, die entscheidende Rolle bei der Differenzierung spielt. Unser Meßverfahren unterscheidet sich darum von dem Osgoods in folgenden Punkten:

(1) Die bipolaren Skalen sollen nicht als Assoziationen zu einem Wort mit Objektbezug dieses differenzieren, sondern selbst unterschiedlich differenziert einen Akt der Prädikation ausüben.
(2) Die Pole der Skalen artikulieren keine semantischen Gegensätze, die sich gegenseitig ausschließen (wie z.B. "glücklich - traurig, hart - weich, langsam - schnell"), sondern Abstraktionsextreme wie "traurig - enttäuscht, unruhig - besorgt, sonderbar - verdächtig", bei denen das differenziertere jeweils das allgemeine impliziert.
(3) Die zu differenzierenden Lexeme erscheinen im Satzkontext als polarisierte Paradigmen. Auf diese Weise wird eine entscheidende Schwäche des Osgoodschen

Differentials, nämlich die kontextlose Polysemie aller Wörter, vermieden.[539)]

Punkt 2 wird wiederum durch die zu Beginn dieses Abschnitts genannten Probleme erschwert. Weil es keine absolute Sem-Skala gibt und die unterschiedliche Differenziertheit niemals die unterschiedliche Ausprägung eines einzigen Merkmals ist, ist eine Generalisierung der Ergebnisse an eine exakte Beschreibung und Berücksichtigung der zugrundeliegenden Skalen gebunden, und zwar in bedeutend stärkerem Maße als bei Osgood, weil die Adjektive der Skalen Prädikationen spezieller Objekte sind und damit nicht standardisierbar wie Osgoods Gegensatzpaare. Generalisierbar ist im wesentlichen die Methode, die Ergebnisse unter Einbeziehung ihrer Voraussetzungen mit gewisser Sicherheit voraussagen läßt. Übernommen wird von Osgood:

(1) Die Bestimmung des Stärkegrades der Differenzierung, hier aber bezogen auf die Zuordnung zu einem Objekt.
(2) Die Einteilung des "Semantischen Raumes" in drei Dimensionen "Bewertung, Stärke und Aktivität", die aber hier lediglich gewährleistet, daß die Differenziertheit der Prädikationen nicht nur in einem Bereich erfaßt wird, sondern in dem von Osgood abgesicherten.

Der Vortest versuchte, das "Semantische Differential" Osgoods mit dem hier entwickelten "Abstraktions-Differential" zu verbinden, indem horizontal Abstraktions-Extreme und vertikal bei der Auswahl der Paare Gegensatzpaare formuliert wurden: z.B.

"freundlich	1	2	3	0	3	2	1	vertrauensvoll
unfreundlich	1	2	3	0	3	2	1	mißtrauisch"

Dieser Versuch scheiterte jedoch daran, daß die vertikale Differenzierung nicht skaliert war und als reine Alternative nur zur Ablehnung eines Paares führte. Eine Weiterentwicklung eines Modells mit horizontalen und vertikalen Differenzierungen, die skaliert sind, bleibt späteren

Untersuchungen vorbehalten. Für die hier erfaßten Altersstufen wäre es im Schwierigkeitsgrad zu hoch gewesen. Um nicht nur den Differenzierungsgrad einer Prädikation zu verdeutlichen, sondern auch über ihre Substanz und grundsätzliche Annahme abstimmen zu lassen, wurde es den Probanden freigestellt, bei den Wortpaaren kein Kreuz zu machen, die sie auf das Objekt nicht beziehen wollten.

Die vor allem für Schüler bestehende Schwierigkeit, zu einer einzigen filmischen Äußerung so viele Abstraktionspaare zu bearbeiten, daß die drei Dimensionen des "Semantischen Raumes" abgedeckt sind, führte dazu, die beiden Abstraktions-Differentiale der pauschalen Prädikation der Hauptpersonen zuzuordnen, obwohl die Ergebnisse dadurch nur noch mit den Gestaltungsverhältnissen des ganzen Films in Beziehung gesetzt werden können.

Dem im Vortest festgestellten Hang zur Umgehung der Entscheidung durch die Befürwortung beider Pole (= 0) wurde dadurch entgegenzuwirken versucht, daß die Probanden verpflichtet wurden, in jedem Differential die drei stärksten und zweitstärksten Befürwortungen anzukreuzen (1 und 2).

Endform des "Abstraktions-Differentials":

IV. Welche Noten ich bestimmten Wörtern aus einem Film-Beiheft geben würde:

<u>Spielregeln:</u>

a) Ich prüfe zuerst, ob ein Wort-Paar überhaupt richtig ist.

b) Beim richtigen Wort-Paar prüfe ich, ob das linke oder das rechte Wort besser zu meinen Beobachtungen paßt.

c) Nur dem besseren Wort (rechts oder links!) in jedem Paar kreuze ich eine Note an: 1 = sehr gut; 2 = gut; 3 = befriedigend; O = beide Wörter sind gleich gut.

d) In jedem der beiden Blöcke müssen mindestens drei Einsen und drei Zweien gegeben werden.

1. Der Onkel war im Laufe der Geschichte

nicht lahm	1	2	3	O	3	2	1	einsatzbereit
streng	1	2	3	O	3	2	1	erbarmungslos
gut	1	2	3	O	3	2	1	voll Mitgefühl
erschrocken	1	2	3	O	3	2	1	aufgebracht
verwundert	1	2	3	O	3	2	1	überrascht
sauer	1	2	3	O	3	2	1	verärgert
unruhig	1	2	3	O	3	2	1	besorgt
traurig	1	2	3	O	3	2	1	enttäuscht
müde	1	2	3	O	3	2	1	erschöpft
gründlich	1	2	3	O	3	2	1	gewissenhaft
dick	1	2	3	O	3	2	1	schwerfällig
umsonst gelaufen	1	2	3	O	3	2	1	erfolglos

2. Martin war im Laufe der Geschichte

schnell	1	2	3	O	3	2	1	flink
eisern	1	2	3	O	3	2	1	ausdauernd
vorsichtig	1	2	3	O	3	2	1	mißtrauisch
sonderbar	1	2	3	O	3	2	1	verdächtig
ängstlich	1	2	3	O	3	2	1	feige
durcheinander	1	2	3	O	3	2	1	verwirrt
ein armer Kerl	1	2	3	O	3	2	1	bemitleidenswert
dumm	1	2	3	O	3	2	1	unbedacht
schlau	1	2	3	O	3	2	1	raffiniert
ungehorsam	1	2	3	O	3	2	1	eigenwillig
noch jung	1	2	3	O	3	2	1	unerfahren
fix und fertig	1	2	3	O	3	2	1	abgekämpft

<u>Figur 31:</u> Abstraktions-Differential

		symbolfunktionelle Seme																	symptomf.			
	differier. SEME							"potency"		activity									evaluation			
D Nr	LEXEME	Detail	Ganzheit	Relation	nur belebt	physisch	psychisch	Stärke	Schwäche	Prozeß	Intensität	Modalität	Lokalität	Temporalität	Kausalität	sinnl.wahrn.	log.erschließb.	nachempfindb.	Wertung	nicht normal-sprl.	metaphorisch	Archilexem
1	nicht lahm	+	(+)			+		+								+					+	(+)
	einsatzbereit			(+)			+	+		+	+				(+)		+		+			
2	streng		(+)					+				+				+						(+)
	erbarmungslos			(+)	+			+		+					+		+		+			
3	gut		+																			(+)
	voll Mitgef.			+	+		+					+						(+)	+			
4	erschrocken			+	+		+		(+)							+						
	aufgebracht			+	+		+	(+)			+	+				+						
5	verwundert		(+)	+	+		+			+							+	+				
	überrascht			+	+		+			+				(+)			+	+				(+)
6	sauer		(+)				+	+				+					+	+		(+)	+	(+)
	verärgert			(+)	+		+		+	+		+			+		+	+				
7	unruhig		+			+						+				+						(+)
	besorgt			+	+		+		+						+		+	+				
8	traurig		(+)		+		+		+							+		+				(+)
	enttäuscht			(+)	+		+		+	+					+		+	+				
9	müde		(+)		+	+			+							+		+				(+)
	erschöpft			(+)	+	+			+	+	+					+		+				
10	gründlich		+		+	+						+				+						(+)
	gewissenhaft		+		+		+				(+)	+					+					
11	dick	+	(+)			+						+				+						
	schwerfällig			(+)			+		+		+	+					+		+			
12	umsonst gel.			+		+			+	+		(+)					+					
	erfolglos			+			+		+						(+)		+		+			(+)
13	schnell		+					+						+		+						(+)
	flink		+		(+)			+				(+)		+		+						
14	eisern		+					+				+				+					(+)	(+)
	ausdauernd		+					+		(+)				+		+	+		+			
15	vorsichtig		+		+		+					+				+						(+)
	mißtrauisch			+	+		+				(+)	+					(+)					
16	sonderbar		(+)									+				(+)						(+)
	verdächtig			(+)							+	+			(+)		(+)		+			
17	ängstlich		+	+	+		+		+			+				(+)		(+)				
	feige		+		+		+		+		+	+					(+)		(+)			
18	durcheinand.		(+)			+	+		+			+				(+)		+		+		(+)
	verwirrt			(+)			+		+	(+)	+	+			+		(+)	+				
19	armer Kerl		(+)		+				+			+				+			+	(+)	+	(+)
	bemitleidens w.			(+)					+	(+)					+			+	+			
20	dumm		(+)		+		+		+			+					+		+			(+)
	unbedacht			(+)	+		+		+	(+)		+			+		+		+			
21	schlau		+		+		+	+									+		+			(+)
	raffiniert		+		+		+	+				(+)					+		+			
22	ungehorsam			+	+		+		(+)								+		(+)			
	eigenwillig		+		+		+	(+)							+		+					(+)
23	noch jung		+			(+)		+	+					+		+						(+)
	unerfahren		+	(+)	+		(+)		+	(+)							+		(+)			
24	fix u.fertig		(+)			+	+		+		+	+				+		+		(+)		(+)
	abgekämpft			(+)	+	+	+		+	+	+				(+)		+	+				

Figur 32: Sem-Matrix zum Differential

Wie die Sem-Matrix zu den Alternativen der Multiple-choice-Aufgaben erhebt auch diese keineswegs den Anspruch, die semantische Struktur der Lexeme vollständig und objektiv zu erfassen. Ihr Ziel ist lediglich, die Pole der Lexem-Paare so zu differenzieren, daß sie auch beim Vergleich der Paare untereinander eine Beschreibung ihrer Korrelationen mit Filmmerkmalen ermöglichen.

Wie bei der Formulierung der Multiple-choice-Alternativen ist zu jeder der beiden Personen ein Beispiel eingefügt, bei dem der Unterschied der Alternativen nicht nur eine Frage der Differenzierung im Abstraktionsgrad ist, sondern auf einer substantiell anderen Denotation beruht. Beide Entscheidungen sind dabei aber möglich, je nach der "Sicht" der Personen. Es sind dies die Paare:

"erschrocken	1	2	3	0	3	2	1	aufgebracht
ängstlich	1	2	3	0	3	2	1	feige."

Um überprüfen zu können, bei welchem Differenziertheitsgrad selbst gegensätzliche Begriffe miteinander vereinbar sind und zur gemeinsamen Denotation eines Objektes verwendet werden (was die Formulierung der Osgoodschen Skalen problematisiert), wurden zu jeder der beiden Personen jeweils zwei gegensätzliche Abstraktionspaare aufgeführt, nämlich:

"nicht lahm	1	2	3	0	3	2	1	einsatzbereit
müde	1	2	3	0	3	2	1	erschöpft
dumm	1	2	3	0	3	2	1	unbedacht
schlau	1	2	3	0	3	2	1	raffiniert."

6.2.2.6 Zusammenfassung

Die Sprachvariablen werden im Rahmen einer relativ realen Schreibsituation im Zusammenhang eines freien Aufsatzes, mit Hilfe eines Lückentextes, mit Multiple-choice-Aufgaben und einem Abstraktions-Differential überprüfbar gemacht.

6.3 Personen

6.3.1 Variablen

6.3.1.1 Individuell

Angesichts der aktualisierten De- und Enkodierungsleistungen können Variablen aus vier personalen Bereichen intervenieren:

(1) anthropogene und
(2) soziokulturelle Bedingungen der Filmwahrnehmung und ihrer kognitiven Verarbeitung,
(3) anthropogene und
(4) soziokulturelle Bedingungen der Sprachleistung.

Da es jedoch bei den komplexen und äußerst differenzierten Aspekten der hier aktualisierten Wahrnehmungs-, Erkennungs- und Versprachlichungsprozesses nicht möglich ist, Wahrnehmung und Sprache getrennt zu untersuchen, sind die Personalvariablen der Wahrnehmung und der Sprache zusammen abzuleiten und zu beschreiben.

Der bisher erörterte theoretische Bezugsrahmen legt es nahe, das Alter und die sozialen Verhältnisse als Variablen zu betrachten.

Die in den Kapiteln 5.3 und 5.4 dargestellten psychologischen Forschungsergebnisse zur Wahrnehmung und Sprache lassen die These zu: Wahrnehmung und Sprache entwickeln sich gemeinsam oder miteinander korrespondierend, so daß mit höherem Alter auf Grund größerer Abstraktionsfähigkeit in der visuellen u.a. Wahrnehmung auch die Sprachleistung abstraktionsfähiger wird, die wiederum zu differenzierterer Wahrnehmung befähigt.[540] Die Wahrnehmung entwickelt sich "als fortlaufende Veränderung in der Verarbeitung von Reizinformation durch Selektion und Abstraktion"[541], wobei die Sprache als Kategorisierungssystem eine entscheidende Rolle spielt,[542] da sie die Aufmerksamkeit steuert, Zusammenhänge stiftet oder fixiert, Objekte identifizieren und dem Gedächtnis einprägen hilft. Da andererseits der Orientierungsanlaß, die Art der Objektwahrnehmung und damit die Präsentation des Objektes die Begriffsbildung mitbestimmen [543] können, lassen sich auch Auswirkungen der Objektdarbietungsweise auf die Prädikation im konkreten Schreibakt erwarten, und zwar je nach dem Entwicklungsstand des Probanden in unterschiedlicher Ausprägung.

Berücksichtigt man ferner, daß die Gedächtnisleistung altersabhängig ist,[544] ebenso wie die Informationsaufnahmegeschwindigkeit in den Speicher, so "daß beispielsweise der Fünfzehnjährige doppelt so viel Informationen in einer Zeiteinheit bewußt verarbeitet wie der Siebenjährige"[545], macht es die angestrebte Untersuchungspräzision und das didaktische Interesse erforderlich, das Alter der Versuchspersonen als Variable zu betrachten.

Eine weitere wichtige Variable sind die sprachlichen Voraussetzungen der Schüler, ihr Sprachstand im lexematischen Bereich.Dieser entwickelt sich jedoch mit zunehmendem Alter, wie J. Steinert in seinem "Allgemeinen Deutschen Sprachtest (ADST)"[546] an einer Probandenzahl von 4747 Schülern nachweist. Allerdings zeigt gerade Steinert auch Rückschritte z.B. für das Alter von 12 Jahren auf[547].

Die von der Wahrnehmungs- und Sprachpsychologie beobachteten Phänomene fließen ohne Zweifel mit in die kindlichen Verhaltensweisen beim Filmerleben ein, die in filmpsychologischen Studien ermittelt wurden [548] und die im Grunde alle die Theorien Piagets bestätigen, daß Kinder erst allmählich ihren eigenen Standpunkt in ihrer Egozentrik aufgeben lernen, sich von der Enge ihres Aufmerksamkeitsfeldes und ihrer eigenen Standpunktillusion lösen und erst relativ spät in der Lage sind, Relationen zu erkennen, nachdem sie zuvor gelernt haben, ihre Wahrnehmungen auch unabhängig von ihrem subjektiven Erleben zu strukturieren.[549)] Entsprechend sind Kinder nach den oben erwähnten Erkenntnissen von Gerhartz-Franck erst in der Vorpubertät fähig, die Struktur einer Filmhandlung zu durchschauen und zu einer geschlossenen Gesamtaussage zu systematisieren, nachdem sie in vorangegangenen Entwicklungsschritten gelernt haben, ihre Eindrucks-Serien zu differenzieren, ihre Eindrücke überhaupt zu Reihen zu sammeln und zuvor sich überhaupt besondere Eindrücke ungegliedert, aber gemäß der Erlebnisintensität bewußt zu machen.[550)] Für die hier besonders wichtige Fähigkeit zur präzisen Personwahrnehmung und Deutung des Gesichtsausdrucks entdeckte Honkavaara[551)] ähnliche vier Entwicklungsstadien. Die Überprüfung der physiognomischen Wahrnehmungsfähigkeit anhand von Fotografien beweist, daß Kinder erst mit etwa sieben bis acht Jahren diese besitzen. Die richtige Deutung von Gesichtsausdrücken nimmt mit dem Alter zu.[552)]

Da Forschungsergebnisse beweisen, daß die visuelle Wahrnehmung durch Lernen und Üben gefördert wird,[553)] wird hier die Fernseh- und Filmerfahrung der Schüler zu berücksichtigen sein, zumal nachgewiesen wurde, daß vorangegangene Wahrnehmungen bestimmte Erwartungen gegenüber einer gegenwärtig anstehenden erzeugen,[554)] die sich auf die Motivation auswirken, die wiederum die Wahrnehmung beeinflußt.[555)] Da ferner eine größere Fernseherfahrung eine größere Vertrautheit mit bestimmten Filminhalten und -darstellungsformen und -mitteln zur Folge hat, Vertrautes aber müheloser aufgenommen wird,[556)] kann der durchschnittliche Fernsehkonsum als Variable in Betracht gezogen werden.

Auf eine Variable wurde bisher noch nicht eingegangen. J. Steinert beweist im erwähnten ADST, daß Mädchen in allen sprachlichen Bereichen den Jungen überlegen sind. Im Wortschatzbereich machen sie 12 % weniger Fehler.[557] Auch andere Untersuchungen zeigen, daß im Durchschnitt die sprachlichen Leistungen von Mädchen größer (d.h. fehlerfreier) sind als die von Jungen.[558] Im Hinblick auf die Wahrnehmung gibt es keine einheitlichen Ergebnisse. McGuire[559], Gainer[560] und Miele[561] z.B. ermittelten, daß bei weiblichen Probanden die Auffassungsgeschwindigkeit in allen Altersgruppen größer war als bei männlichen. Witkin u.a.[562] entdeckten dagegen, allerdings mit sehr unsystematischen Kategorien, daß Differenzierungsgrad und -niveau mit zunehmendem Alter bei Jungen stärker wachsen als bei Mädchen (10-17 Jahre).

Angesichts dieser Befunde soll die Variable "Geschlecht" in dieser Untersuchung berücksichtigt werden.

6.3.1.2 Sozial

Die Bedeutung der Erfahrung für die Wahrnehmung, die Begriffsbildung und die Sprachverwendung legt es nahe, die soziokulturellen Bedingungen, welche die sprachlichen, kognitiven und rezeptiven Fähigkeiten entwickeln bzw. verzögern helfen, als Variablen anzusehen.
Zunächst war aus organisatorischen Gründen die Variable "Schultyp" (Grund- und Hauptschule, Gymnasium) zu ermitteln, mit der zugleich die Klasse festgelegt wurde (Grundschule, Klasse 3; Hauptschule und Gymnasium, Klasse 6). Sie ist im Hinblick auf die Gestaltung von Unterrichtsmedien für den Deutschunterricht und eine Didaktik des Medieneinsatzes im Deutschunterricht besonders wichtig.

Die entscheidende Bedeutung der Sprache für die Bewußtmachung läßt die Berücksichtigung soziolinguistischer Forschungsergebnisse im Hinblick auf die De- und Enkodierung erforderlich erscheinen, d.h. im Hinblick auf die von der Sprache determinierte Wahrnehmung, auf deren Verarbeitung und die Sprachleistung selbst.

Die Thesen Basil Bernsteins über die Merkmale eines unterentwickelten "restricted code" der sogenannten "Unterschicht" und eines entfalteten "elaborated code" der sogenannten "Mittelschicht"[563] sind zwar angesichts ihrer zugrundeliegenden Theorien, Kategorien, ihrer Methodik und Deutungsansätze in vielfacher Hinsicht anfechtbar,[564] dennoch sind Merkmale aus ihnen später, vor allem von Ulrich Oevermann mehr oder weniger statistisch korrekt bestätigt worden,[565] die für diese Untersuchung und ihre Hypothesen wichtige Aspekte aufzueigen.
Vor allem zeigt J. Steinert anhand seines äußerst präzise kategorisierenden und statistisch ideal abgesicherten "Allgemeinen Deutschen Sprachtestes (ADST)",[566] daß die mittlere Fehlerzahl zu den Aufgaben aller sprachlichen Ebenen steigt, je mehr sich die Schicht der Unterschicht nähert (abgesehen von wenigen Ausnahmen zwischen Oberschicht und mittlerer Mittelschicht).[567] Ebenso nehmen die Fehlermittel vom Gymnasium bis zur Grundschule deutlich ab.[568]
Oevermanns weiterführende Überlegungen und Ergebnisse zu schichtenspezifischen semantischen Merkmalen des Sprachgebrauchs sind hier zumindest zur vorläufigen Hypothesenbildung brauchbar.

"Unmittelbar relevant für die Vorgänge der Wahrnehmung und des Denkens" scheint(nicht nur)nach Oevermann "das System der semantischen Elemente zu sein".[569]

> "Darin sind die Akzente der Umweltwahrnehmung, die Relevanzsysteme der Umweltinterpretation verankert. Nicht nur die Quantität, sondern auch die qualitative Differenzierung der mit stabilisierten Bedeutungen versehenen sprachlichen Symbole signalisiert die Aspekte, unter denen sich die Umwelt strukturiert, und leitet gleichzeitig die kognitive Durchdringung dieser Umwelt." [570]

Wichtig in diesem und unserem Zusammenhang ist

a) die Größe des Wörterrepertoires eines Schülers, die den Umfang und die Differenziertheit seiner Wahrnehmungen und Denkprozesse mitbestimmt,

b) "die Bedeutungsstruktur des Wortschatzes"[571] und

c) dessen "konzeptuelle Durchgliederung"[572], d.h. "in welchem Maße die Wörter als Bedeutungsträger im sprachlichen Repertoire eines Individuums in der Dimension der Abstraktion und der Allgemeinheit miteinander in Beziehung stehen".[573]

Oevermann sagt hier nichts Neues und kommt dem Nachweis unterschiedlicher Abstraktionsgrade in den Repertoires von Mitgliedern verschiedener "Schichten" keinen einzigen Schritt näher.[574]

Bei der Benutzung dieser Thesen für die Hypothesenbildung in unserem Zusammenhang ist eine sprachdeterministische Auffassung von der Steuerung der Wahrnehmung durch die Sprache im Sinne einer "linguistischen Relativitätstheorie" von Sapir und Whorf[575] in ihrer Einseitigkeit ebenso abzulehnen wie eine instrumentalistische Auffassung, nach der die Sprache nur Kommunikationshülsen für außersprachlich geprägte Denkinhalte liefert.[576] Hier wird Sprache im Sinne Wygotskis als Zeichensystem verstanden, dessen Benutzung die Wahrnehmung strukturieren und abstrahieren hilft, während es selbst dabei systematisiert und entfaltet wird und beide Vorgänge die Operationsmöglichkeiten und -dimensionen des Denkens mitbestimmen. Offen bleiben muß darum, ebenso wie bei Oevermann, ob zwischen schichtenspezifischen Wortschatzstrukturen und Wahrnehmung und Denken ein direkter Zusammenhang besteht, der bei der Analyse von Sprachproduktionen greifbar wird. Es genügt, "vermittelte, langfristige Effekte" anzunehmen, wie z.B. den, daß "der Druck zur Konformität mit einem geschlossenen, sozial eingespielten Stil der sprachlichen Kommunikation" "in steigendem Maße verhindert, daß diese kognitive Differenzierung ihre Repräsentanz in der sprachlichen Symbolik findet",[577] was weitere Lernprozesse kumulativ blockiert. Auf dieser Interpretationsbasis sind die folgenden Thesen

Bernsteins zu verstehen, die von Oevermann u.a. im wesentlichen bestätigt wurden[578] und die in dieser Untersuchung zu berücksichtigen sind, soweit sie überprüft werden können, da eine Überprüfung, die Signifikanten und Signifikate in Beziehung zueinander analysiert, bisher noch aussteht:

Der "elaborierte Kode" von Bernsteins "Mittelschicht" besitzt folgende für den zu untersuchenden Kommunikationsprozeß vorteilhafte Merkmale:

a) "häufiger Gebrauch von Präpositionen, die logische Beziehungen und zeitliche oder räumliche Beziehungen signalisieren;
b) differenzierte Auswahl aus einer Vielzahl von Adjektiven und Adverbien;
c) die expressiven Elemente dienen eher der Bedeutungsunterscheidung innerhalb von sprachlichen Sequenzen, als daß sie die beherrschenden Wörter oder Ausdrücke verstärken oder die Sequenz bloß in einer allgemeinen diffusen Weise begleiten;
d) es handelt sich um einen Sprachgebrauch, der auf die Möglichkeiten der Organisation von Erfahrung abzielt, die einer komplexen begrifflichen Durchgliederung inhärent sind."[579]

Demgegenüber besitzt der "restringierte Code" der sogenannten "Unterschicht" folgende "Schwächen":

a) "einfacher und repetitiver Gebrauch von Konjunktionen;
b) rigider und eingeschränkter Gebrauch von Adjektiven und Adverbien;
c) eine individuelle Auswahl aus idiomatischen Ausdrücken oder Sequenzen kommt häufig vor;
d) die individuelle Qualifikation ist in der Organisation des Satzes implizit vorhanden, es handelt sich um eine Sprache der impliziten Bedeutung."[580]

Da nicht nur der Kodebegriff Bernsteins sehr fragwürdig ist, sondern auch seine Schichteinteilung, können die obigen

Angaben nur Anstöße zur Hypothesenbildung liefern, mehr nicht. Auffällig ist jedoch, daß bei Steinerts Ergebnissen der Unterschied zwischen "Unterer Mittelschicht" und "Oberer Unterschicht" gerade bei der Anwendung von Oberbegriffen (Segment 5) und von Synonymen (Segment 6) durch eine fast doppelt so hohe mittlere Fehlerzahl gekennzeichnet ist.[581)]

Im Bereich der Wahrnehmungssoziologie gibt es bisher keine systematischen und statistisch repräsentativen Untersuchungen zum Verhältnis zwischen einer sozialen Schichtung und Rezeptionsfähigkeiten. Die von Klix aufgezeigten Zusammenhänge zwischen Orientierungsanlässen und der Begriffsbildung legen es jedoch nahe, K. Holzkamps Auffassung von der sozialen Standortbestimmtheit der Wahrnehmungsentwicklung wenigstens in einigen grundlegenden Aspekten zuzustimmen.[582)] Übersieht man Holzkamps ideologisch verengte Argumentationen, so vermag er überzeugend in Anlehnung an Leontjew u.a.[583)] zu verdeutlichen, daß "der klassen- bzw. schichtspezifische 'Platz' ... ein bestimmter räumlicher Standort" ist, "genauer: ein bestimmter Typ von räumlichen Standorten-, von dem aus für die Wahrnehmung bestimmte, besondere Perspektiven (i.e.S.) auf gewisse Abschnitte, 'Stichproben' von Gegebenheiten der gesellschaftlichen Lebenswelt eine bestimmte 'gesellschaftliche Ökologie' bestehen."[584)] Insofern sich das Kind bei seinen Lernprozessen im Bereich der Wahrnehmung und Sprache diese Perspektiven der Erwachsenen mit aneignet,[585)] werden Wahrnehmung und Sprache durch die arbeitsbedingten Verhältnisse, die auch Bernstein in seinen Schichten aktualisiert sah, geprägt.

Die sozialen Verhältnisse der Kinder scheinen Variablen des hier untersuchten Prozesses zu sein.
Zur geplanten Variablen "Ausländerkinder" (Gastarbeiter) fehlten genügend Probanden.

6.3.2 Meßwerte

6.3.2.1 Individuell

Da eine Differenzierung der Gesamtpopulation in Stadt- und Landregion aus technischen Gründen schwierig war, beschränkte sich diese Untersuchung auf eine laut Auskunft des Schulamtes Köln repräsentative Stichprobe aus der Region Großstadt (Köln, mit Ausnahme eines Gymnasiums in Leverkusen und eines zweiten in Dormagen, die aber beide derselben regionalen Kategorie zuzurechnen sind). Diese Entscheidung schien nicht nur aus technischen Gründen gerechtfertigt, sondern auch im Hinblick auf die Ergebnisse des Steinert-Tests,[586)] die zeigten, daß die Landschüler im Mittel 17 % weniger Fehler machten als die Stadtschüler, im Bereich der Lexematik, um die es hier geht, 25 %.[587)] Ein Transfer der Ergebnisse von der sprachlich schwächeren Gruppe auf die stärkere scheint leichter möglich zu sein als umgekehrt.

Die Auswahl der Altersstufen und Klassen orientierte sich an sprachdidaktischen und entwicklungspsychologischen Gesichtspunkten. Im 3. Schuljahr beginnt in der Regel die Aufsatzerziehung, und die Schüler besitzen einige Übung im Schriftgebrauch, im 6. Schuljahr haben Schüler Erfahrung im Anfertigen von sachorientierten Berichten und Beschreibungen und sich außerdem im Gymnasium an Veränderungen im Unterrichtsstil gewöhnt.

Bei aller Fragwürdigkeit einiger Methoden und Ergebnisgeneralisierungen Piagets[588)] scheinen seine Altersangaben zu Denkentwicklungsschritten als Orientierungspunkte brauchbar zu sein, da sich die meisten in späteren Untersuchungen, abgesehen von einer großen Streuung um den Durchschnitt, bestätigt haben.[589)] Zwischen 7/8 und 11/12 Jahren entwickelt sich die Fähigkeit zur "positiven Beobachtung der äußeren Welt" in Verbindung mit einer "Bewußtwerdung der Implikationen dessen, was die mit der Beobachtung verbundenen Denkprozesse betrifft".[590)]

Das "formale Denken", das "die verschiedenen Ebenen der Wirklichkeit, das Spiel, die sprachliche Wirklichkeit, die Beobachtung ... endgültig im Hinblick auf ein einziges Kriterium hierarchisiert: die Erfahrung"[591)], setzt erst mit 11/12 Jahren ein. Die Spanne zwischen 8 und 12 Jahren wurde in der Untersuchung zweigeteilt (8-9 und 10-11), zu den Zwölfjährigen wurden die Älteren hinzugezählt.

Zwischen 11 und 12 Jahren zeigt sich zwar in der Gesamtleistungsdifferenz bei Steinerts ADST kein nennenswerter Unterschied,[592)] gerade bei den Leistungen in der Lexematik (Segment 6) und Begriffsanwendung (Segment 5) fallen die Zwölfjährigen jedoch wieder gegenüber den Elfjährigen ab.[593)]

Die Gruppierung der Personaldaten erfolgte außer nach den genannten Gesichtspunkten im Hinblick auf die statistische Berechnung (des Chi-Quadrat). Bei der Errechnung der Kontingenz-Koeffizienten zur Überprüfung der Zusammenhänge von Film-Sprach-Variablen für die einzelnen Personaldatenklassen darf man möglichst keine Klasse mit einer erwarteten Häufigkeit unter 5 vorfinden. Diese Möglichkeit war dann ebenso für die Überprüfung der Zufallsverteilung der einzelnen Personaldatenklassen auf die vier Filmfassungsstichproben mit Hilfe der Chi-Quadrat-Berechnung auszuschließen (siehe Ergebnisauswertung).

Als geeignet erwiesen sich folgende Klassifizierungen:
Alter: 8 und 9 Jahre = Wert 8 (i.d. EDV-Auswertung),
10 und 11 Jahre = Wert 10,
12 und mehr Jahre = Wert 12.

Für diese Variablenwerte werden zwar alle Film-Prozentspitzen aufgeführt, sie werden jedoch nicht ausführlich diskutiert, da sie in der Regel nicht von denen der Schultypen abweichen, die durch die Klassenauswahl (Kl. 3 und 6) die Altersvariable mit erfassen, wenn Grundschüler mit Hauptschülern und Gymnasiasten verglichen werden.

Statt mit Hilfe eines Intelligenztests, der die Durchführung der Untersuchung erheblich erschwert hätte (besonders im Hinblick auf die Genehmigung der Schulen), wurden die Voraussetzungen der Schüler lediglich speziell im Wortschatzbereich ermittelt, und zwar unter Anwendung zweier Segmente des Steinert-Tests zur visuellen Leistung (Lesen, Schreiben) auf der lexematischen Ebene[594] (siehe Anhang). Der Einsatz dieser Segmente bot u.a. zwei wichtige Vorteile:

(1) Es wurden Voraussetzungen speziell im aktiven und passiven Wortschatz ermittelt, die für den Responseteil dieser Untersuchung bedeutend sind, ebenso aber auch nach wahrnehmungspsychologischen Forschungsergebnissen für die Stimulus-Wahrnehmung.

(2) Die Segmente aus dem Steinert-Test sind standardisiert und geeicht. Ihre Korrelationen mit weiteren Sprachleistungen sind errechnet, so daß sie über den ADST mit den übrigen Sprachleistungen in Verbindung gebracht werden können, falls bei einer Anwendung unserer Ergebnisse nur solche Leistungen bekannt sind oder nach dem Zusammenhang mit solchen gefragt wird. Steinert stellt, die Ergebnisse seiner Faktorenanalysen interpretierend, fest: "Der Test mißt insgesamt, aber auch auf jeder einzelnen Ebene, in jeder einzelnen Fertigkeit, sogar in jedem einzelnen Segment allgemein etwas Sprachliches."[595]

Angesichts der auf die Schultypen bezogenen Fehlermittel, die der ADST ergeben hat,[596] empfahl sich eine Kodierung in drei Fehlerzahl-Gruppen: 0 - 2 Fehler (Wert 0) entsprechen dem Fehlermittel von Realschulen und Gymnasien, das sie umfassen, 3 - 5 (Wert 3) dem Fehlermittel der Hauptschulen und 6 und mehr (Wert 6) dem der Grund- und Sonderschulen.

Auch angesichts dieser Verhältnisse ist es demnach berechtigt, nur die Schultypen ausführlich zu diskutieren, wo die Fehlerzahlgruppen nicht von denselben in den jeweiligen Filmkorrespondenzen abweichen. Dies gilt ebenso für die

Gruppierung der Fernsehstundenzahl, die, wie die Stichprobencharakterisierung (s.u.) zeigt, ebenfalls mit den Schultypen assoziiert. Die Befunde zu den einzelnen Fehlerzahl- und Fernsehstundengruppen werden jedoch in den Prozentrangspitzenlisten einzeln aufgeführt.
Zur Erfassung des durchschnittlichen Fernsehkonsums geben die Schüler auf den Aufgabenbögen ihre jeweilige "Fernsehstundenzahl pro Woche" an. Diese Angaben sind jedoch beeinflußbar, z.B. durch die Haltung des Lehrers gegenüber kindlichem Fernsehkonsum (besonders in der Grundschule), vom Image des Fernsehens in der Klasse etc., so daß Probanden absichtlich besonders niedrige oder hohe Angaben machen. Zusätzlich können infolge der relativ schweren Berechnung (besonders für Grundschüler, siehe Datenerhebung) Fehlerangaben entstehen. Allerdings führte die Notwendigkeit, erst einmal rechnen zu müssen, zu einer Konzentration auf die eigene Sehzeit, so daß den Angaben im ganzen bei dieser hohen Probandenzahl wohl Glauben geschenkt werden darf, zumal die folgende grobe Dreiergruppierung der Sehzeiten viele Fehlrechnungen unwirksam macht:
Fernsehstundenzahl pro Woche:

0 bis 10 Stunden	=	Wert 0
11 bis 20 Stunden	=	Wert 11
21 und mehr Stunden	=	Wert 21.

6.3.2.2 Sozial

Aus den folgenden Gründen erschien uns die Einteilung in soziale Schichten[597] weder nach der Scheuchschen Skala, die Oevermann variiert benutzte,[598] noch nach der Einteilung von Moore/Kleining, die Steinert anwandte,[599] brauchbar:

(1) Die auf den Aufgabenbögen erbetenen, unüberprüfbaren Berufsangaben der Schüler waren häufig vage und undefinierbar formuliert. Eine Differenzierung in der Art von Moore/Kleining wurde schon allein dadurch verhindert, daß die eindeutig definierbaren Angaben nicht

mehr als repräsentativ gelten konnten. (Bei Steinert hatten von 4747 Schülern nur 2817 exakte Angaben gemacht!)

(2) Die Einteilung in 7 Schichten nach der Art Moore/ Kleinings ist angesichts der sprachdidaktischen Relevanz dieser schichtspezifischen Untersuchung äußerst problematisch.[600] Schicht 1 (Oberschicht aus "Höheren Kreisen", Prestigeberufen, Adel) und Schicht 6 (Sozial Deklassierte wie Hilfsarbeiter, Kanalarbeiter usw.) sind an und für sich schon unerheblich repräsentiert und ignorierbar. Die verbleibenden fünf Schichten (obere, mittlere und untere Mittelschicht, obere und untere Unterschicht) sind derart sprachdidaktisch irrelevant Berufen zugeordnet, daß sie so nicht übernehmbar waren. So gehört, was Steinert mit Recht beanstandet, ein Studienrat in die "Obere Mittelschicht", ein Lehrer in die mittlere, ein "Ingenieur einer großen Firma" gehört zur "Mittleren Mittelschicht", ein "Ingenieur" zur "unteren", ein "Facharbeiter mit Überwachungsfunktion" gehört zur "Unteren Mittelschicht", ein "Facharbeiter" in die Obere Unterschicht", ein "Arbeiter" in die "Untere Unterschicht". Derartige Einteilungen annullieren nicht nur eine übergroße Menge von Schülerangaben, sondern sind im Hinblick auf einen "Sprechstil des Elternhauses", der sprachdidaktisch relevant wäre, untauglich.

Wir entschlossen uns daher aus technischen und sprachdidaktischen Erwägungen zu einer Dreiteilung nach der Berufsausbildung des Vaters im Hinblick auf den zur Zeit ausgeübten und angegebenen Beruf in "Berufe mit akademischer Ausbildung", "Freischaffende, Beamte oder Angestellte (= "Nicht-Arbeiter") ohne akademische Ausbildung" und "Arbeiter". Angesichts der Unsicherheit in bezug auf die von Schülern gemachten Angaben[601] dürfte diese Unterteilung die sozialen Verhältnisse nicht weniger realistisch und trennscharf abbilden als differenziertere Skalen.

Für die Ermittlung der Ergebnisse zu den einzelnen Werten und der gesamten Variablen gilt dasselbe wie zu den bisher genannten: Da die Korrelationen zwischen Berufsgruppen und Schultypen erheblich sind, werden nur die Befunde zu den Schultypen präzise untersucht, während zu allen Werten der Berufsgruppen die Filmfassung angegeben wird, die bei ihnen die Ausprägung eines bestimmten Sprachmerkmals am stärksten fördert. Nur bei relevanten Abweichungen der Berufsgruppen von den Schultypen wird genauer zu den Berufsgruppen Stellung genommen.

6.3.3 Zusammenfassung

Als Personalvariablen dieser Untersuchung gelten:
(1) das Alter (8/9 Jahre, 10/11 Jahre, 12 und mehr Jahre),
(2) das Geschlecht,
(3) die Fehlerzahl in zwei Wortschatzsegmenten des ADST (0-2, 3-5, 6 und mehr Fehler),
(4) die Fernsehstundenzahl pro Woche (0-10, 11-20, 21 und mehr Stunden),
(5) der Beruf des Vaters (mit akademischer Ausbildung, Beamte oder Angestellte ohne akademische Ausbildung, Arbeiter),
(6) der Schultyp (Grund- und Hauptschule, Gymnasium).

Exakt untersucht und ausführlich diskutiert werden nur die Häufigkeiten der Gesamtpopulation und die der Variablen Schultyp. Bei den übrigen Variablen wird nur ermittelt, welche Filmfassung mit ihrer Gestaltung ein bestimmtes Sprachmerkmal stärker als die übrigen Filmfassungen fördert. Dies scheint auf Grund der Zusammenhänge der übrigen Variablen (außer Geschlecht) mit den Schultypen berechtigt zu sein. Wichtige Abweichungen der Variablen 1-5 von den Ergebnissen zur Variablen 6 werden gesondert berücksichtigt.

6.4 Hypothesen

Allgemein, d.h. unabhängig von den Personalvariablen, legen die erörterten Theorien im Hinblick auf die beschriebenen Film- und Sprachvariablen folgende Hypothesen nahe:

(1) Die Länge eines Textes, der auf einen Film Bezug nimmt, ist unabhängig von irgendwelchen filmischen Gestaltungsweisen und -mitteln, da ein symbolisches und ein ikonisches Zeichensystem auf materialer Ebene nicht verglichen werden können.

(2) Wenn es eine Assoziation zwischen Filmgestaltung und Textlänge geben sollte, dann korrespondiert der längere Text mit dem aspekt- und detailreicheren Film.

(3) Die stilistische "Lebendigkeit" und Dynamik eines Textes (ohne Nominalstil) korreliert mit der Dynamik des Films (s. "Dynamik-Koeffizient"), auf den der Text sich bezieht.

(4) Die Klasseme der Lexemparadigmen korrelieren mit den Klassemen der Filmebenen, auf deren Äußerungsganzheiten die Sätze Bezug nehmen.

(5) Je aspekt- und detailreicher und je engagierender ein Film gestaltet ist, desto häufiger entscheiden sich die Probanden stärker für die weniger abstrakten Lexeme des Abstraktionsdifferentials, die auf den Film Bezug nehmen.

Angesichts der Personalvariablen ergeben sich folgende Hypothesen, welche die obigen differenzieren:

(6) Die in Hypothese 2-5 genannten Ereignisse treten um so ausgeprägter auf, je älter die Probanden sind.

(7) Die oben genannten Ereignisse treten bei den Mädchen ausgeprägter auf als bei den Jungen.

(8) Die oben genannten Ereignisse treten um so ausgeprägter auf, je häufiger die Probanden fernsehen.

(9) Die oben genannten Ereignisse treten um so ausgeprägter auf, je weniger Fehler die Probanden im Wortschatztest machen.

(10) Die oben genannten Ereignisse treten bei Gymnasiasten ausgeprägter auf als bei Hauptschülern, bei Hauptschülern ausgeprägter als bei Grundschülern.

(11) Die Sprachproduktionen von Gymnasiasten und von Kindern, deren Väter zu den ersten beiden Berufsgruppen (s.o.) gehören, enthalten häufiger Seme, die mit differenzierten strukturellen Zusammenhängen des Films assoziieren, während Hauptschüler und Kinder aus Arbeiterfamilien häufiger Wörter mit Semen produzieren, die mit isolierten, konkreten Merkmalen der äußeren Erscheinung korrespondieren.

(12) Die "Bedeutungsspezifizierung deskriptiver Elemente und Interpretation innerer Zustände" (Oevermann[602]) ist bei Gymnasiasten und bei Kindern, deren Väter zu den ersten beiden Berufsgruppen (s.o.) gehören, häufiger als bei Hauptschülern und Kindern aus Arbeiterfamilien.

Die Hypothesen 11/12 sind nur im Rahmen des statistischen Zusammenhanges zwischen "Schicht" und "Schultyp" zu verstehen.

7 Durchführung der Untersuchung

7.1 Stichprobe

Die folgende Tabelle gibt einen Überblick über die Verteilung der Personalvariablen:

Tabelle 26: Verteilung der Personalvariablen

Population / Variablen	Film 1	Film 2	Film 3	Film 4	Zeilen-summen	%
Gesamtpopulation	353	348	362	360	1423	100
Grundschule (3. Schuljahr)	105	99	112	117	433	30
Hauptschule (6. Schuljahr)	118	122	120	117	477	34
Gymnasium (6. Schuljahr)	130	127	130	126	513	36
Alter: 8 - 9 Jahre	81	73	93	97	334	24
10 - 11 Jahre	91	84	77	83	335	24
12 Jahre	125	138	137	135	535	38
13 - 15 Jahre	50	44	50	50	194	14
Jungen	162	170	159	195	686	49
Mädchen	178	172	197	158	705	51
Berufe der Väter:						
mit akademischer Ausbildung	40	32	36	48	156	13
Freischaffende, Beamte oder Angestellte ohne akad.Ausb.	136	143	167	141	587	50
Arbeiter (s. Erläuterungen)	108	120	105	90	423	36
Ausländerkinder	16	24	10	24	74	
Fernsehstundenzahl pro Woche:						
o - 10 Stunden	102	74	90	72	338	25
11 - 20 Stunden	120	131	122	119	492	36
21 und mehr Stunden	119	127	129	155	530	39
Fehlerzahl im Wortschatztest des ADST (s. Erläuterungen)						
0 - 2 Fehler	144	118	136	145	543	40
3 - 5 Fehler	75	88	99	72	334	25
6 und mehr Fehler	115	124	115	130	484	36

Population / Variablen	Film 1	Film 2	Film 3	Film 4	Zeilen-summen	%
innerhalb der Grundschule:						
Alter: 8 - 9 Jahre	81	73	93	87	334	80
10 - 11 Jahre	20	20	17	26	83	20
12 und mehr Jahre	-	-	-	2	2	.5
Jungen	57	56	49	62	224	53
Mädchen	46	39	60	52	197	47
Akadem. Beruf des Vaters	16	2	2	2	22	7
Nichtarbeiter o. akad. Ausb.	44	54	63	37	198	61
Arbeiter	24	21	29	32	106	32
Ausländerkinder	6	6	4	6	22	
0 - 10 TV-Stdn./Woche	42	29	36	36	143	35
11 - 20 TV-Stdn./Woche	27	31	40	39	137	34
21 und mehr TV-Stdn./Woche	30	30	28	38	126	31
0 - 2 Wortschatzfehler	10	3	4	7	24	6
3 - 5 Wortschatzfehler	18	16	27	12	73	18
6 und mehr Wortschatzfehler	70	72	76	95	313	76
Hauptschule						
Alter: 10 - 11 Jahre	22	20	17	19	78	17
12 Jahre	60	61	63	57	241	51
13 und mehr Jahre	36	39	37	40	152	32
Jungen	57	62	59	67	245	53
Mädchen	51	59	58	47	215	47
Akadem. Beruf des Vaters	-	1	3	1	5	1
Nichtarbeiter o.akad. Ausb.	38	34	39	37	148	40
Arbeiter	55	64	53	49	221	59
Ausländerkinder	5	15	5	17	42	
0 - 10 TV-Stdn./Woche	18	15	16	3	52	12
11 - 20 TV-Stdn./Woche	34	35	34	17	120	27
21 und mehr TV-Stdn./Woche	60	69	61	90	280	62
0 - 2 Wortschatzfehler	33	27	32	36	128	28
3 - 5 Wortschatzfehler	37	43	42	41	163	36
6 und mehr Wortschatzfehler	39	47	39	34	159	35
Gymnasium						
Alter: 10 - 11 Jahre	49	44	43	38	174	34
12 Jahre	65	77	74	76	292	57
13 und mehr Jahre	14	5	13	10	42	8
Jungen	48	52	51	66	217	43
Mädchen	81	74	79	59	293	58

Population / Variablen	Film 1	Film 2	Film 3	Film 4	Zeilen-summen	%
Gymnasium Forts.						
Akadem. Beruf des Vaters	24	29	31	45	129	28
Nichtarbeiter o.akad. Ausb.	54	55	65	67	241	52
Arbeiter	29	35	23	9	96	21
Ausländerkinder	5	3	1	1	10	
0 - 10 TV-Stdn./Woche	42	30	38	33	143	29
11 - 20 TV-Stdn./Woche	59	65	48	63	235	47
21 und mehr TV-Stdn./Woche	29	28	40	27	124	25
0 - 2 Wortschatzfehler	101	88	100	102	391	78
3 - 5 Wortschatzfehler	20	29	30	19	98	20
6 und mehr Wortschatzfehler	6	5	0	1	12	2

Die Gesamtzahl der Probanden von 1423 Schülern verteilt sich relativ gleichmäßig auf die vier Filmfassungen. Völlig identisch ist die Anzahl der Klassen pro Film. Jede Fassung ist in vier Klassen jedes Schultyps gezeigt worden. Die Gesamtklassenzahl beträgt demnach 48.

Die Differenz zwischen der Probanden-Gesamtzahl und den Summen der Häufigkeiten aller Merkmalsgruppen einer Variablen (z.B. Summe aller Altersgruppenhäufigkeiten = 1398) kommt durch unleserliche oder nicht vorhandene Schülerangaben zustande.

Die Kontingenzverhältnisse von Altersstufen, Schichten, Fernsehstunden und Wortschatzfehlern sollen die folgenden Berechnungen des Phi-Koeffizienten verdeutlichen:

Tabelle 27: Kontingenzverhältnisse zwischen Alter, Schicht, TV-Stunden, Wortschatzfehler und Hauptschule oder Gymnasium

	Hauptschule	Gymnasium	Zeilensummen	Phi-Werte (korr.)
10 - 11 Jahre	78	174	252	
12 und mehr Jahre	393	334	727	0,36
Spaltensummen	471	508	979	
Nicht-Arbeiter	153	370	523	
Arbeiter	221	96	317	0,45
Spaltensummen	374	466	840	
0 - 20 TV-Wochenstunden	172	378	550	
21 und mehr TV-Wochenstunden	280	124	404	0,42
Spaltensummen	452	502	954	
0 - 2 Wortschatzfehler	128	391	519	
3 und mehr Wortschatzfehler	322	110	432	0,53
Spaltensummen	450	501	951	

Es zeigt sich bei den beiden vergleichbaren Probandengruppen Hauptschule und Gymnasium (vom Alter her vergleichbar) ein mittelstarker Zusammenhang zwischen Schultyp und Schicht, Schultyp und Wortschatzfehlern, und zwar werden in der Hauptschule, in der signifikant mehr Arbeiterkinder sind, auch signifikant mehr Wortschatzfehler gemacht, obwohl dort schwach signifikant mehr Schüler im Alter von 12 und mehr Jahren sind und dort mittelstark signifikant mehr ferngesehen wird (vielleicht ist in beiden letztgenannten Punkten "weil" statt "obwohl" zu sagen).

Da aus organisatorischen Gründen am ehesten eine gleichmäßige Verteilung auf die Filmfassungen bei den Schultypen und damit zugleich bei den Klassen und Altersstufen zu erreichen war, ist eine statistisch korrekte Untersuchung und Signifikanzberechnung mit diesen Variablen am leichtesten und vergleichbarsten durchzuführen. Im Hinblick darauf ist zu prüfen, wie die übrigen Variablen bei der Gesamtpopulation und den Schultypen verteilt sind. Die folgende Tabelle gibt die Chi-Quadrat-Werte für die Verteilung der Variablenwerte von Geschlecht, Beruf des Vaters, Fernsehstundenzahl und ADST-Fehlern auf diese Variablen an. Unter der Chi-Quadrat-Zahl erscheint die Prozentzahl der Wahrscheinlichkeit, daß die Verteilung völlig zufällig ist, darunter der Kontingenzkoeffizient für die Stärke eines Zusammenhangs.

Tabelle 28: Verteilung der Variablen Geschlecht, Beruf, Fernsehstunden und ADST-Fehler auf die Gesamtpopulation und die Schultypen

Chi-Quadrat Wahrsch.-% C-Koeffizient	Geschlecht	Beruf des Vaters	TV-Std.-Zahl	ADST-Fehler
Alle	0,26 63 % -	87,8 0 % 0,26	45,6 0 % 0,18	51,2 0 % 0,19
GS	1,8 20 % -	39,8 0 % 0,33	1,06 60 % -	350,0 0 % 0,68
HS	2,0 20 % -	12,36 0 % 0,18	181,8 0 % 0,54	4,84 10 % -
G	11,4 0,1 % 0,15	161,2 0 % 0,5	42,1 0 % 0,28	472,9 0 % 0,7

Da über die Chi-Quadrat-Berechnung nur der allgemeine Zusammenhang zu erfahren ist, seien hier noch die Richtungen der Assoziationen angegeben: Im Gymnasium sind schwach signifikant mehr Mädchen, in der Gesamtpopulation, der Grundschule und im Gymnasium weniger Arbeiterkinder als Kinder der beiden ersten Berufsgruppen, in der Hauptschule mehr Arbeiterkinder. Alle sehen signifikant häufiger 11 und mehr Stunden fern als 0 - 10, Hauptschüler am häufigsten 21 und mehr, Gymnasiasten am häufigsten 11 - 20 Stunden. Alle machen signifikant selten 3 - 5 Fehler, die

Grundschüler am häufigsten 6 und mehr, die Gymnasiasten O - 2 Fehler.

Im Hinblick auf die Assoziationen mit den Berufsgruppierungen "Nicht-Arbeiter" und "Arbeiter", die Fernsehstundenzahl und die ADST-Fehlerzahl scheint es berechtigt, im allgemeinen nur die Ergebnisse zur Gesamtpopulation und den Schultypen zu diskutieren, wenn man die Verhältnisse der Tabelle 28 beachtet und keine erheblichen Abweichungen bei den speziellen Variablen sichtbar werden. Um letzteres bei allen Befunden überprüfen zu können, werden auf allen Listen mit den Prozentrang-Spitzen der Filmfassungen alle Variablengruppen aufgeführt.

Derartige Phänomene in der Komplexität des Variablengeflechts sind darum hier nicht weiter für sich zu untersuchen, sondern im Interesse unseres Problems jeweils im Zusammenhang mit der Untersuchung von Beziehungen zwischen Film- und Sprachmerkmalen. Allerdings hat die Tatsache, daß Kausalbeziehungen der Personalvariablen untereinander zu bestehen scheinen, Folgen für die Ermittlung unserer gefragten Beziehungen:

(1) Im Sinne der Hypothesenformulierung ist die Ausprägung der Film-Sprach-Beziehungen in den Personalvariablenklassen von Interesse.

(2) Der Anteil der Personalvariablenmerkmale müßte bei der Untersuchung der Gesamtpopulation bei allen vier Filmfassungen gleich sein, bei einer Subpopulation der Merkmalsanteil, der nicht zur Charakterisierung derselben gehört. Anderenfalls könnte es z.B. vorkommen, daß zu Filmfassung 4 signifikant häufiger eine hohe Wortzahl der Berichte festgestellt wird, dort aber auch signifikant mehr Akademikerkinder geschrieben haben, so daß die Beziehungen keinerlei Kausalität eindeutig nahelegen.

Da die Fülle der Personalvariablen völlig gleiche Anteile aller Einzelmerkmale an den vier Filmgruppen unmöglich macht, zudem noch offen bleiben muß, daß zusätzliche, nicht erwähnte Personalvariablen immer intervenieren können (z.B. Intelligenz, Erziehungsstile, Interessen o.ä.), sollen hier nur folgende Sicherheitsmaßnahmen getroffen werden:

(1) Mit Hilfe des Vergleichs der beobachteten Häufigkeiten von Personalmerkmalen mit theoretisch errechenbaren nach der Chi-Quadrat-Methode (siehe Statistische Analyse) sollen zunächst einmal nicht zufällige Verteilungen auf die vier Filmgruppen festgestellt werden. Für die Personalmerkmalsverteilungen, bei denen keine nicht zufällige Verteilung auf die Filmgruppen ermittelt wird, ist damit noch nicht die sogenannte "Nullhypothese" erwiesen, d.h. belegt, daß sie rein zufällig verteilt sind.[603] Für unsere große Stichprobe soll jedoch dieser Nachweis der Nicht-Signifikanz genügen.

(2) Die Personalmerkmale, die signifikante Zusammenhämge mit Filmgruppen zeigen, d.h. bei bestimmten Filmgruppen überrepräsentiert sind, sind zunächst als sogenannte "antezedierende Variablen" zu betrachten,[604] die eine Beziehung zwischen Film- und Sprachmerkmalen so lange zur Scheinbeziehung machen, wie nicht nachgewiesen ist, daß diese nicht bei einer getrennten Untersuchung zu den einzelnen Klassen der antezedierenden Variablen wieder verschwindet. Verschwindet sie nicht, d.h. für unser obiges Beispiel, bleibt die signifikant häufiger hohe Wortzahl zur Filmfassung 4 in allen Schichten bestehen, so ist eine Kausalbeziehung zwischen Film- und Sprachmerkmalen unter den gegebenen Voraussetzungen naheliegend.[605]

Da bei unserer Population die Variablen "Schule", "Klasse" und "Alter" gleichmäßig verteilt, d.h. konstant sein sollten, finden sich die Überrepräsentationen in einzelnen Filmgruppen bei den übrigen Variablen.

Die Wahrscheinlichkeit rein zufälliger Verteilungen geben die folgenden Signifikanzwerte in Prozenten an (die Tabelle ist mit den Personal-Variablen-Tabellen 26/27 zu vergleichen, auf die sie sich bezieht):

Tabelle 29: Wahrscheinlichkeiten zufälliger Verteilung von Geschlecht, Schicht, TV-Stunden und ADST-Fehlern auf die Schultypen-Filmgruppen

	Geschlecht	Beruf des Vaters	TV-Stdn.-Zahl	ADST-Fehler
alle	4 %	12 %	4 %	15 %
Gymnasium	21 %	0 %	55 %	4 %
Hauptschule	58 %	48 %	0 %	73 %
Grundschule	7 %	0 %	20 %	3 %

Ist der Prozentsatz der Wahrscheinlichkeit höchstens 5 %, so liegt eine signifikante Überrepräsentanz vor. In diesen Fällen können nur sogenannte "Partialtabellen"[606] der Film-Sprach-Merkmalsverteilungen zu den Klassen der betreffenden Variablen die Echtheit der Film-Sprach-Beziehungen nachweisen. Erst dann sind Kausalitätsinterpretationen möglich, die nach Lazarsfeld und Hyman folgende drei Bedingungen erfüllen müssen[607]:

(1) "Zwischen der Variablen X und der Variablen Y besteht eine statistische Beziehung.

(2) Die Variable X geht der Variablen Y kausal voran.

(3) Die Beziehung zwischen X und Y verschwindet nicht, wenn die Wirkungen anderer Variablen, die X und Y kausal vorangehen, kontrolliert werden."

7.2 Datenerhebung

Um keine methodischen Variablen intervenieren zu lassen, führte der Versuchsleiter die Datenerhebung in allen 48 Klassen selbst durch, und zwar aus schultechnischen Gründen und im Hinblick auf den Transfer der Ergebnisse in die Unterrichtspraxis in jeweils einer Unterrichtsstunde von 45 Minuten.

Dabei waren folgende Schritte standardisiert:

(1) Zur Motivation und Aufmerksamkeitssteuerung spricht der Versuchsleiter im Anschluß an die Vorstellung und Begrüßung: "Ich bin zwar Deutschlehrer, komme aber heute im Auftrag eines Instituts (Grundschule: Vereins, der ...), das Filme für den Unterricht herstellt. Ihr wißt, daß solche Filme sehr gut und spannend sein können, oft aber auch langweilig sind und so, daß man gar nicht alles erkennen kann. Solche Filme sind oft deshalb schlecht, weil die Regisseure und Kameraleute Erwachsene sind, die gar nicht so richtig wissen, was Schüler in Eurem Alter beim Filmsehen beachten und erkennen. Ich habe Euch deshalb einen Testfilm mitgebracht, den dürft Ihr Euch gleich ansehen, damit Ihr dann dem Regisseur schreiben könnt, was gut zu erkennen war. Er weiß dann, was er besser machen muß, damit jeder alles erkennt.
Ich teile dazu diese Bögen (s. Anhang) aus, und Ihr müßt mir versprechen, nicht umzublättern, bevor ich es Euch sage. Wer umblättert, muß leider ausscheiden. Schreibt bitte sofort in die obersten Zeilen Euren Namen, die Klasse usw. ..." (Die Bögen werden alle geheftet ausgeteilt und die Daten eingetragen. Zur Berufsangabe und der Fernsehstundenzahl ist zu erläutern:) "Bei 'Beruf' schreibt Ihr auf, was der Vater macht, nicht, wo er beschäftigt ist." - "Zur Fernsehstundenzahl überschlagt Ihr, wieviel Ihr normalerweise täglich seht, nehmt das mal sieben und gebt für das Wochenende etwas dazu, wenn Ihr da mehr fernseht."

(2) Da nur am Anfang des dreiteiligen Medienkunde-Films in die Vorgeschichte der Varianten eingeführt wird, der Film jedoch für diesen Versuch gedrittelt wurde, muß die Vorgeschichte vom Versuchsleiter mündlich in einheitlicher Form dargeboten werden. Dies geschieht mit den folgenden Worten, nachdem die Schüler die Personaldatenzeilen ausgefüllt haben:

"Bevor Ihr den Film seht, müßt Ihr noch den Anfang der Geschichte wissen. Der Teststreifen fängt nämlich nicht ganz vorne an. Es geht hier um einen Jungen in Eurem Alter, der heißt Martin. Martin hatte einmal in seiner ersten Schule etwas gestohlen. Deshalb mußte er die Schule verlassen, und er kam in ein Internat (in der Grundschule mit Erklärung). Dort war eines Tages ein Bernstein-Schmuck (weniger erklärungsbedürftig als "Fund") verschwunden, und Martin wurde verdächtigt. Viele sagten sich: Der hat damals gestohlen, der war es auch diesmal. Deshalb lief Martin fort. Auf einer Landstraße wurde er von der Polizei gefunden, sein Onkel wurde angerufen, und der Onkel kam, um Martin nach Hause zu holen. Hier beginnt der Film. Ihr seht Martin und seinen Onkel im Zug sitzen. Paßt bitte genau auf das auf, was da passiert. Nur was Ihr da genau erkennen könnt, schreibt Ihr dem Regisseur in den 12 Zeilen auf."

(3) Der Film wird vorgeführt. Er dauert jeweils 3,5 Minuten.

(4) Die Schüler beginnen sofort mit ihrem Bericht. Es werden keine Fragen mehr beantwortet, der Versuchsleiter räumt lediglich ein, daß die Zeilenzahl 12 geringfügig überschritten werden darf, damit die Wortzahl als Variable ausgewertet werden kann, obwohl die vorgedruckten zwölf Zeilen als Richtmaß wirken. Der Versuchsleiter paßt hier wie im Laufe der ganzen Unterrichtsstunde auf, daß kein Schüler die gehefteten Bögen durchblättert, ebenso der Lehrer (der immer anwesend war). Ein Schüler, der umblättert, muß ausscheiden, da nicht mehr gewährleistet ist, daß der Bericht von allen übrigen Kontextformulierungen und Ausdrücken, der Lückentext von den Multiple-choice- und Differential-Begriffen beeinflußt wurde.

(5) Sind alle Schüler mit dem Bericht fertig, führt der Versuchsleiter in die folgenden Aufgaben ein:
"Ihr wißt vielleicht, daß es zu Unterrichtsfilmen sogenannte "Beihefte" gibt, die wie die Fernsehprogramme zu den Fernsehstücken kurz angeben, was in

dem Film vorkommt, damit man schon vorher weiß, ob es sich lohnt, den Film überhaupt anzusehen. Bisher wurden solche Beihefte zu Unterrichtsfilmen nur für Lehrer gemacht, und sie sind deshalb meistens auch nur für Lehrer verständlich geschrieben. Jetzt sollen auch Beihefte für Schüler gemacht werden, und Ihr sollt jetzt selbst bestimmen, wie man darin schreiben sollte. Ihr findet auf der folgenden Seite - blättert bitte um - einige Sätze aus einem Beiheft. Allerdings sind die unverständlichen Ausdrücke weggelassen, und Ihr sollt nun gleich solche eintragen, die Ihr für andere Schüler schreiben würdet, die den Film noch nicht gesehen haben. Lest Euch zuerst einmal alles durch und überlegt, was in jede Lücke gehören könnte. Dann sehen wir uns alle den Film noch einmal an, und Ihr schreibt nach dem Filmsehen die Wörter hin, die zu Euren Beobachtungen auch wirklich passen.
Wir überlegen ein Beispiel zusammen: Satz 1 lautet: 'Im Zug guckt Martin sehr' Punkt, Punkt, Punkt. Ihr tragt ein Wort ein, das angibt, wie Martin guckte. Satz 3 ist der schwerste Satz: 'Ein Bahnbeamter sieht, wie Martin auf den Bahnsteig springt und wie ein' Punkt, Punkt, Punkt. Hier fehlt ein Vergleich dafür, wie Martin etwas macht, z.B. 'wie ein Hase zum Ende des Zuges hoppelt', aber das ist natürlich unsinnig. Ihr findet das, was wirklich paßt. Wir sehen zuerst den Film."

Das Beispiel zu Satz 3 hatte sich im Vortest als notwendig erwiesen, da die meisten Schüler keinen Vergleich eintrugen, sondern folgendermaßen ergänzten: "Ein Bahnbeamter sieht, wie Martin auf den Bahnsteig springt und wie ein alter Mann (oder: dicker Mann, Onkel usw.) zum Ende des Zuges läuft." Auch der einfache Hinweis, hier sei nach einem Vergleich gefragt, genügte nicht. Der "Hasen-Vergleich" ist vermutlich die Ursache für eine Fülle von Tier-Nennungen. Eine Beeinflussung durch das Beispiel ließ sich aber nicht verhindern. Um so interessanter sind auf der anderen Seite die Abweichungen vom Beispiel oder dessen Differenzierungen.

(6) Der Film wird ein zweites Mal projiziert.[608)]

(7) Die Schüler füllen die Lücken aus. Es wird freigestellt, ein Wort oder mehrere einzutragen, sonst kein Kommentar gegeben.

(8) Auch der Multiple-choice-Text ist zu erläutern: "Auf der folgenden Seite - bitte umblättern - findet Ihr wieder Sätze für ein Film-Beiheft. Diesmal müßt Ihr aber nicht selbst Wörter suchen, sondern es sind zu jedem Satz einige Wörter vorgeschlagen, und Ihr stimmt nur ab, welches der Wörter Ihr für das passendste haltet. Denkt aber bitte daran: Zu jedem Satz darf nur ein einziges Wort angekreuzt werden, sonst ist die Stimme ungültig. Nehmen wir z.B. den Satz 1: 'Martin ist in der Dunkelheit untergetaucht. Nun sieht man ihn über die Bahnschienen - und jetzt kreuzt Ihr an: - entweder 'fliehen' oder 'rasen' oder 'keuchen' oder 'laufen'. Lest dabei jedesmal den Satz bis zu Ende. Oft kommen nach den vorgeschlagenen Wörtern noch Reste des Satzes."

(9) Die Schüler kreuzen ihre Selektionen an.

(10) Das Abstraktions-Differential ist besonders sorgfältig zu erklären, weil es (vor allem in der Grundschule) leicht verwirren kann. Das Mißtrauen der Lehrer gegenüber der Kompliziertheit des Differentials war jedoch in der Regel unbegründet.
"Auf der folgenden Seite - bitte umblättern - findet Ihr ein Wörter-Spiel. Paßt bitte genau auf die Spielregeln auf, dann geht alles ganz leicht. Ihr dürft einmal Noten geben, aber nicht Schülern, sondern Wörtern, die in ein Film-Beiheft kommen sollen. Ihr seht diesmal nur zwei Sätze, aber zu jedem ist ein ganzer Kasten voll mit Adjektiven (oder: Eigenschaftswörtern) vorgeschlagen, denen Ihr Noten geben sollt, bitte aber in jeder Reihe des Kastens nur einem Wort. Ihr geht also zu jedem Satz jede Reihe durch und überlegt: 'War der Onkel im Laufe der Geschichte' 'nicht lahm' oder 'einsatzbereit', 'streng' oder 'erbarmungslos', 'gut' oder 'voll Mitgefühl'? Stimmt in einer

Reihe beides nicht, macht Ihr kein Kreuz, paßt das linke Wort besser als das rechte, kreuzt Ihr links eine der drei Noten an. 1 ist sehr gut, 2 ist gut, 3 ist befriedigend. Ist das rechte Wort besser, kommt das Kreuz auf eine der drei rechten Noten. Sind beide gleich gut, kommt das Kreuz auf die O. Ihr müßt aber in jedem Kasten auch drei Einsen und drei Zweien ankreuzen."
Kreuzt jemand in einer Reihe zu beiden Wörtern Noten an, so stört dies hierbei nicht, da dann nur die bessere Note zählt, bei Gleichstand die O.

Der Wortschatztest aus den beiden ADST-Segmenten 6 und 8 wurde von den Deutschlehrern der jeweiligen Klassen in der auf die Versuchsstunde folgenden Deutschstunde innerhalb der festgelegten Zeit von 15 Minuten ohne Erläuterungen durchgeführt.

7.3 Statistische Analyse

Diese Untersuchung fragt nach den Zusammenhängen zwischen Filmgestaltungsmitteln in jeweils vierfacher Ausprägung und sprachlichen Merkmalen der Bezugnahme auf diese, d.h. nach den Zusammenhängen zwischen den Verteilungen zweier Variablen. Die Möglichkeiten, diese Zusammenhänge statistisch zu messen, hängen zunächst grundsätzlich von der Möglichkeit ab, die Merkmale der beiden Variablen zu erheben und zu skalieren, und damit von der mathematischen Charakterisierbarkeit der beiden Variablen.

Da die Variable Filmgestaltung zu jedem Signifikat nur vier Werte besitzt, ist sie eine <u>diskrete</u> Zufallsvariable, die, einem Würfel vergleichbar, nur endlich viele Werte annehmen kann. Denselben Variablencharakter hat die Sprache, wo sie qualitativ betrachtet wird, d.h. im Lückentext, in den Multiple-choice-Aufgaben und im Differential. Im Bericht, in dem die sprachlichen Verhältnisse nur quantitativ als

Anteil der Substantive etc., an der Gesamtwortzahl oder als TTR-Wert und Wortzahl pro Satz erfaßt werden, kommen auch stetige Zufallsvariablen vor, die "jeden beliebigen Wert eines bestimmten Intervalls der reellen Zahlengeraden annehmen" können.[609] Da auch eine anschließende differenziertere Quantifizierung der Filmgestaltung nur in der Form möglich ist, daß die Häufigkeiten bestimmter Figuren auf bestimmten Ebenen gezählt werden, wobei weder die Figuren noch die Ebenen zueinander in einem metrischen Verhältnis stehen, ist hier nur eine sogenannte "Nominalskalierung" möglich, die lediglich voraussetzt, daß die gezählten Ereignisse qualitativ gleichartig sind. Die Gleichartigkeit bestimmter Film-Figuren läßt sich so weit abgrenzen, daß diese festen Kategorien (Nominalklassen) zugeordnet werden können. Es ließe sich sogar eine graduell unterschiedlich starke Merkmalsausprägung im Hinblick auf bestimmte Seme (Klasseme) bestimmen, die eine sogenannte "Ordinal- oder Rangskalierung" ermöglichte, die Anzahl der Rangplätze wäre jedoch so niedrig, daß die damit errechenbaren Koeffizienten "sehr unsicher und daher nicht aussagekräftig"[610] wären. Entsprechendes gilt für die Quantifizierung und Skalierung der sprachlichen Variablen, außer einigen des Berichts. Diese sind intervallskalierbar, weil "die Abstände zwischen den benachbarten (aufeinanderfolgenden) Skalenwerten konstant"[611] wären, bei der Prüfung des Zusammenhangs mit der nominalskalierten Filmvariablen wird dieser Vorteil für uns jedoch dadurch wieder eingeschränkt, daß der errechenbare "biseriale Korrelationskoeffizient" voraussetzt, daß die nominal skalierte Variable "eine Dichotomie aus normalverteilten Meßwerten"[612] ist, was den Informationswert für uns erheblich einschränkte.

Die Nominalskalierung der Film- und der Sprachvariablen hat zur Folge, daß hier keine Korrelationskoeffizienten, sondern nur Kontingenzkoeffizienten berechnet werden können.[613]

Da beide Variablen (Film und Sprache) "mehrfach gestuft" sind, d.h. jeweils mehr als zwei Klassen enthalten, bietet sich der "Kontingenzkoeffizient C" an[614], der die "Abweichung der beobachteten Häufigkeit von der erwarteten" (errechneten) Häufigkeit eines Ereignisses in jedem Tafelfeld[615] so mit der Summe der Häufigkeiten verrechnet, daß die Werte über die Nicht-mehr-Zufälligkeit der Kontingenzen beider Variablen für unterschiedlich große Stichproben Auskunft geben.

Die oben genannte Abweichung, die die Basis für alle Aussagen über einen Zusammenhang darstellt, muß dabei zunächst einmal durch die Berechnung von Chi^2 überprüft werden. Ergibt die Chi-Quadrat-Berechnung eine Wahrscheinlichkeit von mehr als 5 % dafür, daß die Verteilung der Häufigkeiten beider Variablenmerkmale rein zufällig ist, so erübrigt sich eine C-Berechnung. Ist die Wahrscheinlichkeit kleiner als 5 %, wird C nach der Formel

$$C = \sqrt{\frac{Chi^2}{Chi^2 + n}}$$

berechnet.

Die Tatsache, daß die Rechnungen durch die EDV-Anlage ausgeführt wurden, entbindet nicht von der Beachtung besonderer Bedingungen für die Aussagefähigkeit der Ergebnisse und besonderer Aspekte der Interpretationsmöglichkeit.

Zunächst ist bei der Gruppierung der Daten zu Merkmalsklassen zu berücksichtigen, daß für die Errechnung von Chi-Quadrat keine Klasse so gebildet sein darf, daß ihre erwartete Häufigkeit kleiner als 1 ist und höchstens ein Fünftel der Klassen so, daß ihre erwartete Häufigkeit (errechenbar: Zeilensumme mal Spaltensumme durch Gesamtsumme) kleiner als 5 ist.[616] Trotz unserer hohen Probandenzahl hat diese Bedingung für sehr viel Mehrarbeit gesorgt, da so lange umgruppiert werden muß, bis die Bedingung erfüllt ist, obwohl die EDV-Anlage Chi-Quadrat bei jeder Häufigkeit berechnet.

Bei der Interpretation des C-Koeffizienten ist zu beachten, daß dieser Wert Größen zwischen O und + 1,OO theoretisch annehmen kann, sein Maximum im konkreten Fall aber "von der Größe der zugrunde liegenden Tafel abhängt".[617] "Je kleiner die Zahl der Tafelfelder ist, desto niedriger ist der maximal erreichbare Wert für C".[618] Eine Interpretation der Stärke des Variablenzusammenhangs hat darum zunächst die maximale C-Größe für die betreffende Tafel zu errechnen, und zwar für quadratische Tafeln mit der Zeilen- oder Spaltenzahl k nach der Formel:

$$C_{max.} = \frac{k - 1}{k}$$

Z.B. hat C für die folgenden k-Zahlen diese <u>maximalen Werte</u>[619]:

Tabelle 30: Maximale C-Werte bei quadratischen Tafeln nach Clauß/Ebner

k	2	3	4	5	6	7	8	9
C_{max}	O,707	O,816	O,866	O,894	O,913	O,926	O,935	O,943

"Für rechteckige Tafeln (Zahl der Zeilen ≠ Zahl der Spalten) läßt sich C_{max} grob schätzen, indem man die Werte" der obigen Tabelle "mittelt. Für eine 2-mal-3-Tafel ergibt sich für C_{max}: $\frac{0,707 + 0,816}{2} = 0,762$".[620]

Die Abhängigkeit des maximalen C-Wertes von der Tafelgröße hat zur Folge, daß sich C-Werte unterschiedlich großer Tafeln nicht unmittelbar miteinander vergleichen lassen, sondern erst, nachdem sie nach der folgenden Formel korrigiert worden sind[621]:

$$C_{korr} = \frac{C}{C_{max}} \text{ (mit } C \leqq C_{max})$$

Dieser Koeffizient ermöglicht es, die Stärke des Zusammenhanges zweier Variablen in mehreren Tafeln zu vergleichen und interpretierend zu beschreiben.

Um an einzelnen Variablen nachzuweisen, daß die Differenz der Häufigkeitsverteilung aus den Stichproben zur Filmfassung 1, 2, 3 oder 4 nicht auf Zufall, sondern "auf unterschiedlichen Wahrscheinlichkeiten des Merkmals in den Grundgesamtheiten"[622] beruht, genügt es, die Chi-Quadrat-Werte selbst zu betrachten.[623] Berücksichtigt man die Anzahl der Freiheitsgrade (errechenbar: Zeilenanzahl minus 1 mal Spaltenanzahl minus 1), läßt sich aus der Tabelle der Irrtumswahrscheinlichkeiten[624] der Chi-Quadrat-Wert ablesen, der sich mindestens ergeben muß, wenn die Wahrscheinlichkeit, daß er auf Grund von Zufallsverteilungen zustande gekommen ist, nicht größer als 5 % (Richtgröße) sein darf. Je stärker ein Chi-Quadrat-Wert diesen kritischen Wert übersteigt, desto geringer ist die Zufallswahrscheinlichkeit, d.h. desto berechtigter die Annahme, daß die Differenzen stichprobenbedingt sind. Wir können also an der Tabelle der Irrtumswahrscheinlichkeiten ablesen, in welchem Maße es wahrscheinlich ist, daß die in einer Tafel erkennbaren Zusammenhänge zwischen den Stichproben (= Variablen X) und der Häufigkeitsverteilung von Merkmalen der Variablen Y durch Zufall zustande kamen. Ist diese Wahrscheinlichkeit sehr gering, ist der Zusammenhang stark abgesichert. Allerdings ist zu bedenken, daß die Höhe des Chi-Quadrat-Wertes mit der Höhe der Probandenzahl steigt. Diese Schwäche ist in der C-Berechnung aufgehoben, was eine Vergleichbarkeit ermöglicht.

8 Ergebnisse

Im Allgemeinen sollen hier als Ergebnisse nicht zufällige Kontingenzen von Sprachmerkmalshäufigkeiten zu den einzelnen Filmfassungen dargestellt werden. Sie weisen sich durch signifikante Chi-Quadrat- und C-Koeffizienten-Werte als solche aus und lassen sich durch ihren prozentualen Anteil an den Ereignissen einer Filmfassungsgruppe beschreiben. Es geht also nicht nur darum zu prüfen, welches sprachliche Merkmal am häufigsten zu einer Filmfassung erscheint. Es wird hauptsächlich überprüft, welche Filmfassung einen signifikant hohen oder niedrigen Prozentsatz ihrer Gesamtnennungen eines Paradigmas dem jeweiligen Sprachmerkmal zukommen läßt. In den Beispiel-EDV-Tabellen (Anhang)sind die Prozentsätze in der dritten Zeile jedes Tabellenfeldes als "COLUMN PERCENTS(COL PCT)" genannt. Die ebenfalls genannten "ROW PERCENTS (ROW PCT)" sind nur in den Fällen aussagekräftig, in denen die Spaltensummen aller vier Filmfassungen gleich groß sind. Dasselbe gilt für die "TOTAL PERCENTS (TOT PCT)" in der vierten Zeile jedes Feldes. Sie werden deshalb hier vernachlässigt.

Die Chi-Quadrat-Werte zu jeder Tafel, die zusammen mit ihren Freiheitsgraden unterhalb der Tabellen genannt werden ("RAW CHI SQUARE" und "DEGREES OF FREEDOM"), sind alle auf ihre Signifikanz hin überprüft. Die Werte der "SIGNIFICANCE" geben in Dezimalschreibweise die Prozentzahl der Wahrscheinlichkeit an, mit welcher der Chi-Quadrat-Wert auf Zufall beruht. Ist diese Zahl kleiner oder gleich 5 % (= SIGNIFICANCE = .0500), gelten die Kontingenzen sprachlicher Merkmale als signifikant filmabhängig. Nur in solchen Fällen ist der C-Koeffizient (CONTINGENCY COEFFICIENT) interpretierbar nach der oben genannten Methode. CRAMER"S V wird in unserer Darstellung vernachlässigt, da es nicht mehr sagt als der C-Koeffizient. Die Darstellung der Ergebnisse der einzelnen Untersuchungssegmente erfolgt zunächst mit Hilfe einer Überblicktabelle. Sie zeigt, welche Filmfassung zu den einzelnen Sprachvariablen und bei den einzelnen Merkmalen der Personal-Variablen die prozentual höchste Auftretenshäufigkeit eines Sprachmerkmals aufweist. Hier läßt sich die Wirkung antezedierender Variablen erkennen, auch kommt die Unterscheidung von unabhängigen und abhängigen Variablen zum Ausdruck. Erweisen sich antezedierende Variablen dabei schon als wirkungslos, werden im folgenden nur die Kontingenzverhältnisse der Gesamtpopulation und der Schultypen differenziert mit dem Hinweis auf die kopierten EDV-Tabellen aufgezeigt und erläutert, da die Schultypen am gleichmäßigsten verteilt sind. Anderenfalls geschieht dies für die Merkmalsklassen der antezedierenden Variablen. Besonders relevante Ausprägungen der Kontingenzverhältnisse der Gesamt- und Schultypenpopulation in den übrigen Subpopulationen werden entsprechend dargestellt.

Zur Überprüfung der Hypothesen ist die Feststellung der Kontingenzverhältnisse zwischen Sprachmerkmalen und den vier Filmfassungen nur eine Vorstufe. Entscheidend sind die Figuren und ihre Seme, welche die Filmfassung einer signifikanten Film-Sprach-Beziehung konstituieren, und die Klasseme und Signifikationsweisen der filmischen Äußerungen. Da diese in der jeweiligen Filmfassung nicht einheitlich sind, ist die Ermittlung einer signifikant kontingentierten Filmfassung nichts anderes als die Ermittlung einer Chiffre für die dahinterstehende Gestaltung und Bedeutung der speziellen filmischen Äußerung.

Die Assoziation eines sprachlichen Merkmals mit einem filmischen ist also nicht zu verfolgen, indem man die Häufigkeit seiner signifikanten Kontingenzen bei einer Filmfassung überprüft, sondern bei einer filmischen Signifikationsweise in allen Fassungen. Erst diese Überprüfung führt zur Verifikation oder Falsifikation der Hypothesen.

Ergeben sich dennoch Assoziationen mit einer Filmfassung, unabhängig von den speziellen Signifikationsweisen der Äußerungen, so sind diese auf den Gesamtfilm und damit den Gesamtkontext der Äußerungen zurückzuführen.

Bei den Untersuchungssegmenten 1 und 4 (Aufsatz und Abstraktionsdifferential), die jeweils auf den gesamten Film bezogen sind, ist darum die Ermittlung einer "signifikanten Filmfassung" mehr als die Ermittlung einer Chiffre und eines Kontextes, es sei denn einer solchen für eine Makrostruktur der Signifikationsweise des Gesamtfilms, die sich aus den Mikrostrukturen der Figurenkonstellationen mit ihren Sem-Verhältnissen konstituiert.

Beim Studium der Prozentrangspitzenplätze auf den entsprechenden Tabellen ist zu beobachten, daß nach der Charakterisierung der Stichprobe lediglich der Schultyp und das Geschlecht als unabhängige Variablen gelten können. Alter, Beruf des Vaters, TV-Stundenzahl und ADST-Fehler korrespondieren derart mit dem Schultyp, daß sie als von diesem abhängige Variablen anzusehen sind, wenn man diesen als unabhängig annimmt. Die Höhe des C-Koeffizienten zeigt, bei welcher der zusammenhängenden Variablen die Assoziation zwischen Filmfassung und Sprachmerkmal am ausgeprägtesten ist. Eine einzelne Ziffer in einer Spalte nennt diejenige der vier Filmfassungen, welche die größte prozentuale Häufigkeit zu dem bestreffenden Sprachmerkmal aufweist.
Ist diese Ziffer unterstrichen, ist sie erheblich, mindestens aber um 5 % höher als die übrigen.
Unterscheiden sich zwei oder drei Filmfassungen in ihren Prozentrangplätzen kaum voneinander, wohl aber gegenüber den beiden anderen bzw. der dritten, so sind diese Fassungen in der Reihenfolge ihrer Rangplätze ohne Zwischenraum hintereinander eingetragen (so daß sie zusammen zwei- bzw. dreistellige Zahlen ergeben).
Besonders interessante oder seltene Prozentrangplätze sind auch dann markiert, wenn sie sich nach der Chi-Quadrat-Berechnung nicht signifikant von den übrigen unterscheiden.

Unterstrichen ist der Wert der Sprachvariablen, zu dem der höchste Prozentsatz der Gesamtpopulation bzw. Gesamtsubpopulation gehört. Liegen mehrere Werte dicht beieinander, so sind auch sie unterstrichen.

Die geringe Höhe des C-Koeffizienten darf kein Anlaß sein, überhaupt keinen erheblich prägnanten Unterschied zwischen den Ausprägungen anzunehmen, da man bedenken muß, daß das Chi-Quadrat, das ihn bestimmt, das Durchschnittsmaß für die Abweichungen der empirisch-beobachteten von den theoretisch-errechneten Häufigkeiten aller vier Fassungen ist. Nur wenn sich jede der vier Filmfassungen von allen drei übrigen signifikant unterschiede, wäre der C-Koeffizient sehr hoch. Es ist also durchaus möglich, daß sich bei einem relativ niedrigen C-Koeffizienten zwei Fassungen von den übrigen beiden sehr hoch unterschieden, die jeweils beiden untereinander jedoch kaum. Realen Aufschluß geben hier die Prozentzahlen der einzelnen Tabellen.

8.1 Aufsatz

8.1.1 Analyse

Ein erster Überblick über die Liste der Prozentrangspitzenplätze zeigt, daß die meisten Felder leer blieben, d.h. daß sich nur wenige signifikante Unterschiede bei der Ausprägung der Sprachmerkmale auf die verschiedenen Filmgestaltungsweisen zurückführen lassen, wenn man die Subpopulationen betrachtet. Die minimale Größe des Kontingenzkoeffizienten ist hier 0,14, die maximale 0,34. Da für eine Tafel von 4 mal 4 Feldern der Maximalwert 0,866, für eine Tafel von 3 mal 4 Feldern 0,842 beträgt, ist die Assoziation zwischen Film- und Sprachmerkmalen hier schwach. Sie liegt in den meisten Fällen im unteren Viertel.
Es unterscheiden sich zwar bei der Gesamtpopulation die Merkmale von 10 der 12 Variablen schwach signifikant, jedoch nur eine davon zeigt diese Unterschiede bei allen Schultypen (KOPULA). Nur diese und noch zwei weitere Variablen (KONJREST und TOKENS) sind bei der Mehrzahl der Subpopulationen signifikant unterschiedlich. Da keine Variable gar

keine signifikanten Differenzen aufweist, scheinen diese nur bei speziellen Personengruppen zum Tragen zu kommen:

Während z.B. die Grundschüler nur bei einem Drittel der Variablen signifikante Differenzen zeigen (SUBST, ADVTL, KOPULA), geschieht dies bei Hauptschülern und Gymnasiasten bei einem Viertel (HS: ADVTL, ADVREST, KOPULA, TOKENS; G: TTR, VERB, KOPULA, TOKENS).

Die 8jährigen unterscheiden sich nur in zwei Fällen signifikant, die 10jährigen nur in einem einzigen (TOKENS), die 12jährigen in sieben Fällen.

Die Jungen differieren nur in zwei Fällen (KONJREST und TOKENS), die Mädchen dagegen in sechs Fällen, die Akademikerkinder nur in einem einzigen Fall, die Kinder der mittleren Berufsgruppe in drei und die Arbeiterkinder in fünf Fällen usw.

Dies zeigt die Inhomogenität der filmischen Beeinflussung des Wortmaterials, die nun detailliert zu untersuchen ist.

Tabelle 31: Prozentrangspitzen der Aufsatzanalyse

Personal-Var →	all	Schule			Alter			Geschl		Beruf d.V.			Ausld.	TV-Stdn.			ADST-Fehler		
Sprach-Var. ↓		GS	HS	G	8	10	12	m	w	Ak	bAk	Arb		0	11	20	0	3	6
TOKENS: 1-40	1		13	31		1	31	1	4		1	431		2	4	1	31	1	41
41-80	3		3	3		34	3	3	3		2	341		3	3	3	34	31	3
81-120	2		42	2		2	2	2	2		241	2		2	21	24	2	42	2
120 u.m	214		2	124		4	21	124	214		142	221		124	214	2	124	24	2
C-Koeffizient	.21		.29	.26		.23	.27	.2	.24		.27	.28		.22	.26	.22	.26	.3	(.19)

Personal-Var →	all	Schule			Alter			Geschl		Beruf			Ausld.	TV-Stdn.			ADST-Fehl.		
Sprach-Var. ↓		GS	HS	G	8	10	12	m	w	Ak	oAk	Ar		0	11	21	0	3	6
TTR: 0,1-0,4	214			142													142		
0,5	1			1													1		
0,6-0,9	3			342													342		
C-Koeff.	.15			.18													.19		
SUBST: 7-15%		2			2									1					
16-18%		2			2									2					
19-21%		3			32									23					
22-24		1			1									3					
25 u.m.		41			41									4					
C-Koeff.		.22			.27									.26					
VERB: 1-15 %	123			21			21		132	1	231			2	123		2		
16-18 %	4			42			4		42	24	4			421	24		421		
19-21 %	3			31			3		3	3	4			314	4		3		
22-u.m.	3			31			3		3	3	1			341	13		3		
C-Koeff.	.14			.27			.19		.17	.34	.2			.23	.19		.22		
ADJ: 0 %	4																4		
1 - 2 %	123																12		
3 u.m.	3																3		
C-Koeff.	.12																.15		
PART: 0 %	3						3							3					3
1 u.m.	2						1							2					2
C-Koeff.	.1						.14							-					-
ADVTL: 0 %	4	24	13						4										4
1 - 3	312	2	3						132										21
4 - 6 %	21	3	12						1										1
7 u.m.	4	143	43						4										341
C-Koeff.	.15	.24	.21						.17										.2
ADVREST: 0 %	34		3				3		3			4	13		3		43		34
1 - 3 %	3		3				3		3			3	13		3		3		321
4 - 6 %	4		4				24		4			2	42		42		241		4
7 u.m.	1		1				1		124			1	1		1		12		12
C-Koeff.	.15		.24				.21		.19			.2			.22		.2		.2
KOPULA: 0 %	41	4	1	4	4		1		4			4			4		4	1	
1 - 3 %	1	1	123	1	1		2		12			1			1		2	1	
4 - 6 %	2	42	2	2	2		2		2			2			2		2	24	
7 u.m.	3	3	43	3	3		34		34			43			3		3	3	
C-Koeff.	.15	.2	.23	.2	.24		.2		.2			.2			.22		.18	.24	
KONJTL: 0 %	4											4							
1 - 3 %	32											23							
4 u.m.	12											12							
C-Koeff.	.14											.23							
KONJREST: 0 %	3		34				3	3	3		3	43		3		3	3	34	
1 - 3 %	4		423				42	41	42		412	2		142		4	4	2	
4 u.m.	1		12				12	21	1		1	1		3		1	211	1	
C-Koeff.	.14		.23				.19	.15	.16		.18	.21		.19		.22	.16	.2	
TOKENS/SATZ:																			
3 - 7				21			3									1	312		
8 - 9				34			34									3	43		
10 - 11				24			24									2	2		
12 u.m.				124			214									2	214		
C-Koeff.				.22			.18									.2	.2		

Die Häufigkeitsverteilung der Wortzahlklassen (TOKENS) zeigt in der Gesamtpopulation und allen Subpopulationen außer bei den Grundschülern, Achtjährigen, Akademiker- und Ausländerkindern signifikante Unterschiede zwischen den Filmgruppen, und zwar in einer nahezu identischen Weise, so daß man hier eindeutig von einem Einfluß der Filmgestaltung sprechen kann:

Zu Fassung 3 werden die meisten Aufsätze geschrieben, deren Wortzahl höchstens 80 beträgt. Zu den Fassungen 1 und 2 mit und ohne Ton werden die signifikant meisten Aufsätze geschrieben, deren Wortzahl über 80, genauer über 100 beträgt.

Die genaueren Verhältnisse gehen aus den Tabellen im Anhang hervor, die eine Klassifizierung 60 - 80, 81 - 100, 100 - 120, 121 und mehr haben, damit, vor allem im Hinblick auf die Berechnung des TTR-Wertes, keine Wortzahl unter 60 liegt.

Besonders signifikant sind diese Unterschiede bei den Hauptschülern, den Arbeiterkindern und 12- und mehrjährigen, bei den Schülern mit einer ADST-Fehlerzahl von 3 - 5 und den Kindern der zweiten Berufsschicht.

Daraus kann für die Interpretation gefolgert werden, daß eine Filmgestaltung, die für eine Person Partei ergreift, indem sie ihr mehr einzelne Einstellungen, eine längere Einstellungszeit, mehr "nahegehende" Einstellungsgrößen (HN bis D) und mehr Hin- und Herbewegungen zugesteht, d.h. einen höheren Affinitäts-, Engagement- und Parteinahme-Koeffizienten für eine Person aufweist, Schüler stärker provoziert, längere Aufsätze (über 80 Wörter) zu schreiben als eine ausgeglichene Filmfassung, sofern die Voraussetzungen den vorliegenden entsprechen.
Einschränkend muß allerdings beachtet werden, daß F3 die Szene im Zugabteil gar nicht präsentiert. Auf diese beziehen sich aber die Schüler aller Filmgruppen nur mit

wenigen Wörtern oder gar nicht. Die größte Wortmenge wird am häufigsten zu der Filmfassung produziert, bei der sich die Schüler mit der Hauptperson identifizieren können (F2), und zwar in der Fassung ohne Ton. Eine verbindliche Darstellung der Gegenfigur zur Identifikationsperson bewirkt vor allem bei Hauptschülern und Jungen eine niedrige Wortzahl (1-40).

Diese Befunde verdeutlicht die folgende Tabelle, die alle Aufsätze ohne untere Wortzahlgrenze zählt (in der Regel sind nur die Tabellen mit signifikanten Ergebnissen aufgeführt):

Tabelle 32: Tokens (Wortzahl) (in %-Anteilen) ohne untere Grenze

		F1	F2	F3	F4
Alle:	1 - 40	13,2	9,2	10,2	11,6
	41 - 80	43,4	38,3	61,5	45,6
	81 - 120	33,1	41,5	27,2	35,2
	121 und mehr	10,3	11,0	1,1	7,6
GS:	1 - 40	27,8	27,8	16,8	27,7
	41 - 80	58,8	56,7	73,8	58,0
	81 - 120	13,4	13,3	9,3	13,4
	121 und mehr	-	2,2	-	0,9
HS:	1 - 40	10,5	4,1	10,3	6,1
	41 - 80	50,0	38,8	68,4	41,2
	81 - 120	33,3	47,1	20,5	49,1
	121 und mehr	6,1	9,9	0,9	3,5
G:	1 - 40	4,6	0,8	4,7	1,7
	41 - 80	26,2	24,6	45,0	38,1
	81 - 120	47,7	56,3	48,1	42,4
	121 und mehr	21,5	18,3	2,3	17,8
10jährige:	1 - 40	14,4	8,6	9,5	11,3
	41 - 80	37,8	35,8	54,1	50,0
	81 - 120	34,4	43,2	33,8	22,5
	121 und mehr	13,3	12,3	2,7	16,3
12jährige:	1 - 40	7,0	2,2	7,1	5,6
	41 - 80	39,8	30,4	57,6	37,3
	81 - 120	40,4	53,6	34,2	49,7
	121 und mehr	12,9	13,8	1,1	7,3
Jungen:	1 - 40	20,0	11,5	11,6	13,3
	41 - 80	45,6	43,0	63,9	47,9
	81 - 120	28,1	40,6	23,9	33,5
	121 und mehr	6,3	4,8	0,6	5,3
Mädchen:	1 - 40	6,3	7,0	8,7	9,1
	41 - 80	41,4	33,7	59,7	42,9
	81 - 120	37,9	42,4	30,1	37,7
	121 und mehr	14,4	16,9	1,5	10,4

Die Auswertung der TTR-Werte ist in dieser Form statistisch wertlos, da die Wortmenge zu klein und nicht konstant ist. Es ist darum selbstverständlich, daß bei den Tafeln mit signifikanten Unterschieden die Fassung den höchsten TTR-Wert besitzt, die am häufigsten geringe Wortzahlen aufweist, also Fassung 3, gefolgt von Fassung 1. Solche Texte enthalten normalerweise einen höheren Anteil unterschiedlicher Worte als längere Texte.[625)]

Bei Auszählungen, die sich auf relativ konstante Wortmengen, nämlich eine Wortzahl über 100, beschränken, ist keine signifikante Kontingentierung festzustellen.

Zählt man nur Wortmengen mit über 80 Wörtern, hat Fassung 3 immer noch den prozentualen Spitzenplatz inne, allerdings nur bei der Gesamtpopulation und bedeutend schwächer als in den Berichten mit allen Wortzahlen über 60:

Tabelle 33: TTR-Werte in Aufsätzen mit mehr als 80 Wörtern

TTR-Wert in:		F1	F2	F3	F4
Anzahl	0,1	17,6	19,8	5,0	16,3
der	0,5	54,7	47,5	56,0	46,9
TOKENS > 80	0,6	27,7	32,8	39,0	36,7
SIGNIFICANCE = 0,0277 / C-Koeff. = 0,1555					

Die ausgeglichene Fassung könnte also bei der Gesamtpopulation zu einem höheren TTR-Wert und damit zu einem schwach signifikant stärkeren Gebrauch unterschiedlicher Wörter geführt haben. Genaueres läßt sich allerdings nicht sagen.

Im Anteil der Substantive unterscheiden sich die Filmgruppen nur signifikant in der Grundschule, und dort hauptsächlich durch die niedrige Wortzahl der Aufsätze, denn die Signifikanz schwindet, wenn nur Aufsätze mit einer Wortzahl über 60 gezählt werden (so in den aufgeführten Tabellen). In der Grundschule, und damit bei den 8-/9jährigen provozierten die Martin bevorzugende Fassung mit Ton (F4) und die den Onkel bevorzugende Fassung höhere Prozentsätze an Substantiven als die neutrale Fassung 3 und die Martin bevorzugende Fassung ohne Ton. Die Substantiv-Spitzenstellung von F4 findet sich auch in der Gruppe der Schüler mit einer niedrigen Fernsehwochenstundenzahl. Die Substantiv-Verteilung ist jedoch unter diesen Umständen stilistisch-semantisch nicht aussagekräftig, zumal die Eigennamen mitgezählt wurden.

Stilistisch interessant ist die Spitzenstellung der Fassung 3 bei den Verben (19 % und mehr) (s. Tabelle 34 u.S. 409, 414) in der Gesamtpopulation, bei den Gymnasiasten und damit den 12- und mehr-jährigen, den Akademikerkindern und der Gruppe mit 0 - 2 ADST-Fehlern, aber auch bei den Mädchen (s. Tabelle 34) und der Gruppe, die am wenigsten fernsieht. Ebenso führt F3 die Tabelle der Kopula-Häufigkeit bei neun von zwölf signifikant unterschiedlichen Gruppen an, darunter auch bei den zu den Verben genannten. Dagegen zeigt sich bei F3 der höchste Prozentsatz von Aufsätzen mit gar keinen oder nur 1 - 3 modalen, kausalen u.a. nicht-temporalen und nicht-lokalen Adverbien (s. Tabelle 37) und mit gar keinen solchen Konjunktionen (s. Tabelle 35), ferner mit einer geringen Wortzahl pro Satz (3 - 9 Wörter pro Satz) (s. Tabelle 37). Dabei findet sich die Adverbienschwäche in der Gesamtpopulation, in der Hauptschule mit den mit ihr verbundenen Variablen "Alter von 12 und mehr Jahren", "hohe ADST-Fehlerzahl (mehr als 5)", bei den Mädchen und der Gruppe mit mittlerer Fernsehstundenzahl, die Konjunktionenschwäche ebenfalls bei den drei erstgenannten Gruppen, dann aber bei Jungen und Mädchen, bei der mittleren Berufsgruppe, der Gruppe mit geringster und höchster TV-Stundenzahl und bei Schülern mit 0 - 5 ADST-Fehlern, die geringe Wortzahl pro Satz bei Gymnasiasten und den mit ihnen verbundenen Variablen "12- und mehr-jährige" und "ADST-Fehler 0 - 2".

Die entsprechenden Gegenpositionen (größter Prozentsatz bei niedriger Verben- und Kopula-Zahl, höchster ADVREST- und KONJREST-Zahl, höchster Wortzahl pro Satz) findet sich konsequenterweise bei den Filmfassungen 1, 2 und 4. Dabei hat bei der Variablen "ADVREST" und "KONJREST" die Fassung 1 die höchste Prozentzahl mit Aufsätzen der höchsten Adverbien-bzw. Konjunktionenzahl dieser Art, und zwar eindeutig bei allen Gruppen. Fassung 2 führt die Liste der geringsten Verbenzahlen und höchsten Wortzahlen pro Satz, Fassung 4 die Liste der geringsten Kopula- und zweithöchsten ADVREST- und KONJREST-Zahlen an.

Diese Befunde legen mit der Sicherheit, welche die Tabellenverhältnisse gewährleisten, die Interpretation nahe, daß die in der Makro-Film-Analyse beschriebene neutrale Filmfassung signifikant häufiger zu einer sprachlichen Bezugnahme in einem adverbarmen Verbalstil mit einer geringen Wortzahl pro Satz und kopulativen Konjunktionen führt als parteiergreifende Filmgestaltungen, wie die in der Makro-Analyse beschriebenen Fassungen 1 und 2 bzw. 4. Mit anderen Worten: Filmfassungen mit hohen Affinitäts-, Engagement- und Parteinahmekoeffizienten führen bei den genannten Personengruppen zu einem signifikant häufigeren Gebrauch modaler, kausaler u.a. nicht-lokaler und nicht-temporaler Adverbien und Konjunktionen und zu höheren Wortzahlen pro Satz, insbesondere bei Hauptschülern u.a. Gruppen der mit diesen verbundenen Variablen.

Bestätigt wird die stilistisch einseitige Sprachresponse auf Stimulus F3 und die vielseitige auf F1, F2 und F4 durch signifikant höhere Anteile der drei letztgenannten an den Partizipien (obwohl die Häufigkeitsverteilung die Auswertung überhaupt statistisch fragwürdig macht), an den temporalen und lokalen Adverbien bei den Gymnasiasten, nicht aber bei den Hauptschülern und bei den Mädchen.

Eine genauere stilistische Untersuchung im Hinblick auf einen "Affinitäts-, Engagement- und Parteinahme-Koeffizienten" des Textes und dessen Zusammenhang mit den filmischen

Pendants bleibt einer anschließenden Untersuchung vorbehalten.

Das Studium allein dieser Tabellen führt noch zu einer Fülle interessanter Beobachtungen, die aber wegen ihrer Vereinzelung hier nicht generalisiert werden können. Der geringe Prozentsatz von Aufsätzen mit einem hohen Anteil kausaler, modaler u.a. nicht-temporaler und nicht-lokaler Adverbien und besonders Konjunktionen zur Tonfassung 4, verglichen mit der visuell identischen Fassung 2, könnte z.B. zu dem Schluß führen, daß die emotionalen Reize des Tonfilms zu einer stilistisch schwächeren Sprachresponse im Hinblick auf logische Verknüpfungen und Nuancierungen eines geschlossenen Textes führen (vgl. Übersicht Tabelle 35). Auch bei der Variablen Wortzahl/Satz ist Fassung 4 schwächer als Fassung 2 bei den genannten Subpopulationen (s. Übersicht Tabelle 36). Solche Beobachtungen müssen aber in umfangreicheren Zusammenhängen intensiver untersucht werden, was für einen späteren Zeitpunkt geplant ist.

Tabelle 34:

VERBEN (in % - Anteilen der Fassungen) ohne untere Wortgrenze

		F1	F2	F3	F4
Alle:	1 - 15	22,6	24,6	20,7	13,1
	16 - 18	32,3	36,5	29,5	40,7
	19 - 21	32,0	30,9	35,1	34,0
	22 u.m.	13,2	8,0	14,7	12,2
G	1 - 15	20,0	24,6	13,2	11,0
	16 - 18	27,7	42,1	24,8	48,3
	19 - 21	33,8	27,8	41,1	28,8
	22 u.m.	18,5	5,6	20,9	11,9
12-jährige:		20,5	23,8	12,0	11,3
	16 - 18	31,0	36,5	28,8	39,5
	19 - 21	35,7	32,0	39,7	35,6
	22 u.m.	12,9	7,7	19,6	13,6
Mädchen:		21,3	18,6	19,9	10,4
	16 - 18	31,0	39,5	27,0	40,9
	19 - 21	36,8	36,0	38,3	35,1
	22 u.m.	10,9	5,8	14,8	13,6
Akademiker-		21,1	18,8	11,1	17,0
kinder:	16 - 18	31,6	53,1	19,4	51,1
	19 - 21	34,2	25,0	47,2	17,0
	22 u.m.	13,2	3,1	22,2	14,9
TV-Stdn.		20,2	34,2	21,6	14,5
0-10:	16 - 18	35,4	39,7	25,0	40,6
	19 - 21	32,3	20,5	36,4	30,4
	22 u.m.	12,1	5,5	17,0	14,5
TV-Stdn.		26,9	23,8	23,3	15,7
11-20:	16 - 18	30,3	42,3	30,8	38,3
	19 - 21	26,1	28,5	30,8	35,7
	22 u.m.	16,8	5,4	15,0	10,4
ADST-Fehler		19,7	25,4	13,3	12,9
0-2:	16 - 18	35,9	39,8	24,4	41,4
	19 - 21	31,0	28,8	43,7	33,6
	22 u.m.	13,4	5,9	18,5	12,1

Tabelle 35:

KOPULA (in % – Anteilen der Fassungen) ohne untere Wortgrenze

	% Tokens	F1	F2	F3	F4
Alle:	0	12,0	7,7	7,1	12,5
	1 – 3	34,0	29,7	26,6	27,6
	4 – 6	36,7	45,7	38,0	37,8
	7 u.m.	17,3	16,9	28,3	22,1
GS:	0	19,6	18,9	11,2	22,3
	1 – 3	27,8	15,6	19,6	22,3
	4 – 6	26,8	34,4	29,9	35,7
	7 u.m.	25,8	31,1	39,3	19,6
G:	0	6,9	0,8	5,4	11,0
	1 – 3	40,8	38,1	31,0	36,4
	4 – 6	42,3	53,2	45,7	44,9
	7 u.m.	10,0	7,9	17,8	7,6
8-jährige:	0	21,1	18,3	9,9	27,4
	1 – 3	27,6	15,5	19,8	19,0
	4 – 6	30,3	38,0	30,8	34,5
	7 u.m.	21,1	28,2	39,6	19,0
12-jährige:	0	10,5	3,3	5,4	8,5
	1 – 3	32,2	35,9	28,8	29,4
	4 – 6	42,1	49,2	39,1	36,7
	7 u.m.	15,2	11,6	26,6	25,4
Mädchen:	0	9,2	5,2	6,6	15,6
	1 – 3	33,3	32,6	27,0	25,3
	4 – 6	42,0	52,3	43,4	38,3
	7 u.m.	15,5	9,9	23,0	20,8
TV-Stdn.	0	10,9	7.7	6,7	16,5
11-20:	1 – 3	38,7	31,5	33,3	30,4
	4 – 6	37,0	46,9	30,8	37,4
	7 u.m.	13,4	13,8	29,2	15,7
ADST-Fehler	0	9,9	2,5	7,4	12,9
0-2:	1 – 3	36,6	39,8	30,4	32,9
	4 – 6	41,5	50,8	45,2	40,7
	7 u.m.	12,0	6,8	17,0	13,6

Tabelle 36:

ADVREST (in % - Anteilen der Fassungen) ohne untere Wortgrenze

	% Tokens	F1	F2	F3	F4
Alle:	0	6,2	5,9	9,6	9,0
	1 - 3	30,5	31,5	40,5	29,4
	4 - 6	37,0	39,5	35,7	43,0
	7 u.m.	26,4	23,1	14,2	18,6
HS	0	4,4	0,0	9,4	3,5
	1 - 3	28,9	33,9	41,9	35,1
	4 - 6	34,2	39,7	37,6	42,1
	7 u.m.	32,5	26,4	11,1	19,3
12-jährige:	0	2,3	0,6	7,1	4,0
	1 - 3	29,2	28,7	42,9	32,2
	4 - 6	37,4	45,9	35,9	42,9
	7 u.m.	31,0	24,9	14,1	20,9
Mädchen:	0	2,3	3,5	9,2	5,2
	1 - 3	27,6	27,3	37,2	27,3
	4 - 6	43,7	43,0	40,3	46,1
	7.u.m.	26,4	26,2	13,3	21,4

KONJREST (in % -Anteilen der Fassungen)

	% Tokens	F1	F2	F3	F4
Alle:	0	19,9	24,0	33,1	25,9
	1 - 3	53,7	55,5	51,6	59,0
	4 u.m.	26,4	20,5	15,3	15,1
HS	0	14,0	14,0	27,4	21,9
	1 - 3	46,5	57,9	57,3	58,8
	4 u.m.	39,5	28,1	15,4	19,3
12-jährige:	0	15,2	13,8	27,7	20,9
	1 - 3	56,1	64,1	58,2	64,4
	4 u.m.	28,7	22,1	14,1	14,7
Jungen:	0	23,1	26,1	39,4	28,2
	1 - 3	55,6	51,5	46,5	56,4
	4 u.m.	21,3	22,4	14,2	15,4
Mädchen:	0	17,2	22,1	28,1	22,7
	1 - 3	53,4	59,3	55,6	62,3
	4 u.m.	29,3	18,6	16,3	14,9

Tabelle 37:

WORTZAHL PRO SATZ (in % - Anteilen der Fassungen)
ohne untere Wortgrenze

	Wörter/Satz	F1	F2	F3	F4
G:	3 - 7	31,8	21,4	32,6	15,5
	8 - 9	21,7	23,8	34,9	34,5
	10 - 11	20,2	28,6	19,4	26,7
	12 u.m.	26,4	26,2	13,2	23,3
12-jährige:		21,8	19,9	23,9	16,0
	8 - 9	21,2	18,8	35,0	32,0
	10 - 11	27,1	28,2	20,6	24,6
	12 u.m.	30,0	33,1	20,6	27,4
TV-Stdn. 21 u.m.:	3 - 7	28,2	14,5	21,9	22,5
	8 - 9	19,7	19,4	35,9	25,2
	10 - 11	24,8	25,8	19,5	23,8
	12 u.m.	27,4	40,3	22,7	28,5
ADST-Fehler 0 - 2:		28,4	24,6	29,6	15,9
	8 - 9	24,8	23,7	37,8	38,4
	10 - 11	21,3	23,7	17,8	22,5
	12 u.m.	25,5	28,0	14,8	23,2

8.1.2 Zusammenfassung

Sämtliche Zusammenhänge sind nur schwach signifikant. Zur ausgewogenen und neutralen Fassung 3 werden die signifikant häufigsten Aufsätze mit einer maximalen Wortzahl von 80 geschrieben, während sowohl die statische und für den Onkel Partei ergreifende Fassung 1 als auch die dynamischen und Martin bevorzugenden Fassungen 2 und 4 die meisten Aufsätze provozieren, deren Wortzahl über 100 beträgt. Daraus kann gefolgert werden: Eine Filmfassung, die sich für eine Person engagiert, indem sie ihr mehr einzelne Einstellungen, eine längere Einstellungszeit, mehr nahegehende Einstellungsgrößen und mehr Hin- und Herbewegungen widmet, provoziert ausführlichere Berichte über das dargestellte Geschehen als eine neutrale Gestaltung. Am ausführlichsten wird zu der Fassung berichtet, die eine Identifikation mit der Hauptperson ermöglicht (F2), und zwar interessanterweise unter Verzicht auf den Ton. Ein engagierendes Präsentieren der Gegenfigur zur Identifikationsperson bewirkt besonders bei Hauptschülern und Jungen eine niedrige Wortzahl (1 - 40).

Die Spitzenstellung der ausgewogenen F3-Fassung beim höchsten Prozentsatz an Verben und rein kopulativen Konjunktionen sowie bei Aufsätzen mit gar keinen oder nur 1 - 3 modalen, kausalen u.a. nicht-temporalen und nicht-lokalen Adverbien und mit gar keinen solchen Konjunktionen, ferner mit einer geringen Wortzahl pro Satz (3 - 9 Wörter pro Satz) legt die Interpretation nahe, daß die Ausgewogenheit der filmischen Darstellung außer zur niedrigen Wortzahl auch signifikant häufiger zu einem einfachen Verbalstil mit häufiger Reihung durch "und" und kurzen Sätzen führt, während die Partei ergreifende statische oder dynamische Gestaltung mit höchsten Prozentsätzen von Berichten mit niedriger Verben- und Kopula-Zahl, dafür aber höchster Anzahl an kausalen, modalen u.a. nicht-temporalen und nicht-lokalen Adverbien und Konjunktionen und höchster Wortzahl pro Satz korrespondiert.

Auch im Gebrauch von Partizipien und lokalen und temporalen Adverbien erweisen sich die Responses auf F3 als schwächer gegenüber denen zu F1, 2 und 4.

8.2 Lückentext

8.2.1 Archilexem-Analyse

Weil der Lückentext sehr viele, aber dafür auch sehr viele seltene Lexeme provoziert, sind diese zusammenzufassen, wenn man die statistische Signifikanz ihrer Differenzen ermitteln will. Es liegt nahe, nicht die Lexeme, sondern die Klasseme und Archilexeme der Schlüsselliste zu analysieren. Damit werden aber Begriffe untersucht, und nicht Bezeichnungen, wenn man bei diesen Klassemen wiederum nach distinktiven Merkmalen, also Semen fragt. Außerdem können jedoch auch die häufigsten Lexeme als solche der statistischen Analyse unterzogen werden. Ein Vergleich der Tabelle der prozentualen Häufigkeiten der Archilexeme bei den vier Filmfassungsgruppen (s. Tabelle 38) mit der Signifikats-Analyse der Filmfassungen (s. Tabelle 8) zeigt schon folgende Beziehungen zwischen Film- und Sprach-Semen:

Zwar sehen alle Fassungen Martin in erster Linie "traurig" (BEGR 1 zu Signifikat 2, in F3 zu Sign. 9) gucken, als er im Zug ist, der Prozentsatz der Fassung ist jedoch am höchsten, welche die längste Einstellungszeit aufwendet (F1). Obwohl Fassung 2, wie die Makro-Analyse zeigt, Martin bevorzugt, verteilen sich Prozente, die F1 zu "traurig" aufweist, bei F2 auf "böse, dumm und gespannt". Bei F3, der Fassung, die Martin dem Zuschauer erst im Gang des Wagens begegnen läßt, erscheint der höchste Prozentsatz von "gespannt", der zweithöchste bei der spannungssteigernden Tonfassung.

Geht man davon aus, daß die Lexeme "traurig" und "gespannt" die Seme "Nachempfindbarkeit" besitzen, die Lexeme "böse, dumm, lobenswert" dagegen nicht (sondern stattdessen die

Seme "Bewertung"), so kann man zu diesem Signifikat feststellen, daß Filmfiguren, die entsprechende Seme aufweisen, wie "Ausführlichkeit", "Ununterbrochenheit" (F3 zu Sign. 9) und "Rhythmus" derartig ausgestattete Lexeme provozieren.

Stimmt die Ausführlichkeit bei zwei Fassungen überein, scheinen andere Figuren für Unterschiede in der Verteilung von bewertenden und Nachempfindung verratenden Adjektiven zu sorgen, wie in BEGR 6 zu Signifikat 16. Gemäß ihrer Personenbevorzugungen im Filmganzen konzentriert sich F2 ganz auf Martin und läßt ihn in das Bild hinein verschwinden, während F1 den Onkel so abgehen läßt und einen Verhaltensvergleich ermöglicht, bei dem M trotz seines Mißerfolgs am Tor überlegen auf den Zuschauer zukommt, während O unterlegen wirkt (s. Tabelle 8). M wird wohl demzufolge in bezug auf F1 bedeutend häufiger "dumm" genannt als in bezug auf F2, dagegen seltener "traurig". F3 zeigt nur kurz den Erfolg im letzten Augenblick, M entlassend und individualisierend, und führt zu einer bedeutend stärkeren Wahl des Lexems "lobenswert".

In diesem Sinne korrespondieren Film- und Sprachseme bei der Beurteilung des Onkels in BEGR 5 zu Sign. 13 und 14 und BEGR 7 zu Sign. 21 und 23. F2 und F4 bezeichnen den Onkel signifikant häufiger als "böse" als F1 und F3, die ihn häufiger "traurig" und "gespannt" nennen. Im Einzelnen sollen diese Beziehungen jedoch zu der endgültigen Klassifizierung mit der Berechnung des Kontingenz-Koeffizienten untersucht und interpretiert werden.

Tabelle 38: Lückentextanalyse nach Archilexemen (Spaltenprozente)

Gesamtpopulation	F1	F2	F3	F4
BEGR1:"Im Zug guckt Martin sehr...."				
böse(2)	4,9	8,8	4,3	8,7
dumm(3)	2,4	4,2	7,2	1,7
lobenswert(6)	1,2	0,9	5,8	2,1
traurig(7)	78,5	69,0	52,2	60,2
gespannt(8)	10,1	14,4	27,5	24,5
BEGR 2:"Der Zug steht und Martin..." enthält nur "laufen"(0)				
BEGR 3:"Ein B. sieht wie M.auf den Bahnsteig springt u.wie ein...."				
Böser(2)	7,3	3,4	9,9	5,0
Eigenartiger(5)	23,0	34,6	30,8	36,1
Lobenswerter(6)	20,2	16,3	20,3	18,3
Tier(9)	49,4	45,7	38,5	40,6
BEGR4:"Ein B.sieht, wie M.auf den Bahnsteig springt und wie ein Wiesel o.ä. zum Ende des Zuges..."(enthält nur "laufen").				
BEGR5:"O sieht, daß M geflohen ist. Darum ist O...."				
gelaufen(0)	39,5	33,5	27,2	28,7
böse(2)	21,8	42,0	21,3	45,8
traurig(7)	11,3	7,4	9,5	6,2
gespannt(8)	23,7	16,0	25,1	16,7
BEGR6: M versucht d.Vordertor zu öffnen. Das macht er sehr...."				
dumm(3)	30,3	20,4	11,6	24,6
lobenswert(6)	57,6	61,6	77,5	55,5
traurig(7)	3,0	8,6	6,5	7,7
gespannt(8)	6,4	5,7	3,8	8,8
BEGR7: O versucht, i.d.Schuppen z.gelangen. Dabei sieht er....aus."				
böse(2)	34,3	47,7	24,9	49,0
dumm(3)	6,6	3,2	4,3	3,3
eigenartig(5)	0,0	1,8	3,7	1,3
lobenswert(6)	0,7	2,5	3,7	1,7
traurig(7)	39,8	33,3	45,5	30,5
BEGR8:"O.steht neben dem Lichtschalter im Schuppen und..."nur (1)				
BEGR9:"O findet M nicht, weil der Schuppen zu... ist".				
unordentlich(4)	51,6	27,2	33,2	29,7
dunkel, eigenartig(5)	10,3	40,0	41,0	40,7
groß,klein(9)	37,7	32,8	24,7	28,9

Diese Liste enthält nur solche Archilexem-Werte, deren erwartete Häufigkeit größer als 5 ist, um sie statistisch absichern zu können. Das hatte den Fortfall einer Menge von Nuancen zur Folge. Ein weiterer Nachteil der Archilexem-Analyse dieser Art ist die Undifferenziertheit der Begriffe zu Lücken mit nur einem Archilexem, BEGR 2, 4 und 8, und schließlich ist die Verteilung der Häufigkeiten ziemlich unregelmäßig, so daß eine statistische Überprüfung der Signifikanz der Unterschiede nach einer Methode, die auf Chi-Quadrat basiert, in Frage gestellt ist, da diese streng genommen eine Normalverteilung voraussetzt.

8.2.2 Klassem-Analyse

EineAuszählung nach Klassemen muß selbstverständlich differenziertere Ergebnisse zeigen, da dabei alle Archilexeme weiter unterteilt werden. Sie ist aber auch statistisch vorteilhafter, weil die Häufigkeits-Cluster zu stark frequentierten Archilexemen aufgebrochen und damit die Unterteilungen mit weniger häufigen Archilexemen vergleichbar werden.

Um die Summen der Häufigkeiten aller Fassungen zu einem Wert noch vergleichbarer zu machen und damit noch mehr erwartete Häufigkeiten unter 5 auszuschließen, wurden bei der Analyse, deren Ergebnisse auf den folgenden Seiten aufgelistet sind, einige Klasseme, die eine Dimension gemeinsam hatten, zusammengefaßt.

BEGR1

zu (20) böse aussehend:	prozeßbewertend(21), Vorstufe (22) gereizt(23, negativ eigenartig (50)
zu (30) nicht richtig:	fragwürdig(31), merkwürdig(51), dunkel(52)
zu (70) physisch geschwächt:	psychisch geschwächt(71), anfällig(72)
zu (73) psychisch angegriffen:	moralisch angegriffen(74), sorgenvoll(75), psychisch unbefriedigt(76)
zu (77) in Angst:	angstanfällig(78)

zu (82) gezielt nachdenkend: reizbar(24), energisch(62), äußerlich vorteilhaft(64), funktionsvorteilhaft(65), aufmerksam(80), nachdenklich(81)

zu (83) aufgeregt: äußerlich nachteilig(32), funktionsnachteilig(33), verwirrt(84)

BEGR2

zu (03) irgendwie laufen: schnell laufen(01), metaphorisch(04)

BEGR4

zu (03) irgendwie laufen: schnell(01), von x weg(02), metaphorisch(04), aus x herauslaufen(06)

BEGR5
(s. Schlüsselliste, Tabelle 25)

zu (03) irgendwie laufen: (00), (01), (02), (06)
zu (20): (20) bis (24);
zu (70): (70) bis (81);
zu (80): (83) bis (84)

BEGR6

zu (20): (21) bis (34), (32), (63);
zu (30): (31), (33), (34), (83);
zu (60): (64), (65), (80), (81);
zu (61): (62);
zu (70): (71) bis (77)

BEGR7

zu (20): (21) bis (23), (50), (51);
zu (30): (31) bis (34);
zu (65): (24), (61) bis (64);
zu (70): (71), (72);
zu (75): (13), (60), (81), (73) bis (76);
zu (77): (78);
zu (83): (84)

BEGR9

zu (40): (41), (42);
zu (50): (51), (52) (jeweils einschließlich der Klassemzahl vor dem Doppelpunkt!)

Tabelle 39: Lückentextanalyse nach Klassemen (Spaltenprozente)

Gesamtpopulation	F1	F2	F3	F4	C
BEGR1: "Im Zug guckt Martin sehr..."					
böse aussehend(20)	4,9	7,9	3,4	7,1	
nicht richtig(30)	3,3	3,7	4,9	2,9	
physisch geschwächt(70)	6,5	2,3	1,0	4,6	
psychisch angegriffen(73)	62,9	40,0	14,3	21,8	
in Angst(77)	9,8	27,0	37,9	34,5	.43
gezielt nachdenkend(82)	9,0	14,4	20,7	23,5	
aufgeregt(83)	3,7	4,7	17,7	5,5	
BEGR2: "Der Zug steht und Martin..."					
(allg.)laufen(00)	21,8	31,7	24,6	41,8	
weglaufen(02)	39,8	18,8	22,3	14,5	
irgendwie laufen(03)	13,5	18,8	20,8	22,7	.26
aus etwas herauslaufen(06)	24,8	30,7	32,3	20,9	
BEGR3: "M springt auf den Bahnsteig u. läuft wie ein...zum Zugende"					
Böser(25)	7,3	3,4	10,0	5,0	
Eigenartiger(53)	23,0	34,6	31,1	36,1	
Sportler u.ä.(67)	5,1	5,8	8,3	5,5	
Blitz u.ä.(66)	15,2	10,6	12,2	12,8	
schnelles Tier(92)	23,0	18,3	18,9	16,9	.19
schnelles u.starkes Tier(93)	21,3	23,6	13,3	15,5	
Witz-Tier(94)	5,1	3,8	6,1	8,2	
BEGR4: "B. sieht, wie M. wie ein Wiesel o.ä. zum Ende des Zuges...."					
(allg.)laufen(00)	87,5	79,6	86,4	82,4	
irgendwie laufen(03)	12,5	20,4	13,6	17,6	.08
BEGR5: "O sieht, daß M geflohen ist. Darum ist O..."					
irgendwie gelaufen(03)	6,4	8,6	6,5	5,8	
hinterhergelaufen(05)	36,6	26,1	37,2	25,2	
böse aussehend(20)	21,9	42,0	21,5	46,0	.25
physisch geschwächt(70)	12,1	7,4	9,6	6,2	
aufmerksam(80)	23,0	16,0	25,3	16,8	
BEGR6: "M versucht d.Vordertor zu öffnen. Das macht er sehr..."					
böse aussehend(20)	7,3	11,9	4,5	14,6	
nicht richtig(30)	33,5	22,5	12,7	22,1	
gut(60)	14,2	17,6	33,6	12,0	
schnell(61)	41,9	39,3	42,8	43,4	
physisch geschwächt(70)	3,1	8,6	6,5	7,9	.28
BEGR7: "O versucht, i.d.Schuppen zu gelangen. Dabei sieht er...aus.					
böse(20)	33,1	48,0	24,8	49,5	
nicht richtig(dumm)(30)	6,7	3,2	4,4	3,4	
physisch geschwächt(70)	13,0	9,7	17,0	9,4	
sorgenvoll(75)	21,5	12,5	13,9	9,1	.26
in Angst(77)	8,1	12,2	18,7	14,1	
aufgeregt(83)	15,1	10,8	15,6	12,5	
BEGR8: "O steht neben dem Lichtschalter i.Schuppen und..."					
(allg.)gucken(10)	50,9	53,2	40,1	51,8	
irgendwie gucken(11)	12,6	11,9	15,3	12,3	
irgendwohin gucken(12) (13)	2,3	3,2	6,6	2,3	n.s.
zu irgendeinem Zweck gucken	34,2	31,7	38,0	33,6	
BEGR9: "O findet M nicht, weil der Schuppen zu ... ist."					
unsauber(40)	51,8	27,3	33,6	29,9	
negativ eigenartig(50)	10,4	40,2	41,4	41,0	
groß oder klein(90)	37,8	32,5	25,0	29,2	.28

Die Klassem-Analyse dieser rekodierten Art läßt einige Differenzierungen erkennen (s. Tabelle 39) (BEGR1):

Der Begriff "traurig" für Martins Blick im Zug ist in überlegener Prozentzahl bei F1 nur noch für die passive, bedrückte Traurigkeit zu finden, zu deren Prädikation es wohl einer größeren Zeitspanne bedarf, nicht aber für das gespannte psychische Tief der Angst. Hierin ist F2 der F1-Fassung überlegen. Die Musik in F4 hat, wie sich jetzt erkennen läßt, keineswegs dazu geführt, Martin häufiger "aufgeregt" zu nennen, wie man es von einer rhythmischen Emotionalisierung erwarten könnte, sondern signifikant häufiger "gezielt nachdenkend". Die Musik hat demnach zu einer Interpretation der äußeren Erscheinung Martins geführt, und zwar auf Kosten des "psychisch geschwächten" Eindrucks, in dem F2 weit überlegen ist. "Aufgeregt" wird Martins Blick am häufigsten in bezug auf seine kurze Erscheinung in einer Autonomen Einstellung genannt, die in die ausgeglichen dramatisierende F3-Fassung eingebettet ist.

In dieser letztgenannten Art führt auch F2, die Fassung, welche Sympathie für Martin zu erwecken trachtet, nicht nur in BEGR1 zu Signifikat 2, sondern auch in BEGR6 zu Signifikat 16 dazu, Martin signifikant häufiger als F1 "böse", oder richtiger (siehe Rekodierung!) "aggressiv" zu nennen. Zu Signifikat 16 benutzt F2 nur eine Einstellung in einer Sequenz, während F1 in einem Alternierten Syntagma M mit O vergleichen läßt, was nicht zu einem häufigeren "böse", wohl aber zu einem häufigeren Abwerten des Handlungsvorgangs durch "dumm" o.ä. führt. Die Musik und die Naturgeräusche zu Signifikat 16 verstärken noch mehr die Tendenz der visuellen Figuren, Martin nicht bemitleiden zu lassen.

Die Differenzierung des Begriffes 2 zu Signifikat 9 bringt ein deutliches Beispiel für die Korrespondenz von Sprach- und Filmsemen:

F2 und F4 stellen Martins Flucht einseitig auf Martin konzentriert dar, indem sie M zwei Einstellungen mit 14 Sekunden Dauer gewähren, O aber nur eine einzige Einstellung mit 5 Sekunden Dauer. F1 unterstreicht deutlich die Sicht des Onkels, dem 5 Einstellungen mit einer Dauer von 16 Sekunden (gegenüber 2 Einstellungen für M) gewährt werden und mit dem man sich dank der subjektiven Kamera und Verfolgungsfahrt identifizieren kann. Dies scheint dazu geführt zu haben, daß F2 und verstärkt F4 signifikant häufiger das allgemeine Archilexem "laufen" benutzen, während F1 einen mehr als doppelt so hohen Prozentsatz für das Lexem "weglaufen" aufweist, das eine Prädikation aus der Sicht des Onkels darstellt. Der Ton verstärkt die Benutzung des allgemeinen Ausdrucks um 10,1 %.

F2 ist bei der Wahl der Ausdrücke mit dem Klassem "aus etwas herauslaufen" (O6) zusammen mit F3 der Fassung 1 überlegen. Dies bestärkt die oben gemachte Beobachtung der Korrespondenz von Film- und Sprachsemen. Nur in F2 und F3 wird aus der Sicht des Bahnbeamten gezeigt, wie Martin aus dem Zug herausspringt (E12/E3). Diese Sicht ist aber ein Sem des Lexems "herausspringen" o.ä. Hierin wirkt sich die Musik nivellierend aus,zugunsten des Allgemeinbegriffs "laufen".

Die intensive Identifizierungsmöglichkeit mit dem Bahnbeamten scheint auch in BEGR4 zu Signifikat 11 zur differenzierten Wortwahl geführt zu haben. F2 und F4 sind darin den beiden anderen Fassungen überlegen. F2 bewegt als einzige Fassung den Bahnbeamtenblick im Schwenk, ist 4,5-mal so ausführlich wie F1 und F3 und läßt Martin sich hin- und herbewegen. Angesichts der hohen allgemeinen Wahl des Ausdrucks "laufen" ist diese Besonderheit allerdings nicht aussagestark und besitzt darum auch einen niedrigen Kontingenzkoeffizienten.

In BEGR3 zu Signifikat 11 scheint die Einstellungsgröße (G für M und den Beamten) in Verbindung mit der Querbewegung dazu geführt zu haben, Martin in F3 am häufigsten unter sozialem Aspekt mit einem speziellen Menschentyp und signifikant weniger als in F1 und F2 mit einem Tier zu vergleichen. In F1 und F2 verliert sich Martin in die Ferne (HT-T; N-T).

Der Ruf des Onkels im Off-Ton und die Naturgeräusche verdrängen ebenfalls die Lexeme mit den Klassemen "schnelles" und "schnelles und starkes Tier", allerdings zugunsten des Unheimlichen und "Verrückten" (53) im menschlichen und tierischen (94) Bereich. In letzterem sind F2 bis F4 ungefähr gleich stark wirksam, da sie im Gegensatz zu F1 "Nähe" ermöglichen, F2 durch eine übergroße Einstellungslänge (4,5mal so lang wie in F1) und eine Herbewegung bis in die Nahaufnahmen-Größe, in F4 noch durch die Naturgeräusche verstärkt, in F3 durch die Großaufnahmen.

Die Differenzierung des "Lobenswerten" (6) der Archilexem-Analyse in die Klasseme "gut" (60) und "schnell" (61) zeigt, daß das übergroße Lob in F3 sich in der Tat auf die Güte von Martins Tor-Öffnen bezieht, nicht auf die Geschwindigkeit, die zu allen Filmfassungen gleich häufig genannt wird. Der nur in F3 verschwiegene Mißerfolg am Vordertor scheint die negative Kritik in F1 und F2/F4 verursacht zu haben, der in F3 einzig sichtbare Erfolg das Prozeß-Lob in F3.

In BEGR5 zu Signifikat 13/14 scheint außer den unterschiedlichen Parteinahme-Koeffizienten die einseitige Konzentration auf O in F1 und die überstarke in F3 mit gleichzeitiger Hinbewegung Os und Abwesenheit (F1) oder Ferne Martins (T in F3) die signifikant häufigere sprachliche Bezugnahme auf das Handeln ("hinterherlaufen" O5) und die "Aufmerksamkeit" (80) des Onkels statt auf dessen Gesichtsausdruck bewirkt zu haben. In F2/F4, wo Martin nah und der Onkel fern sichtbar ist (umgekehrt wie in F3), wird auf das Verhalten des Onkels weniger Bezug genommen, stattdessen auf seine Wirkung auf Martin, die als "aggressiv bis böse" in den

Lexemen verbucht wird. Hier wirkt sich aber offensichtlich der hohe Parteinahme-Koeffizient für Martin aus, da der Onkel ebenso in BEGR7 zu Signifikat 21/23 in F2 und F4 signifikant häufiger als "böse" bezeichnet wird, obwohl er dort wie in F1 nur in der Ferne allein zu sehen ist, allerdings nur halb so lange.

Die Spitzenstellung F3s in BEGR7 zu Signifikat 21/23 bei der Wortwahl mit dem Klassem "physisch geschwächt" (70) korrespondiert mit dem nur in F3 möglichen Verhaltensvergleich zwischen M und O mit Betonung Os und der Hinbewegung des Onkels, während der "Kurzanblick des Mißerfolgs" in F2 den Gesamtfilmtrend zu "böse" verstärkt.

Die eminent hohe Überlegenheit von F1 bei der Häufigkeit des Klassems "sorgenvoll" (75) in BEGR7 ist hier wohl auf das Syntagma "Sequenz" und die Herbewegung zurückzuführen, wenn man von der Tendenz des Gesamtfilms absieht. Alle übrigen Seme finden sich auch in F3, deren Hinbewegung und Verhaltensvergleich mittels Alterniertem Syntagma mit einer Dominanz von "in Angst" (77) und (s.o.) "physisch geschwächt" (70) korrespondieren.

In BEGR8 zu Signifikat 25 entspricht der um mehr als 10 % niedrigere Anteil der allgemeinen Ausdrücke für "gucken" (10) in bezug auf F3 der in dieser Fassung differenziertesten Gestaltung als "mehrmaliger Verhaltensvergleich 'im Angesicht beider'" Personen mittels höherer Einstellungszahl, größerer Länge und Nähe, und damit dem häufigeren intensiven Aspekt- und Perspektivenwechsel. Dies wird aus der Tabelle deutlich, obwohl die Gesamtkontingenzen nicht signifikant variieren (= n.s.).

Die Beurteilung des Schuppens in BEGR9 zu Signifikat 26 und Umgebung entspricht genau den Wahrnehmungsverhältnissen. Die ganz "auf Os Sicht konzentrierte ausführlich orientierende, detaillierende und identifizierende" Sicht des Schuppens mit den Augen des Onkels provoziert eine eindeutige Spitzenstellung der Klasseme "unsauber" (40) und "groß" (90) zu F1. F3, das einen dieser Blicke aufweist, folgt an zweiter Stelle (auch F3 ist ganz auf O konzentriert). Zu F2/F4, die dem Onkel bei seiner Suche ins Gesicht blicken lassen und Martin dazwischenschalten, wird der Schuppen bedeutend häufiger als in F1 als "seltsam", "unheimlich", also "negativ eigenartig" (50) bezeichnet. Darin steht den beiden Fassungen die F3-Fassung allerdings nicht nach, was durch den einen Blick auf Os Gesicht und die Blicke auf Martin in der Umgebung von Signifikat 26 bewirkt sein kann.

Eine systematische Analyse dieser Beobachtungen soll erst zu der nun folgenden Klassifizierung durchgeführt werden. Die Klassem-Analyse der beschriebenen Art hat immer noch den Nachteil, daß die Gesamtnennungen eines Klassems nicht genug "normalverteilt" sind, so daß die C-Koeffizienten in einigen Fällen noch absicherungsbedürftig sind. Dies soll die folgende Klassifizierung bewirken, die sich zwar an den Archilexemen und Klassemen orientiert, aber im Fall zu geringer Normalverteilung Einzellexeme in semantisch mögliche andere Klassen verlegt.

8.2.3 Analyse nach statistisch-semantisch korrigierten Klassemen

8.2.3.1 Klassifizierung

Für die endgültige Analyse wurden alle Klasseme auf ihre Beteiligung an Einzellexemen überprüft. Dabei entdeckte Einzellexeme mit übermäßig hoher Frequentierung, wie z.B. "traurig" (765) in BEGR1, das allein 41,3 % der F1-Responses darstellt, zählten nun selbständig neben Klassemen, denen viele Lexeme zugeordnet werden konnten, als Wert einer BEGR-Variablen. Dieses Verfahren dürfte legitim sein, da es nicht mehr als eine empirisch-statistische Klassifizierung der Lexeme beinhaltet, welche die semantisch-linguistische ergänzt.

Die Bezeichnung der Klasseme als "BEGR-Werte" (Etikette in der EDV-Auswertung) erfolgt immer mit Hilfe der häufigsten Lexeme des jeweiligen Wortfeldes. Die Begriffe sind also immer zugleich auch als Lexeme zu verstehen, nur sind dann die prozentualen Verteilungen neu zu überprüfen. In der folgenden Beschreibung ist immer vom Begriff die Rede, zu dem jeweils das in Tabelle 40 registrierte Paradigma von Bezeichnungen (Lexemen) gehört.

In dieser Tabelle sind alle Lexeme aufgeführt und ihren Wert-Klassen zugeordnet unter Angabe der nun neu zu formulierenden Klasseme und Archilexeme, die sich jedoch nicht wesentlich von denen der Schlüsselliste unterscheiden. Um das statistische Problem der Gesamthäufigkeiten-Verteilung zu demonstrieren, sind zu den Begriffen 1 - 3 zu allen einzelnen Lexemen die absoluten und prozentualen Häufigkeiten angegeben, ab BEGR4 erscheinen diese Angaben in Fällen geringer Häufigkeiten von Einzellexemen gruppiert.

Diese Tabelle schafft somit die Möglichkeit, zu der später durchgeführten Kontingenzanalyse zu überprüfen, welche einzelnen Lexeme den Klassen-Werten zugeordnet sind und wie sie sich absolut und prozentual innerhalb einer Klasse verteilen. Damit ist der Rückgriff auf die Einzellexeme jederzeit möglich. Ausgeschlossen wurden allerdings Einzelnennungen, die fehlerhaft genannt werden konnten, weil sie nicht in den Kontext paßten (z.B. "Onkel" zu BEGR3).

Die Möglichkeit des Rückgriffs auf die Einzellexeme soll zugleich die Subjektivität der Gruppierungen nach Klassemen und Archilexemen durchschaubar und somit korrigierbar machen. Ist jemand anderer Meinung über die Zuordnung eines Lexems, kann er die seiner Meinung nach richtige nachträglich vornehmen und die absoluten und prozentualen Häufigkeiten umgruppieren. Die statistische Signifikanz wäre allerdings erst neu zu errechnen.

Bei der Klassifizierung der Gesichtsausdrücke bei BEGR1 und BEGR7 war die Liste "primärer Affekte" behilflich, die

Ekman und Friesen auf der Basis von Osgoods "clusters" emotionaler Zustandsbeschreibungen aufstellten.[626] Sie unterscheiden "happiness, surprise, fear, sadness, anger, disgust, and interest".[627]

Die Klasseme verstehen sich wieder als logische Produkte der zu ihrem Paradigma gehörigen Seme, d.h. als Durchschnittsseme aller Lexeme. Ihre Bezeichnungen sind jedoch oft als logische Summen formuliert, d.h. mindestens ein Element der Klassembezeichnung trifft auf jedes Lexem zu.

Tabelle 40: Klassifizierung nach semantisch-statistisch korrigierten Klassemen

BEGR 1: Im Zug guckt Martin sehr........

Wert: BEDRÜCKT, GELANGWEILT (Code-Nr. 731)

Archi-Semem: Stimmungstief | Klassem: Schwäche + Modalitäts-Konkretisierung

Lexeme	Code-Nr.	Film 1 f (%)	Film 2 f (%)	Film 3 f (%)	Film 4 f (%)	Summe f (%)
angestrengt	702		1 (0,5)		1 (0,4)	2 (0,2)
erschöpft	706				1 (0,4)	1 (0,1)
gehetzt	707				1 (0,4)	1 (0,1)
abgespannt	709				1 (0,4)	1 (0,1)
benommen	710		1 (0,5)			1 (0,1)
müde	713				1 (0,4)	1 (0,1)
schläfrig	714	2(0,8)			2 (0,8)	2 (0,2)
unschlüssig	717				1 (0,4)	1 (0,1)
gelangweilt	722	7(2,8)			2 (0,8)	9 (1,0)
kleinlaut	723	2(0,8)				2 (0,2)
langweilig	724	3(1,2)				3 (0,3)
nicht wohl	725	1(0,4)				1 (0,1)
uninteressiert	728	1(0,4)				1 (0,1)
ernst	729		3 (1,4)	1 (0,5)	4 (1,7)	8 (0,9)
bedrückt	731	21(8,5)	7 (3,2)	1 (0,5)	4 (1,7)	33(3,6)
bekümmert	732			1 (0,5)		1(0,1)
betrübt	733	14(5,7)	4 (1,9)		2 (0,8)	20(2,2)
deprimiert	734	1(0,4)				1(0,1)
enttäuscht	735	1(0,4)		1 (0,5)		2(0,2)
erschüttert	736			1 (0,5)		1(0,1)
gequält	738	1(0,4)				1(0,1)
niedergeschlagen	739	5(2,0)	4 (1,9)			9(1,0)
beleidigt	740	1(0,4)	3 (1,4)			4(0,4)
beschämt	741	2(0,8)	7 (3,2)			9(1,0)
schuldbewußt	743	2(0,8)				2(0,2)
besorgt	750				1 (0,4)	1(0,1)
hoffnungslos	751			1 (0,5)		1(0,1)
einsam	760		1 (0,5)			1(0,1)
sehnsüchtig	763			2 (1,0)		2(0,2)
sehnsuchtsvoll	764		1 (0,5)			
unglücklich	766	1(0,4)	1(0,5)	1 (0,5)		3(0,3)
mißmutig	768	3(1,2)	2(0,9)			5(0,5)
eingeschüchtert	780		1 (0,5)			1(0,1)
entsetzt	781		1 (0,5)	1 (0,5)		2(0,2)
erschreckt	782			1 (0,5)		1(0,1)
erschrocken	783			2 (1,0)	1 (0,4)	3(0,3)
schüchtern	784	1(0,4)				1(0,1)
verlegen	788	4(1,6)	1 (0,5)	1 (0,5)	1 (0,4)	7(0,8)

WERT: TRAURIG (Code-Nr. 765)

Archi-Semem: Stimmungstief Klassem: Archilexem + Schwäche

Lexeme	Code-Nr.	Film 1	Film 2	Film 3	Film 4	Summe
traurig	765	102(41,3	56(26)	21(10)	45(19)	224(25)

WERT: ÄNGSTLICH (Code-Nr. 771)

Archi-Semem: Stimmungstief | Klassem: Schwäche + Relation (Zielrichtung)

Lexeme	Code-Nr.	Film 1	Film 2	Film 3	Film 4	Summe
ängstlich	771	18(7,3)	50(23)	62 (30)	73(30,3)	203(22)
angstvoll	772	1(0,4)	1(0,5)	6 (2,9)	2 (0,8)	10 (1,1)
bang	773				1 (0,4)	1 (0,1)
verängstigt	776		4(1,9)	3 (1,4)	4 (1,7)	11 (1,2)
voll Angst	777			1 (0,5)		1 (0,1)

(Archi-Semem = Bedeutung eines Archilexems)

BEGR 1 (Forts.): Im Zug guckt Martin sehr...

WERT: NACHDENKLICH, MISSTRAUISCH (Code-Nr. 816)

Archi-Semem: Spannung (Gespanntsein) | Klassem: Stärke + Interesse

Lexeme	Code-Nr	Film 1	Film 2	Film 3	Film 4	Summe
prüfend	136			1(0,5)		1(0,1)
absuchend	137				1(0,4)	1(0,1)
mißtrauisch	240	1(0,4)	3(1,4)	4(1,9)	5(2,1)	13(1,4)
skeptisch	243		1(0,5)			1(0,1)
unzufrieden	246		1(0,5)			1(0,1)
entschlossen	622	1(0,4)			2(0,8)	3(0,3)
vorsichtig	643			4(1,9)	1(0,4)	5(0,5)
geduldig	652				1(0,4)	1(0,1)
genau	653			2(1,0)		2(0,2)
schlau	656		2(0,9)	3(1,4)		5(0,5)
aufmerksam	801			5(2,4)	5(2,1)	10(1,1)
interessiert	802			6(2,9)	1(0,4)	7(0,8)
neugierig	803		1(0,5)	3(1,4)	2(0,8)	6(0,7)
beeindruckt	805		1(0,5)			1(0,1)
erwartungsvoll	812	1(0,4)	2(0,9)	3(1,4)	3(1,2)	9(1,0)
forschend	813		2(0,9)		1(0,4)	3(0,3)
gedankenvoll	814	2(0,8)	1(0,5)			3(0,3)
gespannt	815	1(0,4)	3(1,4)	3(1,4)	4(1,7)	11(1,2)
nachdenklich	816	9(3,6)	12(5,6)	4(1,9)	19(7,9)	44(4,8)
überlegend	817	3(1,2)		1(0,5)	9(3,7)	13(1,4)
lauernd	822				1(0,4)	1(0,1)
spionisch	823				1(0,4)	1(0,1)
tatenlustig	825		1(0,5)			1(0,1)
trotzig	826	1(0,4)				1(0,1)
unternehmungslustig	827		1(0,5)			1(0,1)
suchend	828			2(1,0)		2(0,2)

WERT: BÖSE, AUFGEREGT (Code-Nr. 831)

Archi-Semem: Spannung (Gespannt-gereizt) | Klassem: Stärke + Abwertung

Lexeme	Code-Nr	Film 1	Film 2	Film 3	Film 4	Summe
grimmig	203		1(0,5)		1(0,4)	2(0,2)
böse	211	4(1,6)	6(2,8)	3(1,4)	8(3,3)	21(2,3)
gefährlich	213				1(0,4)	1(0,1)
hinterlistig	214		1(0,5)			1(0,1)
listig	215	3(1.2)	1(0,5)		2(0,8)	6(0,7)
entstellt	220		1(0,5)			1(0,1)
störrisch	224	1(0,4)				1(0,1)
streng	225			1(0,5)	2(0,8)	3(0,3)
stumpf	226				1(0,4)	1(0,1)
unangenehm	227			1(0,5)		
ärgerlich	230		2(0,9)		1(0,4)	3(0,3)
wütend	234	2(0,8)	1(0,5)			3(0,3)
zornig	235		1(0,5)			1(0,1)
bedenklich	500		1(0,5)			1(0,1)
unheimlich	501		2(0,9)	1(0,5)		3(0,3)
verdächtig	502	2(0,8)		1(0,5)	1(0,4)	4(0,4)
geheimnisvoll	511	1(0,4)		1(0,5)		2(0,2)
heimlich	514				1(0,4)	1(0,1)
merkwürdig	515		2(0,9)			2(0,2)
ungewöhnlich	517				1(0,4)	1(0,1)
sonderbar	518	1(0,4)				1(0,1)
eigenartig	519				1(0,4)	1(0,1)
finster	524	1(0,4)				1(0,1)
doof, dumm	302/3			8(3,9)	1(0,4)	9(1,0)
stur	306	1(0,4)				1(0,1)
juxig	311	3(1,2)	5(2,3)	1(0,5)	1(0,4)	10(1,1)
schief	314		1(0,5)		2(0,8)	3(0,3)
auffällig	320	1(0,4)	1(0,5)			2(0,2)

BEGR 1 / WERT: BÖSE, AUFGEREGT (Forts.)						
Archi-Semem:Spannung	Klassem: Stärke + Abwertung					
Lexem	**Code-Nr**	**Film 1**	**Film 2**	**Film 3**	**Film 4**	**Summe**
ungeduldig	335		2(0,9)	6(2,9)		8(0,9)
aufgebracht	830		1(0,5)			1(0,1)
aufgeregt	831		3(1,4)	22(10,6)	7(2,9)	32(3,5)
erregt	833			1(0,5)		1(0,1)
nervös	835	4(1,6)		1(0,5)	2(0,8)	7(0,8)
unruhig	836	4(1,6)	2(0,9)		2(0,8)	8(0,9)
verblüfft	841		1(0,5)		2(0,8)	3(0.3)
verdutzt	842			2(1,0)		2(0,2)
verstört.verwirrt	843/44			3(1,5)		3(0,3)
BEGR 2: Endlich steht der Zug und Martin...						
WERT: LAUFEN (Code-Nr. 3)						
Archi-Semem: Fortbewegung mit Beinen	Klassem: Archilexem(o.Konkret.)					
Lexeme	**Code-Nr**	**Film 1**	**Film 2**	**Film 3**	**Film 4**	**Summe**
gehen	1	4(3,0)				4(0,8)
laufen	3	18(13)	23(22,5)	27(20,6)	32(28,6)	100(20,8
WERT: WEGLAUFEN, FLIEHEN (Code-Nr. 21)					Lokalität	
Archi-Semem: s.o.	Klassem: Richtung (vom Sprecher weg)+ Schwäche					
abhauen	20	4(3,0)	1(1,0)		4(3,6)	9(1,9)
weglaufen	21	17(13)	5(4,9)	17(13)	3(2,7)	42(8,8)
sich entfernen	22	1(0,7)				1(0,2)
entfliehen	23	1(0,7)	1(1,0)	1(0,8)	1(0,9)	4(0,8)
fliehen	24	14(10)	5(4,9)	8(6,1)	7(6,3)	34(7,1)
hinausrennen	26	14(10)	7(6,9)	3(2,3)	1(0,9)	25(5,2)
verlassen	27	2(1,5)				2(0,4)
WERT: SPRINGEN, RENNEN (Code-Nr. 35)					Temporalität	
Archi-Semem: s.o.	Klassem: Geschwindigkeit u.a. Modalitäten +Stärke					
rennen	4	7(5,2)	9(8,8)	5(3,8)	14(12,5)	35(7,3)
rasen			2(2,0)			2(0,4)
losrennen,-stürmen	33/34		1(1,0)		1(0,9)	2(0,4)
springen	35	15(11)	15(15)	27(21)	22(20)	79(16,5
stürmen	38				2(1,8)	2(0,4)
klettern	43	2(1,5)				2(0,4)
schleichen	45	1(0,7)	1(1,0)			2(0,4)
WERT: HERAUSSPRINGEN, AUSSTEIGEN (Code-Nr. 65)					Lokalität	
Archi-Semem: s.o.	Klassem: Richtung (zum Sprecher hin),von etw.weg					
abspringen	60	1(0,7)	1(1,0)	1(0,8)		3(0,6)
aussteigen	63	13(9,6)	9(8,8)	10(7,6)	7(6,3)	39(8,1)
herausspringen	65	11(8,1)	15(15)	19(15)	10(8,9)	55(11,5)
herauslaufen	67	8(5,9)	6(5,9)	11(8,4)	6(5,4)	31(6,5)
herausgehen	68			1(0,8)		1(0,2)
BEGR 3: B. sieht, wie M.auf den Bahnsteig springt u.wie ein....						
WERT: VERBRECHER, WILDER, VERRÜCKTER (Code-Nr. 256)					Wertung	
Archi-Semem: Läufer-Vergleich	Klassem: Mensch, sozial gesehen					
Bandit,Gangster	250/52	2(1,1)	1(0,5)	1(0,5)	2(0,9)	6(0,8)
Dieb	251	3(1,7)	2(1,0)	5(2,7)		10(1,3)
Gefangener	253	1(0,6)			1(0,5)	2(0,3)
Geflohener	254	1(0,6)				1(0,1)
Räuber	255			3(1,6)	1(0,5)	4(0,5)
Verbrecher	256	6(3,4)	2(1,0)	5(2,7)	5(2,3)	18(2,3)
Sträfling	258		2(1,0)	4(2,1)	2(0,9)	8(1,0)

BEGR. 3 / Wert: VERBRECHER, WILDER, VERRÜCKTER (Forts.)						
	Code-Nr	Film 1	Film 2	Film 3	Film 4	Summe
Besessener	530	1(0,6)	2(1,0)	2(1,1)	3(1,4)	8(1,0)
Flüchtling	531	4(2,2)	3(1,4)	2(1,1)	5(2,3)	14(1,8)
Gejagter	532		8(3,8)	5(2,7)	8(3,6)	21(2,7)
Gesuchter	533				2(0,9)	2(0,3)
Irrer	534	5(2,8)	11(5,2)	7(3,8)	7(3,2)	30(3,8)
Schatten	535	4(2,2)	2(1,0)	8(4,4)	5(2,3)	19(2,4)
Verfolgter	536	6(3,4)	2(1,0)	6(3,3)	8(3,6)	22(2,8)
Verrückter	537	15(8,4)	21(10)	8(4,4)	13(5,9)	57(7,2)
Wahnsinniger	538	1(0,6)	6(2,9)	3(1,6)	3(1,4)	13(1,6)
Wilder	539	5(2,8)	17(8,1)	15(8,2)	25(11,4)	62(7,8)
WERT: BLITZ, LÄUFER (Code-Nr. 660)		Archi-Semem: s.o.				
Klassem: Geschwindigkeit, Sport, Activity						
Blitz	660	18(10)	14(6,7)	17(9,3)	23(10,5)	72(9,1)
Flugzeug,Rakete	661/63			2(1,1)	2(1,0)	4(0,5)
Pfeil	662	3(1,7)	3(1,4)	1(0,5)	1(0,5)	8(1,0)
Rennauto	664	3(1,7)	3(1,4)		1(0,5)	7(0,9)
Sausewind,Sturm, Wirbelwind	665/68	3(1,7)	2(1,0)	2(1,0)	1(0,5)	8(1,0)
Läufer,Schnell-, Wettläufer	670/73	9(5,0)	6(3,0)	10(5,0)	10(5,0)	35(4,5)
Sportler	672		3(1,4)	1(0,5)	1(0,5)	5(0,6)
Sprinter,Renner	677/78		1(0,5)	3(1,6)		4(0,6)
Teufel	674		1(0,5)	1(0,5)	1(0,5)	3(0,4)
WERT: WIESEL (Code-Nr. 927)		Archi-Semem: (Tier - Vergleich) s.o.				
Klassem: Tier						
Antilope,Hirsch	920/23	3(1,7)	5(2,4)		2(0,9)	10(1,3)
Eichhörnchen	921	1(0,6)		1(0,5)		2(0,3)
Gepard	922	2(1,1)	3(1,4)	2(1,1)	2(0,9)	9(1,1)
Hund,Windhund	924/28	8(4,5)	9(4,3)	3(1,6)	10(4,6)	30(3,8)
Känguruh	925		1(0,5)			1(0,1)
Pferd	926	1(0,6)	8(3,8)	1(0,5)	4(1,8)	14(1,8)
Wiesel	927	26(15)	12(5,7)	26(14)	19(8,6)	83(10,5
Bulle,Wildschw..	930/39	1(0,6)	2(1,0)		1(0,5)	4(0,6)
Hase	931	28(16)	32(15)	11(6)	24(11)	95(12)
Katze, Luchs	932/34		1(0,5)	4(2,1)	1(0,5)	6(0,8)
Löwe, Tiger	933/37	2(1,1)	8(3,8)	3(1,6)	7(3,2)	20(2,5)
Reh	936	6(3,4)	5(2,4)	5(2,7)		16(2,0)
verscheuchtes T.	938/43	4(2,3)	2(1,0)	5(2,7)	3(1,4)	14(1,8)
Fuchs	940	3(1,7)	3(1,4)	3(1,6)	5(2,3)	14(1,8)
Hamster,Igel, Maus, Frosch	941/47		1(0,5)	3(1,5)	7(3,2)	11(1,4)
Vogel,Huhn	944/49	3(1,7)	2(1,0)		3(1,4)	8(1,0)
Giraffe,Rentier	945/48		1(0,5)	1(0,5)	1(0,5)	3(0,4)
BEGR 4: B. sieht, wie M...wie ein (z.B.) Wiesel zum Ende des Zuges..						
WERT: LAUFEN (Code-Nr. 3)						
Archi-Semem: Fortbewegung mit Beinen			Klassem: Archilexem o.Konkret			
gehen	1	1(0,4)	2(0,7)	2(0,7)	1(0,3)	6(0,5)
laufen	3	157(56)	125(45)	140(49)	119(41)	541(48)
WERT: RENNEN, RASEN (Code-Nr. 4)			Klassem: Modalitäten			
sich beeilen	10		2(0,7)	3(1,0)		5(0,4)
flitzen,sausen	12/14	5(1,8)	7(2,5)	6(2,1)	3(1,0)	21(1,9)
rasen	13	7(2,5)	18(6,5)	4(1,4)	13(4,5)	42(3,7)
sprinten,spurten	15/16	1(0,4)	2(0,7)	1(0,3)	1(0,3)	5(0,5)
wetzen,abhauen	17/20		2(0,7)	1(0,3)	2(0,6)	5(0,5)
weglaufen,flieh.	21/24	4(1,5)	2(0,7)	2(0,6)	4(1,4)	12(1,1)
verschwinden	28	1(0,4)	1(0,4)		1(0,3)	3(0,3)
hasten,hetzen	30/32	3(1,1)	4(1,5)	11(3,8)	10(3,5)	28(2,4)

BEGR 4 / WERT: RENNEN, RASEN (Forts.)						
	Code-Nr.	Film 1	Film 2	Film 3	Film 4	Summe
stürmen,losstürm.	34/38		2(0,8)		3(1,0)	5(0,5)
springen	35	4(1,4)	1(0,4)	3(1,0)	4(1,4)	12(1,1)
stolpern	37		2(0,7)		1(0,3)	3(0,3)
fegen,galoppier.	40/49	1(0,4)	1(0,4)			2(0,2)
hoppeln,hüpfen	41/46	5(1,8)	4(1,4)	1(0,3)	3(1,0)	13(1,2)
huschen	42	1(0,4)	3(1,1)		1(0,3)	5(0,4)
kriechen	44		3(1,1)	3(1,0)		6(0,5)
fliegen	47	1(0,4)	1(0,4)		2(0,7)	4(0,4)
BEGR 5: O. sieht, daß M. geflohen ist. Darum ist O.....						
WERT: HINTERHERLAUFEN (Code-Nr. 52)						
Archi-Semem: Fortbewegung mit Beinen			Klassem: Temporalität			
laufen	3	5(1,9)	8(3,1)	3(1,1)	2(0,7)	18(1,7)
rennen	4	3(1,1)	3(1,2)	3(1,1)		9(0,8)
flitzen,wetzen, losrennen	12/33		2(0,8)	2(0,8)		4(0,4)
springen	35	3(1,1)	2(0,8)	1(0,4)	2(0,7)	8(0,8)
mitlaufen	39		1(0,4)		2(0,7)	3(0,3)
folgen	50	7(2,6)	10(3,9)	9(3,4)	8(2,9)	34(3,2)
hinterherlaufen	52	46(17)	32(12,5)	39(15)	26(9,5)	143(13,5)
nachlaufen	56	35(13)	22(8,6)	36(14)	29(11)	122(11,5)
herausspringen, -laufen,-gehen	60/68	1(0,4)	5(2,0)	5(1,9)	2(0,8)	13(1,3)
hinterher	911	9(3,4)	3(1,2)	13(4,9)	6(2,2)	31(2,9)
WERT: WÜTEND (Code-Nr. 234)						
Archi-Semem: Spannung (Gereiztheit)			Klassem: Stärke + Abwertung			
Böse	211	27(10)	39(15)	21(8)	33(12)	120(11)
ärgerlich	230	6(2,3)	15(5,8)	8(2,9)	8(2,9)	37(3,5)
erbost,erzürnt	231/32	1(0,4)	3(1,2)	1(0,4)	6(2,2)	11(1,0)
verärgert	232	2(0,8)	3(1,2)	4(1,5)	1(0,4)	10(0,9)
wütend	234	22(8,3)	47(18)	17(6,5)	74(27)	160(15)
grimmig,zornig	203/35			2(0,8)	3(1,1)	5(0,5)
sauer	242		1(0,4)	3(1,1)	1(0,4)	5(0,5)
WERT: AUFGEREGT (Code-Nr. 831)						
Archi-Semem: s.o.	Klassem: Schwäche + Spannung					
sprachlos,ernst,	715/29					
bedeppert,bedrückt	30/31					
bekümmert,entt.	732/35					
erschüttert,geq.	736/38	2(0,8)	3(1,2)	4(1,6)	3(1,2)	12(1,2)
besorgt,sorgenvoll	755/55	9(3,6)	5(1,9)	5(1,9)	4(1,5)	23(2,2)
verzweifelt	754		2(0,8)	2(0,8)		4(0,4)
ängstl.,verängst.	771/76	8(3)	7(2,7)	8(3)	8(2,9)	31(3)
erschrocken,entsetzt	781/83	11(4,2)	2(0,8)	6(2,3)	1(0,4)	20(1,9)
verlegen,nachdenklich	788 816	2(0,8)			1(0,4)	3(0,3)
aufgebracht,aufgeregt,erregt	830/33	48(18)	33(13)	55(21)	39(14)	175(16,5
nervös,unruhig	835/37	11(4,1)	5(1,9)	9(3,5)	6(2,2)	31(2,9)
überrascht,verstört, verwirrt,erstaunt, bestürzt	840/48	2(0,8)	3(1,2)	2(0,8)	1(0,4)	8(0,8)

BEGR. 6: M. versucht d.Vordertor zu öffnen. Das macht er sehr...						
WERT: UNGESCHICKT (Code-Nr. 337)						
Archi-Semem: Handlungsbewertung	Klassem: Abwertung					
Lexeme	**Code-Nr**	**Film 1**	**Film 2**	**Film 3**	**Film 4**	**Summe**
brutal,rabiat,grob,hart,	212,217					
ruppig,rauh	221-229	1(0,4)	6(2,4)		3(1,1)	10(1,0)
gefährlich,hinterlistig	213/214	1(0,4)			1(0,4)	2(0,2)
wütend,unmutig	234/244	1(0,4)	2(0,8)	1(0,3)		4(0,4)
doll,dumm,schlecht	301-305	3(1,2)		1(0,3)	7(2,6)	11(1,2)
komisch,auffällig	311/320		2(0,8)	1(0,3)		3(0,3)
langsam	322	4(1,5)	3(1,2)	4(1,4)	2(0,7)	13(1,2)
laut	323	1(0,4)	4(1,6)		25(9)	30(2,8)
ruckartig,zappelig	324/325	3(1,2)	1(0,4)	2(0,7)	3(1,1)	9(0,9)
unvorsichtig,ungeduldig	325/335	4(1,5)	3(1,2)		2(0,8)	9(0,9)
kompliziert,krampfhaft,	331/332					
umständl.,unbeholfen	333/334	5(1,9)	3(1,2)	6(2,0)	2(0,8)	16(1,5)
ungenau,unkontrolliert	336/338	2(0,8)			1(0,4)	3(0,3)
ungeschickt	337	48(18)	27(11)	12(4)	19(7)	106(10)
erfolglos,vergeblich	340/347	2(0,8)	1(0,4)			3(0,3)
hektisch,stürmisch,wild	615/625/					
erhitzt	832/627	4(1,5)	6(2,4)	1(0,3	3(1,1)	14(1,4)
gewaltsam,gewalttätig	631/632	1(0,4)	2(0,8)		1(0,4)	4(0,4)
feste,heftig,kräftig	630/635	6(2,3)	10(4)	4(1,3	3(1,1)	23(2,1)
WERT: SCHNELL, HASTIG (Code-Nr.617)	Archi-Semem: Handl.-Beschreibung					
Klassem: Geschwindigkeit (Temporalität)						
eilig, in Eile	611/618	9(3,4)	6(2,4)	7(2,4)	6(2,2)	28(2,5)
geschwind,rasant	613/616		1(0,4)	1(0,3)		2(0,2)
hastig	614	30(11)	30(12)	29(10)	40(15)	129(12)
schnell	617	62(24)	53(22)	85(29)	63(23)	263(24,5
WERT: GESCHICKT (Code-Nr. 654)	Archi-Semem: Bewertung					
Klassem: Aufwertung						
gern,gut,schön	600/603	3(1,2)	3(1,2)	14(5)	6(2,2)	26(2,5)
flink,eifrig,kurz,	612/620					
zügig	624/628	4(1,5)	1(0,4)	2(0,7)	4(1,5)	11(1,1)
leise,unauffällig,behut-	641/642/					
sam	650		3(1,2)	7(2,3)	2(0,7)	12(1,1)
vorsichtig	643	7(2,7)	1(0,4)	12(4)	3(1,1)	23(2,1)
genau,gründl.,sorgfältig	653/655					
	658	3(1,1)	5(2)	1(0,3)	1(0,4)	10(1,0)
geschickt	654	23(9)	31(13)	56(19)	18(7)	128(12)
klug	656			5(1,7)		5(0,5)
einfach,mühelos	651/657			2(0,6)	1(0,4	3(0,3)
aufmerksam,überlegend	801/817	1(0,4)			1(0,4	2(0,2)
WERT: ÄNGSTLICH (Code-Nr.771)	Archi-Semem: Beschreibung					
	Klassem: Schwäche + Spannung					
mühsam,schwer,schwierig,	341/344					
anstrengend	345/346	8(3,1)	5(2)	7(2,4)	5(1,9)	25(2,4)
abgehetzt,angestrengt,	700/702					
außer Atem,entkräftet,	703/705					
erschöpft,schlapp	706/716	4(1,6)	6(2,4)	9(3)	6(2,3)	25(2,4)
bedrückt,verzweifelt	731/754	1(0,4)	1(0,4)		2(0,8)	4(0,4)
angsterfüllt,ängstlich	770/771					
angstvoll,verängstigt	772/776	3(1,1)	14(5,7)	10(3,4)	13(4,8)	40(3,8)
aufgeregt,erregt	831/833	11(4,2)	6(2,4)	7(2,3)	15(5,5)	39(3,7)
nervös,unruhig	835/836	5(1,9)	7(2,9)	4(1,4)	8(2,9)	24(2,2)

BEGR 7: O.versucht i.d.Schuppen zu gelangen. Dabei sieht er...aus.						
WERT: BÖSE (Code-Nr. 211)	Archi-Semem: Außsehen Negativ.		Klassem: negativ-aggressiv			
Lexeme	Code-Nr	Film 1	Film 2	Film 3	Film 4	Summe
angsteinflößend, drohend,	200/201					
erschreckend, grimmig	202/203	2(0,7	8(2,8	2(0,6)	4(1,3)	16(1,5)
fürchterlich, schrecklich	205/218		1(0,4	1(0,3)	1(0,3)	3(0,3)
bösartig, böse	210/211	34(12)	43(15	22(7)	60(20)	159(13,6)
brutal, gefährlich, mörde-	212/213					
risch, verschlagen	216/219	1(0,3	1(0,4	2(0,6)	5(1,7)	9(0,8)
WERT: WÜTEND, ÄRGERLICH	234					
Archi-Semem: s.o.	Klassem: negativ - gereizt					
ärgerlich, verärgert	230/233	22(8)	19(7)	13(4)	18(6)	72(6)
erbost, zornig	231/235	4(1,4)	11(4)	1(0,3)	6(2)	22(2)
wütend	234	31(11)	45(16)	26(9)	51(17)	153(13)
WERT: DUMM, KOMISCH (Code-Nr. 303)						
Archi-Semem: s.o.	Klassem: negativ-unklug					
blöd, dumm, doof, schlecht	300-305	5(1,6)	4(1,5)	5(1,6)	5(1,6)	19(1,7)
juxig, komisch, lachhaft,	310-313					
lustig, ulkig	315	10(3)	3(1,1)	4(1,3)	1(0,3)	18(1,6)
langsam, krampfhaft,	322/332					
unbeholfen, ungeduldig,	334/335					
ungeschickt, angestrengt	337/346	4(1,3)	2(0,8)	4(1,3)	4(1,3)	14(1,3)
unheimlich, gespenstisch	501/513		4(1,4)	6(2,0)	1(0,3)	11(0,9)
verblüfft, verdutzt,	841/842					
verstört, verwirrt,	843/844	2(0,7)	2(0,8)	4(1,3)	4(1,3)	12(1,1)
WERT: ERSCHÖPFT, ERNST (Code-Nr. 706)			Klassem: physisch schwach passiv + Modalitätskonkretisierg.			
Archi-Semem: Stimmungstief (mitleiderregend)						
abgehetzt, abgeschlafft,	700/701					
angestrengt, außer Atem,	702/703					
erschöpft, gehetzt,	706/707					
verschwitzt, abgespannt	708/709	19(6)	13(5)	33(11)	15(5)	80(7)
benommen, kaputt,	710/711					
mitgenommen, müde	712/713					
schlapp, unschlüssig	716/717	6(2)	7(2,6)	7(2,3)	3(0,9)	23(2)
alt, blaß, schwach, ernst	720/721					
	726/729	12(4)	7(2,6)	10(3)	10(3)	39(3,4)
WERT: TRAURIG, BESORGT (Code-Nr. 765)						
Archi-Semem: s.o.	Klassem: psychisch schwach (angegriffen)					
suchend, untersuchend	138/139	1(0,3)	1(0,4)	1(0,3)	2(0,6)	4(0,4)
gut, mitleidvoll, freundl.	601/602					
	606		1(0,4)	3(0,9)	1(0,3)	5(0,5)
bedrückt, bekümmert	731/732					
betrübt, deprimiert	733/734					
enttäuscht, erschüttert	735/736					
niedergeschlagen	739	11(4)	8(3)	2(0,6)	5(1,6)	26(2,2)
blamiert, schuldbewußt,	742/743	1(0,3)				
peinlich	744		1(0,4)	1(0,3)	1(0,3)	4(0,4)
besorgt, sorgenvoll	750/753	26(9)	10(4)	10(3)	6(2)	52(4,4)
ratlos, verzweifelt	752/754	4(1,4)	2(0,7)	4(1,4)	3(1)	13(1,1)
traurig, unglücklich,	765/766					
verbittert	767	13(5)	11(4)	15(5)	7(2,4)	46(4)
forschend, gedankenvoll,	813/814					
gespannt, nachdenklich	815/816					
überlegend	817	5(1,7)	1(0,4)	5(1,5)	2(0,6)	13(1,2)
WERT: ÄNGSTLICH (Code-Nr. 771)		Klassem: Schwäche + Spannung				
Archi-Semem: Stimmungstief		psychisch schwach				
ängstlich, angstvoll,	771/772					
verängstigt, bang	776/773	21(7)	28(10)	47(16)	38(13)	134(12)
entsetzt, erschreckt	781/782					
erschrocken, zitternd	783/786	2(0,6)	5(2)	7(2,3)	4(1,3)	18(1,5)

BEGR 7 / WERT: AUFGEREGT, MISSTRAUISCH (Code-Nr.831)						
Archi-Semem: negative Spannung	Klassem: aktiv-aggressiv (Vorstufe zu BÖSE)					
Lexeme	Code-Nr	Film 1	Film 2	Film 3	Film 4	Summe
mißtrauisch, mürrisch	240/241					
sauer, vorwurfsvoll	242/246					
nicht freundlich	249	5(1,6)	4(1,4	8(2,7)	2(0,6)	19(1,6)
eilig, hastig, schnell	611/614 617		3(1,1	2(0,6)	3(0,9)	8(0,7)
tapfer, wild, stark	627/637	1(0,3)		2(0,6)		3(0,3)
unauffällig, vorsichtig	642/643		2(0,7	2(0,7)		4(0,4)
genau, geschickt,	653/654					
gründlich, schlau	655/656	1(0,3)	1(0,4	2(0,6)	1(0,3)	5(0,5)
aufgebracht, aufgeregt	830/831					
erregt, nervös	833/835					
unruhig, beunruhigt	836/837	41(14)	27(10	42(14)	32(11)	142(12)
BEGR 8: O. hat Licht gemacht. Nun steht er neben dem Schalter und... den Schuppen.						
WERT: GUCKEN, SEHEN (IN) (Code-Nr. 105)						sprachlich
Archi-Semem: visuelle Wahrnehmung		Klassem: allgemein+normal-(umgangs-)				
glotzen	104				1(0,4)	1(0,1
gucken	105	23(10)	54(24	33(13)	35(15)	145(16)
sehen	106	14(6)	17(8)	21(8,4	13(5,6)	65(7)
WERT: BETRACHTEN, BEGUCKEN (Code-Nr. 113)						
Archi-Semem: s.o.	Klassem: zielgerichtet					
begucken, beschauen, besehen	100/101 102	38(17)	23(10	19(8)	31(13)	111(12)
blicken, schauen	103/107	38(17)	22(10	24(10)	34(15)	118(13)
beobachten, besichtigen betrachten	111/112 113	25(11)	21(9)	35(14)	23(10)	104(11)
beäugeln, starren, spähen	110/116 117	3(1,3)	5(2,2	2(0,8)	4(1,7)	14(1,5
WERT: DURCHSUCHEN (Code-Nr. 132)		41(18)	36(16	52(21)	30(13)	159(17)
Archi-Semem: s.o.	Klassem: zielgerichtet + intensiv					
WERT: UNTERSUCHEN, DURCHSEHEN (Code-Nr. 139)						
Archi-Semem: s.o.	Klassem: zielgerichtet + intensiv					
überblicken, überschauen	120/124	5(2,2)	5(2,2	9(3,6)	5(2,2)	24(2,6)
umgucken, umschauen	121/122		1(0,4	7(2,8)		8(0,8)
durchforschen, durchsehen	130/131	6(2,6)	10(5)	15(6)	21(9)	52(5,5)
inspizieren, kontrollieren	133/134					
mustern, prüfen	135/136	2(0,9)	3(1,2	3(1,2)	1(0,4)	9(0,9)
suchen, (in dem)	138	4(1,7)	5(2,2	13(5)	12(5)	34(3,6)
untersuchen	139	23(10)	15(7)	9(3,6)	10(4)	57(6,1)
BEGR 9: O. findet M. nicht, weil der Schuppen zu...ist.						
WERT: UNORDENTLICH, DURCHEINANDER, UNÜBERSICHTLICH (Code-Nr. 405)						
Archi-Semem: Raumbeschaffenheit		Klassem: Ordnungsmangel				
dreckig, "rumpelig", un-sauber, schmutzig	400/401 408/402	6(2,4)	4(1,6	7(2,6)	6(2,2)	21(2)
unaufgeräumt	404	4(1,6)	9(3,6	13(4,6	13(4,7	39(3,7)
unordentlich	405	54(21)	20(8)	41(15)	15(5,5	130(12)
unbehaglich, vermodert	406/407					
durchwühlt, verwüstet	411/414					
wüst, zerwühlt	415/417					
verwahrlost	419	7(2,8)	3(1,2	2(0,8	3(1,2	15(1,5
durcheinander	410	26(10)	5(2)	11(4)	13(5)	55(5)
unübersichtlich	420	18(7)	5(2)	5(1,8	12(4,4)	40(4)
versteckreich, verwinkelt	422/423		2(0,8		3(1,2	5(0,5)
voll, vollgefüllt	424/425					
vollgepackt, vollgerammelt	426/427					
vollgestopft, voller Sach.	428/429					
überfüllt, voll Gerümpel	412/416	15(6)	20(8)	15(5)	16(6)	66(6,3)

BEGR 9 / WERT: DUNKEL (Code-Nr. 521)						
Archi-Semem: Raumbeschaffenheit		Klassem: Lichtmangel				
Lexeme	Code-Nr.	Film 1	Film 2	Film 3	Film 4	Summe
unheimlich, geisterhaft	501/512					
gespenstisch, dämmerig	513/520					
düster, duster	522/523					
finster, schummerig	524/525	1(0,4)	9(3,6	5(2)	11(4,2	26(2,6)
dunkel, wenigbeleuchtet	521/526	25(10)	93(37)	112(4	101(37	331(31)
WERT: GROSS, KLEIN (Code-Nr. 903)		Mangel am rechten Blickwinkel				
Archi-Semem: s.o.	Klassem: (Übersichtlichkeitsmangel)					
groß, geräumig, lang	903/902 905	88(35)	68(27)	63(22)	66(24)	285(27)
eng, klein	901/904	7(2,8)	13(5)	7(2,5)	13(4,7)	40(3,7)

Anhand dieser Tabellen lassen sich auch die bisher beschriebenen Befunde leicht präzise differenzieren. So wird z.B. deutlich, daß die in BEGR1 Martin von F1 zugeschriebene "passive" Traurigkeit hauptsächlich durch die Lexeme "traurig" (765), "bedrückt" (731) und "betrübt" (733) artikuliert wird (S. 263). Die von F2/F4 stärker als in den übrigen Fassungen vertretene Prädikation von Martins Blick im Zug als "böse aussehend" (20) vollzieht sich in der Tat durch das Lexem "böse" (211) (S. 264). Bei derartigen Nachprüfungen ist wie bei allen Zahlen-Überprüfungen die Umkodierung der Klasseme bei der Klassem-Analyse zu beachten. Auf diese ist bei der endgültigen Fassung keine Rücksicht mehr genommen worden. Anhand der durchgehend verbindlichen Chiffrierung aller Begriffe nach der Schlüsselliste mit ihrer "doppelten Gliederung" der dreistelligen Zahlen ist ein korrektes Überprüfen und Umschalten der Tabellen jederzeit möglich. Der Verbleib jedes Klassems in der korrigierten Fassung ist anhand der beiden ersten Ziffern der Lexem-Chiffren feststellbar, ebenso der Bezug zu den Archilexemen der Archilexem-Analyse anhand der ersten Ziffer.

Zur Darstellung der in dieser Klassifizierung ermittelten Befunde soll zunächst eine Übersicht über die Filmfassungen gegeben werden, die bei den einzelnen Werten die prozentualen Spitzenplätze einnehmen, gemessen in den von den einzelnen Filmfassungen erreichten Prozenten für den betreffenden Wert.

Es zeigt sich im ganzen ein stärkerer Zusammenhang zwischen Film- und Sprachmerkmalen als bei der Aufsatzanalyse. Der C-Koeffizient wächst bis auf 0,5 an und übersteigt damit die Hälfte des Maximalwertes. Da er im Durchschnitt die Hälfte nicht erreicht, ist die Signifikanz auch beim Lückentext schwach zu nennen. Das schließt aber markante Differenzen zwischen Extremen nicht aus.

Tabelle 41: Prozentrangspitzen der Lückentextanalyse

BEGR	Personal-Var → / Sprach-Var. ↓	all	Schule GS	Schule HS	Schule G	Alter 8	Alter 10	Alter 12	Geschl m	Geschl w	Beruf d.V. Ak	Beruf d.V. oAk	Beruf d.V. Arb	Ausld.	TV-Stdn. 0	TV-Stdn. 11	TV-Stdn. 21	ADST-Fehl. 0	ADST-Fehl. 3	ADST-Fehl. 6
1	bedrückt,gel.	1	1	1	1	1	1	1	1	1	12	1	1	1	1/2	1	1	1	1	1
	traurig	1	1	1	1	1	12	1	1	1	21	1	1	4	1	1	1	1	124	1
	ängstlich	3	3	4	43	3	4	34	4	3	34	3	4	3	3	3	4	342	3	342
	nachdenkl.,m.	4	3	43	4	3	4	4	3	4	34	4	3	3	4	3	3	4	3	4
	aufgeregt,bös	3	4	3	3	43	3	3	3	3	4	3	4	123	34	431	3	3	3	3
	C-Koeff.	.4	.4	.4	.5	.4	.41	.5	.43	.43	.5	.44	.41	–	.5	.4	.43	.5	.41	.34
2	laufen	4	2	4	4	2	41	4	4	4	31	4	4	4 3	2	4	4	4	23	42
	weg-",fliehen	1	1	1	1	13	1	1	1	1	42	1	1	2	134	1	1	1	12	1
	springen,renn	4	24	3	4	4	4	4	423	4	4	4	4	2	4	42	3	4	4	2
	heraussp...	3	3	2	3	134	3	2	234	3	213	32	2	1	13	32	2	23	1	34
	C-Koff.	.26	.37	.4	.34	–	–	.33	–	.3	–	.34	–	–	.38	.35	.32	.33	.39	.35
3	Verbrecher,																			
	Wilder,Verr.	342	1	4	234	1	32	4	324	4	42	–	3	3	2	3		4		3/1
	Blitz,Läufer	31	13	13	4	3	41	–	1	3	3	3	41	3 2	3	43		3		1
	Wiesel,Hase	1	42	2	1	2	1	1	143	12	1	2	12	1	142	1		1		24
	C-Koeff.	–	–	–	.25	–	–	–	–	.18	–		–	–	–	–		.22		.29
4	laufen	1/3			1/3			1/3			3/1	1	1	13		13		13		
	rennen,rasen	4/2			2/4			4/2			2/4	4	2	42		24		42		
	C-Koeff.	.1			.24			.13			.36			–		.15		.21		
5	hinterherlauf	3/1	1	3	3	1	3	3	1	3	31	1/3	3	3	1	1	1	3	31	
	wütend	4/2	2	4/2	4	2	2	4	4	4/2	24	4/2	42	42	24	24	42	24	42	
	aufgeregt	1/3	3	3/1	1	3	1	3/1	3	1/3	13	3/1	13	14	1	13	3	1	31	
	C-Koeff.	.24	.24	.27	.3	.23	.24	.3	.23	.25	–	.29	–	–	.22	.25	.3	.35	.22	
6	ungeschickt	1	1	4	1	142	124	124	1	1	21	1	2	1	1/2	142	421	124	124	124
	schnell,hast.	3	4	4	3	1	3	1	4	3	43	4	1	4	4	2	3	3	4	4
	geschickt	3	3	3	3	3	3	3	3	3	134	3	3	3	3	3	3	3	3	32
	ängstlich	4	4	2	4	4	1	24	3	4	3	4	2	4	2	4	2	4	2	1
	C-Koeff.	.25	.27	.26	.3	.32	.31	.27	.23	.31	–	.27	.29	–	.33	.31	.21	.3	.31	.25
7	böse	4/2		4	2	4		42	4/2	4/2	21	4	4	4		24	4	24	24	
	wütend,ärgerl	2		2	4	2		42	2/4	4	2	2	4/2	14		24	2	4	2	
	dumm,komisch	3/1		3	1	13		3	1	3	2	4	3	2		3	1	1	3	
	erschöpft,..	3		3/1	3	1		3	3	3/1	13	1/3	3	2		3	3	3	3	
	traurig,bes.	1		1	1	2		1	1	1	1	1	1	3		1	1	1	1	
	ängstlich	3		3	3	43		3	374	3	3	3	3	-		3	3	3	432	
	aufgeregt,miß	3		3/1	1	3		31	1	3	4	3	3	13		312	31	3	3	
	C-Koeff.	.26		.34	.28	.36		.3	.3	.3	–	.3	.3	–		.3	.34	.32	.35	
8	gucken,sehen	2		2/3		24	4	23		2	3	2	2	2	2/4		2		2	
	betrachten...	1/4		1		3	4	1		174	12	4/1	1	1	1		14		4	
	durchsuchen	3		1		13	3	3		3	3	3	23	1	3		3		1	
	untersuchen..	3		3		3	1	4		4	24	3	34	3	4		34		1	
	C-Koeff.	.17		.34		.31	.13	.25		.2	–	.23		–	.3		.23		.3	
9	unordentlich	1	1	1	1	1	1	1	1	1	3	1	1	1	1	1	1	1	1	1
	dunkel	342	3	342	2	3	432	243	3	42	2	3	42	2	24	342	341	432	32	342
	groß/klein	1	2	12	1	2	1	1	1	21	1	1	1	2	1	1	1	1	1	21
	C-Koeff.	.28	.3	.3	.3	.31	.3	.3	.26	.3	.33	.3	.32	–	.24	.3	.31	.3	.27	.34

8.2.3.2 Gesamtpopulation

Um die grundsätzlichen Zusammenhänge zwischen Sprach- und Filmsemen zu ermitteln, sollen nun die innerhalb jeder Filmfassung zum jeweiligen Signifikat gehörenden Seme systematisch aufgeschlüsselt und mit den Sprachsemen der BEGR-Werte verglichen werden.

Dies geschieht am besten in einer einzigen Matrix für Sprach- und Filmseme, in der die Kontiguitäten beider präzise offensichtlich werden.

Dabei ist auf sprachlicher Seite zu beachten, daß es sich bei den BEGR-Werten nicht um Lexeme handelt, sondern um Klasseme mit der Funktion von Archilexemen, hinter denen die in Tabelle 40 verzeichneten Wortfelder stehen. Die Seme, die in der sprachlichen Hälfte der Matrix zur Differenzierung der BEGR-Werte aufgeführt werden, dürfen demzufolge nur solche sein, die allen Lexemen der hinter den Archilexemen stehenden Felder gemeinsam sind, also Klasseme der Feldmitglieder. Die übrigen Seme, die zu diesen Archilexemen als Lexemen gehören, müssen folglich hier fehlen.

Die folgende Analyse wird dadurch erheblich erleichtert und zugleich zu einer Wortfeldanalyse gemacht, daß die Klasseme dieselben Filmprozentrangspitzen auch als selbständige Lexeme aufweisen.

In der Filmhälfte der Matrix sind nur die Seme eingetragen, welche die unterschiedlichen Fassungen filmischer Äußerungen mit einem gemeinsamen Signifikat voneinander unterscheiden. Die übrigen werden aus Übersichtlichkeitsgründen fortgelassen und können der Einstellungsliste entnommen werden. Es stehen sich demnach hier wortfelddifferenzierende Klasseme, die selbst zugleich Lexeme sind, und filmäußerungsdifferenzierende Seme gegenüber.

Die Matrix gibt Aufschluß über wichtige Relationen:

(1) Es finden sich keine eineindeutigen Beziehungen zwischen einzelnen Sprachklassemen und Filmsemen, die es erlaubten, zu bestimmten Sprachklassemen bestimmte Filmseme und zu bestimmten Filmsemen bestimmte Sprachklasseme vorauszusagen.

(2) Es finden sich nur ganz wenige eindeutige Beziehungen: z.B. Archilexeme mit den Klassemen "psychisch-schwach" korrespondieren immer (bis auf solche mit dem Zusatzklassem "Spannung") mit der Einstellungslänge "ausführlich".
Filmseme "betreffend" der Ebene Objektbewegungsrichtung korrespondieren immer mit dem Sprachklassem "Intensität".
Die einzelnen Film-Seme sind nicht systematisch konventionell fixiert kombiniert wie die Sprachseme (zu Sememen als Bedeutungseinheiten von Lexemen), sondern besitzen lediglich Affinitäten zu Gruppenbildungen (z.B. "ausführlich" + "in vielen Aspekten" + "vergleichend").
Dies bestätigt die Befunde von Anderson, Penn und Schulz u.a. (s. Kap. 3).
Die Semgruppen bilden sich um wenige Klasseme und können jeweils neu aus Semen kombiniert werden, unabhängig von den Ebenen, und so zu den Sprachklassemen in Beziehung gesetzt werden.
Seme mit stärkerer Affinität, wie z.B. die Einstellungslängen oder Objektbewegungsrichtungen können als Kernklasseme betrachtet werden, mit denen sich weitere Seme verbinden, um sie in eine bestimmte Bedeutungsrichtung hin zu unterstützen (vgl. 6.1.1.2). Dabei ist es aber möglich, daß ein und dasselbe Sem zwei entgegengesetzte Bedeutungsrichtungen unterstützt, je nachdem mit welchem Kernklassem es verbunden wurde (z.B. "betreffend" + "ausführlich" führt zu "traurig, besorgt" in BEGR7, "betreffend" + "knapp" führt zu "Verbrecher u.ä." in BEGR3).

Figur 33: Kombinierte Sprach- und Filmsem-Matrix zur Lückentext-Analyse

	Differierende SEME / WERTE (BEGR) = ARCHILEXEME	symbolfunktionelle Seme																	symptomf.				
		Detail	Ganzheit	Relation	nur menschl.	physisch	psychisch	Stärke-Posit.	Schwäche-Posit.	Prozeß (Dynam.)	Intensität	Modalität	Lokalität	Temporalität	Spannung	sinnl. wahrnehmbar	log. erschließbar	nachempfindb.	Aufwertung	Abwertung	nicht normals.	metaphorisch	Archilexem
B1 S2	bedrückt.						(+)		(+)	+		+						(+)					
	traurig		+				(+)		(+)									(+)					+
	ängstlich			(+)			(+)		+		(+)				(+)								
	nachdenkl.							+		+								+					
	aufgeregt / böse					+		(+)	+	+	+	+			(+)					(+)			
B2 S9	laufen		+																				
	fliehen			(+)					+				(+)										+
	springen										+	+											
	herausspr.			(+)									(+)										
B3 S11	Verbrecher			+	(+)	+	+	(+)	+		+				+			(+)					
	Blitz, Läufer					+					+			(+)									
	Wiesel, Hase				(-)							+		+								(+)	
B4 S11	laufen		+																				(+)
	rennen,																						
	rasen										+	(+)		(+)									
B5 S. 13 14	hinterher																						
	laufen..			+		(+)				(+)						+							
	wütend			+			+	(+)			+				(+)		+	+		(+)			
	aufgeregt		+				+		(+)	(+)	+				(+)			+					
B6 S. 16	ungeschickt					+	+					+								(+)			
	schnell					+								(+)									
	geschickt					+	+					+							(+)				
	ängstlich			(+)			(+)		(+)		(+)				(+)								
B7 S. 21 23	böse	+						(+)			+	+			+	(+)				(+)			
	wütend,																			(+)			
	ärgerl.		+	+				(+)			+				+			(+)					
	dumm, kom.								+							+				(+)			
	erschöpft					(+)			(+)														
	traurig, besorgt			(+)		+	(+)		(+)		+												
	ängstlich			(+)			(+)		(+)		(+)				(+)								+
	aufgeregt						+	(+)		(+)	+				(+)								
B8 S 26	gucken		(+)																				(+)
	betracht.			(+)							+	(+)											
	durchsuch.			(+)							(+)		(+)										
	untersuch.			(+)							(+)				+		(+)						
B9 S 26	unordentl.			+											+					(+)			
	dunkel		+									(+)			+			+					
	groß/klein		+										(+)										

	EG			EP		EL			Bel.		KB		OB			sK	EZ			Synt		Ton			O
																	Aspekte								
Filmfassung	detailliert	individualis.	orientiert	überlegen	unterlegen	ausführlich	knapp	normal(mittel)	verbergend	bloßstellend	partizipierend	überblickend	betreffend	entlassend	neutral	identifiziert mit dem Objekt	viele	wenige	in einem Blick	einseitig	vergleichend	informierend	naturalisierd.	rhythmisierend	Obj.abwesend
1						⊕											+				+				
1						⊕											+				+				
3							⊕												⊕	⊕					
4								+									+				+			⊕	
3							⊕												⊕	⊕					
4	Gg							+										⊕			+		⊕	⊕	
1	Gg					⊕										⊕	⊕				+				
4	Gg							+										⊕			+		⊕	⊕	
3								+											⊕	⊕					
342	+			+		⊕	+				+	⊕	⊕	+	+			+				⊕	⊕		
31	+		⊕	+			+				+			+	⊕			+							
1			⊕	+			+				+			+				+							
1/3			⊕	+			⊕				+			+				⊕							
4/2	⊕			+		⊕						+	⊕	+			⊕								
3/1	+		(Gg)								⊕		+	+							+				
4/2	(Gg)		⊕										+			(Gg)		+			+				
1/3	⊕													+				+		⊕					
1			+		Gg	+	Gg						+	Gg				+			+				
3		+					+							+					+		+				⊕
3		+					+							+					+		+				⊕
4			+			⊕								+					+	+			+	+	
4/2			+				⊕												⊕	+		⊕	⊕	⊕	
2			+				⊕												⊕	+					
3/1		+			(Gg)	+	Gg							Gg			+				+				
3		-		Gg		+	Gg							Gg			+				+				
1		⊕	⊕			⊕							⊕		⊕			⊕		+					
3		+		Gg		+	Gg							Gg			+				+				
3		+		Gg		+	Gg							Gg			+				+				
2	⊕	+		+		+	(Gg)				(Gg)		(++)		(Gg)			+			+				
1/4	(+)		(Gg)			Gg						⊕				+		+		+					
3	+	+	Gg	+		+							+			+		+			+				
3	+	+	Gg	+		+							+			+		+			+				
1	+		+			⊕						+				+		+		+					
342	+	+	Gg	+		⊕	Gg				(Gg)		⊕		(Gg)	+		+			⊕	+			
1	+					⊕						+				+		+		+					

Auch dann bleibt ein gemeinsames Klassem im sprachlichen Bereich erhalten, das dem Filmklassem entspricht (im Beispielfall: "nachempfindbar").

Bei der Analyse der Filmklasseme sind demzufolge immer die paradigmatischen und syntagmatischen Verhältnisse innerhalb einer Äußerung oder eines Semem-Analogons zu überprüfen, die in Kapitel 6.1.1.2 erläutert wurden.

Die Freiheit bei der Kombinatorik filmischer Klassembildung der beschriebenen Art führt zu derart komplexen Verknüpfungen, daß sich Gesetzmäßigkeiten, die das Ziel dieser Untersuchung sein sollen, nur sehr schwer aufspüren lassen. Die umrandeten Pluszeichen der Matrix verweisen auf die Seme, deren Kombination jeweils im sprachlichen und filmischen Bereich die speziellen wortfeld- bzw. filmfassungdifferenzierenden und hier miteinander zu vergleichenden Klasseme ausmacht.

An den unterschiedlichen Realisierungen der Filmklasseme bei identischen Archilexemen und Sprachklassemen läßt sich das oben beschriebene Prinzip filmischer Klassembildung verdeutlichen:

Tabelle 42: Vergleich zwischen Sprach- und Filmsemen zu einem Archilexem

Archilexem: Ängstlich	
Klassem: Stimmungstiefe Spannung vor einer Gefahr	
Sprachliche Seme	Filmische Seme des Spitzenfilms
Relation, psychisch, Schwäche, Intensität, Spannung (in BEGR1, BEGR6, BEGR7)	BEGR1: knapp, 1 Aspekt, einseitig (F3) BEGR6: ausführlich, einseitig, 1 Aspekt, naturalisierend + rhythmisierend (F4) BEGR7: ausführlich, knapper Gegenblick, betreffender Gegenblick, viele Aspekte, vergleichend (F3)

Obwohl die sprachlichen Seme erst im Vergleich mit den übrigen Semen des Wortfeldes und die filmischen erst mit denen der übrigen Fassungen ihre distinktiven Besonderheiten demonstrieren (was anhand der Tabelle 8 überprüfbar ist), läßt sich hier, gleichsam unter der Lupe isoliert, dennoch die speziell filmische Art der Klassembildung ablesen.

Die "stimmungstiefe Spannung vor einer Gefahr" wird in Signifikat 2 zu BEGR1 durch zeitliche Knappheit in einem einseitigen Aspekt ausgedrückt. In Signifikat 16 zu BEGR6 übernimmt die Funktion der zeitlichen Knappheit, die dort nicht gegeben ist, der Ton mit seinen Naturgeräuschen (Schritte) und dem Rhythmus der Musik, in Signifikat 21/23 zu BEGR7 übernimmt diese Funktion ein knapper und "betreffender" Gegenblick und der Vergleich mehrerer Aspekte. Die Wahl der Seme ist demnach relativ frei, es korrespondieren sprachliche Klasseme und filmische miteinander.

In beiden Medien richten sich die konkreten Seme in ihrer Distinktivität nach den jeweiligen Kontexten. In BEGR6 z.B. genügt das Sem Spannung, um "ängstlich" von "ungeschickt, schnell und geschickt" zu unterscheiden, in BEGR1 nicht, weil auch "aufgeregt" dieses Sem besitzt. Hier sind nur "schwach", "psychisch" und "Spannung" zusammen distinktiv. Allerdings sind die sprachlichen distinktiven Seme konventionell festgelegt, wenn auch veränderbar. Die filmischen besitzen ein weit größeres Ausmaß an Kombinationsfreiheit, obwohl auch sie konventionell geregelt sind.[628)]

Konkret stellen in dem oben analysierten Beispiel "ängstlich" die Seme "knapp" zu BEGR1, "naturalisierend-rhythmisierend" zu BEGR6 und "knapper und betreffender Gegenblick" zu BEGR7 Kernseme dar, die in der Verbindung mit den jeweiligen übrigen genannten Semen zu einem gemeinsamen Klassem werden:

Die knappe Zeitgabe sorgt dafür, daß die Einseitigkeit des einen Aspekts nicht zu einer ruhigen Konzentration auf Martins Stimmung führt, sondern diese hektisch mit der Verfolgungsjagd konfrontiert wird. Der Rhythmus der Schritte des Onkels und der tremolierenden Musik braucht keine Knappheit, um Spannung zu erzeugen, sondern kann im Gegenteil die Ausführlichkeit unerträglich werden lassen. Der Vergleich vieler Aspekte in knappen, betreffenden Blicken und Gegenblicken erzeugt an sich Spannung. Die zu den Kernsemen hinzutretenden Seme sorgen für Differenzierungen, die sich wie die sprachlichen Seme nach dem Kontext richten können. So betont die Einseitigkeit die Schwäche, die "ängstlich" in BEGR1 unterscheidet, die rhythmisierte Ausführlichkeit verstärkt die Spannung, die zu BEGR6 gehört, und die knappen und betreffenden Gegenblicke werden durch den häufigen Aspektwechsel dabei unterstützt, den Relationscharakter der Spannung zu artikulieren, den dann allerdings auch die übrigen Archilexeme als Sem enthalten, die diese Filmfassung ebenso fördert (s. Matrix).

Die folgende Untersuchung der filmischen Realisierung von Klassemen, die auch die sprachlichen Archisememe enthalten, mit denen sie statistisch signifikant assoziieren, ist somit geeignet, die signifikanten Beziehungen zwischen Sprach- und Filmklassemen so konkret wie möglich aufzuschlüsseln und ihre Komplexität transparent zu machen.

Sehr deutlich wird an diesen Beispielen, daß die Filmfassung als Ganze eine entscheidende Rolle spielt. Einzelheiten werden im Anschluß an die Multiple-choice-Analyse erläutert.

Tabelle 43: **Verschiedene filmische Entsprechungen zu Sprachklassemen**

AUFGEREGT	Klassem: Aktiv-starke Spannung
Sprachliche Seme	Seme der anteilstärksten Filmfassung
Aktivität(Prozeß), Spannung, Stärke	BEGR1:(wie ÄNGSTLICH) knapp, 1 Aspekt, einseitig (F3) BEGR5: detailliert, entlassend, einseitig (F1/3) BEGR7: ausführlich, knapper Gegenblick, Gegenperson entlassend, viele Aspekte, vergleichend (F3)
BÖSE, WÜTEND	Klassem: negativ aggressiv
Stärke, Spannung, Abwertung	BEGR1: wie ÄNGSTLICH und AUFGEREGT(F3) BEGR5: detaill.Gegenblick, orientier., betreffend, identifiz.Gegenblick, vergleichend (F4/2) BEGR7: knapp, orientierend, 1 Aspekt, einseitig, naturalisierend-rhythmisierend (F2).
TRAURIG	Klassem: Stimmungstief
Psychisch, Schwäche, Nachempfindbarkeit	BEGR1: ausführlich, viele Aspekte, vergleichend (F1) BEGR7: individualisierend, orientier., ausführl., betreffend+neutral, wenig Aspekte, einseitig ((F1)
FLIEHEN, HINTERHERLAUFEN, HERAUSSPRINGEN, DURCHSUCHEN, UNTERSUCH.	
Klassem: Ortsbezug mit Zielhinweis, bzw. Objektbezug (Handlung)	
Relation, Prozeß(Aktivität), Lokalität Herausspringen: ohne Zielhinweis:	FLIEHEN (BEGR2): detaill.Gegenblick, ausführl., identif.Gegenblick, viele Aspekte, vergleichend (F1 HINTERHERLAUFEN (BEGR5): detaill., orientier.Gegenblick, partizipierend, betreffend+entlassend, vergleichend (F3/1) HERAUSSPRINGEN (BEGR2): einseitig, 1 Aspekt (F3) DURCHSUCHEN, UNTERSUCHEN (BEGR8):(F3) detaillierend, individualis., orientierender Gegenblick, vgl. BETRACHTEN (BEGR8): identifizierende Orientierung, ausführl., überblickend, einseitig (F1/4)
UNGESCHICKT, DUMM / KOMISCH, UNORDENTLICH	
Klassem: Abwertung	
Abwertung	UNGESCHICKT (BEGR6): erhabener Gegenblick, knapper Gegenblick, ausführl., entlass.Gegenblick, (F1) in wenigen Aspekten vergleich. DUMM/KOMISCH (BEGR7): erhabener Gegenblick, knapper Gegenblick, entlassender Gegenblick, in vielen Aspekten vergleichend (F3/1 UNORDENTLICH (BEGR9): ausführl.überblickend, einseitig(F1)

Als eine Art Gegenprobe soll nun von den Kernklassemen der trennscharfe anteilstärksten Filmfassungen ausgegangen und überprüft werden, welche Sprach-Klasseme sich bei ihren Responses herauskristallisieren lassen:

Tabelle 44: Verschiedene sprachliche Entsprechungen zu Filmklassemen

Film-Klassem: einseitig - entlassend		
Sprach-Klassem :Ort-- Zeitbezug, Spannung (betroffen), allgemein		
Film-Seme(distinktiv)	Lexeme	Sprach-Seme(distinktiv)
einseit., 1Blick, entl. (F3)	herausspringen(B2	Relation, Lokalität
einseit., entl., knapp(F3/1) Detail	Blitz, Läufer(B3)	Temporalität, Intensität
einseit., entl., knapp(F1)	Wiesel, Hase(B3)	Modalität, Temporalität, metaphorisch
einseit., entl., knapp(F1/3)	laufen(B4)	Archilexem
einseit., entl., Detail (F1/3)	aufgeregt(B5)	Schwäche, Prozeß, Spannung
einseitig, entl., lang(F4)	ängstlich(B6)	psychisch, schwach, Spannung
Film-Klassem: einseitig – knapp		
Sprach-Klassem: Spannung, allgemein		
einseit., 1Blick, knapp(F3)	ängstlich(B1)	psychisch, schwach, Spannung
einseit., 1Blick, knapp(F3)	aufgeregt, böse(")	psychisch, stark, Spannung
einseit., entl., knapp(F1)	Wiesel, Hase(B3)	Modalität, Temporalität, metaphorisch
einseit., entl., knapp, Detail(F3/1)	Blitz, Läufer(B3)	Temporalität, Intensität
einseit., entl., knapp(F1/3)	laufen(B4)	Archilexem
einseit., 1Blick, knapp(F2)	böse, wütend(B7)	Stärke, Spannung
Film-Klassem: Detail- einseitig		
Sprach-Klassem: Intensität		
einseit., entl., knapp, Detail(F3/1)	Blitz, Läufer(B3)	Temporalität, Intensität
einseit., entl., Detail (F1/3)	aufgeregt(B5)	Schwäche, Prozeß, Spannung
einseit., Detail(F1/4)	betrachten(B8)	Modalität, Intensität
einseit., Detail(F1)	unordentlich, groß(B9)	Bewertung (Abmessung), Intensität
Film-Klassem: vergleichend – ausführlich		
Sprach-Klassem: Spannung, logisch oder emotional differenziert		
vgl., lang(F1)	bedrückt(B1)	psychisch, schwach, nachempfindbar
vgl., lang(F1)	traurig(B1)	psychisch, schwach, nachempfindbar
vgl., lang(F4)	nachdenklich(B1)	Stärke, Prozeß, nachempfind.
vgl., lang(F4)	(laufen)springen (B2)	Archilexem; Modalität
vgl., lang, Gg-Identif. (F1)	fliehen(B2)	Relation, Schwäche, Lokalit.
vgl., betr., lang, Gg-Detail Gg-Ident. (F4/2)	wütend(B5)	Stärke, Spannung, nachempfindbar
vgl., ident., betr./entl., lang(F3/1)	hinterherlaufen (B5)	Relation, phys., Prozeß
vgl., betr., lang(F1)	ungeschickt(B6)	Modalität, Abwertung
vgl., lang(F3/1)	dumm, komisch(B7)	Abwertung
" " (F3)	erschöpft(B7)	phys., schwach
" " (F3)	ängstlich, aufgeregt(B7)	Relation, psych., schwach

Film-Seme (distinktiv)	Lexeme	Sprach-Seme(distinktiv)
Film-Klassem: vergleichend - ausführlich (Fortsetzung)		
vgl.,betr.,lang,Gg-Ident. (F2)	(gucken(B8)	Oberbegriff
vgl.,ident.,betr.,lang (F3)	durchsuchen, untersuchen(B8)	Relation,Intensität, Funktion
vgl.,ident.,betr.,überlegen,lang(F342)	dunkel(B9)	Intensität, Stimmung, nachempfindbar
Film-Klassem: betreffend - ausführlich(lang)		
Sprach-Klassem: Intensität, logisch oder emotional differenziert		
betr.,überlegen,lang (F342)	Verbrecher(B3)	menschl.,Stärke,Intensit nachempfindbar
betr.,überlegen,lang(F4/2	rennen,rasen(B4)	Intensität,Modal.,Temp.
vgl.,betr.,lang,Gg-Det., Gg-Ident.(F4/2)	wütend(B5)	Stärke,Spannung,nachempfindbar
vgl.,betr.,lang(F1)	ungeschickt(B6)	Modalität, Abwertung
betr.,lang(F1)	traurig,besorgt (B7)	Relation, psychisch,schw. Intensität
vgl.,betr.,lang,Gg-Ident. (F2)	(gucken(B8))	Oberbegriff
vgl.,ident.,betr.,lang(F3	durchsuchen, untersuchen(B8)	Relation, Intensität, Funktion
vgl.,ident.,betr.,überlegen,lang(F342)	dunkel(B9)	Intensität,Stimmung, nachempfindbar

<u>Abkürzungen</u>: einseit. = einseitig; entl. = entlassend; ident.=identifizierend; ausf. = ausführlich = lang; vgl. = vergleichend; betr. = betreffend; Gg-Detail = Detaillierung der Gegenperson; Gg-Ident. = Identifizierung mit der Gegenperson.

Es versteht sich von selbst, daß ein begrenzter Filmsem-Variantenbestand wie der eines einzigen Films dieser Länge es nicht ermöglichen kann, alle Kombinationsmöglichkeiten der Filmseme auf ihre Wirkung hin zu untersuchen. Es wurden darum solche Beispiele ausgewählt, die sich bei den Entscheidungen für die Mitglieder eines Wortfeldes als trennscharf erwiesen hatten, unabhängig davon, ob sie bei jedem Wortfeld in den gleichen Klassemen trennten.

Die häufigsten trennscharfen Filmseme sind als Kernklasseme zu betrachten. Sie korrespondieren zunächst und zumindest mit sprachsemantischen Differenzen bei der Wortwahl der Response. Es sind dies die Klasseme: "einseitig" - "vergleichend". "Knapp" - "ausführlich" und "betreffend" - "entlassend" deuten den Charakter von Kernklassemen in dem genannten Sinne an, sind aber an unseren Beispielen nicht überzeugend zu belegen.

Schon ein Vergleich der Response-Lexeme zu den beiden Kernklassemen könnte zu dem Schluß verleiten, daß das Kernklassem "einseitig" mit den allgemeineren Lexemen korrespondiert, das Kernklassem "vergleichend" mit den differenzierteren. Bei allen Begriffen erscheinen die differenzierteren in der zweiten Gruppe, der "Vergleich"-Gruppe, mit Ausnahme von BEGR9 (in der Tabelle"B9"), wo es eher umgekehrt ist, und BEGR3/4, die durch das Kernklassem nicht getrennt werden.

Dennoch zeigen identische Lexeme in beiden Kernklassem-Gruppen, daß sich auch bei dieser Betrachtungsweise die oben vertretene Ansicht bestätigt, daß erst die Kombination der Kernklasseme mit weiteren Klassemen oder Einzelsemen bestimmte semantische Dimensionen der Response-Lexeme zu bewirken scheint. Das Sprachsem "Spannung" in "wütend" kann z.B. mit "einseitig, 1 Blick, knapp, F2" ebenso korrespondieren wie mit "vergleichend, betreffend, lang, Gegen-Detaillierung, Gegen-Identifizierung, F2/4". Die

Spannung kann also von der Zeitknappheit ebenso wie von der Betroffenheit vermittelt werden, vor allem aber auch vom Filmkontext, wie die Identität der Fassung zeigt.

Verallgemeinerungen sind demzufolge nur als Wahrscheinlichkeitsaussagen zu erwarten. So läßt sich etwa sagen:
Die Wahrscheinlichkeit speziell differenzierter Sprach-Responses ist bei einer Kombination mit dem Kernklassem "vergleichend" größer als bei einer Kombination mit dem Kernklassem "einseitig", wenn die übrigen Seme nicht entgegenwirken.

Untergruppierungen mit Zweierkombinationen sollen nun die Wahrscheinlichkeit noch genauer beschreibbar machen. Auch wenn die Gruppierungen nicht genau dichotomisierend vorgenommen werden konnten, auf Grund der vorhandenen Beispiele lassen sich die Gegenüberstellungen anhand der angegebenen Filmseme innerhalb der Gruppen vornehmen. Beim Vergleich der Gruppen sind Doppelzählungen zu vermeiden. Sie sind leicht möglich, da viele Lexeme in mehreren Gruppen Responses sind.

Tabelle 44 ermöglicht Vergleiche zwischen:
(1) den Kernklassemen "einseitig" und "vergleichend",
(2) den Kombinationen mit den Kernklassemen
  a) "einseitig - knapp" und "vergleichend - ausführlich",
  b) "einseitig - entlassend" und "vergleichend - betreffend",
  c) "entlassend - knapp" und "betreffend - ausführlich".

Hier zeigen sich sehr deutlich die Grenzen dieser Untersuchung, die mit einem grundsätzlichen Problem der Filmsemiotik zusammenhängen. Da die Kombinationsmöglichkeiten der Filmfiguren nahezu unbegrenzt sind, müßte zur Ermittlung auch nur weniger Gesetzmäßigkeiten eine solche Fülle von Kombinationsbeispielen untersucht werden, daß die Ausmaße dieser und aller bisherigen Untersuchungen bei weitem zu übertreffen wären. Dies kann nur schrittweise in vielen

Einzelexperimenten geschehen, und hier soll eine statistisch abgesicherte Pilot-Studie einige signifikante Merkmalassoziationen klären.

Statt also "einseitig - entlassen" zunächst "einseitig - betreffend" gegenüberzustellen, konfrontieren wir jenes Filmklassem aus Mangel an Beispielen mit seinem extremen Gegenstück "vergleichend - betreffend" usw. Derartige Polarisationen haben, wie dies entsprechend bei Osgoods Semantischem Differential der Fall ist, den Vorteil, daß sie die grundsätzlichen Differenzen stärker hervortreten lassen und eventuell interpolierende Rückschlüsse ermöglichen.

Die wenigen Beispiele der Lückentext-Analyse zeigen nun für den aktiven Wortschatz, daß die Filmsem-Kombination "vergleichend - ausführlich" stärker mit Sprachklassemen korrespondiert, die eine logisch oder emotinal differenzierte Spannung signalisieren, als die Kombination "einseitig - knapp". Dies belegt sowohl die Anzahl als auch die Ausprägung differenzierter Lexeme unter den gegebenen Voraussetzungen.

Entsprechend läßt die Kombination "vergleichend - betreffend" (in "betreffend - ausführlich" enthalten) eine stärkere Korrespondenz mit dem Sprachklassem "Intensität" erkennen als die Kombination "einseitig - entlassend". Die Kombination "betreffend - ausführlich" korrespondiert ebenfalls stärker mit "Intensität" als "entlassend - knapp" (in "einseitig - entlassend" enthalten), ist aber nur durch die Beispiele zu BEGR3 und BEGR4 unzureichend zu belegen. Derartige Überschneidungen können bei ausreichender Beispielzahl dazu führen, durch Eliminierung irrelevanter Variablen die relevanten herauszukristallisieren. "Betreffend" korrespondiert in diesem Sinne signifikant mit dem Sprachklassem "Intensität".

Weitere Erörterungen sollen wegen der geringen Beispielzahl zusammen mit den Ausführungen zur Multiple-choice-Analyse stattfinden.

8.2.3.3 Schultypen

Um die Besonderheiten der Schultypenausprägungen zu ermitteln, können nicht wie beim obigen Filterverfahren Klasseme auf der Basis der Prozentrangspitzen durchgeführt werden. Hier sind die unterschiedlichen Prozente selbst hinzuzuziehen.

Zur Überprüfung der Befunde gibt zunächst die folgende Tabelle 45 einen Überblick über die BEGR-Werte und die dazugehörigen Filmfassungen, die jeder der drei Schultypen um mindestens 5 % stärker bzw. schwächer ausgeprägt hat als die beiden übrigen.

Die darauffolgende Tabelle 46 führt nicht nur die Spaltenprozente auf, d.h. den Prozentsatz der Nennungen zu einer Filmfassung, sondern zusätzlich die Signifikatsnummer mit den zu jeder Filmfassung bei dem jeweiligen Signifikat realisierten Filmsemen.

Tabelle 45: Schultypische Prozentrangspitzen beim Lückentext (Film-Nr.i.Kl.)

BEGR	GS		HS		G	
	höher als HS/G	niedriger als HS/G	höher als GS/G	niedriger als GS/G	höher als HS/GS	niedriger als HS/GS
1	aufgeregt(1-4) traurig(4)	traurig(1) ängstl.(2,3) nachdenkl.(4)	ängstl.(1,2)	aufgeregt(4)	bedrückt(1,2) nachdenkl.(2)	traurig(2/4)
2	laufen(1,2) fliehen(4) heraussprin-gen(1)	springen (1,3) heraussprin-gen(2)	laufen(3,4) fliehen(1,2)	laufen(1) heraussprin-gen(3)	springen (1-4)	fliehen(1,3) heraussprin-gen(4)
3			Blitz(1-3)	Wiesel (1,3,4)	Wiesel(1) Verbrecher(2	Blitz(1,3)
4					rennen,rasen (1-4)	laufen(1-4)
5	hinterher-laufen(1,4)	wütend(1,4) aufgeregt(1, 2)			wütend(1-4) aufgeregt(1)	hinterher-laufen(1-4)
6	geschickt (2-4)	schnell(1-4) ängstl.(2)	ängstl.(1)	ungeschickt (1)	schnell(2,3) ängstl.(4)	geschickt (1-3)
7	böse(1,3) dumm(1) traurig(2)	wütend(1,4) aufgeregt(1)	erschöpft (1-4) ängstl.(2)	böse(2)	wütend(3,4) aufgeregt(4)	böse(4) erschöpft (1)
8	gucken (1,2,4)	betrachten (1,2,4) durchsuchen (4)	betrachten (1,4)	durchsuchen (3,2) untersuchen (1,4)	durchsuchen (2,3) untersuchen (1-4)	gucken(2,3)
9	dunkel(1,3) groß(4)	unordentlich (2,4)	groß(1)	dunkel(2)	unordentlich (1-4)	dunkel(3) groß(2)

Tabelle 46: Spaltenprozente der Schultypen zum Lückentext

		Film 1.			Film 2			Film 3			Film 4.		
EGR-NR		GS	HS	G	GS	HS	G	GS	HS	G	GS	HS	G
1	Signifikat 2	ausführlich			knapper als F1			kurz in Sign. 9			Natur + Rhythm.		
	bedrückt, gel.	22,0	18,4	41,8	11,3	8,9	32,4	10,5	3,8	7,4	7,9	9,4	7,8
	traurig	42,4	51,3	51,3	35,5	34,2	9,5	10,5	7,7	11,7	39,7	18,8	4,4
	ängstlich	5,1	6,6	6,6	14,5	35,4	24,3	22,8	38,5	41,5	14,3	38,8	42,2
	nachdenklich	8,5	10,5	10,5	11,3	11,4	20,3	22,8	23,1	18,1	3,2	28,2	33,3
	aufgeregt	22,0	13,2	13,2	27,4	10,1	13,5	33,3	26,9	21,3	34,9	4,7	12,2
2	Signif. 9	M-O-Vgl.: O +			M-O-Vgl.: M +			Einseitig: M			Natur + Rhythm.		
	laufen	29,7	4,8	16,7	52,2	14,6	13,5	19,4	27,7	15,4	26,5	38,9	22,5
	fliehen...	37,8	54,8	29,6	17,4	22,0	16,2	29,0	25,5	15,4	23,5	8,3	12,5
	springen...	0,0	16,7	33,3	21,7	26,8	32,4	12,9	27,7	28,8	20,6	25,0	57,5
	herausspring	32,4	23,8	20,4	8,7	36,6	37,8	38,7	19,1	40,4	29,4	27,8	7,5
3	Signif. 11	Entlassend-partiz. Kurz-Orientierung			Betreff.-entl. identif. Lang-Detaillierung			Neutrale Kurz-Detaillierung			Natur + Off-Ruf: Spannungssteigerung		
	Verbrecher	30,3	34,5	25,6	38,0	38,2	45,4	41,1	44,0	45,1	41,1	53,8	41,8
	Blitz, Läufer	20,2	34,5	7,8	16,3	22,1	12,4	20,6	30,0	12,1	18,3	18,8	17.3
	Wiesel, Hase	49,4	30,9	66,7	45,7	39,7	42,3	38,3	26,0	42,9	40,6	27,5	40,8
4	laufen	59,7	63,3	53,8	62,9	61,1	25,4	58,3	59,6	40,5	57,6	54,6	26,1
	rennen, rasen	40,3	36,7	46,2	37,1	38,9	74,6	41,7	40,4	59,5	42,4	45,4	73,9
	Signif. 13/14	Einseitig deta entlassend: O			Det. M-O-Vgl: M+ (betr: O, ident: M)			Ausgew. M-O-Vgl. (det./or., betr. entl./partiz.)			R(on), NG, MB, MZ		
	hinterherlauf	70,0	47,7	21,5	49,3	42,2	16,7	55,4	55,2	27,5	55,3	37,0	8,5
	wütend	12,9	18,2	30,8	32,4	23,3	57,3	12,3	9,2	36,7	23,7	39,1	67,9
	aufgeregt	17,1	34,1	47,7	18,3	24,4	26,0	32,3	35,6	35,8	21,1	23,9	23,6
6	Signif. 16	M-OVgl: M+ (M: ausf., O: knapp betr: M, entl: O)			Einseitig: M (entl., fern)			M nur am Rücktor erfolgreich (M-O-Vgl.: M+)			NG, MB, MZ		
	ungeschickt	32,3	21,6	39,1	23,9	28,8	30,0	9,5	9,1	11,0	23,2	30,1	26,1
	schnell, hast	32,3	39,8	41,8	28,2	35,6	44,0	27,4	43,4	51,4	34,1	45,2	42,4
	geschickt	24,2	20,5	7,3	36,6	15,1	7,0	53,6	29,3	23,9	25,6	7,5	8,7
	ängstlich	11,3	18,2	11,8	11,3	20,5	19,0	9,5	18,2	13,8	17,1	17,2	22,8
7	Signif. 21/23	Einseitig: O, (ausführl., indiv neutr.+betr.)			Einseitig: Os Mißerfolg (knapp orientierend)			M-O-Vgl: O+ (M überlegen entlassend)			MB, NG, R(on) Dynamisierung		
	böse	25,4	7,0	11,6	20,5	15,4	21,1	16,7	7,2	5,3	30,9	25,7	16,9
	wütend, ärg.	9,5	22,0	24,0	23,3	29,7	28,1	10,7	8,2	20,4	14,8	25,7	33,0
	dumm, komisch	12,7	4,0	7,4	6,8	3,3	7,0	11,9	5,2	7,1	9,9	5,0	2,6
	erschöpft...	14,3	18,0	8,3	6,8	13,2	8,8	13,1	21,6	12,9	9,9	13,9	5,2
	traurig, beso	25,4	22,0	19,0	21,9	11,0	7,9	15,5	15,5	11,5	11,1	6,9	9,6
	ängstlich	6,3	8,0	9,1	9,6	15,4	11,4	15,5	19,6	20,4	16,0	11,9	14,8
	aufgeregt	6,3	19,0	20,7	11,0	12,1	15,8	16,7	22,7	19,5	7,4	10,9	18,3
8	Signif. 26	Einseitig: Os Sicht (subj.K) (ausf., det., or.)			M-O-Vgl. nah, O: ausf., betr., überlegen. M: knapp, neutr.			Einseitig: O u. Os Blick (sK) (Mischg. aus F1 u. F2)			Os Ruf(on)		
9	gucken, sehen	37,8	13,9	9,5	53,7	40,5	13,3	30,0	35,7	8,3	49,0	16,0	13,3
	betrachten..	26,7	66,7	41,9	18,5	36,5	37,8	30,0	32,1	35,2	24,5	54,3	40,0
	durchsuchen	22,2	16,7	18,1	13,0	9,5	24,4	22,0	10,7	29,6	6,1	13,6	17,8
	untersuchen	13,3	2,8	30,5	14,8	13,5	24,4	18,0	21,4	26,9	20,4	16,0	28,9
	unordentlich	47,7	48,1	57,1	15,1	25,6	38,9	24,4	28,6	46,0	20,0	32,3	36,6
	dunkel	16,9	6,2	9,5	41,1	34,9	44,4	51,2	41,8	33,0	43,5	39,8	39,8
	groß, klein	35,4	45,7	33,3	43,8	39,5	16,7	24,4	29,6	21,0	36,5	28,0	23,7

Die Tabellen der einzelnen Schultypen zeigen Ausprägungen filmischer Einflußnahme auf die Sprachproduktion, die aus den Überblickslisten nicht hervorgehen konnten.

Hier sei noch einmal darauf hingewiesen, daß, wenn von "Begriffen" die Rede ist und dieselben in Anführungszeichen genannt werden, diese in der hier betrachteten Häufigkeit die Archilexeme sind, hinter denen die Wortfelder auf Tabelle 40 stehen. Als Einzellexeme gehören andere Prozentzahlen zu ihnen.

Die Auswirkung der Ausführlichkeit auf die Formulierung der Begriffe "bedrückt, gelangweilt" ist z.B. bei den Gymnasiasten bei weitem nicht so stark wie bei Grund- und Hauptschülern (vgl. Tabelle 45), dafür ist sie bedeutend stärker bei der Wahl des Begriffes "traurig". Dies scheint darin begründet zu sein, daß Grund- und Hauptschüler im ganzen häufiger "traurig" gewählt haben, während Gymnasiasten selbst zu F2 "bedrückt, gelangweilt" und "nachdenklich, mißtrauisch" stärker bevorzugen. Es spricht darum für die Stärke der EL-Wirkung, daß in der Haupt- und Grundschule überhaupt die F1-Spitzenposition bei "bedrückt, gelangweilt" so klar hervortritt.

(1) Bei der Wahl des Begriffes "ängstlich" scheint die Grundschüler die Spannung und Hetze der F3-Gestaltung und der Ton in F4 beeinflußt zu haben, ebenso die Gymnasiasten, die zudem noch durch die Geräusche der F4-Gestaltung veranlaßt sein können, Martin in dieser Fassung am häufigsten so zu bezeichnen. Die Hauptschüler benutzen den Begriff zu F2, F3 und F4 nahezu gleich häufig. Dies kann demnach nur auf den Gesamttrend der Fassung und ihre Affinitäts-Koeffizienten zurückzuführen sein. (In BEGR7 ist dies nicht so klar.)

Die Musik fördert bei den Grundschülern keineswegs die Wahl des Klassems "nachdenklich, mißtrauisch", wie sie es eindeutig bei den Gymnasiasten zu tun scheint und etwas stärker als die F3-Gestaltung auch bei den

Hauptschülern. Bei den Grundschülern verstärkt die Musik offensichtlich die Entscheidung für Ausdrücke mit dem Klassem "aufgeregt, böse", was sie bei HS und G nicht tut, ebenso die Entscheidung für "traurig". Hier kann ein Erfahrungsmangel zugrunde liegen, der entwicklungspsychologisch bedingt ist, der Spannungsverhältnisse, wie sie bei einer "nachdenklichen, mißtrauischen, aufgeregten oder bösen" Haltung vorausgesetzt werden, noch nicht zu differenzieren erlaubt. Der Ton drängt demzufolge zum Extrem (so auch in BEGR5 und BEGR7 zu "böse", nicht aber "wütend").

Überhaupt zeigt sich, daß die Grundschüler die Extreme und damit auch die allgemeineren Begriffe "traurig" und "aufgeregt, böse" stärker gleichmäßig besetzt haben als die beiden übrigen Schultypen. Als um so interessanter ist die Wirkung von F3 zu betrachten, die von diesen fortdrängt.

Wo der Kontext die Möglichkeit bietet, statt eines Adjektivs auch ein Verb einzusetzen, wie in BEGR5, entscheiden sich die Grundschüler in stärkerem Maße als alle anderen für das Verb. Diesen Trend verstärken die Musik und die Naturgeräusche, in überragendem Prozentanteil jedoch die "einseitig detaillierend-entlassende Darstellung" in F1 für das Verb "hinterherlaufen". Der ausgewogene Personenvergleich führt bei den Grundschülern dann unter den Adjektiv-Produktionen am ausgeprägtesten zu "aufgeregt", während Hauptschüler und Gymnasiasten sich fast ebenso stark bzw. stärker durch die einseitige Darstellung von F1 (s.o.) dazu bewegen lassen. Auch in BEGR7 ist bei den Grundschülern die Spitzenposition der Personen-Vergleichs-Fassung beim Adjektiv "aufgeregt" eindeutiger als bei Hauptschülern und Gymnasiasten. Die emotionale Wirkung des alternierten Syntagmas scheint bei der GS-Gruppe stärker auf die Wortwahl Einfluß zu nehmen als bei den beiden anderen Gruppen.

Bei BEGR7 zeigt sich wie bei BEGR1 die geringere Differenzierung der Bezeichnung des Stimmungstiefs von Grundschülern. So wie sich zu BEGR1 der relativ geringe Unterschied in der Ausführlichkeit nicht so stark wie bei den übrigen Schultypen auswirkte, so zu BEGR7 die unterschiedliche Schwerpunktsetzung bei der einseitigen Darstellung. Lediglich die größere Spannung, die das alternierte Syntagma von F3 oder der Ton von F4 erzeugen, lassen das Lexem "traurig" zurücktreten zugunsten von "ängstlich" und "erschöpft" (F3-Spitze) und "böse" (F4-Spitze).

Visuell oder akustisch erzeugte Spannung bestätigt sich immer wieder als Motor für die Produktion entweder allgemeiner oder durch ein Spannungsmoment spezialisierter Begriffe bei Grundschülern. Außer den besonderen Kontingenzen zu "traurig", "ängstlich" und "böse" sind auch die Prozentanteile von "laufen" zum Personenvergleich in BEGR2 (F1 und F2) oder "fliehen" (BEGR2, F4) zum rhythmisierten Personenvergleich und von "gucken, sehen" zum Personenvergleich mit und ohne Ton in BEGR8 und die Bevorzugung von "groß, klein" zur selben Darstellungsform in BEGR9 (F2/4) deutliche Beispiele (s. Tabellen im Anhang und Tabelle 46). Hierin unterscheiden sich die Grundschüler deutlich von den beiden übrigen Gruppen.

Erheblich höher als bei den beiden übrigen Schultypen ist der GS-Anteil der Aufwertungen Martins in BEGR6 zu Signifikat 16, und zwar zu allen Darstellungsweisen, am höchsten, wie bei allen, zu der Erfolgsdarstellung von F3, dann aber auch zur einseitigen Betrachtung des in die Ferne entlassenen Martin in F2.

In der Abwertung Martins sind die Grundschüler entsprechend zurückhaltend, im Vergleich zu allen beiden übrigen Gruppen besonders zur einseitigen Bevorzugung Martins in F2, im Vergleich zu den Hauptschülern auch in der spannungsteigernden Tonfassung, nicht aber zum Personenvergleich in F1.

In der Abwertung des Onkels lassen sie sich nicht von der einseitigen Bevorzugung des Onkels in F1 oder dem Personenvergleich in F3 in dem Maße wie die beiden anderen Gruppen beeinflussen, sondern gebrauchen gerade dort häufiger einen Ausdruck mit dem Klassem "dumm, komisch", am ehesten mit den Gymnasiasten vergleichbar.

Die Dunkelheit und die dazugehörige Stimmung des Schuppens schlägt sich bei den Grundschülern zu allen Fassungen, besonders aber auch zu der ersten und dritten, die den Schuppen selbst und nicht nur den suchenden Onkel ins Blickfeld rücken, stärker in der Wortwahl nieder als bei den Hauptschülern und Gymnasiasten. Auch dies spricht, wie alle bisher genannten Unterschiede, für eine stärkere emotional geartete Assoziationsweise bei der sprachlichen Bezugnahme der Grundschüler.

(2) Die Befunde der Hauptschüler sprechen in vielen Beispielen für eine im Vergleich zu Grundschülern und Gymnasiasten geringere Sensibilität der Probanden gegenüber solchen Filmklassemen, die nicht nur wahrzunehmen, sondern zu interpretieren sind.

Der Gebrauch von "ängstlich" z.B. ist, abgesehen von der allgemeinen durch den Sog von "traurig" zu erklärenden geringen Häufigkeit zur Fassung 1 in BEGR1 zu keiner Darstellungsweise so häufig, daß er sich mit mindestens 5 % von allen übrigen Bezugnahmen unterschiede, weder in BEGR1 noch in BEGR6 noch in BEGR7. Dies gibt es nur bei der HS-Gruppe (s. Tabelle 46).

Die Spannungssteigerung, die in Fassung 4 durch Naturgeräusche und Musik bewirkt wird, führt bei den Hauptschülern nicht wie bei den Grundschülern zu einer

Steigerung der Häufigkeit von "aufgeregt", sondern erheblich stärker als bei den Gymnasiasten zu einer Reduzierung derselben gegenüber der tonlosen F2-Fassung und zu einer Erhöhung der Prozentanteile von "nachdenklich", "ängstlich" in BEGR1. Eine Reduzierung von "aufgeregt" bei den Hauptschülern durch die Tonfassung findet sich auch in BEGR5 zugunsten von "wütend" (im Gegensatz zu GS, aber ebenso wie bei G) und in BEGR7 zugunsten von "böse" (im Gegensatz zu G, aber ebenso wie GS).

Bei der Artikulation des Klassems "wütend" wirkt sich bei den Hauptschülern in BEGR5 kaum der Unterschied zwischen einer detaillierend-entlassenden Einseitigkeit und einem detaillierend-betreffenden Vergleich (F1 und F2) aus (HS: 5,1 % Unterschied; GS: 19,5 %; G:26,5 %), lediglich der Ton mit einem Ruf im On, Naturgeräuschen und Musik führt zu einer erheblichen Häufigkeitssteigerung und die Ausgewogenheit des Vergleichs in F3 zu einer erheblichen Reduktion zugunsten des Verbs "hinterherlaufen" (vgl.Tab.46). Völlig analog sind die Verteilungen von "wütend" in BEGR 7. Auch hier wirken sich weder die Makro-Verhältnisse im Sinne des Gesamtfilmtrends noch die Mikro-Verhältnisse der Signifikatspräsentation mit Ausnahme der Ausgewogenheit der F3-Fassung so auf die Häufigkeiten aus, daß sich eine mit auch nur 5 % von den beiden übrigen unterschiede. Bei "böse" hingegen zeigt sich eine signifikante Steigerung durch die "knapp orientierende, einseitige Darstellung von Os Mißerfolg" in F2 und deren akustische Dynamisierung in F4, vermutlich in Verbindung mit den Gesamtfilmtrends von F2/F4, wobei der Ton zu einer erheblichen Verstärkung beiträgt (vgl.Tab.46) (im Gegensatz zur Tonwirkung bei den Gymnasiasten).

Beim Vergleich Martins mit einem "Verbrecher" o.ä. in BEGR3 wirkt sich bei den Hauptschülern, anders als bei den beiden übrigen Gruppen, der Ton stärker auf die Häufigkeitsunterschiede aus als die Einstellungsgröße und -zeit oder der Gesamtfilmtrend:

Tabelle 47: Spaltenprozente zu Verbrecher (BEGR3) (Schultypen)

Verbrecher	F1	F2	F3	F4
Grundschule	30,3 %	38,0 %	41,1 %	41,1 %
Hauptschule	34,5 %	38,2 %	44,0 %	53,8 %
Gymnasium	25,6 %	45,4 %	45,1 %	41,8 %

Die Unterschiede in der visuellen Gestaltung wirken bei den Hauptschülern stärker als bei den übrigen Schultypen auf die Häufigkeiten der geschwindigkeitsbetonenden Vergleiche "Blitz, Läufer" u.ä. Eine kurze Einstellungszeit (F1 und F3) fördert diese erheblich. Der Ton reduziert dabei die Häufigkeit:

Tabelle 48: Spaltenprozente zu Blitz, Läufer (BEGR3) (Schultypen)

Blitz, Läufer	F1	F2	F3	F4
Grundschule	20,2 %	16,3 %	20,6 %	18,3 %
Hauptschule	34,5 %	22,1 %	30,0 %	18,8 %
Gymnasium	7,8 %	12,4 %	12,1 %	17,3 %

Die Lang-Detaillierung von F2 ist bei den Hauptschülern in besonders hohem Maße mit dem Tier-Vergleich verbunden:

Tabelle 49: Spaltenprozente zu Wiesel, Hase (BEGR3) (Schultypen)

Wiesel, Hase	F1	F2	F3	F4
Grundschule	49,4 %	45,7 %	38,3 %	40,6 %
Hauptschule	30,9 %	39,7 %	26,0 %	27,5 %
Gymnasium	66,7 %	42,3 %	42,9 %	40,8 %

Bedenkt man, daß die beiden übrigen Schultypen zu dieser intensiven Darstellungsweise besonders häufig eine menschliche Typisierung und Verhaltensinterpretation im "Verbrecher"-Vergleich aktualisieren und den Tier-Vergleich bei der Kurzorientierung von F1 bevorzugen, so scheint die HS-Response hier für eine am Äußerlichen orientierte Prädikation zu sprechen, in der nicht, wie beim Geschwindigkeit betonenden Tier-Vergleich eine Assoziation zwischen Film- und Sprachklassemen zum Ausdruck kommt.

Bei der Bezeichnung des Stimmungstiefs reagieren die Hauptschüler teils mehr wie die Grundschüler, teils mehr wie die Gymnasiasten, teils liegen ihre Prozentwerte genau in der Mitte zwischen den beiden anderen Gruppen.

Bei der Verwendung des Begriffes "traurig" bei der Prädikation von Martins Blick im Zug liegt der Prozentanteil der HS-Gruppe zwar auf derselben Höhe wie der der Gymnasiasten zur ausführlichsten Darstellung in F1, der Unterschied zur weniger ausführlichen Präsentation in F2 entspricht jedoch mehr den Grundschülern, ebenso wie die noch bezeichnenderen Prozentwerte von "bedrückt, gelangweilt" zu F1 und F2, die bei Haupt- und Grundschülern nicht einmal die Hälfte der Gymnasiastenprozente ausmachen (s. Tab. 46).

Im Kontext von BEGR7 reagieren die Hauptschüler wie die Gymnasiasten auf die knappere Einstellungslänge von F2 mit einer um 11 % geringeren Häufigkeit von "traurig", und zwar stärker als die G-Gruppe zugunsten von "erschöpft". Allerdings wird hier die Einstellungskürze durch die ausschließliche Darstellung von Os Mißerfolg in orientierender Ferne unterstützt. Mit einer stärkeren Ausprägung des Anteils von "erschöpft" als die beiden Vergleichsgruppen reagieren die Hauptschüler auf die Darstellungen von F1 und F3 in einseitiger Bevorzugung des Onkels bzw. im Personenvergleich zugunsten des Onkels, während sie zur F2-Darstellung mit und ohne Ton konstant zurückhaltend sind (s.Tab.46).

Erheblich höher als bei beiden Vergleichsgruppen ist bei den Hauptschülern der Prozentanteil des Archilexems "laufen" als BEGR2 bei der einseitig Martin zeigenden F3-Fassung und beim Tonfilm.
Beim Personenvergleich zugunsten des Onkels (F1) ist er bedeutend niedriger als bei den Vergleichsgruppen. Dort dominiert das Klassem "fliehen" in überragendem Maße. Auffällig niedrig ist, damit verbunden, der Prozentsatz des Modalitäten betonenden "Springen, Rennen" u.a. zu F1 und des "Herausspringens" zu F3. Beim Personenvergleich von F2 gleicht der Prozentsatz der Hauptschüler, die "herausspringen" verwendeten, dem der Gymnasiasten, bei der Tonfassung dem der Grundschüler.

Beim Gebrauch von "laufen" als BEGR4 unterscheiden sich die Prozentzahlen der Hauptschüler kaum von denen der Grundschüler, wohl aber, außer bei der entlassenden Kurzorientierung von F1, erheblich von den Gymnasiasten:

Tabelle 50: Spaltenprozente zu laufen (BEGR4) (Schultypen)

laufen	F1	F2	F3	F4
Grundschule	59,7 %	62,9 %	58,3 %	57,6 %
Hauptschule	63,3 %	61,1 %	59,6 %	54,6 %
Gymnasium	53,8 %	25,4 %	40,5 %	26,1 %

Die Häufigkeitsverteilung wird kaum von der Darstellungsweise beeinflußt. Zu berücksichtigen ist jedoch bei BEGR4 immer, daß die Differenzierung und Nuancierung durch den Vergleich in BEGR3 gegeben ist.

Die Benutzung des Archilexems "gucken, sehen" als BEGR8 wird bei den Hauptschülern durch die einseitige Darstellung der Sicht des Onkels in F1 wie bei den Gymnasiasten zugunsten von "betrachten" niedrig gehalten. Zum nahen Personenvergleich in F2 und zur einseitigen Mischform aus der

Darstellung der Sicht und des Gesichts des Onkels in F3 ist sie jedoch wie bei den Grundschülern häufig. Erst die Tonfassung, in welcher der Onkel ruft, reduziert sie auf die Höhe der Gymnasiasten. Beim Gebrauch von "betrachten" entspricht der Hauptschüler-Prozentsatz immer dem der Gymnasiasten. Bei der einseitigen Sicht mit den Augen des Onkels übersteigt er die Vergleichsgruppen um 25 bzw. 40 %. Auffällig sind die niedrigen HS-Prozente an "durchsuchen" beim Personenvergleich und der Mischform und an "untersuchen" bei der subjektiven Onkel-Sicht und der Tonfassung, und zwar zugunsten von "betrachten" (vgl. Tabelle 46).

Bei der Abwertung sind die Hauptschüler in besonderem Maße zurückhaltend: z.B. sind sie es mehr als beide Vergleichsgruppen bei "ungeschickt" als BEGR6 zum Personenvergleich mit Martin-Bevorzugung in F1 oder so wie die Gymnasiasten bei "dumm" als BEGR7 in allen Fassungen, bei der einseitig des Onkels Mißerfolg darstellenden F2-Fassung sogar mit niedrigerer Prozentzahl als die beiden übrigen, oder wie die Grundschüler bei "unordentlich" als BEGR9 zu den Fassungen, die an des Onkels Sicht partizipieren lassen (F1 und F3), und in mittlerer Stärke bei den Fassungen, die den Schuppen nur bei Martins Verstecksuche zeigen (F2/4), der die Unordnung dienlich ist.

Um die Komplexität der Besonderheiten der Hauptschüler vergröbernd in Grundzügen zu skizzieren, können die Beobachtungen folgendermaßen zusammengefaßt werden:

(1) Erheblich höhere Prozentanteile als beide Vergleichsgruppen weisen die Hauptschüler auf:

a) bei in mittlerem Maße allgemeinen Ausdrücken, zu Darstellungen, welche die Grundschüler zu noch allgemeineren und die Gymnasiasten zu spezielleren, vor allem die Modalitäten betonenden Ausdrücke veranlassen, z.B. "ängstlich" als BEGR1 zur knapperen Präsentation von F2, als BEGR6 zum Martin betonenden Personenvergleich von F1 oder als BEGR7 zur einseitigen Darstellung von des Onkels Mißerfolg in F2;

z.B. "fliehen" als BEGR2 zum Personenvergleich in F1 und F2;

b) bei zwei ganz allgemeinen Ausdrücken zu einseitigen Darstellungen, die beide Vergleichsgruppen zu intensiverer Differenzierung veranlassen, und einem naturalisierten und rhythmisierten Personenvergleich: "laufen" als BEGR2 zu F3 und F4, "groß" als BEGR9 zu F1;

c) bei einem Ausdruck mit den Klassemen "schnell" und "technisch" oder "sportlich": "Blitz, Läufer" als BEGR3 zu allen Filmfassungen außer der mit Ton; bei dem ebenfalls die sportliche Seite betonenden "erschöpft" als BEGR7 in sämtlichen Fassungen und beim sehr realistisch verwendeten "betrachten" als BEGR8 zur subjektiven Sicht mit den Augen des Onkels und dem Personenvergleich mit Onkel-Ruf, der den Schuppen gar nicht ins Blickfeld rückt (F1 und F4). Demzufolge sind die Prozentanteile des nicht den Tatsachen entsprechenden, sondern von den Gymnasiasten und sogar den Grundschülern aus anderen Gründen stärker gewählten "untersuchen" als BEGR8 bei den Hauptschülern äußerst niedrig.

Alle bei den Hauptschülern höher als bei den Vergleichsgruppen gefundenen Prozentwerte finden sich bei Klassemen, die "äußerlich wahrnehmbar", aber auch aus wahrgenommenen Merkmalen ableit- und insofern interpretierbar, im ganzen objektorientierter sind als die Alternativen, die bei Grundschülern und Gymnasiasten stärker gezählt werden und die intentional interpretierende, stilistische o.ä. Seme zusätzlich oder stattdessen besitzen.

(2) Mit den erheblich niedrigeren Werten verhält es sich wie bei den Freiheitsgraden der Chi-Quadrat-Berechnung: Sie sind von den erheblich höheren mitbestimmt, die ihre Prozentzahlen reduzieren. Dennoch können sie symptomatisch sein.

Erheblich niedriger als bei Grundschülern und Gymnasiasten sind die Anteile der Hauptschüler bei weniger äußerlich wahrnehmbaren Klassemen wie z.B.

a) den Tier-Vergleichen als BEGR3 bei der kurzen Präsentation in F1 und F3 und der ausführlichen F4-Fassung mit Off-Ruf und Naturgeräuschen,
b) bei der Kritik an Martin durch "ungeschickt" als BEGR6 im Personenvergleich mit Bevorzugung Martins (F1),
   bei der Abwertung des entfernt sichbaren Onkels durch "böse" als BEGR7 (F2)
c) und bei der oben erwähnten Interpretation von des Onkels Blicken im Schuppen als "Durchsuchen" und "Untersuchen" (BEGR8) zu F2/3 bzw. F1/4, bei der man die Intensität und die Zweckorientiertheit aus der Blickweise und dem Gesamtzusammenhang erschließen, ja in diese hineininterpretieren muß.
d) In diesem Sinne wäre auch der geringe Anteil von "laufen" als BEGR2 zum Personenvergleich mit eindeutiger Betonung der Onkel-Perspektive und -Verhaltensweise in F1 zu sehen, die das Laufen Martins in die Ferne rückt, ebenso von"herausspringen" als BEGR2 zur F3-Fassung, die diesen Aspekt gar nicht zeigt, und von "dunkel" als BEGR9 zur Darstellung von des Onkels und Martins Gesicht in F2, welche die Dunkelheit des Schuppens gar nicht in den Blick kommen läßt.

Die Hauptschüler scheinen nur deshalb weniger zu interpretieren, weil sie zur Interpretation eine größere Anzahl objektorientierter Seme benötigen.

Generell zeigt sich bei den Gymnasiasten die ausgeprägteste Abneigung gegenüber Allgemeinausdrücken. Zu allen Filmfassungen findet man darum erheblich niedrigere Prozentwerte als bei den Vergleichsgruppen für die Ausdrücke "laufen" als BEGR4, "hinterherlaufen" als BEGR5, "gucken, sehen" als BEGR8 (im letzten Fall zu F1 und F4 weniger erheblich).

Komplementär dazu sind folgende Ausdrücke mit speziellen Klassemen erheblich häufiger vertreten als bei den Vergleichsgruppen, und zwar zu allen Fassungen des Films: "springen, rennen" als BEGR2, "rennen, rasen" als BEGR4, "wütend" als BEGR5, "untersuchen" als BEGR8 und "unordentlich" als BEGR9.

Die Wirkung der Wahrnehmungsverhältnisse, welche die Filmklasseme organisieren, tritt besonders dort deutlich hervor, wo sich die Darstellungsweisen darin unterscheiden, ob sie logische oder nachempfindende Interpretationen zulassen oder nicht. Wo solche Interpretationen über die Wahrnehmung des äußeren Phänomens hin möglich sind, werden sie von den Gymnasiasten in erheblich höherem Maße als von den Vergleichsgruppen realisiert, ja oft selbst dann, wenn die Möglichkeit umstritten ist, weil die Wahrnehmungsgrundlage äußerst schmal oder gar nicht gegeben ist.

Eine ausreichende Zeit zur Interpretation von Martins Blick im Zug gewähren die Fassungen 1 und 2. Zu diesen ist der Prozentsatz der Verwendung von "bedrückt" als BEGR1 bedeutend höher als bei den Vergleichsgruppen, nicht aber zur knappen Präsentation von F3, und nicht zur Tonfassung, welche die Spannung steigert und die Prozente "ängstlich" und "nachdenklich" zukommen läßt. Letzteres Klassem ist auch zu F2 bei der G-Gruppe besonders häufig, während "traurig" zu F2 und F4 einmalig selten benutzt wird.

Als einzige Gruppe haben die Gymnasiasten den höchsten Prozentsatz ihrer Wahlen des Klassems "aufgeregt" als BEGR5 bei der Fassung 1, welche die Reaktion des Onkels auf Martins Flucht einseitig detaillierend-entlassend zeigt. Dieser Prozentsatz ist erheblich höher als der der Vergleichsgruppen, zudem der höchste aller Alternativen zu dieser Fassung. Während die beiden anderen Gruppen des Filmklassems "Spannung" bedürfen, welche die drei übrigen Fassungen mit dem Personenvergleich bieten, genügt den Gymnasiasten zur Interpretation der Gemütslage des Onkels die Detailliertheit mit den mit ihr verbundenen Filmsemen.

Entsprechend dürfte die einzigartige Höhe des Anteils von "wütend" als BEGR7 zur Fassung 3 zu erklären sein, die einen Personenvergleich zugunsten des Onkels präsentiert, aber auch der einmalig häufige Vergleich Martins mit einem "Verbrecher, Wilden, Verrückten" als BEGR3 zur ausführlich detaillierenden Fassung 2, während die kurz orientierende Fassung 1 einmalig hoch mit "Wiesel, Hase" korrespondiert. Daß dabei der Ton sehr einflußreich sein kann, zeigt die Häufigkeit von "ängstlich" als BEGR6 und "aufgeregt" als BEGR7 zur Tonfilmfassung, welche die Vergleichsgruppen erheblich niedriger aufweisen.

Interpretierfreude ohne Wahrnehmungsbasis zeigt sich bei der einmalig hohen Häufigkeit des schon erwähnten "untersuchen" als BEGR8 zu allen Fassungen. Keine bietet einen Hinweis auf eine gründliche "Untersuchung". Ebenso fehlt bei der entsprechenden Häufigkeit von "durchsuchen" im selben Zusammenhang zu den Fassungen 2 und 3 zur Wahrnehmung einer "Durchsuchung" jeglicher Hinweis.

Der beschriebenen Gesamttendenz entsprechen die einmalig niedrigen Prozentzahlen zu äußerlich wahrnehmbaren Klassemen, wenn der Film die Möglichkeit der Interpretation bietet. Ausnahmen sind die geringen Häufigkeiten von "fliehen" als BEGR2 beim Personenvergleich zugunsten des Onkels (F1) oder der einseitigen Darstellung Martins (F3) und von "erschöpft" als BEGR7 bei der Fassung 1, die einseitig ausführlich den Onkel zeigt.

Deutlich wird die Interpretierfreude an der Seltenheit von "Blitz, Sportler" als BEGR3 bei der Kurzorientierung der Fassung 1 und Kurzdetaillierung von F3 und von "dunkel" als BEGR9 bei der einseitig den Onkel und sein Blickfeld zeigenden Fassung 3.

Daß unter den genannten filmischen Bedingungen Allgemeinbegriffe besonders selten sind, versteht sich von selbst. Beispiele dafür sind außer dem schon erwähnten "traurig" als BEGR1 zu F2/4 der einmalig niedrige Prozentanteil an "böse" als BEGR7 zur Fassung 4, die einseitig des Onkels Mißerfolg mit Ruf, Naturgeräuschen und Musik zeigt, und "groß / klein" als BEGR9 zum Personenvergleich in F2.

Von einem Realismus, der auf Interpretation verzichtet, zeugen: die einmalige Häufigkeit von "schnell" als BEGR6 zur einseitigen Darstellung von Martins Versuch, das Vordertor zu öffnen in F2, und zum Personenvergleich mit Martins Erfolg am Rücktor in F3 und die damit verbundene einmalige Seltenheit von "geschickt" als BEGR6 zu F1 bis F3, also auch zur Bevorzugung Martins und zu dessen Erfolgsdarstellung ohne vorausgeschickten Mißerfolgsbericht.

8.2.4 Zusammenfassung

Um die statistische Signifikanz ihrer Unterschiede ermitteln zu können, sind die Lexeme zusammenzufassen, so daß zunächst nicht Lexeme, sondern Begriffe untersucht werden.

Eine Analyse nach Archilexemen zeigt bei den Lückensätzen aufschlußreiche Assoziationen zwischen Film- und Sprachsemen, bei denen mehr als ein Wortfeld Paradigma sein kann. Das Sprachsem "nachempfindbar" assoziiert z.B. mit Filmsemen wie "ausführlich", "entlassend", das Sprachsem "abwertend" mit "vergleichend", "erhebend", "erniedrigend" etc. Die geringe Differenziertheit und die ungleichmäßige Verteilung der Häufigkeiten stören jedoch eine präzise Untersuchung.

Eine Analyse nach a priori festgelegten Klassemen bestätigt und differenziert die Befunde der Archilexem-Analyse. Es wird deutlich: Je differenzierter ein Sprachklassem ist, desto größer wird die Menge der filmischen Seme, die als mit ihm korrespondierende Semgruppe angesehen werden kann. Je größer aber diese Gruppe wird, desto größer sind die filmisch-paradigmatischen Selektionsmöglichkeiten. Identifikationsmöglichkeiten aller Art scheinen die wichtigsten Voraussetzungen für Ausdrücke mit differenzierenden Klassemen (also nicht "Archilexem") zu sein.

Zur endgültigen Analyse mußte aus statistischen Gründen die Klassifizierung weiter korrigiert werden: stark frequentierte Begriffe werden als isolierte Werte gezählt, schwach frequentierte zu statistisch relevanten Gruppen zusammengefaßt oder schon vorhandenen Gruppen nach semantischen Gesichtspunkten zugeordnet (s. Tabelle 40). Die BEGR-Werte tragen die Namen der jeweils häufigsten Lexeme. Da die Filme, welche die zu den BEGR-Werten gehörenden Paradigmen stärker als die übrigen Filme fördern, zugleich die sind, welche auch die häufigsten Lexeme der Paradigmen fördern, ist die Begriffsanalyse zugleich eine Wortfeldanalyse der häufigsten Lexeme, sofern es nur um die Prozentrangspitzen geht. Die prozentualen Differenzen sind getrennt zu überprüfen.

Für alle Befunde gilt, daß die Zusammenhänge im beschriebenen Vierervergleich nur schwach bis mittelstark signifikant sind.

Die Analyse nach korrigierten Klassemen beweist, daß es keine eineindeutigen Beziehungen zwischen einzelnen Film- und Sprachsemen gibt. Es zeigen sich lediglich Assoziationen zwischen Semgruppen, die als gemeinsames Klassem einer filmischen Äußerung angesehen werden können, deren Elemente sich aber mit anderen Semen zu neuen Klassemen vereinigen lassen, und Sprachklassemen, die ebenfalls am besten durch mehrere Seme beschreibbar sind, aber die im Sememverband ein festeres Gefüge darstellen.

Eindeutige Beziehungen sind möglich, z.B. zwischen dem Sprachklassem "psychisch-schwach" + "ohne Spannung" und dem Filmklassem "ausführlich" oder dem Filmklassem "betreffend" und dem Sprachklassem "Intensität".

Als sogenannte "Kernklasseme", die Semgruppen eine Bedeutungsrichtung verleihen, können erwiesenermaßen "einseitig" bzw. "vergleichend", mit großer Wahrscheinlichkeit "knapp" bzw. "ausführlich" und "betreffend" bzw. "entlassend", also der Syntagmentyp, die Äußerungslänge und die Objektbewegungsrichtung gelten. Werden sie selbst miteinander verbunden, ergeben sich relativ stabile Assoziationen: "vergleichend - ausführlich" assoziiert stärker mit den Sprachklassemen "logisch erschließbar" + "Spannung" oder "nachempfindbar" + "Spannung" als die Verbindung "einseitig - knapp"."Vergleichend - betreffend" assoziiert stärker mit "Intensität" als "entlassend - knapp".

Die Ergebnisse der Analyse nach Schultypen lassen sich, grob zusammengefaßt, folgendermaßen skizzieren (s. Überblick, Tabelle 45):

(1) Die Grundschüler weisen am häufigsten Höchstzahlen allgemeiner Ausdrücke auf. Höhere Prozentzahlen als Hauptschüler und Gymnasiasten haben sie am häufigsten bei emotional engagierten Ausdrücken, die mit filmischen Emotionalisierungen korrespondieren, geringere Prozentzahlen bei differenzierteren Ausdrücken mit relativierender Begrifflichkeit, die mit logisch zu erschließenden Filmsemen korrespondieren.

(2) Die Hauptschüler bieten am häufigsten Höchstzahlen solcher Ausdrücke, die äußerlich Wahrnehmbares beschreiben, auch wenn der Film Interpretationsmöglichkeiten präsentiert, am häufigsten Tiefstzahlen bei logisch oder emotional deutenden Ausdrücken, zu denen eine schmale Basis von Objektmerkmalen vorliegt.

(3) Bei den Gymnasiasten finden sich die häufigsten erheblich über denen der Vergleichsgruppen liegenden Prozentzahlen bei logisch und emotional interpretierenden Ausdrücken, selbst wenn die Wahrnehmungsverhältnisse und die Objekte dies nicht objektiv rechtfertigen. Diese Gruppe produziert die häufigsten erheblich unter denen der Vergleichsgruppen

liegenden Prozentsätze an allgemeinen Begriffen, besonders wenn diese äußerlich Wahrnehmbares bezeichnen.

8.3 Multiple-choice

Da bei diesem Aufgabentyp die Klassifizierung der Werte beim Aufgabenentwurf festgelegt wurde, ergibt sich hier nicht das Problem der geschicktesten Klassenbildung wie bei der Lückentext-Auswertung. Dennoch wurden auch hier aus statistischen Gründen, d.h. um möglichst keine erwartete Häufigkeit kleiner als 5 sein zu lassen, kleinere Umkodierungen vorgenommen, die semantisch zu rechtfertigen sind:

(1) Bei MC6 wurden die Lexeme mit dem Klassem "Stärke" wegen ihrer Seltenheit zu einem Wert zusammengefaßt: "lustig, schadenfroh, erleichtert" = "lustig".

(2) Bei MC3 bilden die Lexeme mit den Klassemen "Modalitäten" und "nicht normalsprachlich" einen einzigen Wert: "losfegen" und "sprinten" = "losfegen, sprinten".

(3) Bei MC4 mußten "Unterkunft" und "Zufluchtstätte" zusammengezogen werden, obwohl sie lediglich das Klassem "Temporalität" im Sinne von "dauerhaft" gemeinsam haben.

Die Stärke der Signifikanz erreicht auch hier bei keiner Probandengruppe die Hälfte des möglichen Maximalwertes. Es zeigen sich demnach schwache bis mittelstarke Zusammenhänge.

8.3.1 Gesamtpopulation

Die prozentualen Spitzenplätze der Filmfassungen zu den einzelnen Lexemen, welche die folgende Überblicksliste (s. Tabelle 51) zeigt, weisen im wesentlichen eine derart klare Übereinstimmung sämtlicher Subpopulationen bei der Entscheidung einzelner Filmfassungsgruppen für ein Lexem auf, daß antezedierende Variablen ausgeschlossen werden können und die Gesamtpopulation als repräsentativ analysiert werden kann.

Tabelle 51: Prozentrangspitzen der Multiple-choice-Analyse

MC	Personal-Var	all	Schule			Alter			Geschl		Beruf .V.			TV-Stdn.			ADST - Fehler		
Nr.	Sprach-Var.		GS	HS	G	8	10	12	m	w	Ak	oAk	Arb	0	11	21	0	3	6
1	fliehen	13		13	13		3	13	31	1		31	13	13	13	31	13	13	
	rasen	2		2	2		2	2	2	2		2	2	2	2	2	2	24	
	keuchen	4		42	42		24	42	42	42		42	42	4	42	24	24	4	
	laufen	1		42	134		1	3	4	1		1	3	2	1	4	3	3	
	C-Koeff.	.22		.23	.29		.26	.25	.25	.23		.24	.26	.31	.24	.21	.3	.24	
2	schnell	2	21	21	1	21	2	1	21	21	1	12	2	2	2	1	12	12	
	voll Sorge	31	3	13	13	3	13	13	13	3	132	31	31	31	13	31	13	31	
	wutschnaubend	42	412	42	42	2	4	42	24	42	42	42	42	42	42	42	42	24	
	außer Atem	31	3	3	31	3	3	31	3	31	3	3	31	3	13	3	31	3	
	mit Affenzahn	2	4	12	1	4	1	2	1	2	2	1	2	4	4	2	2	4	
	C-Koeff.	.3	.25	.3	.43	.24	.38	.35	.29	.35	--	.34	.33	.35	.38	.3	.41	.34	
5	guckt	32		32					3				3			2	3		2
	glotzt	42		24					24				24			4	2		4
	späht umher	4		3					2				3			3	4		34
	betrachtet..	3		4					3				4			31	3		4
	prüft Umgebg	1		1					1				1			1	1		13
	C-Koeff.	.13		.26					.2				.23			.2	.23		.21
6	lustig, schadenfroh, erl.	14			1		1	(2)	1	3		(4)			(4)	4	1	4	
	aufgeregt	2			2		2	(1)	12	3		1			2	2	2	3	
	gespannt	1			1		1	1	1	1		1			1	1	1	1	
	ängstlich	342			432		34	432	324	432		234			4	234	432	2	
	C-Koeff.	.14			.26		.27	.17	.17	.18		.17			.18	.2	.22	.25	
7	geht raus	2	1	241	2	1	2	2	2	2	21	2	2	1	2	2	12	412	2
	verläßt Sch.	42	412	241	412	4	1	243	124	421	4	214	241	421	214	412	241	24	412
	kehrt aus d. Sch.z.Zug zurück	3	3	3	3	3	3	3	3	3	3	3	3	3	3	3	3	3	3
	gibt Suche auf	3	2	3	3	2	3	3	3	3	34	3	3	3	3	3	3	13	1
	C-Koeff.	.32	.26	.35	.4	.27	.31	.37	.33	.33	--	.31	.31	.34	.29	.38	.34	.42	.27
8	allein	1			1		1	1		41		1			1			1	
	verlassen	43			3		3	432		3		4			3			432	
	befreit	2			2		2	2		2		3			2			2	
	einsam	3			3		4	3		3		23			3			11	
	C-Koeff.	.12			.22		.24	.16		.19		.17			.19			.25	
Nicht signifikant 3	rennen	24	2	4	1	2/4	412	1	24	1	1	23	4	3	4	2	14	1	2
	losfegen, sprinten	- -	4	4	2	431	241	3	1	34	2	1	4	4	-	-	2	34	4
	vorwärtshasten	3	13	3	43	13	3	34	3	2	34	42	321	2	3	3	3	2	1
4	guter Platz	4	3	24	4	3	2	42	4	24	-	-	14	3	4	-	-	4	3
	Versteck	1	2	4	1	2	21	14	1	4	41	21	41	3	12	41	21	13	1
	Schlupfwinkel	-	4	2	3	4	3	23	243	1	3	42	2	1	34	2	3	2	24
	Unterkunft, Zufluchtst.	3	1	31	23	1	3	32	31	23	13	13	3	142	3	3	213	3	31

Figur 34: **Kombinierte Sprach- und Filmsem-Matrix zur Multiple-choice-Analyse**

		Symbolfunktionelle Sprach-Seme																	symptomfunkt.				
Differierende SEME / MC - LEXEME		Detail	Ganzheit	Relation	nur menschlich	physisch	psychisch	Stärke	Schwäche	Prozeß (Dynam.)	Intensität	Modalität	Lokalität	Temporalität	Spannung	sinnlich wahrnehmbar	logisch erschließbar	nachempfindbar	Aufwertung	Abwertung	nicht normalspr	metaphorisch	
MC1	fliehen			⊕					⊕				⊕	+									
S12	rasen		+					+			⊕			+							+		
	keuchen	+						+			⊕	⊕				⊕						+	
	laufen		+																				⊕
MC	schnell		+			+		⊕						+									
2	voll Sorge			+	+		+		⊕						+		+	⊕					
S	wutschn.			+		+		⊕		⊕						⊕							
13/	auß.Atem	+				+			⊕		+					⊕							
14	mit Affen-		+																				
	zahn							⊕			+										+	+	
MC	rennen													+									⊕
3	losfegen,																						
S	sprinten											+	+								+		
17	vorwärts-																						
n.s	hasten										+	⊕	+	+	+			⊕					
MC	guterPlatz		+					+					+						+				+
4	Versteck			+					+			+			+		⊕						⊕
S	Schlupf-																						
22	winkel			+					+		+	+										+	
	Unterkunft		+																				
n.s	Zuflucht			+					+		+			+					+				
MC	guckt		+																				⊕
5	glotzt		+								⊕	+									⊕		
S	späht umh.			+								+	+		+								
25	betrachtet			+							⊕	+		⊕									
	alles																						
	prüft Umg.			+							+	+	+		+		⊕						
MC	lustig,																						
6	schaden-																						
S	froh,erl.						+	⊕															
24	aufgeregt						+		+	+					+								
	gespannt			+			+			+					+								+
	ängstlich			+			+		+		+				+								
MC	geht raus		+									+	+			⊕							⊕
7	verläßt d.																						
S	Schuppen			+									+			⊕							
27	kehrt aus																						
	d.Sch.z.			(++) circled									+				⊕						
	Zug zur.																						
	gibt Suche																						
	auf			+					+								⊕						
MC	allein		+			+										⊕							⊕
8	verlassen			+		+	+		+	+							+			+			
S	befreit			+		(+)	+	⊕		+							+		+				
24	einsam		+				+		⊕									⊕					

	EG			EP		EL			Bel.		KB		OB			s K	EZ			Synt.		Ton			O
Filmfassung	detaillierend	individualis.	orientierend	überlegen	unterlegen	ausführlich	knapp	normal(mittel)	verbergend	bloßstellend	partizipierend	überblickend	betreffend	entlassend	neutral	identifizierend mit dem Objekt	in vielen Aspekten	in wenigen "	in einem Blick	einseitig	vergleichend	informierend	naturalisierend	rhythmisierend	Obj. abwesend
13	+	+	+				(+)	+			+			(+)	(+)			+	(+)	(+)	+				
2	+	+	+			(+)	(Gg)						(+)			(+)		+			(+)				
4	+	+	+			(+)	(Gg)						(+)			(+)		+			(+)	(+)	(+)	(+)	
1			+				(+)							(+)					(+)	(+)					
2	(Gg)	+									+		+			(Gg)		+			+				
31	(+)	+	(Gg)								+		+	(+)				+		(+)	+				
42	(Gg)	+									+		+			(Gg)		+			+	+	+	+	
31	(+)	+	(Gg)								+		+	(+)				+		(+)	+				
2	(Gg)	+									+		+			(Gg)		+			+				
24																									(+)
–																									
–																									
3							(+)								+				(+)	(+)					
4				(+)		+			+							+		+		+		+			
1																									(+)
–																									
3					(+)		+												+	+					
32	Gg	+				+	Gg						+		Gg		(+)	+			+				
42	Gg	+				+	Gg						+		Gg			+			+			+	
4	Gg	+				+	Gg						+		Gg			+			+			+	
3	Gg	+				+							+				(+)				+				
1	(+)						(+)									(+)		+		(+)					
14	+					Gg	+															(+)		(+)	(+)
2	+					Gg	+																		
1																									(+)
342	+	Gg				+Gg	+															(+)		(+)	
2		(+)		Anschließend: kurze Darstellung der abfahrenden Lokomotive (4 Sek.)															+	+					
42		(+)																	+	+					
3			(+)	Anschließend: Lange Darstellung des verschwindenden Zuges (21,5 Sek.)															+	+					
3			(+)																+	+					
1																									(+)
43		+					+																		
2		+					+	Anschließend: kurze Darstellung der abfahrenden Lok																	
3		+					+	Anschließend: lange Darst. des verschwindenden Zuges																	

Abweichungen finden sich in der Regel nur bei den Grundschülern und den mit ihnen kombinierten Variablen "8jährige", "niedrige Fernsehstunden-" und "hohe ADST-Fehlerzahl". Mit der anschließenden Analyse nach Schultypen dürften somit auch die wesentlichen Varianten erfaßt sein.

Die Sem-Matrix der Multiple-choice-Analyse bestätigt für den passiven Wortschatz die grundsätzlichen Feststellungen, die bei der Lückentext-Analyse für den aktiven Wortschatz gemacht wurden:

(1) Es werden keine eineindeutigen Beziehungen zwischen einzelnen Film- und Sprachsemen sichtbar.

(2) Die nicht umkehrbaren eindeutigen Beziehungen zwischen den Klassemen "psychisch - schwach" und "ausführlich" bestätigen die Beispiele "voll Sorge" (MC2), "ängstlich" (MC6) und "einsam" (MC8) (letzteres, wenn man die anschließende Assoziation hinzuzählt, die das Filmende nahelegt[629]), bedingt auch "verlassen" (MC8).
Entsprechend eindeutige Beziehungen zwischen den Filmsemen "betreffend" (Herbewegung) und "entlassend" (Hinbewegung) und den Sprachsemen "Intensität" (evtl. "Stärke") bzw. "Schwäche", die bei den Begriffen der Lückentextaufgabe schon überdurchschnittlich sichtbar wurden, erweisen sich hier als zuverlässig:
Im Lückentext assoziiert mit "betreffend" als distinktivem Filmsem: "Verbrecher" als BEGR3, "rennen, rasen" als BEGR4, "hinterherlaufen und wütend" als BEGR5, "ungeschickt" als BEGR6, "durchsuchen, untersuchen" als BEGR8, "dunkel" als BEGR9.
Zu "entlassend" könnten nur wenige Begriffe als Belege für Assoziationen dienen: "aufgeregt" als BEGR5, "ängstlich" als BEGR6 und "ängstlich" und "aufgeregt" als BEGR7, wenn man die Darstellung der Gegenperson (Gg) hinzuzählt. Diese Schwäche ließ die Beschreibung dieses Phänomens bei der Lückentext-Analyse nicht sonderlich gerechtfertigt erscheinen.

In der Multiple-choice-Aufgabe assoziieren:

Tabelle 52: Assoziationen zwischen Objektbewegungsrichtungen und Lexemen der Multiple-choice-Paradigmen

"betreffend"	"entlassend"
"rasen" (MC1) "keuchen" (MC1)	"fliehen" (MC1) "laufen" (MC1)
"schnell" (MC2) "wutschnaubend" (MC2) "mit einem Affenzahn" (MC2)	"voll Sorge" (MC2) "außer Atem" (MC2)
"guckt" (MC5) "glotzt" (MC5) "späht umher" (MC5) "betrachtet alles" (MC5)	

(3) Keinesfalls darf aus den genannten Beziehungen gefolgert werden, daß diese allein auf den erwähnten einzelnen Sprach- und Filmsemen beruhten. Auch hier müssen Semkombinationen beider Medien miteinander verglichen und in Beziehung gesetzt werden, die sich um Klasseme (Kernklasseme) gruppieren. Diese Beziehungen sind nun zu untersuchen.

(4) Die Abwesenheit eines Objektes, auf das dennoch ein Sprachbezug verlangt wird, korrespondiert in allen Fällen mit dem Oberbegriff des Feldes (damit mit dem allgemeinsten Ausdruck) oder mit einem fernliegenden erschließbaren Lexem:
"rennen" (MC3), "Versteck" (MC4), "lustig, schadenfroh, erleichtert" (MC6), "gespannt" (MC6), "allein" (MC8).

Um die Ergänzung zum Analysevorgang beim Lückentext vorzunehmen, soll bei der detaillierten Untersuchung von den Filmsem-Gruppierungen ausgegangen werden, die sich in der

Korrelation mit Sprachsemen als trennscharf erwiesen haben. Es ergeben sich zunächst zwei Gruppen:

Tabelle 53:

Signifikationsart 1		Signifikationsart 2	
Filmseme	Korrespond.Lexeme	Filmseme	Korrespond.Lexeme
1 einseitig	fliehen (1,2,3,5)	1 Vgl.	rasen (1,2,3,5)
2 1 Blick	laufen (1,2,3,5)	2 identif.	keuchen (1,2,3,5 + Ton)
3 entlassend	voll Sorge (1,3,6)	3 betreffend	schnell (1,3,6,7)
4 unterlegen	außer Atem (1,3,6)	4 überlegen	wutschnaubend (1,3,6, 7 + Ton)
5 knapp	vorwärtshasten (1,5)	5 lang	
6 Detail	Unterkunft, Zuflucht (1,4,5)	6 Gg-Detail	mit Affenzahn (1,3,6,7)
		7 Gg-Ident.	guter Platz (2,4,5,8)
	prüft Umgeb.(1,5,6,7)	8 verborgen	späht umher (1,3,5)
	aufgeregt (5,6)		betrachtet (1,3,5,6)
	geht raus (5)		glotzt (1,3,5,6)
	verläßt (5)		kehrt...zurück (5)
	befreit (5)		gibt Suche auf (5)
			einsam (5)

Die in Klammern angegebenen Ziffern hinter jedem Lexem sind die Nummern der im links daneben stehenden Feld verzeichneten Filmseme. Auf diese Weise lassen sich leicht Klassifizierungen nach Filmklassemen (Kernklassemen in Semgruppen) vornehmen, so daß die Beziehungen zwischen Film- und Sprachklassemen deutlich hervortreten:

Tabelle 54: Verschiedene sprachl.Entsprechungen zu Filmklassemen

<table>
<tr><td colspan="3">Film-Klassem: einseitig – entlassend (1,3)</td></tr>
<tr><td colspan="3">Sprach-Klassem: psychisch / physisch schwach</td></tr>
<tr><td>Film-Seme(distinktiv)</td><td>Lexeme</td><td>Sprach-Seme(distinktiv)</td></tr>
<tr><td>einseit.,1Blick,entl.,
knapp (F1)
einseit.,entl.,detaill.
(F3/1)</td><td>fliehen (MC1)
(laufen)(MC1)
voll Sorge(MC2)
außer Atem(MC2)</td><td>Relation,Schwäche,Lokal.
Temporalität
psychisch,schwach,nach-
empfindbar</td></tr>
<tr><td colspan="3">Film-Klassem: einseitig – knapp (1,5)</td></tr>
<tr><td colspan="3">Sprach – Klassem: Zeit– oder Ort-Relation</td></tr>
<tr><td>einseit.,1Blick,entl.,
knapp (F1)
einseitig, knapp(F3)
einseit.,unterlegen,
knapp (F3)
einseit.,knapp,detaill.,
(F1) identifizierend</td><td>fliehen(MC1)
(laufen)(MC1)
vorw.-hast.(MC3)
Unterkunft, Zu-
(MC4)fluchtst.
prüft Umgebung
(MC5)</td><td>Relation,Schwäche,Lokal.,
Temporalität
Modalität, Temporalität
Funktion, Temporalität

Funktion,log.erschließb.
Lokalität</td></tr>
<tr><td colspan="3">Film-Klassem: knapp (5)</td></tr>
<tr><td colspan="3">Sprach-Klassem: Ort– oder Ursache-Relation (+ Zeitrelation s.o.)</td></tr>
<tr><td>knapp, detailliert(F2)
knapp (F2)

knapp (F2)
knapp (F2/4)</td><td>aufgeregt(MC6)
befreit (MC8)

geht raus(MC7)
verläßt den
Schuppen(MC7)</td><td>psychisch, Spannung,Prozeß
psychisch,physisch,Stärke
Prozeß
Lokalität, Archilexem
Lokalität, Relation,sinn-
lich wahrnehmbar</td></tr>
<tr><td colspan="3">Film-Klassem: vergleichend – betreffend – ausführlich (1,3,5)</td></tr>
<tr><td colspan="3">Sprach – Klassem: psychisch / physisch stark, emotional differenziert</td></tr>
<tr><td>vgl.,ident.,betr.,lang(F2)
vgl.,ident.,betr.,lang,
inf.,natur.,rhythm.(F4)
vgl.,betr.,Gg-Detail,
(lang) Gg-Identif.(F2)
vgl.,betr.,Gg-Detail,
Gg-Ident.,inform.,nat.,
rhythmisierend(lang)
vgl.,betr.,lang,Gg-Det.
rhythmisierend (F4/2)
vgl.,betr.,lang,Gg-Det.(F3)</td><td>rasen(MC1)
keuchen(MC1)

schnell(MC2)
mit Affenzahn(")
wutschnaubend
(F4/2)(MC2)

glotzt(MC5)
späht umher(MC5)
betrachtet alles
(MC5)</td><td>Stärke,Intensität,Tempor.
Stärke,Intensität,Modal.
sinnl.wahrnehmbar
Stärke, Temporal., sinnl.
wahrnehmbar
Stärke, Prozeß, sinnl.
wahrnehmbar

Intensität, Modalität,
Ganzheit
Intensität, Modalität,Rel.</td></tr>
<tr><td colspan="3">Film-Klassem: ausführlich (5)</td></tr>
<tr><td colspan="3">Sprach-Klassem: logisch erschließbar oder nachempfindbar</td></tr>
<tr><td>ident.,überlegen,lang,
verborgen(F4)
lang, entl.Assoziation
(F3)
" " (F3)
lang, entl.Assoziation
(F3)</td><td>guter Platz(MC4)

kehrt...zurück
(MC7)
gibt Suche auf(")
einsam(MC8)</td><td>Aufwertung

doppelte Relation, log.
erschließbar
log. erschließbar,Relation
psychisch,Schwäche,nach-
empfindbar</td></tr>
</table>

Tabelle 54 ermöglicht Vergleiche zwischen:

(1) den Kernklassemen "einseitig" und "vergleichend", und ihren Responses, zusätzlich zu den Kernklassemen "knapp" und "ausführlich" (s. 1,5 + 5),

(2) den Kombinationen mit den Kernklassemen
  a) "einseitig - knapp" und "vergleichend - ausführlich" (letzteres in "vergleichend - betreffend - ausführlich" enthalten),
  b) "einseitig - entlassend" und "vergleichend - betreffend" (letzteres wiederum in "vergleichend - betreffend - ausführlich" enthalten).

(3) Die Kombination "vergleichend - betreffend - ausführlich" bietet einseitig Beispiele für die monosemierende Wirkung filmischer Klassem-Komplexität.

Das letztgenannte Beispiel der Kombination "vergleichend - betreffend - ausführlich" bestätigt sehr eindrücklich die Ergebnisse der Lückentext-Analyse insofern, als auch hier die Anzahl der emotional differenzierteren (immer im Vergleich zu den Alternativen des Kontextes) Lexeme größer ist als bei der Kombination "einseitig - knapp". Die zusätzliche Kombination von "vergleichend - ausführlich" mit "betreffend", die hier die Beispielanzahl ermöglichte, bestätigt jedoch überzeugend die bei der Lückentext-Analyse gewonnene Ansicht über die Wirkung des Filmklassems "betreffend": dieses Klassem scheint für die eindeutige Häufung der Lexeme mit dem Klassem "Intensität" im Sinne von Stärke oder Emotionalität und das Fehlen "psychisch - schwacher Spannung" und "logischer Erschließbarkeit" verantwortlich zu sein. Dies wird zusätzlich dadurch bestätigt, daß die Kombination mit dem Gegenpol zu "betreffend", nämlich mit "entlassend" (s. Tabelle 54, Filmklasseme 1,3 und 5 unten) gerade mit diesen Sprachklassemen gehäuft korrespondiert ("fliehen, voll Sorge, außer Atem, kehrt ... zurück, gibt Suche auf, einsam").

Die semantische Einheitlichkeit der Responses auf die Kombination dreier Filmseme zeigt, daß die Wahrscheinlichkeit, bestimmte Sprachseme mit bestimmten Filmsemen in Korrespondenz vorzufinden, mit der Anzahl der kombinierten Filmseme steigt, die auch in weniger komplexen Verbindungen die Dominanz einer semantischen Response-Richtung zu fördern schienen.

Zumindest korreliert die Anzahl der Seme, die sich um ein Kernklassem gruppieren, mit der Eindeutigkeit des Sprachklassems, das die Response-Paradigmen verbindet (vgl. die Responses zu Filmklassem 5 mit denen zu 1, 3, 5).

Selbst eine relativ formale gegenseitige Zuordnung von <u>einzelnen</u> Kernklassemen des Films und Sprachklassemen, wie die von "einseitig" und "allgemeiner", "vergleichend" und "differenzierter", welche die Lückentext-Analyse nahelegen könnte, kann keinerlei Allgemeingültigkeit beanspruchen, wie die fehlende derartige Korrelation bei der Multiple-choice-Analyse beweist. Je komplexer die Kernklassem-Verbindungen sind, deren Wirkung nachgewiesen ist, desto allgemeingültiger sind die auf diese bezogenen Aussagen.

Auch bei der MC-Analyse können Unterschiede zwischen den Responses der einseitigen und der vergleichenden Signifikationsweise im Hinblick auf Allgemeinheit und Differenzierung festgestellt werden. Sie können aber nur unter Berücksichtigung der mit den Kernklassemem verbundenen Seme und damit im Sprachbereich unter Berücksichtigung der speziellen Richtung von Allgemeinheit und Differenzierung so beschrieben werden, daß sie mögliche Gesetzmäßigkeiten ins Blickfeld rücken. Die einseitige Darstellungsform hat häufiger Prozentanteilspitzen bei Lexemen, die <u>äußere</u> Modalitäten nicht konkretisieren (z.B. "fliehen, voll Sorge, Unterkunft, prüft Umgebung") und somit diesen gegenüber allgemein bleiben. Die vergleichende Form liegt häufiger höchsten Prozentanteilen von Lexemen zugrunde, die äußere Modalitäten, mehr oder weniger emotional intensiv konkretisieren (z.B. "rasen, keuchen, wutschnaubend, glotzt, späht umher" usw.). Voraussetzung ist, daß sie mit den entsprechenden Semen in der Art des untersuchten Beispiels verbunden sind.

In diesem Zusammenhang läßt sich auch die hohe Bedeutung der Filmfassung als ganzer erklären, die ja eine Sem- und in der Regel eine Klassemkombination größeren Umfanges darstellt und in der Art unserer Makro-Analyse charakterisiert werden kann. Die Fassungen 2 und 4 mit einem Anteil an Alternierten Syntagmen von 33,3 % korrespondieren bedeutend häufiger mit den Sprachklassemen "emotional intensiv" und "Stärke" als die Fassungen 1 (18,2 %) und 3 (25 %), diese wiederum stärker mit "psychisch schwach" und logisch erschließbar".

8.3.2 Kombination mit der Lückentextauswertung

Die folgende, von den Sprachklassemen ausgehende "Gegenprobe" bezieht die Ergebnisse der Lückentext-Analyse mit ein. So erreicht sie eine Beispielanzahl, die es erlaubt, durch die Summe der Prozentanteile eines bestimmten Filmklassems an der jeweiligen Dimension (Ebene) aller Filmäußerungen zu einer ganzen Serie von Lexemen und Begriffen die Film-Sprach-Klassem-Beziehungen so konkret wie möglich zu beschreiben. Es werden praktisch Makro-Analysen für Paradigmen von Einzelsignifikaten durchgeführt. Dazu werden Filmfiguren in drei Klassen eingeteilt, die nach der Intensität der durch sie ermöglichten Objektbegegnung bemessen werden, soweit dies möglich ist.

Tabelle 55:

Dimension	Stärke 1	Stärke 2	Stärke 3
Syntagma	Einzel-Einstel-lung: AE,E(Sq)	Szene, Sequenz, Deskript.Synt.	Alterniertes Syntagma
E-Zahl	1 - 2 E	3 E	4 und mehr E
EL	1 - 10 Sek.	11 - 20 Sek.	21 und mehr Sek.
EG	HT / T	Am / HN	NGD
OB	quer	hin	her
KB	statisch (wird nicht erwähnt)	Schwenk	Verfolgung, subj. Kamera
EP	Vogel	normal (wird nicht erwähnt	Frosch
Ton	Natur-	Natur + Rhythmus	Natur + Rhythmus + Zäsuren

Obwohl diese Skala auf den bisherigen Ergebnisanalysen basiert, ist sie eine axiomatische Setzung, die zur Erfüllung der notwendigen distinktiven Funktion dient und nur im Zusammenhang mit dieser Gültigkeit beanspruchen kann. Die Filmklasseme werden in der nun folgenden Katalogisierung als Stärken ihrer Dimensionen aufgeführt und als solche ausgezählt.

Bei der Auswahl der Klasseme für die genauere Untersuchung spielte außer der möglichst hohen Beispielanzahl die Gliederung des "Semantischen Raumes" in Osgoods drei Dimensionen "Activity, Potency und Evaluation" eine entscheidende Rolle. "Activity" wird dabei unter Hinzuziehung des Orts- und Zeitbezuges differenziert analysiert.

Tabelle 56: Kombinierte Lückentext- und MC - Analyse nach Stärke/Schwäche

Lexem (Bezugsperson)	Aufg.	Film	Synt	EZ	EL	EG	OB	KB	EP	Ton
Klassem: Stärke, emotionale Intensität (Potency +)										
rasen (M)	MC1	2	3	3	2	1-3	3	3		3
wutschnaubend (O)	MC2	42	3	3	2	1-3	3,1		3	3
mit Affenzahn (O)	MC2	2	3	3	2	1-3	3			
lustig, erleichtert (M)	MC6	14	3	2	3	3	3			1
befreit (M)	MC8	2	3	1	2	2,3	3		3	
Wilder (M)	BEGR3	4	2	3	3	3-1	2,3	3	1	1
rasen (M)	BEGR4	24	2	3	3	3-1	2,3			
böse, ärgerlich (O)	BEGR5	2	3	3	2	1-3	3,1		3	3
wütend (O)	BEGR5	42	3	3	2	1-3	3,1			
böse, wütend (O)	BEGR7	42	1	1	2	1	2,1		3	2
Summe Stärke 1 (Film:F1)	absol.	1	1	2		8	4		1	2
	%	9	10	20		32	25		20	33,3
Summe Stärke 2 (Film: F2/4)	absol	10	2	1	7	8	3			1
	%	91	20	10	70	32	19			16,6
Summe Stärke 3 (Film:F3)	absol.		7	7	3	9	9	2	4	3
	%		70	70	30	36	56	100	80	50
Klassem: Schwäche, psychisch schwach oder gespannt (Potency -)										
fliehen (M)	MC1	1	1	1	1	1	2			
		3	3	2	2	3,2	1	3		
voller Sorge (O)	MC2	31	3	2	2	1-3	1-3	3	3	
außer Atem (O)	"	(1)	1	2	2	1-3	2,3		3	
aufgeregt (M)	MC6	2	3	2	3	3	3			
ängstlich (M)	"	342	3	2	3	3,2	3			
verlassen (M)	MC8	43	3	1	2	3,2	3		3	2
einsam (M)	"	3	3	1	3	2	3			
bedrückt, betrübt,	BEGR1	1	3	3	3	3,2	1-3			
traurig (M)				3						
ängstlich (M)	"	432	3	3	3	3,2	1-3		3	
nachdenklich (M)	"	4	3	3	3	3,2	1-3			
aufgeregt (M)	"	3	1	1	2	2,1	1,2			
fliehen (M)	BEGR2	1	3	3	3	3	1,2	3	1	
Gejagter (M)	BEGR3	24	1	3	3	1-3	2,3	3,2	1	1
aufgeregt (O)	BEGR5	3	3	2	2	1-3	1-3	3	3	
		1	2	2	2	1-3	2		3	
aufgeregt (M)	BEGR6	4	1	1	2	1	1-3			3
abgehetzt (O)	BEGR7	3	3	3	3	2,3	1-3	3	3	
besorgt (O)	"	1	2	3	3	2,3	1-3		3	
ängstlich (O)	"	3	3	3	3	2,3	1-3	3	3	2
		4	1	1	2	1	1,2		3	
nervös (O)	"	13	2	3	3	2,3	1-3		3	
Summe Stärke 1	absol.	7	6	6	1	9	14		2	1
	%	27	27	26	4,5	21	30		15,4	25
Summe Stärke 2	absol.	8	3	7	9	17	17	1		2
	%	31	14	30	41	39,	36	12,5		50
Summe Stärke 3	absol.	11	13	10	12	17	16	7	11	1
	%	42	59	44	54,5	39,5	34	87,	84,6	25

Erläuterung: Sind mehrere Filmfassungen in der Spitzenposition, werden alle Film-Figuren-Stärken zusammen erfaßt, wo dies möglich ist. Schließen sie sich jedoch aus (z.B. Synt 1 und Synt 3 im Hinblick auf die E-Zahl), werden die Daten in zwei Reihen genannt.

Tabelle 57: Komb. Lückentext- u. MC-Analyse nach Lokalität/Temporalität

Lexem	Aufg.	Film	Synt	EZ	EL	EG	OB	KB	EP	Ton
Klassem: Lokalität (Orts- oder Richtungsbezug) (Activity 1)										
fliehen (M)	MC1	1	1	1	1	1	2			
		3	3	2	2	2,3	1	3		
prüft Umgebung (O)	MC5	1	2	2	2	1,3	2	3		
weglaufen, fliehen (M)	BEGR2	3	1	1	2	1,2	1,2			
		1	3	3	3	3	1,2	3	1	
hinausrennen (M)	"	1	3	3	3	3	1,2			
herausspringen (M)	"	23	3	2	2	1,2	1-3			
herauslaufen (M)	"	3	3	2	2	1,2	1-3			
hinterherlaufen (O)	BEGR5	1	2	2	2	1-3	2		3	
nachlaufen (O)	"	3	3	2	2	1-3	1-3	3	3	
begucken (O)	BEGR8	1	3	2	3	1-3	2	3,2		
		4	3	2	3	3,2	1,3	2	3	1
untersuchen (O)	"	1	2	2	3	3,2	2	3,2		
betrachten (O)	"	31	2	2	3	1-3	2,3	3,2	3	
durchsuchen (O)	"	3	2	2	3	1-3	2,3	3,2	3	
durchsehen (O)	"	4	3	2	3	1-3	3	2	3	
suchen (O)	"	34	2,3	2	3	1-3	2,3	3,2	3	
Summe Stärke 1	absol	8	2	2	1	12	8		1	1
	%	40	11,1	11,8	5,9	31,6	26,7		12,5	
Summe Stärke 2	absol.	4	6	13	7	13	14	7		
	%	20	33,3	76,5	41,2	34,2	46,	43,8		
Summe Stärke 3	absol.	8	10	2	9	13	8	9	7	
	%	40	55,6	11,	53	34,2	26,7	56,3	87,5	
Klassem: Temporalität (Zeit- oder Geschwindigkeitsbezug) (Activity 2)										
laufen (fliehen) (M)	MC1	1	1	1	1	1	2			
rasen, keuchen (M)	"	4	3	3	2	1-3	3	3		1-3
laufen (M)	BEGR4	1	2	1	1	1	2	3	1	
rennen (M)	"	432	2	3	3	1-3	2,3	3	1	1
		3	2	1	1	3	1,3	3	1	
rasen (M)	"	24	2	3	3	1-3	2,3	3	1	
hastig (M)	BEGR6	4	1	1	2	1	1-3			1-3
schnell (M)	BEGR6	3	3	1	1	2	2			
abgehetzt (O)	BEGR7	3	3	3	3	1,2	1-3	3	3	
Summe Stärke 1	absol.	2	2	5	4	7	3		4	3
	%	20	22,2	55,6	44,4	46	18,8		80	42,9
Summe Stärke 2	absol	4	4		2	4	7			2
	%	40	44,4		22,2	26,7	43,8			28,6
Summe Stärke 3	absol.	4	3	4	3	4	6	6	1	2
	%	40	33,3	44,4	33,3	26,7	37,5	100	20	28,6

Erläuterung: Die Lexem-Beispiele des Lückentextes sind durch Einzellexeme ergänzt, die keine Archilexeme von größeren Wortfeldern sind und die in der endgültigen Klassifizierungsliste (Tabelle 40) auf ihre Prozentanteile überprüft werden können. Ebenso sind mit Hilfe derselben Liste Ergänzungen quantitativer und qualitativer Art immer noch möglich.

Da alle Archilexeme der Lückentext-Analyse zugleich auch als Einzellexeme bei denselben Filmfassungen favorisiert sind, können alle Lexembeispiele auf dieser Ebene betrachtet werden.

Tabelle 58: Komb.Lückentext- u. MC-Analyse nach Wertung / Archilexem

Lexem	Aufg.	Film	Synt	EZ	EL	EG	OB	KB	EP	Ton
Klassem: Wertung (Normbezug) (Evaluation)										
Verbrecher (M)	BEGR3	3	2	1	1	3	1,3	3		
		42	2	3	3	1-3	2,3	2,3	1	1
ungeschickt(M)	BEGR6	1	3	2	2	1	1,3		3	
geschickt (M)	"	3	1	1	1	2	2			
dumm, komisch (O)	BEGR7	3	3	3	3	2,1	3	3	3	
		1	2	3	3	2,1	1,3		3	
unordentlich (Schuppen)	BEGR9	1	2	2	3	1-3	2	2,3		
guter Platz (Schuppen)	MC4	4	2	2	1	3,2	2	2,3	3	
glotzt (O)	MC5	42	3	2	3	3,2	3			1
schadenfroh(unrekodiert)(M)	MC6	3	3	2	3	3,2	3			
Summe Stärke 1	absol.	3	1	2	3	5	3		1	2
	%	30	10	20	30	26,3	21,4		20	
Summe Stärke 2	absol.	3	5	5	1	8	4	3		
	%	30	50	50	10	42,0	28,6	37,5		
Summe Stärke 3	absol.	4	4	3	6	6	7	5	4	
	%	40	40	30	60	31,6	50	62,5	80	
Klassem: Archilexem (Oberbegriff)										
laufen (M)	MC1	1	1	1	1	1	2			
laufen (M)	BEGR4	1	2	1	1	1	2	3	1	
rausgehen (O)	MC7	2	3	1	2	2	2,1	3		
gucken (O)	MC5	3	3	3	3	2,3	3			
		2	3	2	3	2,3	3			
laufen (M)	BEGR2	4	3	2	2	1,2	1-3			2
weglaufen (M)	"	31	1	1	2	1,2	1,2			
gucken (O)	BEGR8	2	3	2	3	2,3	1,3	2	3	
schauen (O)	"	14	2	2	3	2,3	2	2,3		1
schnell (O)	MC2	2	3	3	2	1-3	1,3		3	
aufgeregt (M)	MC6	2	3	2	3	3	3			
aufgeregt (M)	BEGR1	3	2	1	2	1,2	1,2			
aufgeregt (O)	BEGR5	3	3	2	2	1-3	1-3	3	3	
		1	2	2	2	1-3	3		3	
aufgeregt (M)	BEGR6	4	1	1	2	1	1-3			3
Summe Stärke 1	absol.	5	3	6	2	9	8		1	1
	%	29,4	20	40	13,3	32	30,8		20	25
Summe Stärke 2	absol.	8	4	7	8	11	9	2		2
	%	47	26,7	46,7	53,3	39,3	34,6	33,3		50
Summe Stärke 3	absol.	4	8	2	5	8	9	4	4	1
	%	23,5	53,3	13,3	33,3	28,6	34,6	66,7	80	25

Erläuterung: Bei der Zuordnung der Filmfassungsnummern zu den Stärkeklassen ist lediglich von der Ziffergleichheit ausgegangen worden, nicht von Merkmalsausprägungen. Eine Klassifizierung der Fassungen nach Stärkegraden ist wegen der Parteinahme für jeweils eine Person schwierig. Sie wäre möglich z.B. nach der Ausprägung des Statik-, bzw. Dynamik-Koeffizienten (S. 150) oder der Verteilung der Einstellungslängen (s.S. 151 f.) etc..

Die folgende Tabelle bietet einen Überblick darüber, in welchen Filmklassemstärken jedes Sprach-Klassem jedem übrigen überlegen ist (Mindestabstand: 10 %):

Tabelle 59: **Ergebnisse der kombinierten Lückentext- und MC-Analyse nach Dimensionen des Semantischen Raumes**

überlegen \ Unterlegen	STÄRKE (Pot.1)	SCHWÄCHE (Pot.2)	TEMPORALITÄT (Act.1)	LOKALITÄT (Act.2)	WERTUNG (Eval.)	ARCHI - LEXEM
STÄRKE (Potency 1)		Film 2/4 Synt 3 EZ 3 EL 2 OB 3	Film 2/4 Synt 3 EZ 2/3 EL 2 EG 3 OB 3 EP 3	Film 2/4 Synt 3 EZ 3,1 EL 2 OB 3 Ton 1-3	Film 2/4 Synt 3 EZ 3 EL 2 Ton 1-3	Film 2/4 Synt 3 EZ 3 EL 2 OB 3 Ton 3
SCHWÄCHE (Potency 2)	Film 1/3 Synt 1 EZ 2 EL 3 OB 2		Synt 3 EZ 2 EL 2/3 EG 2/3 OB 1 EP 3 Ton 2	Film 2/4 Synt 1 EZ 1/3 KB 3 Ton 1-3	Synt 1/3 EZ 3 EL 2 KB 3 Ton 1-3	Film 3 EZ 3 EL 3 EG 3 KB 3
TEMPORALITÄT (Activity 1)	Film 1/3 Synt 1/2 EZ 1 EL 1 EG 1 OB 2 EP 1 Ton 2	Synt 2 EZ 1 EL 1 EG 1 EP 1 Ton 1		Film 2/4 Synt 1/2 EZ 1/3 EL 1 OB 3 KB 3 EP 1 Ton 1-3	Film 2/4 Synt 1 EZ 1/3 EL 1/2 EG 1 OB 2 KB 3 EP 1 Ton 1-3	Film 3 Synt 2 EZ 1/3 EL 1 EG 1 KB 3 EP 1 Ton 1
LOKALITÄT (Activity 2)	Film 1/3 Synt 2 EZ 2 EL 3 OB 2 KB 2	Film 1 Synt 2 EZ 2 EG 1 OB 2 KB 2	Film 1 Synt 3 EZ 2 EL 2/3 EG 1 KB 2 EP 3		Film 1 Synt 3 EZ 2 EL 2 OB 2	Film 1/3 EZ 2 EL 3 OB 2 KB 2
WERTUNG (Evaluation)	Film 1/3 Synt 2 EZ 2 EL 1/3 EG 2 KB 2	Synt 2 EZ 2 EL 1 OB 3 KB 2	Film 1 EZ 2 EL 3 EG 2 OB 3 KB 2 EP 3	Film 2 Synt 2 EZ 3 EL 1 OB 3		Film 3 Synt 2 EZ 3 EL 1/3 OB 3
ARCHILEXEM (OBERBEGRIFF)	Film 1/3 Synt 1 EZ 1/2 EL 1 OB 2 Ton 2	Film 2/4 Synt 2 EZ 1/2 EL 2 EG 1 KB 2	Synt 3 EZ 2 EL 2 EG 2 OB 1 KB 2 EP 3 Ton 2	Film 2/4 EZ 1 EL 2 KB 3 Ton 1-3	Film 2/4 Synt 1/3 EZ 1 EL 2 OB 1 Ton 1-3	

Die Verteilungen scheinen unabhängig davon zu sein, auf welche Person sich das jeweilige Lexem bezieht. Am exaktesten ist natürlich die gleichmäßige Verteilung der Beispiele auf die beiden Personen wie beim Klassem "Stärke". Dies war jedoch bei den übrigen Fällen schlecht möglich. Für die Personenunabhängigkeit spricht, daß die Filmklassem-Stärken relativ einheitlich sind und niemals die Beispielminderheit zu einer Person der Beispielmehrheit zur anderen widerspricht.

Der Überblickstabelle 59 lassen sich besonders in vierfacher Weise Aufschlüsse entnehmen:

(1) Es läßt sich feststellen, welche Filmfiguren mit einem Sprachklassem stärker als mit allen übrigen korrespondieren (Zeile des Sprachklassems),

(2) welche Filmfiguren mit einem Sprachklassem schwächer als mit allen übrigen korrespondieren (Spalte des Klassems),

(3) welche Filmfiguren mit einem Sprachklassem stärker als mit seinem Antonym (Schnittpunkt Zeile : Spalte) und

(4) schwächer als mit seinem Antonym korrespondieren (Schnittpunkt Spalte : Zeile).

Am eindeutigsten und eindrücklichsten sind die Filmverhältnisse zum Sprachklassem "Stärke" von allen übrigen unterschieden:
"Stärke" korrespondiert stärker als alle übrigen Sprachklasseme mit der dynamischeren Filmfassung 2/4 (s. Makro-Analyse), mit dem vergleichenden Alternierten Syntagma, einer damit mehr oder weniger verbundenen hohen Einstellungszahl, mittlerer Einstellungslänge von 11 - 20 Sekunden und der Herbewegung (außer im Vergleich zur "Wertung"). Dies bestätigt Roger Penns Befunde (s. Forschungsstand), die ebenfalls zeigten, daß eine hohe und akzelerierende Schnittzahl die Wahrnehmung von Potency verstärkte.[630)]

Schwächer als alle übrigen Klasseme korrespondiert "Stärke" mit der statischeren Filmfassung 1 und der dynamischen, aber nicht Partei ergreifenden Fassung 3. Der niedrigere Anteil an anderen Filmfiguren im Vergleich zu anderen Klassemen richtet sich nach deren speziellen Stärken. Gegenüber "Schwäche" weist "Stärke" einen niedrigeren Anteil an ununterbrochenen Filmäußerungen (Autonomen Syntagmen) auf, ferner an Äußerungen in 3 Einstellungen, großer Länge (mehr als 19 Sekunden) und Hinbewegungen.

Die Ansicht Stephan Griegers im Beiheft zu diesem Film, daß "in der zweiten Fassung alle die Einstellungen an Bedeutung gewinnen, die den Jungen hilflos und den Onkel herrisch erscheinen lassen"[631], bestätigt sich demnach nicht im Hinblick auf die Äußerungen zur Lage Martins. Martin wird gerade in der zweiten Fassung als einer beschrieben, der wie ein "Wilder" oder "Schnelläufer" "rast" und "lustig" und "befreit" unter der Schuppentreppe sitzt. Die Dynamisierung der Fassung 2 korrespondiert allgemein häufiger mit Lexemen mit dem Klassem "Stärke", unabhängig vom Bezugsobjekt. Entsprechend falsch ist die Meinung Griegers, Martin wirke gerade in der zweiten Fassung "eher unschuldig" und bemitleidenswert. Lexeme mit dem Klassem "psychisch schwach oder gespannt" assoziieren stärker mit der Fassung 1, auch in bezug auf Martin (12 von den 19 Beispielen zu diesem Klassem beziehen sich auf den Jungen). Recht hat Grieger in bezug auf den bei der Makro-Analyse beschriebenen Gesamttrend der Fassung 2, für Martin mehr Engagement zu erwirken. Wie sich dieses jedoch im Einzelfall artikuliert, hängt nach unseren Ergebnissen stark von der jeweiligen Realisierung der speziellen filmischen Äußerung ab.

Zu relativieren ist auch die auf Fritz Kempe gestützte Meinung Zöchbauers, "alles, was auf uns zukommt, gewinnt für uns an Bedeutung"[632]. Sie ist berechtigt, wenn unter "Bedeutung für uns" die Stärke gemeint ist, die sich in Ausdrücken mit diesem Klassem artikuliert, ebenso in wertenden Lexemen. Da "Bedeutung für uns" jedoch auch eine "Schwäche" sein kann, an der wir Anteil nehmen u.ä., ist die Generalisierung Zöchbauers durch unsere Ergebnisse widerlegt. Das Betreffende der Herbewegung scheint wenig Nachempfindungsspielraum für Schwäche-Seme zu ermöglichen, dafür zum Eindruck des Bedrückend-starken, durch Wertung zu Begegnenden zu führen.

Die Eindeutigkeit der Assoziationen, die zum Stärke-Klassem so ausgeprägt ist wie bei keinem anderen, kann als Bestätigung der Untersuchungsergebnisse von Karl Heinrichs über die Filmwirkung auf die Aggressivität von Kindern[633)] auf verbaler Ebene angesehen werden. Filmseme, die den Eindruck der Aggressivität vermitteln, scheinen von Kindern des untersuchten Alters ausgeprägt einheitlich stark empfunden und umgesetzt zu werden, in unserem Fall in den sprachlichen Ausdruck.

Mit dem Sprachklassem "Schwäche" assoziiert kein Filmsem in der beschrieben Einheitlichkeit. Im Vergleich zu mehr als der Hälfte der übrigen Klasseme dominieren bei "Schwäche" jedoch Einstellungslängen von mehr als 10 Sekunden pro Äußerung, ununterbrochene Einstellung (AE oder E aus einem Syntagma) oder vier und mehr Einstellungen pro Äußerung und eine partizipierende oder identifizierende Kameraführung. Berechnet man den Anteil der zuletzt genannten filmischen Signifikationsweisen an der Zahl der Beispielfälle, so liegt er beim "Schwäche"-Klassem erheblich höher als bei der "Stärke". Auch Schulz u.a. stellten fest, daß die Autonome Einstellung dazu führt, daß ein Film als wenig intensiv ("zurückhaltend, still, schlicht, zart")[634)] empfunden wird. Versteht man die "Bedeutung" der Filmfiguren Verfolgungsfahrt und subjektive Kamera als "Identifikation durch Nachempfindung" und die "Bedeutung" der Herbewegung als "aggressiv-starkes Betreffen", so korrelieren unter den Bedingungen unserer Beispiele "Schwäche" und "Stärke" Film- und Sprachklasseme dieser Art sehr deutlich miteinander.

Ebenso deutlich ist die Korrelation zwischen dem Sprachklassem "Temporalität", dessen Lexeme alle eine erhöhte Geschwindigkeit artikulieren, und der bei diesem Klassem stärker als bei allen anderen nachgewiesenen Kürze der Einstellungszeit von 1 - 10 Sekunden und einer extremen Einstellungszahl (sehr niedrig oder sehr hoch), also den entsprechenden Filmklassemen.

Unsere Befunde unterstützen demnach im Hinblick auf die Kürze der Einstellungen und die Einstellungszahl die Ergebnisse von Roger Penn (s. Forschungsstand), der ebenfalls feststellte, daß eine hohe und akzelerierende oder abnehmende Schnittzahl die Wahrnehmung von Activity und Potency bei Personen verstärkt.[635)]

Zu den Temporalität fördernden Klassemen zählen nach unseren einheitlichen Ergebnissen auch im Gegensatz zu den Ergebnissen von Anderson (s.o.) die Vogelperspektive und die größte Objektferne bei der Einstellungsgröße (HT, T), welche die Wahrnehmung des Objekts auf die Rezeption von dessen Bewegung und Geschwindigkeit reduzieren, wie beim Wahrnehmungsfeld des Vogels in der Natur.

Schulz u.a. stellen die Wirkung der Einstellungskürze auf die Bevorzugung der Konnotation "aufgeregt" statt "ruhig" zum Begriff "Gastarbeiter" fest, allerdings in Verbindung mit Nähe und nicht Ferne.[636)] Der Ton scheint den Zeitdruck dabei zu unterstützen, so wie er den psychischen Druck bei den Klassemen "Stärke" und "Schwäche" im Vergleich zu anderen Klassemen zu unterstützen scheint, hier wie bei jenen zusammen mit KB 3.

Im Vergleich zur Lokalität (in der Hauptsache "Richtungsbezug") dominieren bei der Temporalität zusätzlich die dynamischere Filmfassung 2/4, die einseitigen Syntagmen, die Herbewegung.

Stärker als bei allen übrigen Klassemen dominiert bei der "Lokalität" die statischere Filmfassung 1, die mehr Bezugnahmen auf die Richtung oder Räumlichkeit zu ermöglichen scheint, zusammen mit der mittleren Einstellungszahl von drei Einstellungen pro Äußerung und, bis auf jeweils eine Ausnahme, mit der Hinbewegung, bei der die Person geradezu in den Raum übergeht, und den Kameraschwenks, die Überblicke von einem festen Standpunkt aus ermöglichen. Besonders die beiden letztgenannten Filmfiguren können als filmische Artikulatoren des Klassems "Lokalität" angesehen werden, die mit dem Sprachklassem korrelieren.

Im Vergleich zur Temporalität finden sich Lexeme mit dem Klassem Lokalität häufiger bei einer vergleichenden Darstellung in Alternierten Syntagmen, bei größerer Einstellungslänge (mehr als 10 Sekunden), Objektnähe und bei der Froschperspektive, die jedoch in der Regel minimal und darum kaum zu bewerten ist.

Lexeme mit dem Klassem "Wertung" (bei unseren Beispielen zu 75 % Abwertung) korrespondieren im Vergleich zu über der Hälfte aller übrigen Klasseme besonders stark mit der einseitigen, aber nicht ununterbrochenen Darstellung in Szenen oder Sequenzen, die intensiv auf ein Objekt konzentriert, mit drei und mehr Einstellungen pro Äußerung in extremer Kürze oder Länge, mit der Herbewegung des Objektes und Überblicken von einem festen Standpunkt durch Kameraschwenks.

Die Ergebnisse von Schulz u.a. zeigen zumindest, daß die Abwertung, die in Einstellungen und Konnotationen zur "Gastarbeiterbeurteilung" zutage tritt, von den unterbrochenen Syntagmen (linear-sukzessiv und achronologisch) stärker gefördert wird als vom Autonomen Syntagma.[637)] Sie messen jedoch keine Alternierten Syntagmen. Das filmische Kernklassem, das mit dem sprachlichen Klassem korreliert, scheint hierbei die Einseitigkeit in der Darstellung durch Szenen und Sequenzen zu sein, und zwar in Verbindung mit der Betroffenheit durch die Herbewegung und/oder die

Distanz des Überblicks mittels der Schwenks. Lediglich im Vergleich zur Stärke und Temporalität dominieren zusätzlich bei der Wertung die statischere Filmfassung 1 und die individualisierende Einstellungsgröße (Am, HN), im Vergleich zur Temporalität ferner die Froschperspektive.

Roger Penn entdeckt zwar, daß mit steigender Bewegung die Konnotationen der Probanden bei allen drei Variablen, die er untersucht (Activity, Potency und Evaluation) zunehmen, im Vergleich zu Potency und Activity ist der Einfluß der Bewegung auf die Wertung jedoch erheblich geringer, bei drei von vier Begriffen nicht einmal halb so groß.[638)]

Von der wertenden und Überlegenheit und Unterlegenheit festlegenden Wirkung der Einstellungsperspektive, auf die Zöchbauer in seinen "Einsichten" und geradezu kurios naiven Fragen hinweist[639)], ist nach unseren Ergebnissen weder beim Klassem "Stärke" oder "Schwäche", noch bei der "Wertung" Entscheidendes festzustellen. Dies mag daran liegen, daß Perspektiven der extremen Form von Kempes Beispielen, die Zöchbauer benutzt, in diesem Film nicht vorkommen.

Oberbegriffe korrespondieren stärker als über die Hälfte der übrigen Klasseme mit dem Ton, der über die Naturgeräusche hinausgeht.

Dies scheint die Auffassung und Ergebnisinterpretation von George Atwood zu unterstützen, daß verbale Repräsentationen im Gedächtnis durch akustische Störungen stärker beeinträchtigt werden als durch visuelle.[640)] Oberbegriffe assoziieren ferner im genannten Maße mit der Filmfassung 2/4, niedriger Einstellungszahl (höchstens drei Einstellungen pro Äußerung) und mittlerer Einstellungslänge (11 - 20 Sekunden). Das entscheidende Filmklassem, das mit dem Sprachklassem "Oberbegriff" korreliert, scheint hier die niedrige Einstellungszahl, d.h. die geringe Anzahl an Aspekten, verbunden mit der emotionalisierenden Parteilichkeit der zweiten Filmfassung und der Musik zu sein, die eine differenziertere Bezugnahme verhindern.

Wollte man die speziellen Überlegenheiten einzelner Filmfiguren zum Oberbegriff im Vergleich zu einzelnen anderen Sprachklassemen als Anhaltspunkte dafür ansehen, was zum allgemeinen Oberbegriff statt zu der jeweiligen Differenzierung geführt hat, so müßte man folgern, daß z.B. der statischere oder ausgleichend dynamische Filmkontext von F1/3 zusammen mit ununterbrochenen Darstellungen oder geringer Einstellungszahl (höchstens 3) geringer Länge (1 - 10 Sekunden), Hinbewegung und Naturgeräuschen mit Musikbegleitung verhindert haben, daß statt des Allgemeinbegriffs ein speziellerer mit dem Klassem "Stärke" häufiger gewählt wurde. Die filmischen Gegenstücke zu den genannten Figuren, welche die Überlegenheit des Klassems "Stärke" gegenüber dem "Oberbegriff" ausmachen (Zeile "Stärke"), müßten dann Mittel sein, um Lexeme mit diesem Klassem statt Oberbegriffe häufiger zu erhalten. Entsprechend wären die Angaben jedes Feldes der Tabelle 61 Hinweise darauf, welche filmischen Mittel man einsetzen müßte, um statt der häufigen Produktion von Lexemen mit dem Klassem der Spaltenüberschrift häufiger Lexeme mit dem Klassem der Zeilenüberschrift als sprachliche Response bei Schülern des untersuchten Alters unter den gegebenen Voraussetzungen zu erhalten.

Versteht man die Tabellendaten als Hinweise, wie man unter den gegebenen Verhältnissen die beschriebenen Veränderungsmöglichkeiten realisieren könnte, ist ein derartiger Gebrauch der Ergebnisse in der Tat gerechtfertigt und ein wichtiges Ergebnis dieser Untersuchung. Zur weiteren Generalisierung bedürfte es umfangreicher weiterer Untersuchungen, die systematisch sämtliche Variablen des hier zugrunde liegenden Kommunikationsprozesses analysierten, einschließlich der Objektgegebenheiten mit Hilfe einer zuverlässigen Kinesik, Handlungstheorie etc. im filmischen und einschließlich aller referenz-semantisch und sprachakttheoretisch relevanten Gegebenheiten etc. im sprachlichen Bereich. Untersuchungen dieser Art müssen darum immer fragmentarischen Charakter behalten und asymptotische Zielnäherungen zu ihren Ergebnissen zählen. Vor dem Horizont dieser Gesamtlage ist der Stellenwert unseres Fragmentes zu sehen.

8.3.3 Schultypen

Zunächst soll die folgende Tabelle im Überblick zeigen, zu welchen Filmfassungen die einzelnen Schultypen höhere bzw. niedrigere Prozentanteile als die beiden übrigen an einem Lexem aufweisen(**vgl. Tabellen im Anhang, S. 436 - 447**).

Tabelle 60: Überlegenheit einzelner Schultypen bei den Prozentrangspitzen

	GS		HS		G	
IC	höher als HS / G	niedriger als HS / G	höher als GS /G	niedriger als GS / G	höher als GS / HS	niedriger als GS / HS
1	fliehen(4)	fliehen(1) keuchen(2)	fliehen(2)		keuchen (2,3,4)	laufen(2)
2	schnell(1-4)	voll Sorge(1) wutschnaubend(2,3,4)	voll Sorge (1,4)		wutschnaubend(2,3,4) außer Atem (1,3)	voll Sorge (2,3,4)
3	rennen(1-4) losfegen(1,3,4)	vorwärtshasten(1-4)			vorwärtshasten(1-4)	rennen(1-4)
4	guter Platz (1-4)	Versteck(4) Schlupfwinkel(1-3) Unterkunft.. (2)	Unterkunft.. (4)		Versteck(1) Schlupfwinkel(1,3,4)	guter Platz (2) Unterkunft.. (1)
5	gucken(1-4) glotzen(4)	umherspähen (2-4) Umgebg.prüf. (2,4)	betrachten (4) Umgebg.prüf. (1)	betrachten (1) glotzen(1,3)	umherspähen (1-4)	gucken(1-4) betrachten (4)
6	lustig(1,3,4) aufgeregt (1-4)	ängstlich (2-4)	ängstlich(1)		gespannt(1,2)	aufgeregt (1,2)
7	rausgehen (1-4) zurückkehren (2)	verlassen(1,2,4) aufgeben (1,3,4)	verlassen(2)	aufgeben(2)	verlassen(1,4) aufgeben(1,2,3,4)	rausgehen (1-4)
8	allein(2,3) verlassen(1)	befreit(3,2) allein(4)		allein(2,3) einsam(4)	allein(1) befreit(2,4)	einsam (1) verlassen (1,3,4)

(Mindestabstand: 5 %, bei den unterstrichenen Filmfassungs-Nummern: 10 %)

Dabei bestätigt sich auch für den passiven Wortschatz die Feststellung, die bei der Lückentext-Analyse für den aktiven gemacht wurde, daß Grundschüler am häufigsten Höchst- und Gymnasiasten am häufigsten Tiefstzahlen zu allgemeinen Ausdrücken aufweisen, und zwar unabhängig von den Wahrnehmungsverhältnissen, welche die Filmgestaltung bietet (s. "schnell, rennen, guter Platz, gucken, aufgeregt, rausgehen"). Tiefst- und Höchstprozentsätze von Grundschülern und Gymnasiasten verhalten sich bei diesem Merkmal nahezu symmetrisch zueinander.

Die Grundschüler scheinen sich bei der Wahl der Ausdrücke häufiger von emotionalen Reizen des Films, besonders des Tons, und der Wörter leiten zu lassen als die Schüler der beiden anderen Schultypen, so daß der exakte Sachbezug darunter leidet. So benutzen sie zu allen filmischen Darstellungsweisen außer F2 erheblich häufiger "losfegen", zur Tonfassung "glotzen", zu allen außer F2 häufiger als alle anderen "lustig, schadenfroh, erleichtert", letztere Ausdrücke, obwohl F1 das Objekt gar nicht präsentiert und die übrigen Fassungen Martins gequälte Spannung unterstreichen. Das Fehlen der Bezugsszene hindert sie nicht, Martins Zurückbleiben mit dem emotionalen "verlassen" besonders häufig zu charakterisieren, während die dramatischeren Darstellungen in F2 und F3 einmalig häufig mit dem allgemeinen "allein" korrespondieren.

Im großen und ganzen läßt der Reiz der allgemeinen und emotional ansprechenden Wörter den sachlich-differenzierteren wenig Attraktivität, so daß bei den Grundschülern die Korrelation zwischen Film- und Sprachklassemen weniger zum Tragen kommen als bei den beiden übrigen Schultypen. Dies zeigt schon der Anteil an nicht signifikanten Tabellen, der bei den Grundschülern am größten ist (s. Tabelle 51), und zwar bei der Lückentext- und Multiple-choice-Analyse, bei letzterer allerdings prozentual größer.

Selbst relativ stark mit den Sprachklassemen korrelierende Filmklasseme wie die der Fassung 2/4 zu MC1, 2, 5 verhindern nicht, daß Lexeme wie "keuchen", "wutschnaubend", "umherspähen" geringere Prozentanteile als bei den Hauptschülern und Gymnasiasten aufweisen. Entsprechend wirkungslos ist Fassung 1 in MC1 und 2 in bezug auf "fliehen" und "voll Sorge". Der begrenzte Wortschatz scheint hier der Filmwirkung die Grenzen zu setzen, wobei er vom Ton des Films unterstützt wird.

Bei den Hauptschülern haben vor allem die einseitig konzentrierenden, Anteilnahme ermöglichenden Filmfiguren zu Prozentanteilen interpretierender Lexeme geführt, die Grundschülern und Gymnasiasten deutlich überlegen sind, wie z.B. "fliehen" als MC1 zu F2 (hier auch zum Vgl.), "voll Sorge" als MC2 zur einseitig detaillierend-entlassenden Darstellung durch F1 und zur betreffenden, durch Rufen, Naturgeräusche und Musik dramatisierten Fassung 4, "Unterkunft" zur einseitigen Tonfassung, "Umgebung prüfen" zum einseitigen Miterleben von des Onkels Blick in der subjektiven Kameraführung von F1 und schließlich "ängstlich" als MC6 als Schlußfolgerung aus dem Zusammenhang. F1 bietet die Objektgrundlage dazu nicht. Die Möglichkeit, zu MC5 des Onkels Blick nachzuvollziehen, verdrängt zugunsten des interpretierenden "Umgebung prüfen" sogar das rein sachbezogene "betrachten", das bei der Lückentext-Ergänzung noch zu F1 und F4 von den Hauptschülern erheblich stärker als von den Vergleichsgruppen gewählt wurde. Bei der Multiple-choice-Aufgabe ist es nur noch bei der dramatisierten Tonfassung des vergleichend-betreffenden Anblicks des Onkels (F4) derart häufig.

Diese Ergebnisse zeigen, daß interpretierende Ausdrücke, die bei Aufgaben zum aktiven Wortschatz weniger produziert werden, im passiven Wortschatz vorhanden sind und durch die beschriebenen audiovisuellen Mittel provoziert und aktiviert werden können und dabei allgemeineren und umgangssprachlichen Ausdrücken (wie z.B. "betrachten" und "glotzen") vorgezogen werden. Das bei der Lückentext-Analyse beobachtete Vermeiden überstarker Interpretationslexeme zeigt sich hier bei der einmalig ausgeprägten Zurückhaltung gegenüber "Suche aufgeben" als MC7 zu F2 zugunsten von "verlassen des Schuppens" und gegenüber "einsam" als MC8 zur selben Fassung und dem mit MC7 verbundenen Signifikat.

Bei den Gymnasiasten ist die Korrelation zwischen Film- und Sprachklassemen besonders deutlich sichtbar. So korrespondieren die dramatisierenden Vergleichsdarstellungen zu MC1, MC2, MC8 stärker als bei den Vergleichsgruppen mit den entsprechenden Sprachklassemen in den Lexemen "keuchen" "wutschnaubend" und "befreit" und schwächer als bei den Vergleichsgruppen mit "voll Sorge" oder dem allgemeinen "laufen". Das Fehlen der Objektgrundlage ist stärker mit einem allgemeinen Lexem verbunden (z.B. "Versteck" als MC4 zu F1 und "allein" als MC8 zu F1). Oder sie wird mit einem interpretierend nachempfindenden Ausdruck, der den Nachempfindungsmöglichkeiten des Kontextes gemäß ist, beantwortet ("gespannt" als MC6 zu F1 und F2, "Schlupfwinkel" als MC4 zu F1, seltener als alle dagegen "Unterkunft" und "einsam" zu F1). Ein übertriebener Hang zur Interpretation ohne Sachgrundlage ist bei der Auswahl unter vorgegebenen Möglichkeiten nicht zu beobachten, obwohl Lexeme dazu bereitgestellt waren. Die einmalige Häufigkeit von "Suche aufgeben" als MC7 und "befreit" als MC8 zu F2/4 deutet allerdings auf eine stärkere Tendenz, das Geschehen als "Kampf" mit Sieger und Besiegtem zu interpretieren und nicht Martin am Ende "verlassen" zu sehen.

8.3.4 Zusammenfassung

Die Multiple-choice-Analyse bestätigt mit der gleichen schwachen bis mittelstarken Signifikanz im wesentlichen die Befunde zum Lückentext. Das Filmklassem "betreffend" assoziiert eindeutig mit dem Sprachklassem "Intensität" (auch "Stärke"), während "entlassend" stärker mit "Schwäche" (auch "nachempfindbar") korrespondiert.

Das Ausfiltern von Sprachklassemen durch das Netz der Filmklasseme, die in genügender Anzahl auftreten, macht folgende Beziehungen transparent: Das Filmklassem "vergleichend - betreffend - ausführlich" assoziiert stärker mit emotional differenzierten Lexemen als "einseitig - knapp". Eine einseitige Darstellung fördert stärker den Verzicht auf die Konkretisierung äußerer Merkmale bei der Bezeichnung, während die vergleichende Form diese provoziert. Voraussetzung ist immer, daß keine Kernklasseme hinzukommen, die eine andere Richtung einschlagen lassen. Allgemein gilt, daß die Monosemierung und damit die Prognosesicherheit mit der Anzahl der Seme steigt, deren Bedeutung dominiert.

Eine Überprüfung größerer Lexem-Mengen aus Lückentext und Multiple-choice-Aufgaben im Hinblick auf den Prozentsatz einzelner zugrundeliegender Filmklasseme an der Sem-Gesamtheit auf jeder Filmebene zur gesamten Lexem-Menge zeigt klare Beziehungen der Filmklasseme zu sechs Sprachklassemen:

(1) "Stärke" assoziiert am stärksten mit "dynamisch", "vergleichend", "aspektreich", "mittel-ausführlich", "betreffend";
(2) "Schwäche" mit "ausführlich", "einseitig" oder "sehr aspektreich", "partizipierend" und "identifizierend";
(3) "Temporalität" mit "knapp", "aspektreich" oder "einseitig", "erniedrigend" und "orientierend";
(4) "Lokalität" mit "statisch", "mittel-ausführlich", "entlassend", "umblickend";
(5) "Wertung" mit "einseitig, aber unterbrochen", "ausführlich" oder "extrem knapp", "aspektreich", "betreffend" und "umblickend";
(6) "Oberbegriffe" mit dem Ton, "dynamisch", "aspektarm", "mittel-ausführlich".

Auch die Schultypen-Analyse bestätigt im wesentlichen die bisherigen Befunde.

Die Grundschüler reagieren am unsensibelsten auf visuelle Filmklasseme, weil sie sich am stärksten von emotionalen Reizen der Filmgeräusche, der Alternativen-Lexeme usw. beeinflussen lassen.

Die Hauptschüler entscheiden sich (im Gegensatz zu den Ergebnissen für den aktiven Wortschatz beim Lückentext) hier sehr häufig für interpretierende Lexeme, wenn die Filmgestaltung auch nur wenige oder unauffällige Seme dazu bietet.

Die Gymnasiasten reagieren am sensibelsten auf Film-Stimuli, hier auch mit konkret anschaulichen Lexemen und ohne überstarke Neigung zur Interpretation.

8.4 Abstraktions-Differential

Auch bei diesem Prüfverfahren erreichten die Kontingenzkoeffizienten nicht die Hälfte des maximal möglichen Betrages (s. Tabelle 61). Alle folgenden Darstellungen der Differenzen sind demnach nur höchstens mittelstark signifikant abgesichert, sofern sie alle vier Filmvariablen miteinander vergleichen. In Zweiervergleichen sind stärker signifikante Zusammenhänge häufig.

Analog zum "Semantischen Differential" Osgoods sollen die mit einer Filmfassung korrespondierenden Differenzierungen zwischen den Polen der 24 Begriffspaare zunächst durch ein graphisches Profil dargestellt werden. Obwohl die Ausprägung der Differenzierung in sieben Stärkegraden eine Ordinalskalierung darstellt, ist es üblich, das Profil herzustellen, indem die Mittelwerte der Paare durch eine Linie miteinander verbunden werden.[641)]

Diese Methode soll im folgenden am Beispiel der Gymnasiasten demonstriert werden, bei denen sich auch an den Mittelwerten (i.e.S.) die Unterschiede zu den Filmfassungen am deutlichsten zeigen. Im Allgemeinen verwischen die Mittelwertberechnungen jedoch die typischen Ausprägungen zu einer Filmfassung, die bedeutend klarer durch die Modalwerte zum Ausdruck kommen, d.h. durch die Meßwerte, die zu einer Fassung am häufigsten gewählt wurden.

8.4.1 Mittelwert-Profil am Beispiel des Gymnasiums

Der entscheidende Unterschied unseres Meßinstrumentes zu dem von Osgood, nämlich die Bildung der Pole durch differenzierte Synonyme statt durch Antonyme hat zunächst zur Folge, daß sich die Mittelwertkurve viel stärker in der Mitte, d.h. in den mittleren drei Meßspalten bewegt. Es liegt nahe, daß beide Pole häufig gewählt werden und sich so gegenseitig neutralisieren.

Der Verlauf der Mittelwert-Kurven zeigt bei der genannten Population deutlich, daß sich die Prädikationen Martins kaum nach den Filmfassungen unterscheiden lassen (im Gegensatz zur Meinung Griegers im Film-Beiheft!), während sich die des Onkels zu vielen Paaren erheblich voneinander abheben.

Bei den Prädikationen des Onkels bestätigen sich die auf der Basis der Mikro-Analyse gemachten Beobachtungen auf der Basis der Makro-Analyse: die Gipfel der für Martin Partei ergreifenden Fassungen 2/4 befinden sich bei den Lexemen, die den Onkel in Zorn sehen: "aufgebracht", "verärgert". Bei diesen sind sie stärker den differenzierteren Lexemen zugewandt als die Kurven zu 1/3: so zu "erbarmungslos", "verärgert". Die Kurven zu F1 und F3 wenden sich bei den Lexemen stärker der differenzierteren Seite zu, die Verständnis für des Onkels schwierige Lage artikulieren: "voll Mitgefühl", "überrascht", "besorgt", "enttäuscht", "erschöpft".

Figur 35:
MITTELWERT - VERTEILUNG, Gymnasium

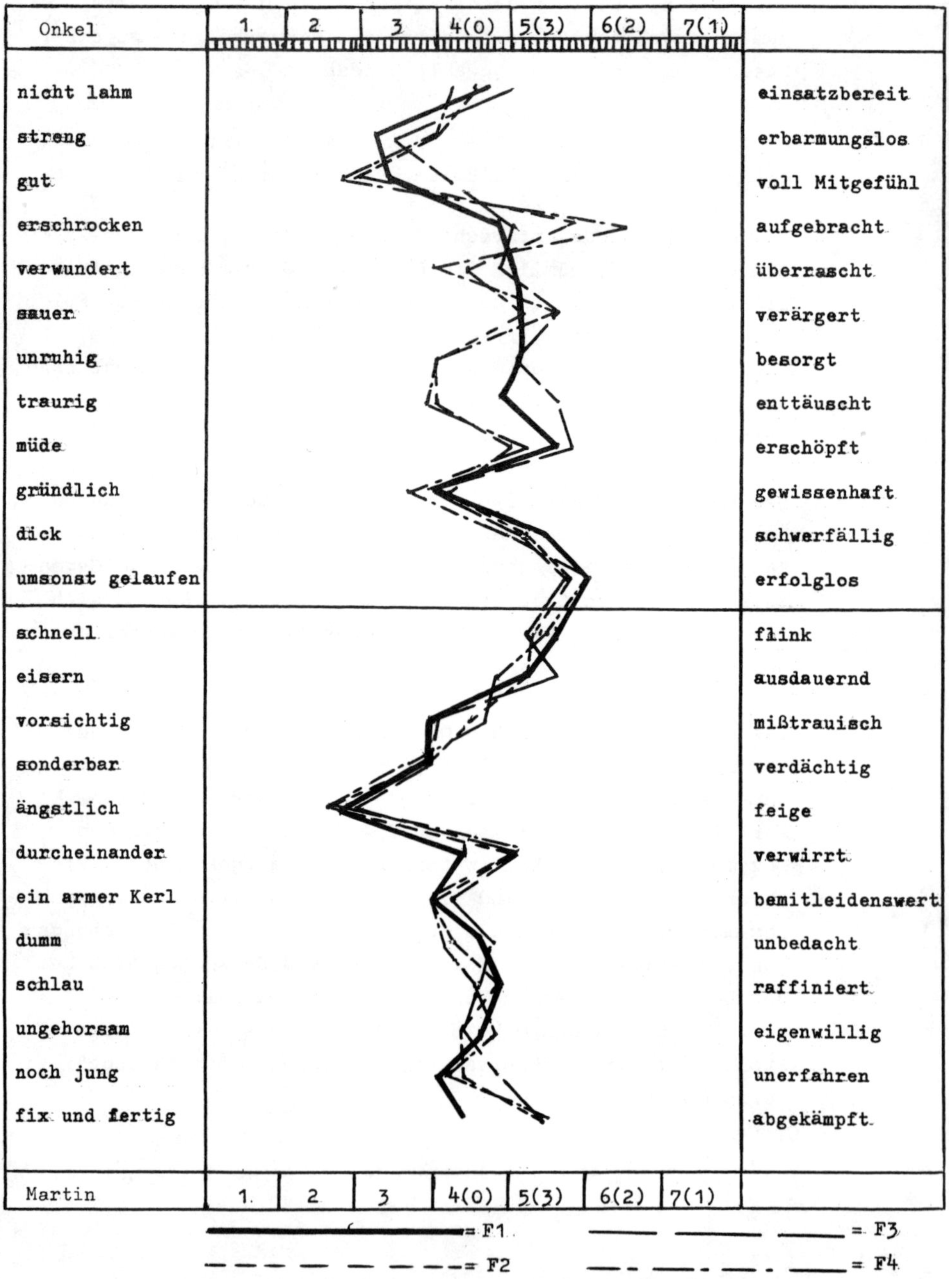

8.4.2 Gesamtpopulation

8.4.2.1 Modalwert-Profil

Wie beim vorausgegangenen Mittelwert-Profil ist auch hier zu beachten, daß die Ablehnungen beider Ausdrücke eines Paares nicht erfaßt, sondern nur in Klammern zum jeweiligen Paar vermerkt werden. Nur für Filmfassungen, die nicht in Klammern vermerkt sind, gibt demnach die Kurve den realen Modalwert an, für die in Klammern vermerkten dagegen den zweithäufigsten Wert, während deren realer Modalwert die Ablehnung beider Paar-Mitglieder ist. Auf andere Weise war die Tendenz einer Kurve zwischen den beiden Polen nicht sichtbar zu machen. Die Ablehnung (2-) ist jedoch bei der Interpretation zu beachten.

Beim Vergleich der Kurvenverläufe sind die Kurvenpunkte in den Fällen, in denen der "eigentliche" (reale) Modalwert die Ablehnung (2-) ist, so zu lesen, daß man sagt: "Wenn überhaupt ein Skalenwert Modalwert ist, dann dieser." Damit wird der Modalskalenwert erfaßt und der Ablehnungswert als außerhalb der Skala befindlich betrachtet, wie es auch die Aufgabenplanung vorsah.

Der Nachteil der Modalwert-Benutzung besteht darin, daß der Modalwert keine algebraische Funktion der Meßwerte ist und nichts darüber aussagt, wie sehr sich Kurvenpunkte mit demselben Modalwert in ihrer prozentualen Ausprägung unterscheiden. Er soll dadurch ausgeglichen werden, daß im Anschluß an die Profil-Analyse in der bisher praktizierten Weise mit den Tabellen zu jedem einzelnen Lexem-Paar gearbeitet wird.

Die Modalwert-Kurve bestätigt die bei der Mittelwert-Kurve für die Gymnasiasten gemachte Beobachtung, daß die Kurven der einzelnen Fassungen bei den Lexemen des Onkels stärker divergieren als bei denen Martins. Stephan Grieger scheint in seinem Beiheft die Kraft der Identifikation mit Martin

Figur 36: MODALWERT - VERTEILUNG (ohne Ablehnungen), Gesamtpopulation

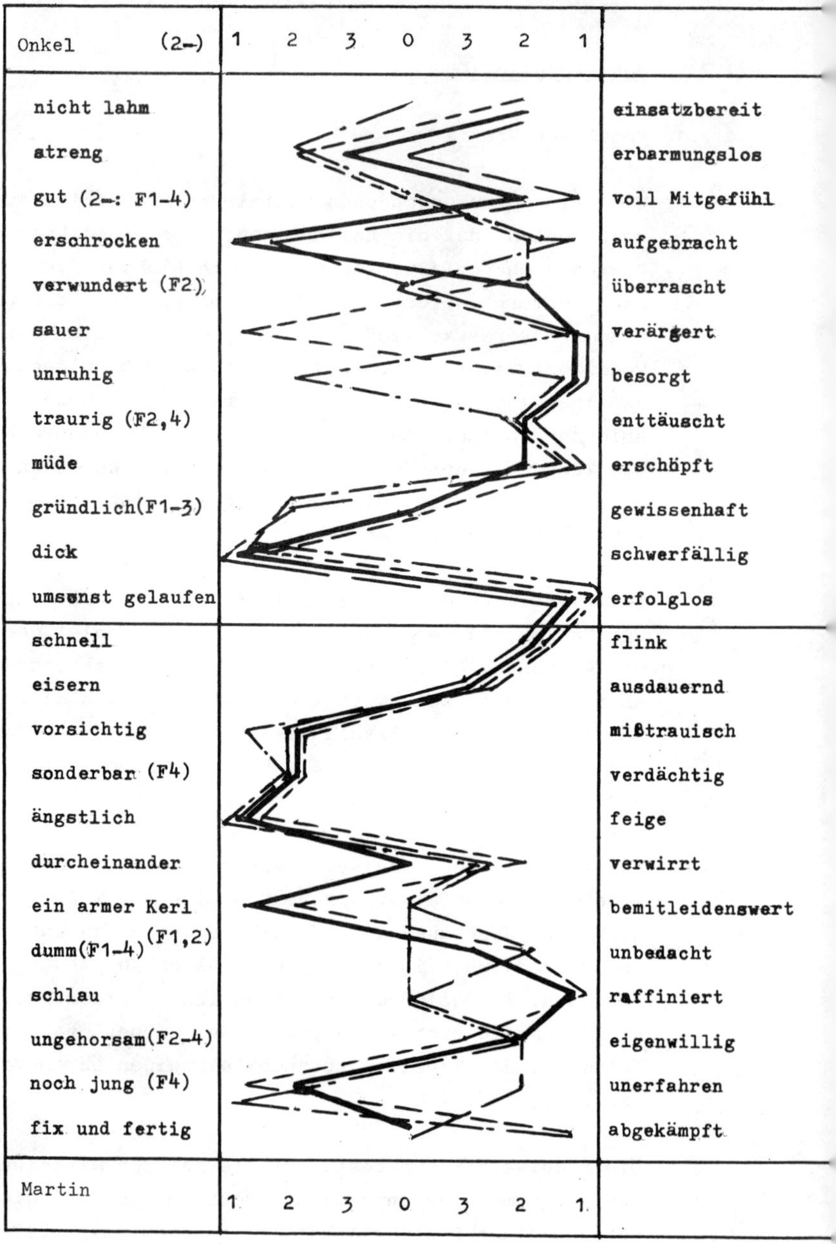

——— = F1

– – – – = F2

— — — = F3

—·—·— = F4

2 -- = Ablehnung beider Ausdrücke durch die Filmfassung, die in Klammern angegeben ist (realer Modalwert)

zu unterschätzen. Keine Filmfassung hat "verdächtig" als Modalwert, wie es Grieger für F1 vermutet. F1 ist allerdings die einzige Fassung, die für Martin "ungehorsam" und "eigenwillig" nicht völlig ablehnt, sondern "eigenwillig" gut nennt, Griegers "widerspenstig" steht jedoch wohl "ungehorsam" näher, das von keiner Fassung am häufigsten gewählt wurde. Daß Martin, wie Grieger sagt, "leichtfüßig dahinspringt"[642], prädiziert keine Fassung. F1 und F3 beurteilen "fix und fertig" und "abgekämpft" als gleich gut. Selbst die positive Darstellung des Onkels findet nur sehr begrenzt ihren Niederschlag bei der Wahl der Prädikationen. "Gut" und "voll Mitgefühl" wird von allen Fassungen ebenso abgelehnt wie "dumm" und "unbedacht" in bezug auf Martin.

Beim genauen Studium der Kurvenverläufe ist zur Vermeidung von Fehlschlüssen eine Schwäche unseres Meßinstruments gegenüber dem von Osgood zu beachten, die durch die methodische Aufbereitung der Skalierung für Schüler des 3. und 6. Schuljahres entstanden ist. Der Entscheidungsprozeß war in kleinere Schritte aufgeteilt worden, indem an die Schüler die Aufforderung erging, "nur dem besseren Wort eine Note zu erteilen." Unsere Skalierung impliziert demnach, daß "eine schlechtere Note" für das eine Lexem zugleich eine stärkere Annäherung an das andere Lexem des Paares bedeutet. Ob das die Schüler so verstanden, muß jedoch offen bleiben, zwingend ist es nicht. Bei "streng - erbarmungslos" z.B. bewerten die Fassungen 2/4 "streng" mit "gut", die Fassung 1 entscheidet sich am häufigsten für "befriedigend" und F3 für "beide sind gleich". Dies bedeutet jedoch höchstwahrscheinlich nicht, daß F1 und F3 der Befürwortung von "erbarmungslos" näherstehen, da man sich für "streng" entscheiden kann und dieses Lexem "absolut", d.h. ohne den Vergleich mit "erbarmungslos", nur mit 3 bewerten kann. Die Kurvenverläufe sind demzufolge <u>direkt</u> jeweils im Hinblick auf den bevorzugten Pol zu interpretieren und nur <u>indirekt</u> im Hinblick auf den abgelehnten Pol, d.h. nur angesichts der Tatsache, daß die Bevorzugung des einen die Ablehnung des anderen Pols bedeutet, jedoch die Stärke der Bevorzugung nicht gleich der Stärke der Ablehnung sein muß.

Die Kurvenverläufe von F1 und F3 bewegen sich im Feld des Onkels erheblich kontinuierlicher auf der Seite der differenzierteren Lexeme, besonders solcher, die die Nachempfindung psychischer Schwäche oder Aufwertung artikulieren, als die Kurven von F2/4, so bei "einsatzbereit", "voll Mitgefühl" (als zweithöchsten Wert), "verärgert", "besorgt", "enttäuscht" (von F2 und F4 am häufigsten abgelehnt). Die Parteinahme für den Onkel durch die in der Makro-Analyse genannten Mittel korrespondiert also nicht nur mit der Bevorzugung von "erschrocken" statt "aufgebracht", das von F2/4 am häufigsten gewählt wurde und das semantisch entgegengesetzt ist, sondern deutlich mit der Wahl differenzierterer Synonyme. Dabei fällt auf, daß sich die Tonfassung am häufigsten in der indifferenten Null-Wert-Spalte aufhält, und zwar nicht nur im Feld des Onkels, sondern auch in Martins.

Obwohl die F4-Kurve häufiger Indifferenz verrät als die übrigen alle, verläuft sie bei Lexemen, die Intensität und Dynamik artikulieren, häufiger in Extrembereichen als die F2-Kurve, so bei "aufgebracht", "verärgert", "unruhig", "gründlich", "vorsichtig", "eigenwillig".

In ähnlicher Weise verhält sich die F3-Kurve im Vergleich zur F1-Kurve. Sie geht bei Lexemen weiter ins Extrem, die der Ausgeglichenheit von F3 gemäß Verständnis und Anteilnahme artikulieren, so bei "voll Mitgefühl", "erschöpft", "gründlich" (als zweithäufigster Wert), "verwirrt", "unbedacht", "unerfahren".

Nur in 9 von 24 Skalen unterscheiden sich die Gipfel der vier Kurven in den Wertspalten zu einem Lexem. In den übrigen Fällen hat bei der Gesamtpopulation die Entscheidung zwischen der Wahl der Ablehnung, der Gleichbewertung, der Bevorzugung des linken oder rechten Lexems stattgefunden. Die Bewertungen des linken oder rechten Lexems sind relativ einheitlich. Angesichts dieser Befunde soll im folgenden bei der Untersuchung der Prozentrang-Spitzenplätze die Übersichtlichkeit dadurch gefördert werden, daß die Bewertungen zu den Paar-Polen zusammengezogen und so nur noch vier Werte betrachtet werden: Ablehnung (2-), Indifferenz (2+), linkes und rechtes Lexem (in den Original-EDV-Tabellen: 0,1,4,7). In dieser Skalierung erscheinen auch die EDV-Tabellen im Anhang.

8.4.2.2 Skalenprozente

Die Divergenzenhäufigkeit der Kurven im Feld des Onkels im Gegensatz zu den Konvergenzen im Martin-Feld erhalten ihr statistisch abgesichertes Analogon in dem Befund, daß bei den Lexempaaren zum Onkel 9 von 12 signifikante Unterschiede in den Wahlen durch die Filmfassungsgruppen aufweisen, bei den auf Martin bezogenen Paaren dagegen nur 3 von 12.

Bis auf wenige Ausnahmen ("erbarmungslos, gut, müde, müde-erschöpft, dick, schwerfällig, dumm-unbedacht") sind die Filmfassungen, die für einen der vier Werte den höchsten Prozentsatz aufweisen, bei allen Subpopulationen dieselben oder bei der Summe aller Subpopulationen deutlich vorherrschend, so daß die Einwirkung derartiger antezedierender Variablen auch für die Ergebnisse dieses Aufgabentyps ausgeschlossen werden kann. Die Ausnahmen sind Lexeme, denen die Wahrnehmungsgrundlage des Films wenig Differenzierendes für den Objektbezug zu bieten hat.

Tabelle 61 : Prozentrangspitzen zum Abstraktionsdifferential

Diff.-Paar-Nr.:	Personal-Var	all	Schule			Alter			Geschl		Beruf d.V			Ausld	TV-Stdn.			ADST-Fehl		
	Sprach-Var.		GS	HS	G	8	10	12	m	w	Ak	oAk	Arb		0	11	21	0	3	6
1	2 - nicht lahm 2 + einsatzbereit	4 2 4 31	2 42 41 3	4 2 42 13	4 2 3 31	2 24 41 3	4 2 2 3/1	4 2 4 31	4 2 4 13	4 2 4 31		4 2 4 13	24 42 4 13	4 3 4 1	4 2 41 31	4 2 4 13	42 2 42 31	4 2 4 31	42 2 3 3	32 2 41 31
	C-Koeff.	.17	.2	.26	.27	.23	.22	.23	.19	.18		.2	.25	-	-	.18	.21	.26	-	.19
2	2 - streng 2 + erbarmungslos	31 42 3 34	32 41 24 31	312 42 31 31	13 42 3 24	32 41 24 13	13 42 31 42	31 4/2 3 2	3 42 31 42	13 4 23 3	13 4 2 24	3 4 1 42	3 421 3 3	2 41 4 3	13 42 3 134	3 412 1 423		13 4/2 3 423	312 4 231 412	32 42 41 31
	C-Koeff.	.18	.23	.2	.3	.27	.25	.24	.17	.21	.33	.22	-	-	.23	.24		.3	-	.19
3	2 - gut 2 + voll Mitgef.	42 1 42 31	23 13 42 431	42 412 2 3/1	4 321 4 3	231 1 42 34	2/4 4 4 13	4 2 2 3/1	24 2 4 13	421 1 241 3		42 123 4 1/3	2 1 2 3			421 23 4 31	42 1 124 3	4 2 24 3	2/4 41 1 3	2 1 4 3
	C-Koeff.	.16	-	.23	.23	.23	.22	.22	.16	.21		.21	.23			.19	.27	.23	.23	-
4	2 - erschrocken 2 + aufgebracht	2 31 4 42	2 34 42 1	2 132 142 4	2 13 1 4	2 34 42 1	2 132 4 4/2	2 132 1 4/2	2 132 4 4/2	2 3/1 124 4/2	4 3/2 2 4/2	2 13 4/2	2 31 4 2		24 132 12 4	2 13 34 42	2 3 4 4	- 13 1 4/2	2 132 4 4	
	C-Koeff.	.17	.2	.19	.3	-	.22	.24	.2	.17	-	.26	-		-	.25	-	.29	-	
5	2 - verwundert 2 + überrascht	24 4 43 1	2 - 4 1	2 4 4 13	42 1 3 1		2 3 431 1	42 1 1 13	2 4 341 132	42 1 4 132	42 3 3 12	24 1 34 1	2 4 4 13	2 1 34 1	4 4 31 21	2 1 4 31	24 24 43 13	4 2 4 132	2 13 34 34	
	C-Koeff.	.13	-	-	.19		-	.16	-	.16	-	-	-	-	.23	-	.18	.18	-	
6	2 - sauer 2 + verärgert	13 24 3 1	31 24 423 1	31 24 1 3	1 2 3 3	3/1 432 24 1	1 42 3 3	1 2 13 1	13 2/4 3 4	13 2 34 1	1 2/1 4 34	3 423 3 13			1 2 43 1	31 24 3 421	13 2 13	1 42 31 2	31 2 3 14	312 24 42 134
	C-Koeff.	.16	.25	-	.23	.27	.28	.16	.19	-	-	.19			-	.2	-	.2	.28	-
7	2 - unruhig 2 + besorgt	42 421 3 31	2 1 3 1	4 412 3 312	42 2 14 31		2 4 3 1	4 241 3 3/1	24 24 3 1/3	42 14 3 3		24 24 3 13	2 412 3 31	2 4 32 1	4 421 3 31	42 24 3 13	24 412 324 13	4 24 3 31	2 42 3 31	24 1 4 12
	C-Koeff.	.17	-	.23	.26		.25	.23	.19	.18		.19	-	-	-	-	.2	.27	.22	
8	2 - traurig 2 + enttäuscht	42 3 41 31	2 34 423 1	4 3 1 1	4/2 3 14 3	23 34 431 1	2/4 3 341 13	4 3 1 3	42 3 3 1	42 3 4 31	4 3 1 3	24 3 4 1			42 31 43 231	42 3 124 1	24 3 1 3	4 3 1 3	2 34 34 1	
	C-Koeff.	.15	-	-	.3	-	-	.23	-	.18	-	.19			-	-	.18	.27	.24	
9	2 - müde 2 + erschöpft	24 14 1 3	2 431 2 341	4 21 41 3	24 32 13 13	21 43 2 143	2 1 4 3	421 42 1 3		24 1 2 3			24 1 3 3	421 4 32 1		2 42 3 13		24 1 3 3	241 24 4 3/1	
	C-Koeff.	-	-	-	-	-	-	-		-			-	-		-		-	.25	
10	2 - gründlich 2 + gewissenhaft	- - - -	231 14 423 --	4 24 1 3	- - - -			4 42 1 321			14 2 3 3	32 4 1 -					24 14 41 3	4 42 3 123		
	C-Koeff.	-	-	-	-			-			-						.19	-		

iff.- aar- c.:	Personal-Var.	all	Schule			Alter			Geschl		Beruf d.V.			Aus	TV-Stdn.			ADST-Fehl.		
	Sprach-Var.		GS	HS	G	8	10	12	m	w	Ak	oAk	Arb	ld.	0	11	21	0	3	6
11	2 - dick 2 + schwerfällig	24 12 4 3	2 31 4 14	4 241 1 3	4 12 3 1	2 314 4 1	2 1 341	4 124 413 32		2 142 4 3				42 34 2 21			24 2 4 31			
	C-Koeff.	-	.23	.21	-	.26	-	-		-				-			-			
12	2 - umsonst gel. 2 + erfolglos	3 41 2 (1)	- 143 21 34	3 41 2 132				3 4 2 1			1 123 12 4		3 41 2 31			3 4 23 1				3 14 12 234
	C-Koeff.	-	-	-				-			-		-			-				-
13	2 - schnell 2 + flink	4 2 4 1	2 324 42 1	4 2 14 3	4 2 43 1	2 342 42 1		4 2 4 3	3 2 34 1	4 2 4 31	43 2 312 41	2 23 14		4 3 4 1	4 243 42 1/3	2 3 1	3 2 42 431	4 2 4 1		
	C-Koeff.	.11	.2	-	-	-		.15	.17	-	-	-		-	-	-	-	.21		
14	2 - eisern 2 + ausdauernd	24 4 4 13	2 4 423 1/3			2 4 243 1/3		4 234 1 312	24 43 412 213	24 42 2 13	4 2 32 1	2 43 4 1		42 2 143 1	24 4 4 123					2 4 4 1
	C-Koeff.	-	.2			.23		-	-	-	-	-		-	.22					-
15	2 - vorsichtig 2 + mißtrauisch	24 13 2 423	2 13 2 42		4 132 41 423	3 13 2 4		4 132 14 432	3 1 1 243	24 31 24 431	4 1/3 1 2				4 3/1 4 24	3 132 42 4		4 13 2 423	2 1 3 42	
	C-Koeff.	-	-		-	-		-	.18		-				-	.22		.18	-	
16	2 - sonderbar 2 + verdächtig	241 2 3 1	2/3 21 4 143		41 342 13 2	23 12 4 143													2 432 3 1	2 2 4 413
	C-Koeff.	-	.21		-	.22													-	-
17	2 - ängstlich 2 + feige	1 2 1 432	213 1 4 423	1 234 1 -	1 24 1 3	123 1 4 24	1 23 1 43	14 243 1 32		1 3 1 2	1 432 1 2			241 2 3 3	1 2 314 42			1 42 1 3	1 423 1 -	3 213 41 4
	C-Koeff.	-	-	-	-	-	-	-		-	-			-	-			-	-	-
18	2 - durcheinand 2 + verwirrt	1 - 12 3	2 - 342 1		1 34 12 342			4 1 1 3		1 42 1 3	1 42 412 342			42 214 13 3				1 312 214 342		
	C-Koeff.	-	-		-			-		-	.28			-				-		
19	2 - armer Kerl 2 + bemitleidensw.	2 421 43 3	23 412 34 13			23 124 34 1	1 4 3 13					23 14 43 1	21 142 243 3	21 3/4 4 12		132 4 4 1				
	C-Koeff.	-	.22			-	-					-	.2	-		-				
20	2 - dumm 2 + unbedacht	4 4 34 321	321 413 1 2	4 2 42 3	421 2 3 13			4 21 234 3		41 4 23 3					1 4 3 2		2 -- 1 3	4 2 3 31		3 1 41 2
	C-Koeff.	-	-	-	-			-		-					-		-	-		-

Diff.-Paar-Nr.	Personal-Var / Sprach-Var.	all	Schule GS	HS	G	Alter 8	10	12	Geschl m	w	Beruf d.V. Ak.	oAk	Arb	Ausld.	TV-Stdn. 0	11	21	ADST-Fehler 0	3	6
21	2 - schlau 2 + raffiniert	24 31 4 2	2 31 42 1	4 231 1 4	421 31 4 2	214 3 42 1		4 31 34 2	21 1 3 42	42 3 4 21		2 13 4 142			2 3 4 1	42 1 3 2	241 3 4 4	4 3 4 2		24 13 4 3
	C-Koeff.	.1	.23	–	.19	.24		–	–	.21		.17			–	–	–	.19		.19
22	2 - ungehorsam 2 + eigenwillig	2 4 34 1	2 4 342 1	4 23		2 4 3 1				4 4 3 13	2 3 21 41						2 - 4 3		21 4 3 3	
	C-Koeff.	–	.22	–		.22				–	–						–		–	
23	2 - noch jung 2 + unerfahren	4 12 34 3	2 1 431 4	4 214 3 3	41 2 4 3	2 1 4 4	1 2 14 3	4 12 3 3									2 124 3 3	413 42 43 3		2 1 4 234
	C-Koeff.	–	–	–	–	–	–	.17			–						–	.18		–
24	2 - fix u. fertig 2 + abgekämpft	1 3 143 2	21 3 4 1	1 4 1 23	1 1 1 342	213 3 4 1		1 4 1 234		1 432 14 32	1 2 1 4					1 23 4 4	1 43 1 23	1 2 1 234		
	C-Koeff.	.1	–	–	.18			.19		.16	–					–	–	.21		

Erläuterung: 2 – = Ablehnung beider Ausdrücke
2 + = beide Ausdrücke für gleich gut befunden (Zensur: 0)

Ein wichtiges Ergebnis dieser Analyse ist die statistisch abgesicherte Bestätigung der bei der Profil-Untersuchung gemachten Beobachtung, daß die Tonfassung am häufigsten mit der Indifferenz (beide Lexeme sind gleich) korrespondiert. Während die F2-Fassung nur bei vier Indifferenzen die höchste Prozentzahl der Filmfassungen aufweist, ist dies bei der visuell identischen Tonfassung bei 14 Indifferenzen der Fall, d.h. bei über der Hälfte aller möglichen Unentschiedenheiten und dreieinhalbmal so häufig wie bei derselben Filmgestaltung ohne Ton, und zwar in bezug auf den Onkel und auf Martin in fast gleicher Häufigkeit.

An zweiter Stelle in der Häufigkeitsreihenfolge der Indifferenzen steht die ausgeglichene F3-Fassung, die zehnmal den größten Prozentsatz aller Fassungen bei Unentschiedenheiten aufweist, doppelt so oft wie F1 und mehr als doppelt so oft wie F2. Selbst wenn man berücksichtigt, daß nur die Hälfte aller Differenz-Paare signifikant unterschiedliche Kontingenzen besitzt, läßt sich aus diesen Befunden ableiten, daß sowohl die ausgewogene Darstellungsweise als auch die akustisch emotional dynamisierende weniger zur entschieden differenzierten Wortwahl bewegt als die Partei ergreifende rein visuelle.

Bei der Ablehnung beider Lexeme eines Paares, die alle in irgendeiner Weise als zutreffend angesehen werden können, sind die dynamischer Partei ergreifenden Fassungen F2 und F4 der statischeren F1-Fassung und der ausgeglichenen F3-Fassung bei weitem an Häufigkeit höchster Prozentsätze überlegen, und zwar um mehr als das Doppelte gegenüber F1 und um mehr als das Vierfache gegenüber F3. Bei allen genannten Befunden entsprechen die Indifferenzen und Ablehnungen genau den Klassemen der Parteinahme, Dynamik und Intensität, welche die Makro-Analyse für die Filmfassungen nachgewiesen hatte. Die folgende Tabelle zeigt die konkreten Verhältnisse:

Tabelle 62: **Lexempaare, bei denen sich die einzelnen Filmfassungen maximal indifferent oder ablehnend verhalten (2+ = ind.; 2- = ablehn.)**

	F1	F2	F3	F4
2+(0)	traurig-entt.(2) müde-erschöpft	umsonst gelaufen -erfolglos gut-voll Mitgefühl	streng-erbarm. verwundert-überrascht(2) sauer-verärgert unruhig-besorgt	nicht lahm-eins. gut-voll Mitgef. erschrocken-aufg. verwundert-überr. traurig-entt. dick-schwerfällig
2+(M)	ängstlich-feige durchein.-verwirrt fix u.fertig-abgekämpft	vorsichtig-mißtrauisch durcheinander-verwirrt(2)	sonderbar-verdächtig armer Kerl-bemitleid.(2) dumm-unbedacht ungehorsam-eigenwillig noch jung-unerf. fix u.fertig - abgekämpft(3)	schnell-flink eisern-ausdauernd armer K.-bemitl. dumm-unbedacht schlau-raffiniert ungehorsam-eigenwillig(2) n.jung-unerf.(2) fix u.fertig-abgekämpft(2)
2-(0)	streng-erbarm. sauer-verärgert	gut-voll Mitg.(2) erschrocken-aufg. verwundert-überr. unruhig-bes.(2) traurig-entt.(2) müde-erschöpft dick-schwerfällig	streng-erbarm. sauer-verärgert (2) umsonst gelaufen -erfolglos	nicht lahm-eins. gut-voll Mitgef. verwundert-überr. unruhig-besorgt traurig-entt. müde-erschöpft (2) dick-schwerf.(2)
2 (M)	sonderbar-verdächtig(3) ängstl.-feige durchein.-verw. fix u.fertig-abgekämpft	eisern-ausdau. vorsichtig-mißtr. sonderb.-verd. armer K. bemitl. schlau-raffiniert ungehorsam-eigenwillig		schnell-flink eisern-ausd.(2) noch jung-unerf. vorsichtig-mißtr. (2) sonderb.-verd.(2) dumm-unerfahren schlau-raff.(2)

(unterstrichen = mindestens 5 % über den übrigen Fassungen;
in Klammern = 2. oder 3. Stelle, falls mehrere erheblich höher liegen als der Rest der Fassungen)

Es zeigt sich, daß bei allen Fassungen häufig die Lexem-Paare, bei denen Indifferenz vorliegt, auch die abgelehnten sind, zu denen die jeweilige Fassung den höchsten Prozentsatz aller Fassungen aufwandte. Da eher Indifferenz Ablehnung zur Folge haben kann als umgekehrt, scheint der Schluß erlaubt, daß sich die Schüler für die betreffenden Paar-Mitglieder nicht entscheiden konnten oder wollten, weil sie ihrer Sicht nicht entsprachen.

Ablehnend verhalten sich die Schüler der F1- und F3-Gruppen am häufigsten bei abwertenden oder allgemeineren Ausdrücken, die der F2- und F4-Gruppen bei Lexemen, die eine Aufwertung des Onkels oder Abwertung Martins oder die Nachempfindung psychischer Schwäche artikulieren.

Die Prozentmaxima der Filmfassungen zu den Einzellexemen (s. Tabelle 63) bestätigen zunächst einmal wieder die positive Sicht des Onkels und das Verständnis für seine schwierige Lage zu F1 und F3 und den aggressiven Eindruck, den die Lexeme zu F2 und F4 vermitteln. Lediglich die Spitzenposition von F1 zum Lexem "verdächtig", der jedoch nicht einmal ein Abstand von 5 % zu den übrigen Fassungen zugrunde liegt, könnte auf eine negativere Sicht Martins in der F1-Gruppe verweisen. Im großen und ganzen wird die Sicht Martins relativ einheitlich artikuliert.

Im Hinblick auf die Differenziertheit der Lexeme, die das Differential überprüfen sollte, zeigt sich eine Überlegenheit der F3-Gruppe gegenüber allen übrigen: Im Vergleich zu F2 und F4 ist zu F3 <u>in sämtlichen Fällen</u>, außer bei "schlau" und "fix und fertig" das differenziertere Lexem öfter maximal gewählt worden, im Vergleich zu F1 in vier Fällen ("erschöpft, schwerfällig, bemitleidenswert, unerfahren").

Zu F1 wurde im Vergleich zu F2 in fünf von elf vergleichbaren Fällen häufiger das differenziertere Lexem maximal bevorzugt, im Vergleich zu F4 in vier von neun vergleichbaren Fällen. Lediglich in den genannten beiden Fällen, die eine

Tabelle 63: Lexeme des Abstraktionsdifferentials, bei denen die einzelnen Filmfassungen Prozentrangspitzen aufweisen

	F1	F2	F3	F4
O war:	einsatzbereit(2)	nicht lahm	einsatzbereit	
	gut	streng(2)	erbarmungslos	streng
	voll Mitgefühl(2		voll Mitgefühl	erbarmungslos(2)
	erschrocken(2)	aufgebracht(2)	erschrocken	aufgebracht
	überrascht			verwundert
	verärgert	sauer		sauer(2)
	unruhig(3)		besorgt	
	besorgt(2)	unruhig(2)	enttäuscht	unruhig
	enttäuscht(2)		traurig	
	müde		erschöpft	müde(2)
	dick	dick(2)	schwerfällig	
	umsonst gelaufen (2)			umsonst gelaufen
	erfolglos			
M war:	flink	schnell		
	ausdauernd		ausdauernd(2)	eisern
	vorsichtig	mißtrauisch(2)	vorsichtig(2)	mißtrauisch
	verdächtig	sonderbar	mißtrauisch(3)	
		ängstlich	verwirrt	
	armer Kerl(3)	armer Kerl(2)	bemitleidenswert	armer Kerl
	unbedacht(3)	unbedacht(2)	unbedacht	dumm
	schlau(2)	raffiniert	schlau(1)	
	eigenwillig			ungehorsam
	noch jung	noch jung(2)	unerfahren	
		abgekämpft	fix und fertig	

starke Identifikation mit Martin verraten, nämlich "raffiniert" und "abgekämpft", ist die F2-Gruppe allen Vergleichsgruppen an Differenziertheit überlegen.
Die F4-Gruppe ist auch bei dieser Aufgabe und Analyse diejenige, die am häufigsten maximal die Allgemein-Begriffe wählt.

Die Befunde legen den Schluß nahe, daß unter den gegebenen Umständen eine im Sinne unserer Makro-Analyse ausgeglichene Darstellungsweise die Bevorzugung differenzierterer Lexeme bei den untersuchten Schülergruppen am stärksten fördert, am zweitstärksten eine statischere Fassung (im Sinne der Makro-Analyse!), die durch ihre Möglichkeiten der Sympathienahme und des Engagements geeignet ist, ein Gegengewicht zur Identifikation mit der Hauptperson zu schaffen.
Dynamische einseitige Darstellungen fördern die Wahl differenzierterer Beispiele nur bei Lexemen, die dem Parteinahme-Koeffizienten entsprechen, was jedoch durch den Ton verhindert werden kann.

9.4.3 Schultypen

9.4.3.1 Modalwertprofile

Figur 37: MODALWERT-VERTEILUNG (ohne Ablehnungen), GS

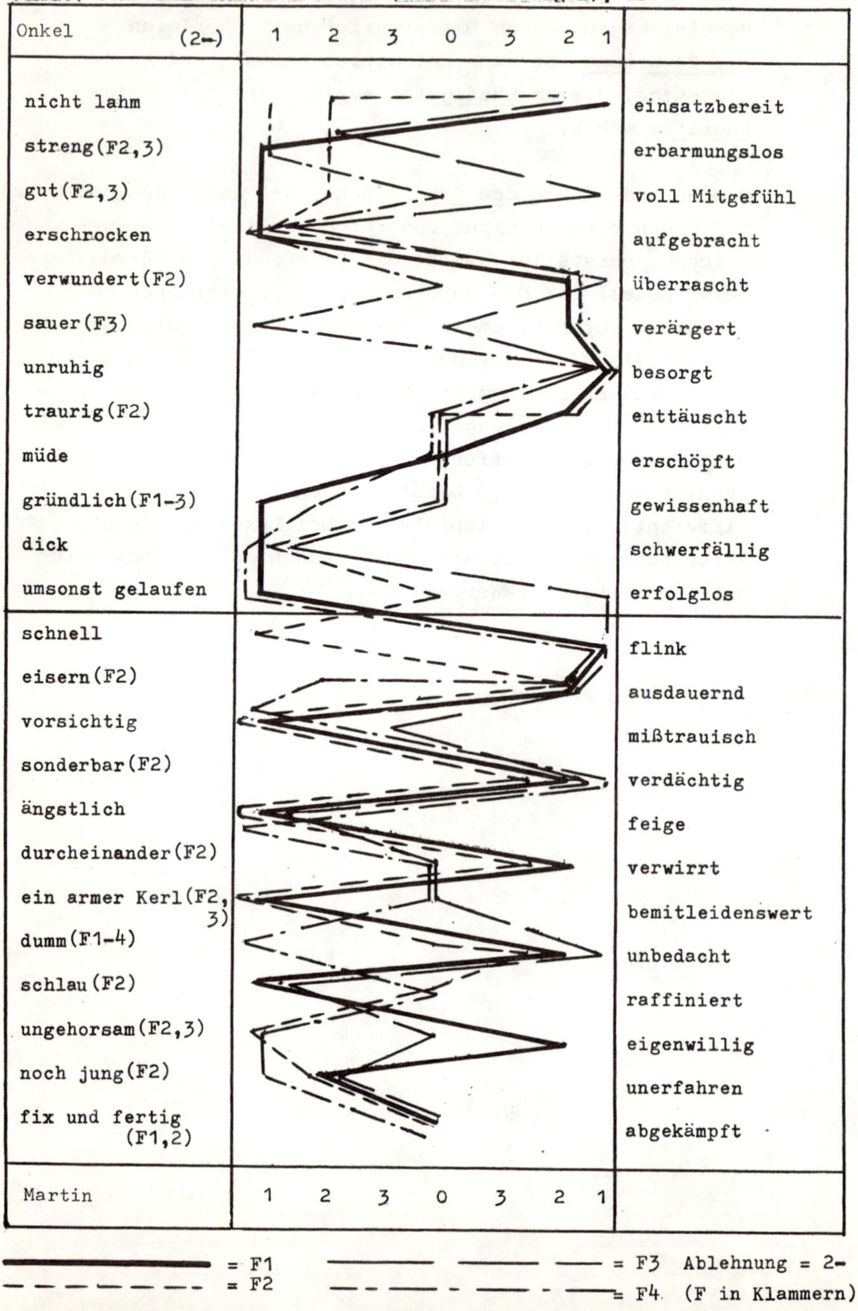

Figur 38:
MODALWERT - VERTEILUNG (ohne Ablehnungen), HS

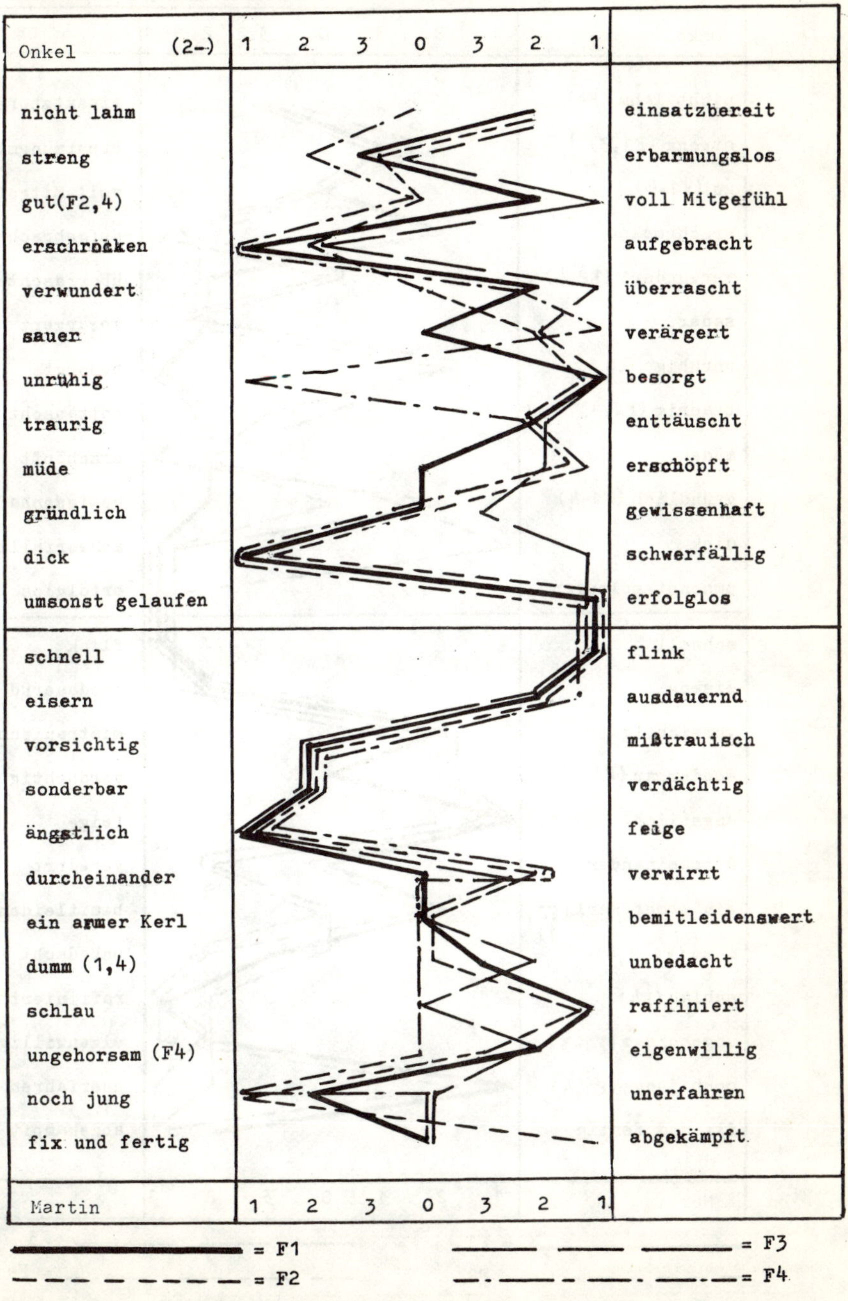

Figur 39:
MODALWERT – VERTEILUNG (ohne Ablehnung), G

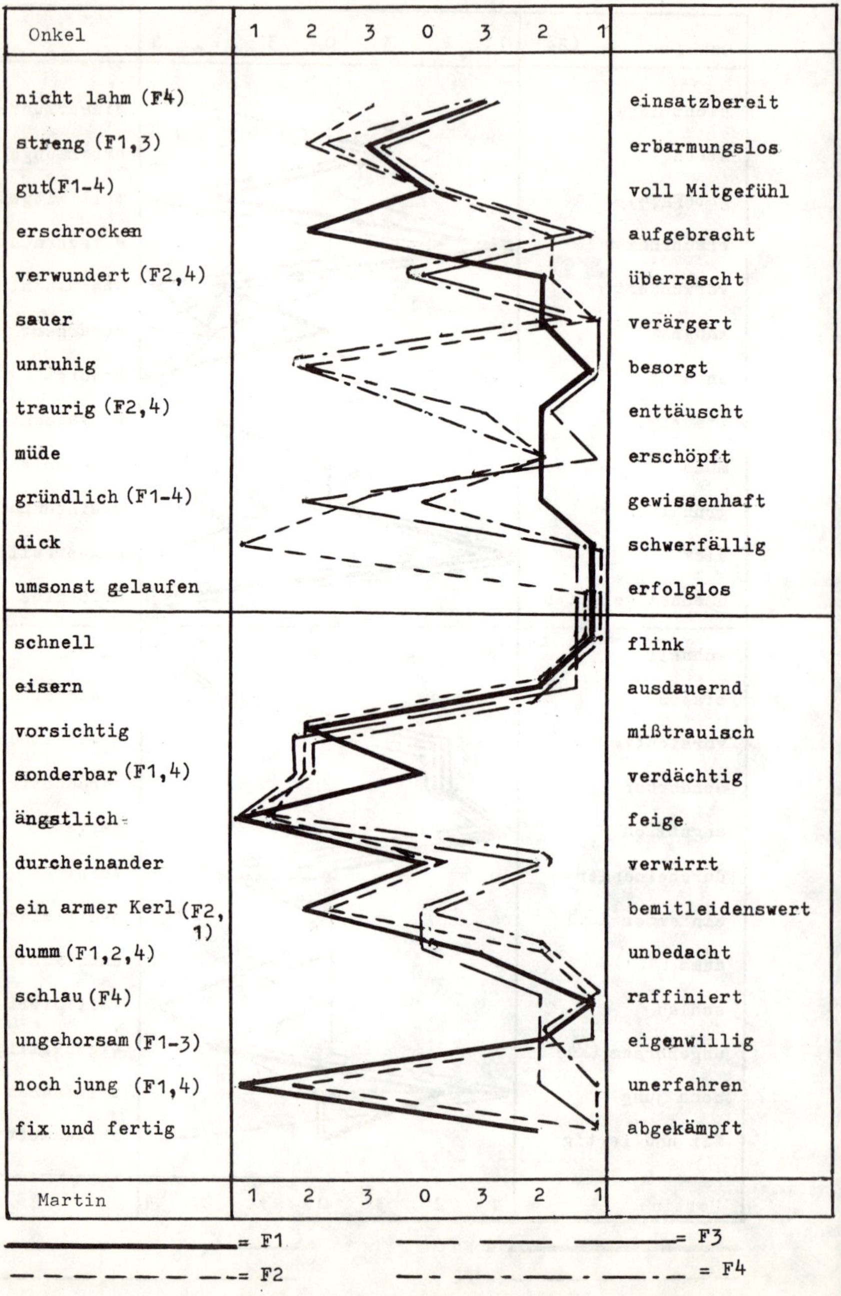

(1) Ablehnungen als Modalwerte finden sich auffallend (15mal) häufig bei den Grundschülern, und zwar zur Filmfassung 2 (14 von 15) und 3 (7 von 16), und auffallend selten bei den Hauptschülern (3mal), und zwar dort immer zur Fassung 4, zusätzlich einmal zu F2 ("gut") und einmal zu F1 ("dumm"). Bei den Gymnasiasten werden in zwölf Fällen beide Lexeme eines Paares abgelehnt, und zwar in 9 von 12 Fällen zur Tonfassung, in 8 von 12 Fällen zu F1, ebenso oft zu F2 und viermal zu F3.

Bei den Hauptschülern und Gymnasiasten führt die durch den Ton intensivierte und dynamisierte, für Martin Partei ergreifende Fassung F4 zu den häufigsten Ablehnungen beider Skalenpole, bei den Hauptschülern allerdings nur bei den auch semantisch als Ablehnung verständlichen Entscheidungen zur direkten Aufwertung des Onkels durch "gut - voll Mitgefühl" und zu den direkten Abwertungen Martins durch "dumm - unbedacht" und "ungehorsam - eigenwillig", bei den Gymnasiasten auch zu den indirekten Aufwertungen des Onkels durch Lexeme, die Verständnis für dessen schwierige Lage artikulieren, und zu den indirekten Abwertungen Martins durch Lexeme wie "sonderbar - verdächtig, schlau - raffiniert" u.a. Die Seltenheit der Ablehnung bei den Hauptschülern und die Reflektiertheit bei den Gymnasiasten spricht für eine rationale Parteinahme, d.h. für eine bewußte Ablehnung der Lexem-Paare.

Bei den Gymnasiasten wird letztere in starkem Ausmaß auch zu F1 und F2 vollzogen, allerdings je nach Parteinahme unterschiedlich, zu F1 nicht bei den indirekt, d.h. durch Verständnis aufwertenden Lexemen in bezug auf den Onkel, dafür zum abwertenden "streng - erbarmungslos". Die ausgeglichene F3-Fassung korrespondiert mit den meisten Entscheidungen für einen der Skalenpole.

(2) Den eindeutig unruhigsten (vielgipfligsten) Kurvenverlauf weisen sämtliche Kurven im Martin-Feld der Grundschüler auf, bei den Kurven zu F1 und F2 noch zusätzlich dadurch ausgeprägt, daß die meisten Gipfel Extremwerte sind. Dabei weicht lediglich die Tonfassung in drei Fällen (F2 in einem Fall) vom allgemeinen Kurventrend nach links, d.h. zu den allgemeineren Lexemen ab und in drei weiteren Fällen zur neutralen Mittellinie.

Die Hauptschüler und Gymnasiasten weisen im Martin-Feld bis zur Skala "ängstlich - feige" einen einheitlichen linksgipfligen Verlauf aller Kurven auf (mit Ausnahme der F1-Kurve bei "sonderbar - verdächtig").

Dies kann damit erklärt werden, daß bei diesen Skalen (D15 - D17) die Differenzierung auf der rechten Seite zugleich zu einer semantischen Veränderung im abwertenden Sinne führt ("mißtrauisch, verdächtig, feige").

Ab "durcheinander - verwirrt" (D18) unterscheiden sich die HS- und G-Gruppe, obwohl beide Kurven rechtsgipflig werden. Die F4-Kurve verharrt bei den Hauptschülern bis zum Feldende mit Ausnahme von "noch jung" auf der Indifferenz-Linie, auf welche die F3-Kurve in vier, die F1-Kurve in drei und die F2-Kurve in zwei von sieben Fällen treffen, während die drei letztgenannten Kurven in den übrigen Fällen mit Ausnahme von "noch jung" nach rechts, d.h. zu den differenzierteren Lexemen tendieren.

Auch hier ist die semantische Veränderung zu berücksichtigen: In diesem Bereich ist die Differenzierung zugleich eine Aufwertung ("unbedacht" statt "dumm", "eigenwillig" statt "ungehorsam"). Wo dies nicht der Fall ist, häufen sich die Indifferenzen. Als Film-Sprach-Beziehung interessant ist bei derartigen Beispielen daher jeder auch noch so geringe Abweichungsgrad der Kurven voneinander. Die F1- und F2-Kurve kulminieren zwar beide im selben Maß bei "raffiniert", die F1-Kurve verbindet aber positivere Punkte zu den nachempfindend wertenden Lexemen "unbedacht" und "eigenwillig", während die F2-Kurve positivere Punkte zu den Lexemen "verwirrt" und "abgekämpft" durchläuft, welche die äußere Wahrnehmung von dynamischer Spannung artikulieren. Die F3-Kurve verhält sich wie die zu F1, bei "unbedacht" noch positiver, allerdings ohne den Gipfel bei "raffiniert".

Bei den Gymnasiasten berührt die F4-Kurve im Unterschied zu den Hauptschülern nur in einem einzigen Punkt ("armer Kerl - bemitleidenswert") die Indifferenz-Linie, während sie in allen übrigen Fällen auf die rechten, d.h. aufwertend differenzierenden Seite bleibt, was außer ihr nur noch (abgesehen von einem Indifferenz-Punkt) die F3-Kurve tut. Die F1- und die F2-Kurve bleiben bei "durcheinander - verwirrt" indifferent, während sie bei "ein armer Kerl" und "noch jung" auf der linken, d.h. allgemeineren Seite gipfeln, und zwar in Punkten, die sich semantisch nicht durch ein Wertungs-Sem unterscheiden.

(3) Im Onkel-Feld zeichnet sich bei den Grundschülern und Gymnasiasten die F1-, bei den Hauptschülern die F3-Kurve durch einen ruhigeren Verlauf als die übrigen aus.

Die F1-Kurve der Grundschüler kulminiert bei den wertenden und äußerlich Wahrnehmbares fixierenden Lexemen auf der linken, allgemeineren Seite, dagegen bei denen mit den Semen "psychische Spannung" und "nachempfindbar" auf der rechten, differenzierteren Hälfte des Feldes. Indifferent bleibt sie nur bei "müde - erschöpft", während die übrigen Kurven häufiger die Mittellinie durchlaufen. In Linksgipfeln weicht die Tonfilm-Kurve bei "nicht lahm" und "sauer" von allen übrigen ab, in Rechtsgipfeln die F3-Kurve bei "voll Mitgefühl" und "erfolglos".

Wie bei den Grundschülern weist auch bei den Hauptschülern die F3-Kurve die meisten Rechtsgipfel auf. Die Ausgeglichenheit der F3-Fassung scheint gerade bei diesen Probanden für die nötige Distanz zu sorgen, welche die Wahl differenzierterer Lexeme voraussetzt, wenn sie mit einer ausgeglichenen Dynamik verbunden ist (die F1 fehlt). Abgesehen von der Indifferenz bei "streng - erbarmungslos" verläuft die F3-Kurve der Hauptschüler ausschließlich durch Punkte differenzierterer Lexeme ("erschrocken" und "aufgebracht" sind nicht in ihrem Abstraktionsgrad, sondern semantisch unterschiedlich). Extrem weicht von ihr die Tonfilm-Kurve ab, und zwar gemäß den emotionalisierenden, dynamisch Partei ergreifenden Tonfilm-Semen linksgipflig bei "streng" und "unruhig" und rechtsgipflig bei "verärgert". Die F1-Kurve ist dreimal häufiger neutral und einmal linksgipflig, die F2-Kurve dreimal häufiger neutral.

Bei den Gymnasiasten verläuft die F1-Kurve mit Ausnahme ihres Punktes bei "streng" (der Modalwert ist hier die Ablehnung) ausschließlich durch Punkte differenzierter Lexeme, als einzige durch die "gut"-Werte zu "erschrokken" und "gewissenhaft". Bei diesen Probanden scheint die statische, zur Reflexion Zeit und Raum lassende F1-Gestaltung die Wahl differenzierter Lexeme am stärksten zu fördern.

Die Kurve der ausgeglichenen F3-Fassung verhält sich dagegen bei "verwundert - überrascht" neutral und bei "gründlich" als einzige Kurve linksgipflig, während sie bei Lexemen mit den Semen "dynamisch", "psychische Spannung" wie "aufgebracht" und "verärgert" F4 bzw. F2 folgt und bei "erschöpft" rechtsgipflig ist.

Die Kurven zu F2 und F4 weisen gemäß ihren Filmsemen Linksgipfel bei "streng" und "unruhig" und Rechtsgipfel bei "aufgebracht" und "verärgert" auf. Die F2-Kurve gipfelt als einzige links bei "dick", was bei den Grundschülern sämtliche Kurven und bei den Hauptschülern alle außer der F3-Kurve taten, und beginnt als einzige bei dem Wert "3" zu "nicht lahm". Die starke Parteinahme für die eine Person scheint die differenzierte Prädikation der anderen zu behindern.

8.4.3.2 Skalenprozente

Die folgende Tabelle gibt Auskunft darüber, wie häufig bei einem Schultyp der Prozentsatz, der zu einer Filmfassung auf einen der vier Werte entfallen ist, den beiden übrigen Schultypen um mindestens 5 % überlegen ist:

Tabelle 64: **Häufigkeit maximaler Prozente einzelner Fassungen bei einem Schultyp im Vergleich zu den übrigen**

	höher als Vgl.-Gruppen								niedriger als Vgl.-Gr.							
	F1		F2		F3		F4		F1		F2		F3		F4	
	O	M	O	M	O	M	O	M	O	M	O	M	O	M	O	M
GS: 2-	1		5	6	3										3	
2+	1		1	2			1	2	3	2			2			
allgemeiner	5	4	2		4	3	3	5			1	1	1		2	1
differenz.	1				1		1		2		2	5	4	4	1	4
HS: 2-									1	1	3	4	4	3		
2+	3	3	1	2												
allgemeiner				2				1		1			2		1	
differenz.	4		3		4		1	1								
G: 2-	4	2	3		1		3	3	1				1			
2+					1				1	1	4		1	2	4	3
allgemeiner									2	2	2	3	2	2	4	3
differenz.	2	2	2	4	1	2	3	4	2	1	1		1		2	

Tabelle 65: Überlegenheit einzelner Schultypen bei den Prozentrangspitzen

GS		HS		G	
höher als HS / G	niedriger als HS / G	höher als GS / G	niedriger als GS / G	höher als GS / HS	niedriger als GS / HS
nicht lahm (F1-4)					
D1:2+(F1)		D1:2+(F2)		D1:2-(F1,3,4)	D1:2+(F4)
	einsatzbereit (F1,2,3,4)	einsatzbereit (F1,3)		einsatzbereit (F4)	
D2:2-(F2)			D2:2-(F3)	D2:2-(F1)	
streng(F1,4)	streng(F2)				
	D2:2+(F1,3)				
	erbarmungslos (F1)				
				erbarmungs - los (F2)	erbarmungslos (F1,3)
	D3:2-(F4)		D3:2-(F3)	D3:2-(F1,2)	
gut(F1-3,4)	D3:2+(F3)				gut(F1,4)
		voll Mitgef. (F1-3)			voll Mitgef. (F1,4)
D4:2-(F2,3)	erschrocken (F4)	erschrocken (F1)			erschrocken (F1,2,3,4)
	aufgebracht (F2,3,4)	D4:2+(F1)	aufgebracht (F1)	aufgebracht (F1,2-4)	D4:2+(F4)
verwundert (F3)		überrascht (F1,3)	D5:2-(F1-3)	D5:2-(F2,4)	verwundert (F2,3,4)
	D5:2+(F1)			D5:2+(F3)	
D6:2-(F3)	D6:2+(F1)	D6:2+(F1)			D6:2-(F3)
sauer(1,3,4)	verärgert (F2,3,4)			verärgert (F1-4)	D6:2+(F2)
D7:2-(F1,2)	unruhig(F4)		unruhig(F3)	unruhig (F1,2,3,4)	D7:2+(F2,3,4)
	besorgt(F1,3)	besorgt(F2, 3)			besorgt(F2,4)
	D8:2-(F4)		D8:2-(F2,3)	D8:2-(F1,2, 4)	D8:2+(F2)
traurig(F1)	traurig(F4)				traurig(F3
	enttäuscht (F3)	enttäuscht (F1,2,4)		enttäuscht (F3)	
D9:2-(F2)	D9:2-(F4)		D9:2-(F2)		D9:2+(F1,2, 4)
müde(F1,3,4)	erschöpft (F1,2,3,4)		müde(F3)	erschöpft (F1,4)	
D9:2+(F2)					
D11:2-(F2,3)					D11:2-(F1)
dick(F1,3)	schwerfällig (F2,3)			schwerfällig (F1,2,4)	dick(F1,2, 4)
D11:2+(F4)		D11:2+(F1)			
D13:2-(F2)					
schnell(F3	flink(F2,3, 4)	schnell(F2)	schnell(F1)	flink(F1,2, 4)	schnell(F4)
D13:2+(F2)					D13:2+(F1, 4)
D14:2-(F2)				D14:2-(F4)	
eisern(F4)	ausdauernd (F2,4)			ausdauernd (F2,3,4)	eisern(F4)
D14:2+(F2)					D14:2+(F3, 4)
D16:2-(F2)					
D16:2+(F4)	D16:2+(F1)	D16:2+(F2)	D16:2-(F2,3)	D16:2-(F1, 4)	
verdächtig (F1,3,4)	sonderbar (F2,3,4)				verdächtig (F1)
D19:2-(F2)	D19:2+(F1)	D19:2+(F2)	D19:2-(F2,3)		
armer Kerl (F1,2,4)	bemitleid.-wert(F2,3)	bemitleid.-wert(F4)	armer Kerl (F4)		armer Kerl (F1)
schlau(F1, 3,4)	raffiniert (F1-3,4)	schlau(F2)		raffin.(F2)	schlau(F2)
		D21:2+(F1)	D21:2-(F1,2)	D21:2-(F4)	
D22:2-(F2)		D22:2+(F1)	D22:2-(F2,3)	D22:2-(F1)	
ungehorsam (F1,4)	eigenwillig (F2,3,4)			eigenwillig (F1,4)	ungehorsam (F1,2,3)
D24:2-(F2)					
fix u.fertig (F1,2,3)	abgekämpft (F2,3,4)	fix u.fertig (F4)		abgekämpft (F2,3,4)	fix u.fertig (F2,3,4)
D24:2+(F4)		D24:2+(F1)			D24:2+(F3, 4)

Bei dieser Tabelle sind zur Unterscheidung von "allgemeiner" und "differenzierter" die Nicht-Synonyme "erschrocken - aufgebracht" nicht mitgezählt worden. "Ängstlich - feige" ist nicht signifikant. Bei der folgenden Konkretisierung sind nur Kreuztabellen ausgewertet worden, bei denen mindestens einer der drei Schultypen auf dem 5 %-Niveau signifikant unterschiedlich kontingentiert. Differenzen von mindestens 10 % zwischen den Schultypen sind unterstrichen.

Da die Diskussion der Modalwertkurven die Verteilungsdifferenzen der Schultypen schon ausführlich geklärt hat, sollten die beiden obigen Tabellen nur noch die Orientierung erleichtern.

Allgemein bestätigt sich wieder die bisher immer gemachte Beobachtung, daß die Grundschüler am häufigsten bei der Wahl allgemeiner Lexeme allen übrigen Gruppen überlegen und bei der Wahl differenzierter Lexeme allen unterlegen sind, während bei den Gymnasiasten dieses Verhältnis genau umgekehrt ist.

In der Wahl allgemeiner Lexeme der linken Differentialseite sind die Grundschüler den Vergleichsgruppen am häufigsten bei den Fassungen 1, 3 und 4 überlegen, d.h. nicht bei der für Martin engagierten tonlosen Fassung. Das bedeutet aber lediglich, daß die Grundschüler zu F2 Prozentsätze allgemeiner Lexeme wählen, die auf dem Niveau der Vergleichsgruppen liegen, und nicht, daß sie zu dieser Fassung mehr differenzierte Lexeme wählen, denn zu F2 und F3 weisen sie die häufigsten Minima differenzierterer Lexeme der rechten Differentialseite auf. Dennoch läßt sich folgern, daß die dynamisch engagierende F2-Fassung bewirkt, daß die allgemeineren Lexeme nicht den allgemeinen Level übersteigen, wie sie es bei den übrigen Fassungen tun. Dafür steigert diese Fassung beträchtlich häufig die Prozentsätze der Ablehnungen beider Lexeme über die der Hauptschüler und Gymnasiasten.

F1 und F4 führen nicht wie die beiden übrigen Fassungen zu niedrigeren Prozentsätzen differenzierter Lexeme als bei den Vergleichsgruppen, dafür aber zu Minima an Indifferenzen (F1) und Ablehnungen (F4). Nach diesen Befunden scheint die F1-Fassung am ehesten geeignet, die Wahl differenzierter Lexeme bei den Grundschülern zu fördern und Indifferenz zu verhindern. Eine Erklärung wurde zur Interpretation der Modalwertprofile versucht.

Bei den Hauptschülern bewirkt die F1-Fassung am häufigsten ein erheblich höheres Ausmaß an Indifferenz als bei den Vergleichsgruppen. Die dynamischen Fassungen F2 und F3 sorgen für die niedrigsten Prozentsätze an Ablehnungen.

Die Gymnasiasten reagieren auf F1 sowie auf F4 am häufigsten mit Gruppenmaxima an Ablehnungen, auf F4 aber auch, so wie auf F2 mit Maxima an differenzierteren Lexemen und den häufigsten Minima an Indifferenzen. Das dynamisch emotionalisierende Engagement der Martin bevorzugenden Fassungen scheint hier die Wahl differenzierterer Lexeme gefördert zu haben, in F4 sogar solcher, die auf den Onkel bezogen sind.

8.4.4 Zusammenfassung

Da die Skalen mehr oder weniger aus Synonymen im weiteren Sinne[643], d.h. auf der Basis einer unilateralen Implikation bestehen, liegt es nahe, daß die Profile nicht derartige Extreme erreichen wie die Osgoods. Die Folge ist, daß Mittelwertprofile die Besonderheiten der Selektionen nicht so deutlich machen können wie Modalwertprofile. Ein am Beispiel des Gymnasiums erstelltes Mittelwertprofil bestätigt lediglich offensichtlich die Tendenz der Reaktionen auf die Fassungen 2/4, den Onkel sehr entschieden als "aufgebracht" und "verärgert" zu bezeichnen, während die auf F1 und F3 von mehr Verständnis für den Onkel zeugen.

Die Modalwertprofile der Gesamtpupulation zeigen erheblich mehr Divergenzen bei den Lexemen zum Onkel, d.h. zum Gegenspieler der Identifikationsfigur, als zu Martin, mit dem sich alle Probanden in allen Fassungen zu identifizieren scheinen. Die Parteinahme für den Onkel in F1 wirkt nicht so stark, daß der Onkel als "gut" oder "voll Mitgefühl" bezeichnet wird. Die Kurven von F1 und F3 bewegen sich jedoch im Feld des Onkels erheblich stärker im Bereich der differenzierten Lexeme als die von F2 und F4. Der Ton in F4 verstärkt generell die Neigung zur Indifferenz, d.h. zur Gleichbewertung beider Lexeme einer Skala, allerdings auch die Bevorzugung von Extremen, wenn die Lexeme Intensität und Dynamik artikulieren. F3 fördert die Präferenz von Lexemen, die Verständnis und Anteilnahme ausdrücken.

Die Prozentanalysen jeder einzelnen auf vier Werte reduzierten Skala (Ablehnung, Indifferenz, linkes oder rechtes Lexem) bestätigen im wesentlichen die aus dem Modalwertprofil abgelesenen Befunde für alle Subpopulationen, allerdings nur mit wenigen Signifikanzen mit einem Maximum von C = 0,28. Bei 14 der 28 möglichen Indifferenzen entfällt der höchste Prozentsatz auf die Tonfassung 4. Die zweithäufigste maximale Förderung der Indifferenz erfolgt durch die ausgeglichene F3-Fassung. F2 und F4 provozieren am häufigsten die Ablehnung beider Skalenpole. Ablehnung scheint auch der häufigste Grund für Indifferenz zu sein.

F1 und F3 fördern am häufigsten maximal die Ablehnung von Abwertungen oder allgemeinen Lexemen, F2 und F4 die Ablehnung von Aufwertungen des Onkels und Abwertungen Martins.

Die ausgeglichene F3-Fassung fördert am häufigsten maximal die Entscheidung für das differenzierte Lexem. F1 ist darin F2 und F4 in etwa der Hälfte aller vergleichbaren Fälle überlegen. Die Tonfassung fördert wiederum (wie beim Lückentext und den Multiple-choice-Aufgaben) am stärksten die Allgemeinausdrücke.

Die Schultypenanalyse zeigt, daß Grundschüler und Gymnasiasten am häufigsten zur Ablehnung neigen, und zwar erstere nach F2 undF3, letztere nach F4, F1 und F2. Hauptschüler lehnen kaum ab, wenn dann zu F4.

Die Entscheidungen für einen Skalenpol scheinen sich besonders im Martin-Feld weniger nach dem Abstraktionsgrad als nach der mit diesem häufig gegebenen Aufwertung Martins zu richten. Werten die differenzierteren Lexeme auf (z.B. "unbedacht" statt "dumm"), werden sie bevorzugt, werten sie ab ("verdächtig" statt "sonderbar"), werden sie gemieden. Dies gilt für die Hauptschüler und Gymnasiasten, während die Grundschüler keine klare Linie erkennen lassen und nur starke Abwertungen Martins meiden (wie z.B. "feige" und "dumm"). Im Vergleich zu den Gymnasiasten sind die Hauptschüler bei der Bezeichnung Martins erheblich indifferenter, und zwar besonders zu F4. Die Gymnasiasten entscheiden sich gerade zu F4, aber auch zu F3 stärker für die differenzierten Lexeme, die Martin aufwerten.

Zur Bezeichnung des Onkels entscheiden sich die Grundschüler bei den Nachempfindung und psychische Spannung artikulierenden Lexemen stärker für die differenzierteren, bei den wertenden und Äußerlichkeiten ausdrückenden für die allgemeineren, besonders ausgeprägt zu F1. F3 provoziert das größte Ausmaß differenzierter Verständniskundgabe, selbst bei Wertungen, und zwar nicht nur bei Grund-, sondern auch bei Hauptschülern. Extrem anders stimuliert die F4-Fassung, und zwar je nach dem Grad der artikulierten Dynamik zu differenzierteren oder allgemeineren Lexemen. Bei den Gymnasiasten fördert die ruhigere F1-Fassung am stärksten die Entscheidung für differenzierte Lexeme zum Onkel.

9 Diskussion der Ergebnisse

9.1 Hypothesenprüfung und Erörterung

9.1.1 Zur Gesamtpopulation

(1) Hypothese 1 kann als falsifiziert gelten. Die Aufsatzanalyse hat gezeigt, daß die Länge eines Textes nicht unabhängig von der Gestaltung der Filmvorlage ist.

Partei ergreifende, statische oder dynamische Filmfassungen motivieren zur größeren Wortproduktion als ausgeglichene Filme. Dieser Befund ist schwach signifikant gesichert.

Er ließe sich unter Berufung auf Berlyne[644] in der Weise erklären, wie Roger Penn seine Befunde deutet.[645] Weil die engagierenden Fassungen ein höheres Maß an Komplexität und im Unterschied zur ausgeglichenen Fassung mehr Unstimmigkeiten aufweisen, beanspruchen sie die Aufmerksamkeit der Kinder stärker und fördern damit ihre Informationsverarbeitung. Dies kann zur ausführlicheren Verbalisierung führen.

Da es hier um die sprachliche Verarbeitung einer parteilich geprägten Wahrnehmung geht, liegt es nahe anzunehmen, daß der Verbalisierung eine bestimmte Haltung gegenüber der Problematik zugrundeliegt. Versteht man "Haltung" als ein Gleichgewichtssystem[646] mit kognitiven und affektiven Komponenten, bei dem die affektiven nach der Auffassung vieler Psychologen die wichtigere Rolle spielen[647], so ist durch die einseitige Darstellung des Films im wichtigeren Haltungsbereich ein Ungleichgewicht entstanden. Da jedoch z.B. nach der Theorie Rosenbergs[648] eine Veränderung im affektiven Bereich eine Entsprechung im kognitiven nach sich zieht, wäre eine gesteigerte sprachliche Herstellung des Gleichgewichts verständlich. Bei der affektiven

Ausgeglichenheit der F3-Fassung erübrigte sich eine derartige Aktivität.

(2) Hypothese 2 kann als verifiziert gelten, da die längeren Texte zu den aspekt- und detailreicheren Fassungen 1 und 2 geschrieben wurden. Die Erklärung ist dieselbe wie zu Hypothese 1. Die engagierenden Fassungen mit bedeutend mehr Einstellungen zu den Hauptpersonen sorgen für mehr Neuigkeiten, Überraschungen und Konflikte, so daß sie mehr Orientierungsverhalten provozieren[649], das sich sprachlich artikuliert.

(3) Hypothese 3 muß als falsifiziert angesehen werden, wenn man unter einem "dynamischen Stil" in erster Linie einen Verbalstil versteht. Die Filmfassungen mit der höchsten Dynamik, F2 und F4 provozieren erheblich weniger Aufsätze mit einem hohen Verbenanteil von 19 und mehr % aller Wörter als F1 und F3 (s. Tabelle 33), allerdings in großer Deutlichkeit nur bei den Gymnasiasten und Akademikerkindern. F2 führt jedoch bei allen Gruppen mit signifikanten Differenzen zu den verbärmsten Texten. Die ausgeglichene F3-Fassung assoziiert mit den absolut höchsten Verbenprozenten, mit den wenigsten Strukturwörtern und mit den wenigsten Aufsätzen mit langen Sätzen (s. Tabelle 37).

Die dynamische, die Identifikationsperson bevorzugende Fassung 2 korrespondiert dagegen mit im Vergleich zu F3 signifikant mehr Aufsätzen, die mehr als 4 % kausale, modale und sonstige nichttemporale und nichtlokale Adverbien, ebensolche Konjunktionen und längere Sätze enthalten (letzteres allerdings nur bei den Gymnasiasten und mit ihnen verbundenen Subpopulationsgruppen, s. Tabelle 37). Diese Korrespondenz scheint aber nicht mit der Dynamik dieser Fassung zusammenzuhängen, da auch die statischere, für die Gegenperson Partei ergreifende Fassung 1 dieselbe Korrespondenz aufweist, während die Höchstzahl der genannten Adverbien (7 und mehr % der Wörter) und Konjunktionen

(4 und mehr % der Wörter) mit der Fassung 4, welche die Dynamik noch akustisch steigert, nicht assoziiert. Eine parteiliche Gestaltung scheint demnach, unabhängig von ihrer Dynamik, stärker zu einem differenzierenden Stil mit einem syntaktischen Beziehungsgefüge zu führen als eine ausgeglichene Form.

Dies kann als signifikant abgesicherter Nachweis dafür verstanden werden, daß die aspektreich parteiliche Steuerung der Wahrnehmungsverhältnisse und damit der Orientierungsanlässe sich auch auf die Teilklasse der sprachlichen Zeichen auswirkt, die nicht vom "Gegenstandsbezug ... als Zeichen von Begriffsinhalten"[650] ihre Bedeutung erhalten, sondern die "speziell die Funktion der Transformation von Wortbedeutungen"[651] übernehmen. Als solche wären Adverbien zu verstehen, die Adjektive oder Verben differenzieren oder durch logische Bezugnahme deren Bedeutung "transformieren" (z.B. "nicht"). Im weiteren Sinne zählen jedoch hierzu auch die Konjunktionen u.a. Funktionswörter.

Je mehr Beziehungen ein Film durch seine Montage herstellt, desto eher scheint er in der Lage zu sein, auch Bezeichnungen von Relationen zu provozieren, denen "Verkürzungen" von Operationen zugrunde liegen.[652] Die geringe Signifikanz der Differenzen deutet an, wie hoch der "Verlust" dieser Wirkung bei der Transformation von der "inneren Sprachstruktur" bis zur Sprachverwendung ist.[653]

Die "kognitive Theorie der Semantik"[654] von D.R. Olson bietet eine Erklärung im Hinblick auf die Sprachverwendung. Die parteilichen Fassungen F1 und F2 erregen ein großes Interesse, differenzierte objektbezogene und relationale mögliche Alternativen auszuschließen.[655]
In F1 oder F2 scheint es wichtiger zu sein als in F3, wer zuerst zum Holzschuppen kam, der Verfolgte oder der Verfolger, wie schnell der eine im Vergleich zum anderen

gelaufen ist, welcher Tatsache zum Trotz der Junge die Flucht ergriff etc. Insofern der Sprachgebrauch immer so weit differenziert, wie es notwendig ist, um mögliche Alternativen auszuschließen, wird die Differenzierung demnach durch eine parteiliche Gestaltung, die derartige Alternativen gezielter anbietet und montiert, stärker gefördert.

Versteht man derartige Differenzierungen als "stilistische Lebendigkeit" oder "Dynamik", so kann die Hypothese 3 als verifiziert gelten. Sie ist zumindest in diesem Sinne zu modifizieren.

Die Basis dieser Untersuchung ist jedoch zu schmal, um differenziertere Folgerungen zu wagen. Die Untersuchung der Funktionswörter bleibt einer anschließenden Analyse vorbehalten. Wünschenswert wären umfangreichere Experimente speziell zu diesem Problem.

Eine Einbeziehung des TTR-Wertes in diese stilistische Überprüfung ist statistisch exakt nicht möglich, weil die Wortzahl zu klein ist. Da zu F3 die Aufsätze mit der geringsten Wortzahl geschrieben werden, ist hier der TTR-Wert automatisch am höchsten. Läßt man die Verteilungen zu F3 außer acht und betrachtet nur Aufsätze mit einer Wortzahl über 80, so gilt für den Vergleich innerhalb dieses Wortkorpus, daß die Häufigkeit hoher TTR-Werte mit der Dynamik der Fassung zunimmt (vgl. Tabelle 32). TTR-Werte über 0,6 sind am häufigsten in Aufsätzen zu F4 und häufiger zu F2 als zu F1 vorgefunden worden (vgl. auch Tabelle A15).

(4) <u>Hypothese 4</u>, die Haupthypothese dieser Untersuchung, kann als verifiziert gelten, wenn sie differenzierter formuliert wird. Es haben sich schwach bis mittelstark signifikante Assoziationen zwischen Film- und Sprachklassemen gezeigt. Allerdings dürfen als Klasseme filmischer Äußerungen nicht einzelne Seme als Bedeutungsein-

heiten filmischer Figuren angenommen werden. Derartige Bedeutungselemente korrespondieren erst in Gruppen mit einer gemeinsamen Signifikationsrichtung mit einem sprachlichen Klassem. Damit bestätigen diese Befunde, daß die Filmgestaltungsmittel zu den Figuren innerhalb der semantischen Gliederung visueller Zeichen von Eco (nach Prieto) gehören. Den Figuren als elementaren Wahrnehmungsbedingungen läßt sich erst im Zusammenhang einer "Erkennungseinheit" im Rahmen einer ikonischen Aussage eine Bedeutung entnehmen. Filmklasseme der hier untersuchten Art sind demnach Erkennungseinheiten der "Sicht eines Objektes", welche die Bedeutung der übrigen Einheiten (z.B. der Objektsymbolik, Gestik, Mimik, Proxemik etc.) und damit der Objekte selbst mitbestimmen.

Eine Erklärung für dieses Phänomen ist in Anlehnung an F. Klix darin zu sehen, daß die Filmsemgruppen in ihrer Kombination bestimmte Orientierungsanlässe organisieren, die im "semantischen Netz"[656)] der betreffenden Objekte bei den Probanden zu bestimmten Transformationen der Begriffsbildung geführt haben und die der Film mit seinen Mitteln aktiviert bzw. stimuliert. Auf diese Weise apostrophiert er bestimmte Elemente der Tiefenstruktur der Informationsquelle, die der Proband je nach dem Stand seiner Begriffsentwicklung bereits erworben hat. Der Proband "erkennt" deshalb das Objekt in der vom Film beeinflußten Weise als Element einer bestimmten Objektklasse oder im Zusammenhang einer bestimmten Operationsklasse, beides in Verbindung mit bestimmten Abstraktionsstufen[657)] und mit diesen verknüpften Bezeichnungen.

Daß die Signifikanzen, mit denen die Zusammenhänge der Film- und Sprachklasseme sichtbar werden, nur schwach bis mittelstark sind, kann viele Gründe haben. Einmal kann die oben beschriebene Einflußnahme gering sein. Zum anderen kann auf dem Weg zwischen interner Begriffs-

bezeichnung und externer Sprachverwendung der Einfluß der kommunikationsorientierten Selektionen den speziell filmischen Einfluß stark reduziert haben. Dies wäre z.B. im Sinne der oben zu Hypothese 3 genannten Theorie von D.R. Olson möglich, der davon ausgeht, daß "Wörter (bzw. Äußerungen) Bezugsobjekte, Gegenstände oder Ereignisse, weder symbolisieren oder an ihrer Stelle stehen, noch sie repräsentieren", sondern "vielmehr dazu dienen, ein wahrgenommenes Ereignis in bezug auf eine Menge von Alternativen zu differenzieren."[658)]
Wir sehen die von Olson aufgezählten Funktionen des Wortes nicht als Alternativen, sondern als komplementäre Funktionen. Olsons letztgenannte spielt aber sicher hier eine entscheidende Rolle, ebenso wie andere situative Momente und Schreibintentionen, deren Realisierung noch zusätzlich einer Fülle psycholinguistisch beschreibbarer Bedingungen gehorchen muß und vom Gedächtnis abhängig ist.

Die speziellen Zusammenhänge zwischen sprachlichen und filmischen Klassemen, welche die signifikanten Befunde im einzelnen zeigten, können viele Erklärungshintergründe besitzen.

Der nachgewiesene Zusammenhang zwischen dem Sprachklassem "Stärke" (Intensität) und der Herbewegung des Objektes wäre zunächst auf der Basis von F. Klix folgendermaßen erklärbar: Kommt das Objekt oder die Person auf den Betrachter zu, versetzt sie diesen in die Position des Aktionszieles, macht ihn zum Angegriffenen i.w.S., während die Hinbewegung den Blick des Zuschauers geradezu hinter sich herzieht. Die Position des Angegriffenen bringt einen Orientierungsanlaß mit sich, der allen Merkmalselektionen eine bestimmte Richtung verleiht. Die Merkmale der Stärke sind relevanter, weil sie geeignet sind, die Angegriffenheit zu erklären, der sich der Schreiber ausgesetzt sah.

Hinzu kommt, daß die Herbewegung in der Regel mit einem Blickkontakt verbunden ist, der ebenfalls einen "aggressiven" (i.w.S.) Charakter haben kann. Hutt und Ounstedt[659)] weisen z.B. an autistischen Kindern nach, daß diese Blickkontakte durch Abdecken der Augen zu vermeiden suchen, wenn sie ihre Eigensphäre verletzt fühlen. Ähnliches ist wohl bei allen Kindern zu beobachten, die sich "ertappt" vorkommen. In ähnlicher Richtung sind die Befunde Kendons[660)] zu interpretieren, der bei der Untersuchung von Gesprächen beobachtet, daß Gesprächspartner immer dann ihre Blicke abwandten, wenn ein bestimmtes Limit von "emotional arousal" erreicht war, dessen Intensitätssteigerung das Maß der Interaktionsbeziehung verletzt hätte. Die Bewegung, die der Film noch hinzukommen läßt, dürfte derartige Effekte noch wesentlich steigern, so daß sich das Merkmal "Stärke" oder "Intensität" in der Wortwahl niederschlägt.

Daß diese Effekte davon abhängen, wieviel Zeit dem Angegriffenen zur Verfügung steht, wieviele Aspekte seiner Merkmalselektion angeboten werden, in welchem dynamischen Kontext die Bewegung erfolgt etc., liegt nahe und erklärt die Verbindung des Sems "betreffend" mit den übrigen Korrespondenzen des Sprachklassems.

Die Kombination von "dynamisch", "aspektreich", "vergleichend" mit "betreffend", die ausschließlich in der Assoziation mit Stärke angetroffen wurde, läßt auf eine maximale Reizzufuhr schließen, die nach den Forschungsergebnissen bedeutender Konfliktforscher[661)], wenn sie das "Optimalitätsprinzip" verschiebt, zu Erregungszuständen bis zur Aggressivität und ihren Folgen führen kann.[662)] Es ist nicht anzunehmen, daß der hier untersuchte Film in dieser Stärke wirkt. Dennoch zeigen die Befunde, daß der Onkel in der dynamischen F2-Fassung bedeutend häufiger als "böse" und "wütend" angesehen und mit entsprechenden Adjektiven beschrieben wird. Mit steigender Reizfülle scheint auch in der Wortwahl größerer Erregtheit Ausdruck verliehen worden zu sein, so daß die Assoziation zwischen Film- und Sprachklassemen in diesem Punkt verständlich ist.

Das Sprachklassem "Schwäche" korrespondiert in unseren Befunden im Unterschied zu Stärke mit "ausführlich", "einseitig", "partizipierend" und "identifizierend".

Der Orientierungsanlaß, in den der Film den Zuschauer hineinversetzt, so daß dieser Merkmale der Schwäche erkennt und verbalisiert, scheint der der ausführlichen Identifikation mit einer einzigen Person zu sein. Indem der Film mit Hilfe von Verfolgungsfahrten und subjektiven Kameraführungen den Betrachter auf den Standpunkt der Filmperson versetzt, scheint er eine Reaktion zu fördern, die z.B. nach Conolly und Jones[663)] und Oerter[664)] auch dem Nachahmungsverhalten zugrunde liegt, nämlich die kinästhetische Wahrnehmung, die eine Objektbewegung vor der visuellen Kodierung in eine entsprechende Bewegung des Zuschauers überführt, die dann erst gemeinsam mit der visuellen Information im Speicher verrechnet wird.[665)] Diese Art der direkten Wahrnehmung wird zwar mit zunehmendem Alter reduziert, führt aber auch noch bei Erwachsenen dazu, daß sie z.B. zurückzucken, wenn die Filmperson stolpert oder erschreckt wird. Der durch den Film ermöglichte Mitvollzug bestimmter Aktionen und Reaktionen der Filmperson scheint auf diese Weise zum Miterleben aller Schwierigkeiten und damit zum Nachempfinden der Schwächezustände zu führen, und zwar wenn genügend Zeit dazu gegeben ist, keine zweite Person die Identifikation unterbricht und genügend Aspekte zur Teilnahme an der einen Person geboten werden.

Eher eine Orientierungsweise als einen Orientierungsanlaß organisiert der Film, wenn er Lexeme und Begriffe mit den Klassemen "Temporalität" (Geschwindigkeit) und "Lokalität" (Richtung) fördert.

Durch eine sehr schnelle Reizfolge aus einem Bereich, die durch eine erhabene Distanz eine detaillierende Merkmalselektion verhindert, entsteht beim Zuschauer am wahrscheinlichsten der Eindruck der Geschwindigkeit und dessen Verbalisierung. Daß die schnelle Reizfolge zur Geschwindigkeitswahrnehmung führt, ist unmittelbar plausibel, da Bewegung angesichts von Relationen zweier Bereiche, angesichts der Relation zwischen Objekt oder Person und Umgebungsrahmen wahrgenommen wird.[666] Ein schneller Wechsel ruft ein Geschwindigkeitsempfinden hervor. Die Bedeutung der Distanz und erhabenen Perspektive wird deutlich, wenn man die Wiederholung der Experimente Browns[667] zum Verhältnis zwischen Bewegungsobjekt und Umgebungsfeld durch Cohen[668] berücksichtigt. Eine Vergrößerung des Personenumfeldes läßt deren Geschwindigkeit geringer erscheinen, weil die Länge des Weges größer ist. Werden nun Einstellungen mit großer und kleiner Distanz kombiniert, werden erst Geschwindigkeitsrelationen sichtbar, die Alternativen darstellen. Die Differenzierung von Alternativen aktualisiert sich im Sinne Olsons im Wortgebrauch.

Entsprechend werden Richtungen und räumliche Verhältnisse in der Relation zum Betrachter und der Personen oder Objekte zueinander wahrgenommen.[669] Läßt der Film den Standpunkt des Zuschauers (= der Kamera) konstant (mit Hilfe der statischen Kamera und Schwenks), ermöglicht er die Wahrnehmung derartiger Relationen eher als wenn er den Kamerastandpunkt verändert. Das Kleinerwerden der Person bei der Hinbewegung ist ein Merkmal für räumliche Tiefe, das der Sehorganismus konstantisiert hat. Indem der Film ein derartiges Merkmal betont, aktiviert er räumliche Orientierungsstrategien.

Schwieriger ist es, die Assoziation zwischen dem Sprachklassem "Wertung" und den filmischen Wahrnehmungselementen "unterbrochen einseitig", "ausführlich oder knapp", "aspektreich", "betreffend" und "umblickend" zu erklären. Versteht man den Begriff "Wert" in zwei Hinsichten, einmal als Wert oder Unwert für eine Person in ihrem Lebensbereich, zum anderen als "Überzeugung darüber, was etwas Wünschenswertes oder Gutes ist"[670)] oder das Gegenteil, so kann man im Hinblick auf den Film beide Aspekte zusammen sehen. Infolge des "Identifikationssogs" des Films kann man davon ausgehen, daß Beurteilungen aus der Sicht des Beteiligten und des distanzierten Zuschauers ineinander übergehen.[671)] Insofern scheint es für die Förderung von wertenden Lexemen von Bedeutung zu sein, daß der Film zugleich eine Betroffenheit und ein Umblicken ermöglicht. Die Herbewegung kann im oben beschriebenen Sinne zum Gefühl des Angegriffenseins führen, der Umblick vermittelt den Eindruck des Betrachtens eines größeren Bereiches von einem festen Standpunkt aus. Von daher ist es plausibel, daß der Zuschauer im Sinne Tolmans[672)] die Objekte, die er im Umblicken erfaßt, im Hinblick auf ihre Bedeutung für den "Angriff auf das eigene Ich" interpretiert. Es ergibt sich für ihn der Orientierungsanlaß des betroffenen Beurteilers, der die entsprechenden Erkennungsstrategien aktiviert. Angesprochen sind die erworbenen Wertsysteme der Individuen, die deren Begriffstruktur mitbestimmt haben. Diese führen nun zum Erkennen und zur verbalen Reaktion im Sinne der Herstellung eines Haltungsgleichgewichtes.[673)] Je nachdem ob die zur Verfügung stehende Zeit kurz oder lang ist, kann das Gleichgewicht mit Hilfe eines vorgefertigten Klischees oder eines reflektierten Urteils erfolgen.

Entscheidend werden die allgemeinen Oberbegriffe durch den Ton und die aspektarme Dynamik filmisch gefördert. Die Tonwirkung bestätigt im allgemeinen die Theorie von

Zofia Lissa[674], daß "in der Verbindung beider (von Bild und Musik, Vf.) das Bild die musikalischen Strukturen konkretisiert, die Musik dagegen den Sinn der Bilder verallgemeinert"[675]. Die ästhetisch wichtige Funktion der Filmmusik, Zusammenhänge durch Leitmotive zu stiften, Generalisierungen in der Stimmung und der Bewertung von Episoden vorzunehmen etc., scheint hier neben der durch die Musik erfolgendenEmotionalisierung dazu geführt zu haben, daß die Besonderheiten im Merkmalsangebot filmischer Äußerungen ignoriert und somit sprachlich nicht berücksichtigt wurden. Die Steigerung der Emotionalisierung erklärt Zofia Lissa durch die Addition der "vorgestellten Emotionen", die der Zuschauer den Filmgestalten zuschreibt, und der "eigenen, die von der Musik hervorgerufen werden"[676]. Dabei hat die Musik in der Stilisierung von Naturgeräuschen (im Beispielfilm das Rattern des Zuges, die Schritte des Verfolgten und des Verfolgers) die Möglichkeit, "eine innere Dynamik ... durch Melodik,Klangfarbe, Harmonik usw. hineinzubringen"[677]. Auch diese Reizfülle kann in der oben beschriebenen Weise zu einem Erregungszustand geführt haben, der die kognitive Verarbeitung subtiler Bedeutungsnuancen verhindert hat (besonders bei den Grundschülern). Die visuelle Dynamik korreliert zusätzlich mit den Oberbegriffen.

(5) Hypothese 5 ist falsifiziert und zu modifizieren. Nicht eine der engagierten Fassungen 1 und 2, sondern die ausgeglichene Fassung 3 fördert am häufigsten die Entscheidung für das differenziertere Lexem des Abstraktionsdifferentials. Da F3 auch nicht die "aspekt- und detailreichste" Fassung ist, ist die Hypothese völlig falsifiziert. Die engagierten Fassungen förderten die Entscheidung für die differenzierten Lexeme, deren Differenziertheit ihrem Engagement für eine der beiden Personen entsprach. F1 provoziert mehr Stimmen für differenzierte Lexeme, die von Verständnis für den Onkel zeugen, F2 mehr für solche, welche die Strenge des Onkels artikulieren und Martin aufwerten. Da die Differenziertheit eines Lexems niemals nur

ein Phänomen der Abstraktionsstufenleiter ist, sondern immer zugleich eine konkrete Merkmalszunahme in einer bestimmten Bedeutungsrichtung, ist das fördernde Moment in der Wahrnehmung auch nicht eine allgemeine Zunahme an Aspekten oder Details, sondern eine bestimmte Deutung des Zusammenhangs, eine Einstellung des Wahrnehmenden, ein Orientierungsanlaß im Sinne von Klix. Die Befunde dieses Untersuchungssegments bestätigen den von Klix dargestellten Zusammenhang zwischen Orientierungsanlaß und Teilklassenbildung, Objektklassenzuordnung, Abstraktionsstufen mit entsprechenden Bezeichnungen in statistisch schwach bis mittelstark signifikanter Klarheit für den Erkennungsprozeß, der hier vorausgesetzt werden konnte.
Obwohl alle Fassungen eine Identifikation mit dem Jungen zu erreichen scheinen und zu keiner der Onkel als gut und Martin als dumm bezeichnet wird, erreicht es die ausgewogene Fassung, daß zu beiden Personen ein Höchstmaß an differenzierten Lexemen favorisiert wird, die von Verständnis für beide zeugen. Da sich in bezug auf die Identifikationsperson die Schüler zu allen Fassungen nahezu einig sind und die Differenziertheit im angewandten Abstraktionsdifferential zugleich eine Fixierung nachempfindbarer Merkmale war, mußte die Fassung, die sich stärker für den Onkel engagierte, der Martin zugeneigten überlegen sein. Daß F3 die häufigsten Entscheidungen für differenziertere Lexeme provoziert, scheint daran zu liegen, daß diese Fassung in der Verteilung der Einstellungslängen nicht ihre durchschnittliche Ausgeglichenheit bewahrt (vgl. Tabelle 11). Bei der 3. Fassung entfallen 60 % der über sechs Sekunden langen Einstellungen auf den Onkel, dagegen nur 33,3 % auf Martin. Gerade das Klassem "Ausführlichkeit" ist jedoch entscheidend bei der Assoziation mit Lexemen, die Schwäche und Nachempfindbarkeit artikulieren. Im ganzen zeigt sich also, daß durch die Darstellung der nicht zur Identifikation geeigneten Person die Differenziertheit derartiger Lexeme gesteuert werden kann, da hier die filmischen Mittel in der Lage sind, den elementaren Orientierungsanlaß der Identifikation zu relativieren,

evtl. zu modifizieren. Nach F3 ist folglich F1 die Fassung, zu der die meisten differenzierten Lexeme gewählt werden. Es liegt nahe anzunehmen, daß bei einer Differenzierung der Lexeme durch Merkmale, die über Martins Stärke oder Schwäche aufwertend informieren, alle Fassungen zur Differenzierung geneigt gemacht hätten (vgl. Tabelle 63: "mißtrauisch, unbedacht, abgekämpft" zu F2 und F3). Die Identifikationskraft ist so stark, daß extreme Differenzen nur an der Gegenfigur erreicht werden können. Tabelle 63 zeigt jedoch, daß auch zur Identifikationsfigur zu den Fassungen die häufigsten Differenzierungen befürwortet werden, die statischer sind und mehr Ausführlichkeit für die Gegenfigur erübrigen. Hier scheint sich Olsons Theorie am deutlichsten zu bestätigen. Es ist anzunehmen, daß Martin auch zu F1 und F3 deshalb häufiger differenziert bezeichnet wird, weil er von den differenziert wahrgenommenen Merkmalen des Onkels unterschieden werden soll. Mit anderen Worten: Nur wo die Gegenfigur als "besorgt" wahrgenommen und bezeichnet wird, legen die Schreiber Wert darauf, die Identifikationsfigur überhaupt "eigenwillig" oder "unerfahren" statt "noch jung" zu nennen. Ohne die differenzierte Sicht der Gegenfigur besteht kein Anlaß, die Identifikationsfigur in derart differenzierter Weise zu bezeichnen, daß Nuancen-Alternativen ausgeschlossen werden. Diese geraten erst durch die Darstellung der Gegenfigur ins Blickfeld der Schreiber. Eine differenzierte Bezeichnung von Personen ist also ganz auf der Basis der Olson-Theorie am besten durch eine differenzierte Darstellung von Alternativen zu fördern, die in Beziehung zueinander gesetzt werden.

Nach den Befunden von Bandura zur Imitation und Identifikation[678] liegt es nahe, daß die Identifikationsfigur der Maßstab der Differenzierung ist, wenn die von Bandura u.a.[679] ermittelten Bedingungen für die Identifikation durch den Film gegeben werden. Die für sie beabsichtigte Unverwechselbarkeit und die Bezüge auf ihre besonderen Merkmale scheint die Differenziertheit bei der Beschreibung aller Figuren zu bestimmen. Wo der Onkel für sich gesehen wird, kann er z.B. auch zu F1 (nicht zu F3!) als "müde" und "dick" bezeichnet werden. Wo eine Alternative mit Bezug auf die Identifikationsfigur zur Wahl steht, fällt die Entscheidung für die differenziertere Form, wenn die Nuance unverwechselbar auf die Identifikationsfigur bezogen werden soll (vgl. "einsatzbereit" statt "nicht lahm", "verärgert" statt "sauer" etc.; s. Tabelle 63).

Daß die Fassung mit Ton auch hier die Entscheidungen für allgemeinere Lexeme fördert,bestätigt die oben erläuterte Wirkung der Filmmusik als Generalisierungs- und Emotionalisierungsmittel. Sie scheint nach den Ergebnissen des Abstraktionsdifferentials ebenso für die indifferente Haltung gegenüber beiden Lexemen der Skalen verantwortlich zu sein, die zu ihr durchgängig am häufigsten auftritt. Die zu ihr wie zu F2 am häufigsten beobachtete Ablehnung beider Lexeme ist auf dieselbe Ursache zurückzuführen, jedoch angesichts von F2 zusätzlich auf die Dynamik und Dominanz kurzer Einstellungen und die Parteinahme für die Identifikationsfigur, die echte Alternativen bei der Bezeichnung nicht ins Blickfeld geraten läßt.

Die zweitstärkste Förderung der Indifferenz durch die relativ ausgeglichene Fassung 3 ist nach den obigen Erwägungen wohl auf die Schwierigkeit der Entscheidung bei bestimmten Skalen auf der Basis der Ausgewogenheit zurückzuführen. Gerade der ausgewogene Vergleich der Identifikationsfigur mit der Gegenfigur kann ja zu Konflikten führen, die den einseitigen Fassungen F1 und F2 erspart bleiben. Hier gerät F3 in die Nähe von F4, weil im o.g. Sinne auch die Filmmusik eine gewisse Ausgewogenheit fördert. Sie sorgt mit ihren Generalisierungsmöglichkeiten z.B. dafür, daß die Schritte des

Verfolgten und des Verfolgers gleich hektisch und gehetzt klingen, während hier visuell und kognitiv der wesentliche Unterschied vorliegt, daß die einen "hetzen", während die anderen "gehetzt" werden.

Hypothese 5 kann folgendermaßen modifiziert werden: Je differenzierter der Vergleich zwischen Identifikationsfigur und Gegenfigur durch filmische Mittel ermöglicht wird, desto größer ist die Wahrscheinlichkeit, daß sich Probanden für die differenzierteren Lexeme alternativer Skalen entscheiden.

9.1.2 Zu den Subpopulationen

Die Merkmalsverteilungen zu den Personalvariablen sind in dieser Untersuchung nur insofern differenziert erfaßt worden, als sie als abhängige Variablen zu den Schultypen gelten können (vgl. Tabellen 26-28). Die statistische Signifikanz der Prozentrangspitzenverteilungen geht jedoch zu allen Variablen genau aus den entsprechenden Tabellen hervor. Die in den Hypothesen genannten Variablen werden darum an diesen gemessen und durch ihre Ausprägungen bei den Schultypen ergänzt.

(6) Insofern die Höhe des Kontingenzkoeffizienten ein Maßstab für die Ausprägung der obigen Merkmalsverteilungen und Zusammenhänge zwischen Film- und Sprachvariablen ist, kann die Hypothese 6 als falsifiziert gelten.

Die höchste Altersgruppe weist nicht immer, ja nicht einmal zu jeder Aufgabenart am häufigsten den höchsten Kontingenzkoeffizienten auf. Von 36 signifikanten Zusammenhängen des ganzen Aufgabenkomplexes entfallen auf die älteste Gruppe (16) nicht viel mehr Koeffizienten als auf die jüngste (14).
Die folgende Tabelle gibt einen Überblick über die Häufigkeiten, mit denen einzelne Variablenausprägungen in den einzelnen Aufgabenbereichen den maximalen Kontin-

Tabelle 66: Verteilung der C-Koeffizientenmaxima

Pers. \ Aufgabe	Aufsatz	Lückentext	MC	Abstr.-Differ.	Summe
ALTER	8	8	5	15	36
8 - 9 Jahre	2	4	-	8	14
10 - 11 Jahre	-	-	4	2	6
12 u.m. Jahre	6	4	1	5	16
GESCHLECHT	6	8	6	12	32
Jungen	-	-	2	6	8
Mädchen	6	6	3	6	21
TV - STUNDEN	7	8	6	11	32
0 - 10 Stdn.	2	4	1	2	9
11 - 20 Stdn.	3	1	2	4	10
21 u.m. Stdn.	2	3	3	5	13
ADST - FEHLER	9	9	6	14	38
0 - 2 Fehler	4	3	3	10	20
3 - 5 Fehler	3	4	3	2	12
6 u.m.Fehler	1	2	-	-	3
BERUF D. VATERS	6	8	6	10	30
Akademiker	1	3	-	2	6
Beamte, Angest.	-	3	3	5	11
Arbeiter	5	1	2	3	11
SCHULTYP	9	9	6	16	40
Grundschule	2	-	-	8	10
Hauptschule	4	3	2	-	9
Gymnasium	3	5	4	7	19

genzkoeffizienten aufweisen. Dabei sind jeweils zwei gleich hohe Fälle nicht mitgezählt worden, so daß die Gesamtzahl der signifikanten Fälle einer Variablen höher sein kann als die Summe der Maxima.

Es zeigt sich, daß die Gruppe der ältesten Probanden lediglich beim freien Aufsatz die beschriebenen sprachlichen Merkmale stärker als die jüngeren im Zusammenhang mit den Filmfassungen variiert. Beim Lückentext haben die jüngsten Schüler ebenso häufig die stärksten Zusammenhänge, beim Differential sogar häufiger. Dies ist jedoch nicht verwunderlich, wenn man bedenkt, daß der C-Koeffizient auf der Chi-Quadrat-Berechnung basiert, welche die nicht zufälligen Differenzen aller beteiligten Möglichkeiten miteinander verrechnet, unabhängig von der Art und Distanz und Richtung der internen Graduierungen. Da die Grundschüler, und zu diesen ist das Gros der 8-9jährigen zu zählen, am häufigsten Maxima allgemeiner Ausdrücke produzieren, ist der Abstand zu ihren differenzierten Begriffen oder Lexemen häufig höher als bei den beiden übrigen Altersgruppen und Schultypen. Wenn also ein hoher C-Koeffizient der ältesten Schüler bedeuten kann, daß die Differenziertheit der Klassemspezialisierung ihrer Ausdrücke stark filmabhängig ist, so bedeutet er im Hinblick auf die jüngste Gruppe, daß es zu den stark besetzten Allgemeinausdrücken auch differenziertere Entscheidungen gegeben hat, je nach der Gestaltung des Films. Die Wirkung der filmischen Mittel ist demnach relativ zur allgemeinen Sprachleistung der Zuschauer zu sehen. Es ist nach Tabelle 66 oft leichter, Schüler, die am häufigsten Allgemeinausdrücke verwenden, zu einigermaßen, vor allem emotional differenzierten Lexemen zu bewegen als Schüler, die normalerweise schon differenziertere Ausdrücke benutzen, zu noch differenzierteren zu veranlassen. Die Häufigkeit maximaler C-Koeffizienten der jüngeren Probanden spricht für die Möglichkeit, mit Hilfe des Films Benutzer von allgemeinen Ausdrücken zu einem differenzierten Sprachgebrauch zu motivieren. Man kann sie zumindest zur Entscheidung für differenzierte Lexeme, wenn auch in bescheidenem Maße, gewinnen (vgl. die Signifikanzen beim Differential). Die Häufigkeit der Koeffizientenmaxima der 8jährigen gerade beim Differential kann natürlich auch einfach daran gelegen haben, daß die Anlage dieser Aufgabe, die relativ kompliziert ist, die jüngeren Probanden zu einer Art Lottospiel verführt hat, das statistisch die genannte Ausprägung annahm. Mißt man die alterstypischen Differenzen an den Schultypen-Koeffizienten, ist die Grundschule nur zum Differential den beiden übrigen Typen überlegen. Im ganzen dominieren die Koeffizientenmaxima von Hauptschule und Gymnasium.

Daß die Grundschüler maximal starke Zusammenhänge gerade zwischen Emotionalität artikulierenden Begriffen und Lexemen und entsprechend emotionalisierenden Filmmerkmalen aufweisen (vgl. BEGR6-9, Tabelle 41), ist wohl ihrer stärkeren Emotionalisierbarkeit und identifizierenden Anteilnahme am Filmgeschehen zuzuschreiben, die z.B. in den Fallstudien Keilhackers und seiner Mitarbeiter[680)] immer wieder in diesem Alter beobachtet worden ist. Für Kinder dieses Alters kann das Filmgeschehen noch Wirklichkeitscharakter annehmen, an dem sie innerlich und ausdrucksmäßig intensiv Anteil nehmen. Dies geschieht besonders, "wenn der Film den Kindern Gelegenheit gibt, in starkem Maß Partei zu ergreifen ... sich mit einem der Darsteller, in der Regel dem Helden, zu identifizieren, besonders wenn dies eine gleichaltrige oder nicht viel ältere Person des gleichen Geschlechtes ist."[681)] Diese Bedingungen erfüllen die dynamischen Fassungen 2 und 4 in ausgeprägtem Maße.

Die auf diese Weise gesteigerte Reizfülle scheint zu Erregungszuständen geführt zu haben, die besonders die Entscheidungsfreude der Grundschüler beim Differential behindert hat. 14 von 15 Ablehnungen erfolgen bei dieser Gruppe zur Fassung 2. Auch das kann zu den zahlreichen C-Koeffizientenmaxima geführt haben.

Da mit zunehmendem Alter der Zuschauer der Film seinen Wirklichkeitscharakter für diese verliert und als Medium gesehen wird, dessen Mittel interpretiert werden[682)] (was allerdings erst in der Pubertätszeit bewußter geschehen soll), kann bei den älteren Schülern das zumindest zum faszinierten Erleben hinzukommende bewußte Deuten die kognitive Transformation begrifflich verdichteter Merkmale in die sprachliche Oberflächenstruktur fördern. Die Grundschüler entscheiden stärker differenziert bei Lexemen, die Emotionalität und direktes Nachempfinden artikulieren als z.B. bei Lexemen, die Verständnis auf der Basis logischer Verbindungen ausdrücken. Den Zusammenhang der letzteren mit einer statischen oder relativ ausgeglichenen Filmgestaltung erfassen stärker und häufiger maximal die 12jährigen und auch schon die mittlere Altersgruppe (vgl. "überrascht", "enttäuscht", Tabelle 61; "voll Sorge", "gibt Suche auf", "verlassen", Tabelle 51; "bedrückt", "aufgeregt", Tabelle 41).

Auch im Grundschulalter sind konsequent die Ansätze zur Differenzierung relationaler Ausdrücke zu den genannten statischeren Fassungen F1 und F3 anzutreffen, so daß sich signifikante Zusammenhänge dieser Art ergeben.

Hypothese 6 wäre nach den vorangegangenen Erwägungen etwa folgendermaßen zu modifizieren:
Zusammenhänge zwischen Film- und Sprachklassemen, die auf bewußter Deutung filmischer Zeichen bei der Wahrnehmung oder der anschließenden Informationsverarbeitung beruhen, treten um so ausgeprägter auf, je älter die Probanden sind.
Direkte, auf unbewußter emotionaler Ebene mögliche Zusammenhänge zwischen filmisch gesteuerten Wahrnehmungsverhältnissen und Bedeutungselementen der sprachlichen Verarbeitung treten bei jüngeren Probanden stärker auf als bei älteren.

(7) Hypothese 7 ist auf der Basis des Kontingenzkoeffizienten am deutlichsten verifiziert worden. Die Zusammenhänge zwischen Film- und Sprachelementen sind bei allen Aufgaben außer beim Differential bei den Mädchen häufiger maximal ausgeprägt als bei den Jungen. Zum Aufsatz und Lückentext, d.h. bei den Aufgaben zum aktiven Wortschatz, besetzen die Mädchen sämtliche Spitzenplätze. Beim Gleichstand der Koeffizientenmaxima zum Differential finden sich die Maxima der Mädchen häufiger bei Lexemen, die Verständnis für psychische Spannung artikulieren ("erbarmungslos, voll Mitgefühl, überrascht, enttäuscht, raffiniert, abgekämpft", vgl. Tabelle 61), die Maxima der Jungen häufiger bei Lexemen, die Stärke und Sportlichkeit ausdrücken ("einsatzbereit, aufgebracht, verärgert, (besorgt), flink, mißtrauisch"). Die Befunde sprechen nicht für eine Abhängigkeit der Identifikation vom Geschlecht der Probanden. Dies widerspricht jedoch noch nicht den Theorien von Bandura, Ross und Ross[683)] oder Rosenblith[684)], die Geschlechtsunterschiede bei der Nachahmung ermittelten, welche die Identifikation impliziert. Zum einen stand keine alternative Identifikationsfigur zur Wahl, zum anderen ermittelte z.B. Rosenblith, daß männliche Modelle immer stärker imitiert wurden als weibliche. Die Theoreme, die zur Aufstellung der Hypothese geführt haben, werden demnach durch unsere Befunde unterstützt.

(8) Hypothese 8 ist im Hinblick auf die Gesamtheit der Aufgaben verifiziert. Die Schüler, die häufiger fernsehen, erreichen mehr Maxima des C-Koeffizienten als solche, die weniger fernsehen. In bezug auf die Aufgaben zum aktiven Wortschatz korreliert die Häufigkeit der Maxima jedoch nicht mit der Stundenzahl.

Dies läßt sich nicht nur im Zusammenhang mit dem Fernsehen erklären, da die Hauptschüler signifikant häufiger lange fernsehen als die Gymnasiasten (vgl. Tabelle 27). Von Interesse sind darum lediglich die Fälle, in denen der maximale C-Koeffizient bei einer niedrigen Stundenzahl liegt, aber nicht zugleich auch von den Gymnasiasten erreicht wird, oder bei einer hohen Stundenzahl, ohne zugleich bei den Hauptschülern aufzutreten.

Solche Fälle sind die Wortzahl des Aufsatzes, BEGR2, BEGR5, MC6, MC7, D1, D7, D8. In sieben dieser acht Fälle (Ausnahme: BEGR2) wächst der C-Koeffizient mit steigender Stundenzahl. Im Hinblick auf die Wortzahl ließe sich folgern, daß Schüler, die viel fernsehen, sich stärker durch die Parteilichkeit im Sinne der Fassungen 1 und 2 zu einer größeren Wortproduktion anregen lassen als Schüler, die weniger fernsehen. Dies bestätigt die Beobachtungen Stückraths, der eine Belebung sprachlicher Aktivität durch Steigerung des Fernsehkonsums feststellte,[685] wenn man unseren Befund als einen Hinweis auf eine größere Sensibilität für parteiliche Merkmale der Darstellung versteht, die sich in der Verbalisierung niederschlägt. Die übrigen Fälle wären dann im Sinne einer Sensibilisierung für Merkmale innerer und vornehmlich äußerer Bewegung zu interpretieren.

(9) Hypothese 9 ist in ähnlicher Deutlichkeit wie die Hypothese zu den geschlechtsspezifischen Ausprägungen verifiziert worden. Die häufigsten maximalen Zusammenhänge zwischen Film- und Sprachmerkmalen treten bei den Schülern auf, die keine oder höchstens zwei Fehler beim Wortschatztest des ADST machen. Mit zunehmender Fehlerzahl nehmen die Zusammenhangstärken ab. Auch diese Variable hängt mit Alter und Schultyp zusammen. Die Befunde demonstrieren mit großer Klarheit die Abhängigkeit der Zusammenhänge zwischen Wahrnehmung und Schreiben von der Sprachkompetenz der Schreiber, die auch der entscheidende Faktor der Differenzen bei den Variablen Alter und Schultyp sein dürfte. Darauf läßt die Tatsache schließen, daß diese Befunde nur noch von

denen zur Variablen Geschlecht an Klarheit übertroffen werden. Die bei den Theoriebezügen genannten Theoreme, die zur Aufstellung dieser Hypothese geführt haben, werden damit durch die Ergebnisse dieser Untersuchung unterstützt.

(10) Hypothese 10 kann in der Modifikation, die derjenigen zur Altershypothese entspricht, als verifiziert gelten, obwohl die Kontingenzkoeffizienten dagegenzusprechen scheinen.

Die Überlegenheit der Grundschüler einzig bei den Koeffizientenmaxima des Differentials kann kein Kriterium für die Prüfung der Hypothese sein und ist im o.g. Sinne zu erklären. Die Gymnasiasten weisen mehr als doppelt so häufig maximale Zusammenhänge zwischen Film- und Sprachmerkmalen auf als die Hauptschüler.

Bei den Aufsatzvariablen unterscheiden sich die Schultypen deutlich in ihren Koeffizientenmaxima. Während die Grundschüler stärkste Zusammenhänge zwischen den Prozentsätzen der Substantive und der temporalen und lokalen Adverbien und den Filmfassungen zeigen, finden sich bei den Hauptschülern stärkste filmabhängige Differenzen bei der Wortzahl und nichttemporalen oder -lokalen Konjunktionen und Adverbien, bei den Gymnasiasten beim TTR-Wert, bei den Verben und Satzlängen.

Vergleicht man diese Befunde, soweit es die taxonomische Kompatibilität erlaubt, mit den Ergebnissen des Steinert-Tests[686], bei dem Aufsätze zu Bildern verfaßt wurden, können sie wichtige Hinweise für die didaktische Auswertung bieten. Die durchschnittliche Prozentzahl der Substantive an der Wortzahl eines Textes liegt nach Steinert bei den Grundschülern bei 20,2 %.[687] Nach unseren Befunden liegt demnach eine signifikant gesicherte Wahrscheinlichkeit dafür vor, daß dynamische Filmfassungen ohne Ton in der Lage sind, diesen

Prozentsatz an Substantiven zu senken, z.B. bis zu dem der Gymnasiasten von 18,8 %.

Nach Steinert beträgt die durchschnittliche Wortzahl bei den Hauptschülern 87,59.[688)] Durch eine dynamische parteiliche Filmgestaltung kann mit signifikanter Wahrscheinlichkeit die Wortzahl bei vielen Schülern bis über 120 angehoben, d.h. auf den Stand des Gymnasiums gebracht werden (vgl. Tabelle 30).

Der Prozentsatz der Verben an den Wörtern eines Textes ist nach Steinert bei den Gymnasiasten am geringsten im Vergleich zu den beiden übrigen Schultypen. Er beträgt 11,7 %.[689] Nach unseren Befunden kann er mit signifikanter Wahrscheinlichkeit durch eine dynamisch-parteiliche Filmgestaltung mäßig (auf 16-18 %), durch eine ausgewogene oder statisch-parteiliche Filmfassung stark, d.h. bis auf 22 % und mehr angehoben werden (vgl. Tabelle 30). Der Prozentanteil der Verben bei allen Populationen liegt am häufigsten zwischen 16 und 21 %. Dies ist demnach auf die Wirkung des Films überhaupt zurückzuführen, welche die durchschnittliche Verbenmenge aller Schultypen zu steigern vermag.

Die Wortzahl pro Satz liegt nach Steinert bei den Gymnasiasten durchschnittlich bei 9,44, d.h. unter der Wortzahl der Hauptschüler.[690)] Nach unseren Befunden scheint die ausgeglichene Filmfassung diese Zahl senken, die dynamisch-parteiliche diese steigern zu können. Die statisch-parteiliche Fassung ist zu beiden Veränderungen in der Lage (vgl. Tabelle 30).

Die weiteren Besonderheiten der Grundschüler entsprechen denen der 8-9jährigen und sind im Zusammenhang der Variablen Alter erläutert. Differenzierter zu prüfen wären darum nur noch zugleich im Hinblick auf die Berufsvariable und damit im Hinblick auf die <u>Hypothesen 11 und 12</u> die Ausprägungen der Hauptschüler und Gymnasiasten.

Die beiden letzten Hypothesen dürfen im Hinblick auf die Gesamtheit der Aufgaben als verifiziert gelten.

Die Hauptschüler sind in 17 Fällen allen übrigen Schultypen bei der Entscheidung für relationale, auf die Struktur des Zusammenhangs zu beziehende, innere Zustände artikulierende Begriffe oder Lexeme überlegen, die Gymnasiasten in 25 Fällen (vgl. Tabellen 45, 60, 65).

Bei den Aufgaben zum aktiven Wortschatz (Lückentext) weisen die Hauptschüler zwar am häufigsten Prozentmaxima von Begriffen auf, die äußerlich Wahrnehmbares "verdichten", selbst wenn der Film strukturelle Relationen betont, bei den Multiple-choice-Aufgaben und dem Abstraktionsdifferential zum passiven Wortschatz tritt diese Eigenart jedoch nicht mehr hervor.

Die Gymnasiasten lassen beim Lückentext die Neigung zur Überinterpretation erkennen, weil sie selbst ohne Wahrnehmungsbasis logisch und emotional interpretierende Ausdrücke bevorzugen, doch auch diese Eigenart findet sich nicht mehr bei den Aufgaben zum passiven Wortschatz. Der Unterschied zwischen Hauptschülern und Gymnasiasten ist nach unseren Befunden lediglich ein gradueller. Beide Subpopulationen lassen die Merkmale erkennen, die Oevermann jeweils bei einer Schicht angedeutet findet.[691] Man kann jedoch nicht von einer Widerlegung Oevermanns sprechen, da dieser keine statistisch signifikanten Differenzen zwischen den semantischen Eigenarten der Sprachverwendung von "Unter- und Mittelschicht" entdeckt hat und vor allem im Hinblick auf den passiven Wortschatz große Zurückhaltung übt.[692]

Im ganzen zeigen die Befunde dieser Untersuchung im Hinblick auf die Schultypen, daß sich sowohl Grund- als auch Hauptschüler stärker emotionalisieren lassen als Gymnasiasten, so daß beide erstgenannten Gruppen die verallgemeinernde und evtl. überreizende Kraft der Filmmusik stärker zu spüren bekommen und auf die jeweils dynamischere Gestaltungsweise in einer der vier Fassungen stärker ansprechen. Das führt nicht nur zur Fülle von Allgemeinbegriffen bei den Grundschülern und häufig auch bei den Hauptschülern, sondern besonders bei der letztgenannten Gruppe zu Indifferenzen beim Differential. In der Häufigkeit der Ablehnungen zur Tonfassung werden allerdings beide Gruppen von den Gymnasiasten übertroffen. Dies scheint jedoch kein Anzeichen für eine Emotionalisierung zu sein, da die Gymnasiasten auch zur statischen F1-Fassung stärker als die Hauptschüler zu Ablehnungen neigen.

9.2 Folgerungen für die empirische Sprachdidaktik

Der Vorschlag von Hans Messelken in seiner "Empirischen Sprachdidaktik", im lexematischen Sektor des Bezugsfeldes "den außersprachlichen Bezug der Lexeme auszunutzen",[693] erweist sich angesichts der Befunde dieser Untersuchung als äußerst ausbaufähig und im Hinblick auf inhaltliche wie methodische Bedingungen empirischer Sprachdidaktik verifizierbar. Es lassen sich nicht nur "semantische Strukturen auf inhaltliche Zusammenhänge ... befragen",[694] indem man Wortfelder analysiert oder Objektbezüge mit Hilfe von Bilderfolgen in Sprachtests feststellt, die auf Grund vorausgegangener Eichung die Spanne zwischen richtig und falsch festlegen. Es lassen sich mit Hilfe von Filmen in der Art des Untersuchungsfilms zunächst einmal Erhebungen der Wahrnehmungsbedingungen durchführen (im kleinsten und auch größten Ausmaß), die in einer Klasse oder einer größeren Gruppe mit bestimmten semantischen Merkmalen verbunden sind. Es läßt sich z.B. auf Klassenebene ermitteln, unter welchen visuellen Voraussetzungen die Schüler einen Menschen als "bedrückt", "nachdenklich", "mißtrauisch", "unternehmungslustig" etc. bezeichnen. Eine Kombination von Wortfeldern mit "Bildfeldern"[695] verschaffte zugleich dem Lehrer Klarheit über die derartigen Verhältnisse seiner Klasse, den Schülern über die Ansichten der Mitschüler und ihre eigenen und dem Lehrer den Ansatz für die Korrektur ungebräuchlicher Klassifizierungen.

Der Lehrer wird in die Lage versetzt, Orientierungsanlässe im Sinne von Klix bewußt zu machen, zu variieren und auf diese Weise Abstraktionsstufen in bezug auf die optisch anwesenden Merkmale oder Merkmalsklassen transparent zu machen, Verdichtungen und Verkürzungen anschaulich nachzuweisen,zu operationalisieren und nach einer möglichen Klärung der Tiefenstruktur einer Informationsquelle die Transformation in die sprachliche Oberflächenstruktur zu organisieren, sofern sie auf dem Objektbezug beruht. Auf der Basis statistisch abgesicherter Klarheit über die Zusammenhänge zwischen Wahrnehmungs- und Sprachelementen in seiner Klasse kann der Lehrer gezielt anhand der in dieser Untersuchung ermittelten Richtwerte bestimmte Textelemente (Wortmengen, -arten, Satzumfänge) und semantische Klasseme in der Wortschatzarbeit fördern bzw. lenken.

Dabei ist er nicht an die statische Enge von Bilderfolgen und Einzelbildern gebunden, welche die Bezeichnungen komplexer Zusammenhänge und echter Begriffe gar nicht als Ergebnisse und Folgen von Abstraktionsprozessen verdeutlichen können, weil sie selbst schon viel zu weitgehende Abstraktionen sind. Bei den Schülern sind die zu übenden Begriffe oder Lexeme mit den realen komplexen Wahrnehmungselementen verbunden, von denen sie erst abstrahieren oder an denen sie erst verdichten lernen sollen. Der Film abstrahiert zwar in der oben beschriebenen Weise auch immer schon, doch steht seine Abstraktion und Verdichtung der Selektion bei der normalen Realitätswahrnehmung näher.

Gemäß den Zielen der empirischen Sprachdidaktik ermöglichen im Sinne unserer Befunde hergestellte Filme nicht nur referenz-semantische Diagnosen unter psycholinguistischen Aspekten, sondern ebenso semantisch-didaktische Therapien auf statistisch-empirisch abgesicherter Basis.

Filme, die z.B. berücksichtigen, daß zur Verdeutlichung von Begriffen und Lexemen mit dem Klassem "psychisch - schwach" eine ausführliche, einseitige, aber aspektreiche, partizipierende und identifizierende Gestaltung am wahrscheinlichsten Erfolg verspricht, verbessern die Chancen aller Schüler zu einer korrekten Begriffsbildung und zum Ausbau eines differenzierten Wortrepertoires. Filme, die zusätzlich Besonderheiten von Personalvariablen in Rechnung stellen, vergrößern die Chancengleichheit erheblich. Dem Lehrer ermöglichen derartige Filme, die "semantischen Netze" seiner Schüler auf speziellen Transformationsebenen kennenzulernen und auszubauen.

Notwendig ist eine didaktisch geschickte Verbindung solcher Filme mit Lehr- und Übungsformen, die Schreib- und Sprechsituationen vergegenwärtigen (z.B. Rollenspiel[696]), uni- und bilaterale Kommunikationsprozesse in Gang setzen, mit diagnoseorientierten Lernschrittkonzeptionen und anschließenden exakten Leistungsmessungen[697], soweit es die semantische Konstituentenanalyse erlaubt. Sie kann die bisher in erster Linie sprachimmanent unanschauliche und statisch-dogmatische Wortschatzarbeit zu einer Ausbildung referenzsemantischer Kompetenz machen. Sie lehrt die Schüler nicht Lexeme und Begriffe akzeptieren, sondern Abstraktionsprozesse vollziehen, Begriffsbezeichnungen reflektieren und selektieren und im Hinblick auf die situationellen u.a. Bedingungen der Kommunikationssituation im Rahmen der grammatischen Regeln artikulieren, d.h. in die Oberflächenstrukturen gesprochener oder geschriebener Sprache transformieren.

Unter Berücksichtigung der jeweiligen Erkenntnisse informations- und denkpsychologischer Forschung könnten auf diese Weise z.B. die Vorstellungen J.B. Carrolls zum Lehren von "Wörtern, Bedeutungen und Begriffen"[698] auf komplexerer Ebene, als er sie in Erwägung zog, realisiert werden.

Es ließen sich Erfahrungen der Schüler vergegenwärtigen, ergänzen oder neu organisieren, deren Ähnlichkeit in bestimmten Hinsichten und Aspektkonstellationen vorhandene Konstantisierungen verstärkt, korrigiert oder ergänzt, die bestimmten Begriffsstrukturen entsprechen. Dazu sind nach Carroll positive und negative Beispielerfahrungen zur Präzisierung notwendig. Nach E.B. Hunt wächst die "Notwendigkeit einer angemessenen Aneinanderreihung positiver und negativer Beispiele, um ein adäquates Lernen des Begriffes zu sichern"[699], mit der "Komplexität des Begriffes", d.h. mit der "Zunahme in der Anzahl der Interrelationen der Beziehungen ..., in denen Erfahrungen ähnlich sein müssen, um positive Beispiele zu sein."[700]

Zur Vermittlung derartiger Erfahrungen scheint der Film besser als jedes andere Medium in der Lage zu sein, weil der Komplexität äußerlicher und bis zu gewissen Ausmaßen auch innerlicher Phänomene kaum Grenzen gesetzt sind und der Grad visueller Abstraktion, die der kognitiven vorausgeht, schon unter didaktischen Aspekten vorausgeplant und vorherbestimmt werden kann. Das Positive und Negative an Carrolls so genannten Beispielen kann durch den Film in einer Weise apostrophiert werden, die besser als z.B. die Darstellungen Dwyers[701] zum menschlichen Herzen die Realitätskomplexität wahrt, den Transfer auf reale Abstraktionsprozesse ermöglicht und auch auf Begriffe aus den sozialen, moralischen, ästhetischen u.ä. Bereichen anwendbar ist. Die bisherigen Befunde aus der Erforschung der Wissensvermittlung mit Bildern und Filmen sind hier nur bedingt auswertbar, da sie in der Regel das Behalten von Fakten ermitteln, aber nicht den bis in Nuancen hinein exakten Erwerb von relationalen Begriffen.

Eine intensive Arbeit mit Filmen auf der Basis unserer Befunde im Rahmen des semantischen Sektors empirischer Sprachdidaktik müßte nicht nur in die Lage versetzen, die von Carroll formal genannten notwendigen Bedingungen für die Begriffsbildung zu konkretisieren, sondern auch der

Ermittlung der hinreichenden Bedingungen näherzukommen.[702]
Gesucht sind in dieser Hinsicht z.B. "die Zahl, Reihenfolge, zeitliche Festlegung der Beispiele, die dem Individuum geboten werden"[703] müssen, damit es einen Begriff erwirbt, "die Verstärkungen, die den Responses des Individuums gegeben werden" und vor allem im Sinne von F. Klix die "Orientierung des Individuums gegenüber der Aufgabe".[704]
Auf der Basis der vorhandenen Begriffsstruktur eines Kindes können die "kritischen Attribute", welche die Erfahrungen differenzieren, verstärkt, die Responses auf Stimuliklassen auf die für die Erkenntnisstrategie optimale Weise wiederholt werden etc. Kontext- und Kommunikationsbedingtheit der Wörter zu den einzelnen Begriffen sind durch die Verknüpfung mit den genannten deutschdidaktischen Methoden überprüfbar und systematisierbar.

Die Vorschläge Carrolls zum Lehren relationaler Begriffe aus sozialen und physikalischen Bereichen, die er an Beispielen konkretisiert,[705] lassen sich mit Hilfe des Films ergänzen und verbessern. Begriffe wie "Tourist" im Vergleich zu "Immigrant" oder "Kränkung" ("tort") im Vergleich zu anderen Verletzungen lassen sich nicht nur mit verbalen Verkürzungen deduktiv lehren, weil eine induktive Methode auf Grund der Aspektfülle verwirren würde. Man kann sie auch mit Hilfe eines Films auf der Basis der obigen Befunde visuell deduktiv veranschaulichen und dabei konkrete Erfahrungen und Abstraktionsvorgaben auf visueller Ebene miteinander verbinden. Entsprechend lassen sich z.B. Zeitbegriffe nicht nur in erster Linie über lokale Vergleiche erfahrbar machen, sondern durch die Auswertung der Interpretation der "Filmsprache" mit ihren Zeitsprüngen und je nach Alter mit Hilfe von Rückblenden, Zeitlupen und -raffern etc.

"Zeit" läßt sich an Veränderungen jeglicher Art demonstrieren und in ihrer Relationalität, aber auch ihrer Subjektivität am Vergleich mehrerer Geschehensabläufe einem selbständigen Abstraktionsprozeß der Schüler zugänglich machen. Entsprechendes gilt für Quantitäten als Mengenangaben,

Längen, Maße und Gewichte im Hinblick auf ihre Relationalität.

Vielleicht führt eine derartige Übung referenzsemantischer Kompetenz im Rahmen der empirischen Sprachdidaktik mit zunehmender Intensität auch zu einer Präzisierung des Bereiches, der der neuralgische schwache Punkt einer solchen Arbeit und dieser Untersuchung ist, nämlich der semantischen Konstituentenanalyse.

9.3 Kritik

Der Generalisierung der Befunde sind vor allem durch folgende Punkte Grenzen gesetzt:

(1) Die Filmstichprobe ist klein und beschränkt sich auf einen Objektzusammenhang.

(2) Die Sprachvariablen basieren im wesentlichen auf einer semantischen Methode und fixieren für den wesentlichen Teil der Untersuchung ausgewählte Kontexte.

(3) Die Population ist in Klassenverbänden verblieben, so daß die Subpopulationen von diesen mit geprägt werden können.

(4) Die statistische Analyse beschränkt sich auf den Kontingenzkoeffizienten und damit auf die Differenzierung durch Chi-Quadrat, so daß die Unterschiede immer solche zwischen errechenbaren und tatsächlich beobachteten Häufigkeiten von Ereignissen sind, die in keiner metrischen Beziehung zueinander stehen.

(5) Die Befunde zu den Subpopulationen werden nur an den jeweiligen C-Koeffizienten und ihrer Beziehung zu den schultypenspezifischen Ergebnissen orientiert und in bezug auf diese beschrieben.

Wünschenswert wären demnach weitere Untersuchungen mit einer größeren Menge an Filmen zu unterschiedlichen Objektbereichen, mit sprachlichen Analysen nach mehreren semantischen Methoden, durch Auswerterteams, mit differenzierteren

Kontexten größeren Umfanges, mit Subpopulationserhebungen ohne Klassenverband und Schulsituation, mit Korrelationsberechnungen zu allen metrisch quantifizierbaren Bereichen, mit ausführlichen Untersuchungen zu allen Subpopulationen. Einige der genannten Möglichkeiten sollen noch anhand des erhobenen Sprachkorpus realisiert und durch weitere Untersuchungen ergänzt werden.

10 Anhang

10.1 Einstellungsliste des Films "Auf die Einstellung kommt an" (Mikroanalyse)

LISTE DER SIGNIFIKATE

1) M und O fahren mit dem Nachtzug.
2) M und O sitzen sich im Abteil gegenüber.
3) O liest Zeitung, sieht dabei ab und zu auf M.
4) M sieht vor sich hin.
5) M sieht auf Fenster und Tür.
6) M verläßt das Abteil.
7) M sieht im Gang aus dem Fenster.
8) M öffnet das Gangfenster und sieht hinaus.
9) M läuft durch den Gang aus dem Wagen.
10) O bemerkt Ms Flucht.
11) M läuft über den Bahnsteig ins Dunkel.
12) M läuft über die Schienen.
13) O steigt aus dem Zug.
14) O läuft über den Bahnsteig ins Dunkel.
15) M findet einen Holz-Lagerschuppen.
16) M versucht vergebens, von vorne in den Schuppen zu gelangen.
17) O läuft über die Schienen.
18) M läuft um den Schuppen herum.

Abkürzungen:

ENr. = Einstellungsnummer (je Fassung)
EL = Einstellungslänge
EG = Einstellungsgröße
EP = Einstellungsperspektive
OB = Objektbewegungsrichtung
KB = Kamerabewegung; Bel. = Belichtung (Unter-, Über-, Mehrfachbelichtung, Gegenlicht)

Einstellungsgrößen:
D = Detailaufnahme
G = Großaufnahme
N = Nahaufnahme
Am= Amerikanisch (Augenhöhe)
HN= Halbnah
HT= Halbtotale
T = Totale

F = Froschperspektive
V = Vogelperspektive
Normalsicht wird nicht erwähnt

↑ = Hinbewegung
↔ = Querbewegung
↓ = **Herbewegung**
Zahl = **Sekunden**
Sw = Schwenk
Vf = **Verfolgungsfahrt**
sK = subjektive Kamera
statische Kamera bleibt unerwähnt

Achsenverhältnisse und Objektbewegungsort gehen, sofern sich das Objekt nicht in der Bildmitte befindet, aus der Kennzeichnung der Objektbewegungsrichtung hervor.

SIGNIFIKANTEN - OBJEKTE (INHALT DER EINSTELLUNGEN)
Ein Zug fährt im Dunkel der Nacht.
M und O sitzen sich im Abteil gegenüber. O liest Zeitung, beobachtet ab und zu M.
M starrt vor sich hin, reibt sich die Nase.
O blickt über die Zeitung auf M, läßt die Zeitung sinken.
M wendet den Kopf in Richtung Fenster.
Fenster mit Verschluß und Ablage, zweimal wird die dunkle Scheibe erhellt.
M blickt zur Abteiltür, dann zu O; seine Augen wandern, er lauscht, versinkt in s.
Os Zeitung füllt das Bild, sinkt und gibt Os Kopf und Brust frei; strenger Blick.
O blickt auf M, hebt wieder die Zeitung.
O (gegenüber M) lehnt sich zurück u. verschwindet hinter der Zeitung. M steht auf, öffnet die Tür und verläßt das Abteil.
M erscheint im Gang, geht zum gegenüberliegenden Fenster und sieht hinaus.
O liest, wendet den Kopf, läßt die Zeitung sinken, hebt sie, lächelt, liest.
M öffnet d. Fenster, sieht hinaus, während der Zug bremst. Als der Zug steht, läuft M durch den Gang zur Wagentür im Hintergrund.
O liest, stutzt, blickt zur offenen Tür, durch die man das offene Fenster sieht.
Geöffnetes Fenster, draußen ein Licht, heller Fenstergriff.
Hastiger Blick von der Abteiltür durch den Gang zur Wagentür (Os Sicht).
Bahnsteig,aus der Zugtür gesehen (Geleis-Steine, Zuglicht, Nacht), Bahnbeamter.
Bahnbeamter sieht M aus dem Zug springen (beide sehen sich an)M läuft nach links.
Waggonwand mit Ziel-Ort-Schild; Blick über den Waggon zu dessen Ende, Dunkel.
M läuft am letzten Wagen entlang aus dem Bild, verschwindet im Dampf.
Zugteile,in Dampf gehüllt (Haken, Öse, Rad).
M taucht aus dem Dunkel auf in einen Lichtfleck; Dunkel; M zwischen den Schienen; Dunkel.
O erscheint in der Waggontür, ruft, steigt aus, läuft ins Dunkel.
M läuft mit verzerrtem Gesicht, offenem Mund; grelles Licht.
Lokomotive mit Licht, Dampf; Dampfpfeife ertönt.
Schienenstück mit Weiche aus Ms Sicht.
O läuft am Zug entlang,um den letzten Wagen herum, verschwindet.
M läuft mit verzerrtem Gesicht, offenem Mund; grelles Licht (hell, dunkel, hell).
Erleuchtete Front eines Holzschuppens, Treppe mit Laderampe, Schienen, M erscheint
Geleise im Dunkel, O erscheint auf Lichtfleck (evtl. auch M, nicht identifizierb.)
Zug-Heck im Halbdunkel.
M läuft die Schuppentreppe hoch, rüttelt am Tor.
O auf Lichtfleck zwischen den Schienen, taucht wieder unter.
M rüttelt vergebens am Tor, läuft die Treppe hinab, prüft, ob er verfolgt wird, verschwindet an der linken Schuppenecke.
Lok-Silhouette im Dampf; Dampfpfeife ertönt.
Schuppenecke; M taucht hinter ihr auf.
O erscheint, über die Schienen springend.

SIGNIFIKANTEN — OBJEKTE (INHALT DER EINSTELLUNGEN)
Ein Zug fährt im Dunkel der Nacht.
M und O sitzen sich im Abteil gegenüber. O liest Zeitung, beobachtet ab und zu
M starrt vor sich hin, reibt sich die Nase.
O blickt über die Zeitung auf M, läßt die Zeitung sinken.
M wendet den Kopf in Richtung Fenster.
Fenster mit Verschluß und Ablage, zweimal wird die dunkle Scheibe erhellt.
M blickt zur Abteiltür, dann zu O; seine Augen wandern, er lauscht, versinkt in
Os Zeitung füllt das Bild, sinkt und gibt Os Kopf und Brust frei; strenger Blic
O blickt auf M, hebt wieder die Zeitung.
O (gegenüber M) lehnt sich zurück u. verschwindet hinter der Zeitung. M steht a öffnet die Tür und verläßt das Abteil.
M erscheint im Gang, geht zum gegenüberliegenden Fenster und sieht hinaus.
O liest, wendet den Kopf, läßt die Zeitung sinken, hebt sie, lächelt, liest.
M öffnet d. Fenster, sieht hinaus, während der Zug bremst. Als der Zug steht, läuft M durch den Gang zur Wagentür im Hintergrund.
O liest, stutzt, blickt zur offenen Tür, durch die man das offene Fenster sieht
Geöffnetes Fenster, draußen ein Licht, heller Fenstergriff.
Hastiger Blick von der Abteiltür durch den Gang zur Wagentür (Os Sicht).
Bahnsteig, aus der Zugtür gesehen (Geleis-Steine, Zuglicht, Nacht), Bahnbeamter.
Bahnbeamter sieht M aus dem Zug springen (beide sehen sich an) M läuft nach link
Waggonwand mit Ziel-Ort-Schild; Blick über den Waggon zu dessen Ende, Dunkel.
M läuft am letzten Wagen entlang aus dem Bild, verschwindet im Dampf.
Zugteile, in Dampf gehüllt (Haken, Öse, Rad).
M taucht aus dem Dunkel auf in einen Lichtfleck; Dunkel; M zwischen den Schienen Dunke
O erscheint in der Waggontür, ruft, steigt aus, läuft ins Dunkel.
M läuft mit verzerrtem Gesicht, offenem Mund; grelles Licht.
Lokomotive mit Licht, Dampf; Dampfpfeife ertönt.
Schienenstück mit Weiche aus Ms Sicht.
O läuft am Zug entlang, um den letzten Wagen herum, verschwindet.
M läuft mit verzerrtem Gesicht, offenem Mund; grelles Licht (hell, dunkel, hell)
Erleuchtete Front eines Holzschuppens, Treppe mit Laderampe, Schienen, M erschei
Geleise im Dunkel, O erscheint auf Lichtfleck (evtl. auch M, nicht identifizierb
Zug-Heck im Halbdunkel.
M läuft die Schuppentreppe hoch, rüttelt am Tor.
O auf Lichtfleck zwischen den Schienen, taucht wieder unter.
M rüttelt vergebens am Tor, läuft die Treppe hinab, prüft, ob er verfolgt wird, verschwindet an der linken Schuppenecke.
Lok-Silhouette im Dampf; Dampfpfeife ertönt.
Schuppenecke; M taucht hinter ihr auf.
O erscheint, über die Schienen springend.

ENr	Fassung 1						ENr	Fassung 2						ENr	Fassung 3					
	EL	EG	EP	OB	KB	Bel.		EL	EG	EP	OB	KB	Bel.		EL	EG	EP	OB	KB	Bel.
1	5,5	T		→										=1	5,5	T		→		
2	21	Am	V	↔		mehr														
3	4,5	Am	V	↘		"	= 1	5,5					unt.							
4	4	Am		↓			= 2	5					mehr							
5	5	N		←			= 3	4,5												
6	3,5	N				unt.	= 4													
7	6	N		⇆↓			= 5	7												
							6a	4	N	F	↓									
8	4	N		↓		mehr	=6b	2												
9	7,5	Am	V	→ ↗			= 7	7												
10	6,5	Am		→		unt.	= 8	5						=2a	7,5					
11	5,5	G		↓↑		unt.	= 9	4,5												
12	9,5	Am -T		↑		unt.	= 10	8,5						=2b	10					
13	1,5	G		↔↓		unt.														
14	1	G				unt.														
15	6	T-N		↓	Zoom															
16	1,5	HT	V				11	2	Am-N											
							12	2	Am		↙← M			3	1	G		←↙ B		Gg
							13	3	NT,N			Sw Zoom								
17	2,5	T		↖	Vf		14	18	N-T				Gg.	4	4	G		←		
18	3	D				über														
19	4,5	T	V	↖			15	5	N-G		↙	Vf								
20	8,5	Am -HT	F	↖↓	Vf		16	5	HT -Am		↵			5	9	N-G	F	↵	Vf	
							17	3	G		←			6 (=1.19)	4	T	V	↖		
21	5	HN	F			mehr														
							18	4	G	V		Sw								
22	4	N-T	F	↖			19	4,5	HT -Am	NP	↵		mehr	7	4,5	N-Am		↵	Vf	
														8	4,5	G		←	Vf	
23a	1	HT	F	↙			20a	1,5	T		↖			9	6	HT-N	F-N	o.M.	Zoom	
														10	3	T	V	←		
														11	3,5	T				
23b	7	HT		⇄			20b	3,5	T		↑									
24	4	T	V	↖																
25	6	T		↙			20c	11,5	T		⇄									
26	4	G	F			Gg	21	3,5	HN	F										
							22	2,5	HT		↙		Gg	12a	5	HT		↓		Gg
27	2,5	T		↓																

19) M prüft, ob er verfolgt wird.

20) M verschwindet durch das Rückwandtor im Schuppeninnern.

21) O versucht wie M vergebens, von vorne in den Schuppen zu gelangen.

22) M versteckt sich im Schuppen hinter einer Holztreppe.

23) O dringt durch das Rückwandtor in den Schuppen ein.

24) M blickt zwischen den Treppenstufen hindurch.

25) O orientiert sich im Schuppen und macht Licht an.

26) O schaut suchend über das Gerümpel, ruft.

27) O löscht das Licht und verläßt den Schuppen.

28) Der Zug fährt ab.

M prüft mit weit geöffneten Augen und offenem Mund, ob er verfolgt wird, dreht sich gehetzt um.
Schuppenrückwand mit Tor, Rampe und Treppe; Tor allein im Bild, mit Riegel und Öse
M läuft an der Schuppenwand entlang zum Tor, öffnet, schlüpft hindurch, schließt von innen.
Schuppenvorderseite, O läuft die Treppe hinauf, rüttelt vergebens am Tor, läuft die Treppe herab, prüft, verschwindet an der linken Schuppenwand.
M nähert sich einer Holztreppe im Schuppeninnern.
Unterste Treppenstufen, Autoreifen, Papier (Ms Blick).
M springt um die Treppe herum und versteckt sich hinter ihr.
Schuppenecke im Dunkel, O erscheint mit dampfendem Atem.
Holztreppe führt zu einem Tor.
Tor, Os Schatten, dann er selbst, versucht das Tor zu öffnen.
Blick in die Dunkelheit durch den Spalt des geöffneten Tores, über Os Schultern.
Blick aus der Dunkelheit (innen) auf den Tor-Lichtspalt, O erscheint im sich öffnenden Tor, sieht sich suchend um, tritt weiter ins Innere ein.
M blickt ängstlich durch die Treppenstufen, Schatten auf dem Gesicht, mit offenem Mund.
O sieht sich suchend um und tritt weiter ins Innere ein.
M sieht verängstigt über eine Treppenstufe, öffnet den Mund, duckt sich.
O tritt vor ein Hinweisschild, sucht einen Lichtschalter.
Bahndamm im Dunkel, etwas erhellt, der Zug fährt ab.
Blick auf Treppe im Innern des Schuppens, über Os Schultern.
Os Hand findet den Lichtschalter, tastend, schaltet an.
Os Gesicht bleibt dunkel, er wendet sich nach rechts, Licht geht an. O blickt von rechts nach links, zurück nach rechts, läßt seine Augen wandern, Hand am Schalter, ruft
Gerümpel, die Treppe aus Os Sicht, O ruft.
M sieht verängstigt durch die Stufen, öffnet den Mund, duckt sich.
O am Schalter, vor ihm eine Bettgestell-Giebelseite, O blickt nach rechts.
Os Hand am Schalter löscht das Licht, Schalter im Halbdunkel.
O steht im Dunkel, sucht, wendet sich zur Tür, öffnet, geht hinaus, wendet sich noch einmal um und geht.
M sitzt hinter der Treppe und blickt zwischen den Stufen hindurch, stützt sein Gesicht mit den Fäusten.
Schlußlichter des Zuges der langsam verschwindet; Lichter im Dunkel.

M prüft mit weit geöffneten Augen und offenem Mund, ob er verfolgt wird, dreht sich gehetzt um.

Schuppenrückwand mit Tor, Rampe und Treppe; Tor allein im Bild, mit Riegel und

M läuft an der Schuppenwand entlang zum Tor, öffnet, schlüpft hindurch, schließ von innen.

Schuppenvorderseite, O läuft die Treppe hinauf, rüttelt vergebens am Tor, läuft die Treppe herab, prüft, verschwindet an der linken Schuppenwand.

M nähert sich einer Holztreppe im Schuppeninnern.

Unterste Treppenstufen, Autoreifen, Papier (Ms Blick).

M springt um die Treppe herum und versteckt sich hinter ihr.

Schuppenecke im Dunkel, O erscheint mit dampfendem Atem.

Holztreppe führt zu einem Tor.

Tor, Os Schatten, dann er selbst, versucht das Tor zu öffnen.

Blick in die Dunkelheit durch den Spalt des geöffneten Tores, über Os Schultern.

Blick aus der Dunkelheit (innen) auf den Tor-Lichtspalt, O erscheint im sich öffnenden Tor, sieht sich suchend um, tritt weiter ins Innere ein.

M blickt ängstlich durch die Treppenstufen, Schatten auf dem Gesicht, mit offenem Mund.

O sieht sich suchend um und tritt weiter ins Innere ein.

M sieht verängstigt über eine Treppenstufe, öffnet den Mund, duckt sich.

O tritt vor ein Hinweisschild, sucht einen Lichtschalter.

Bahndamm im Dunkel, etwas erhellt, der Zug fährt ab.

Blick auf Treppe im Innern des Schuppens, über Os Schultern.

Os Hand findet den Lichtschalter, tastend, schaltet an.

Os Gesicht bleibt dunkel, er wendet sich nach rechts, Licht geht an. O blickt vo rechts nach links, zurück nach rechts, läßt seine Augen wandern, Hand am Schalter, ruft

Gerümpel, die Treppe aus Os Sicht, O ruft.

M sieht verängstigt durch die Stufen, öffnet den Mund, duckt sich.

O am Schalter, vor ihm eine Bettgestell-Giebelseite, O blickt nach rechts.

Os Hand am Schalter löscht das Licht, Schalter im Halbdunkel.

O steht im Dunkel, sucht, wendet sich zur Tür, öffnet, geht hinaus, wendet sich noch einmal um und geht.

M sitzt hinter der Treppe und blickt zwischen den Stufen hindurch, stützt sein Gesicht mit den Fäusten.

Schlußlichter des Zuges der langsam verschwindet; Lichter im Dunkel.

Fassung 1							2							3						
ENr	EL	EG	EP	OB	KB	Bel	ENr	EL	EG	EP	OB	KB	Bel	ENr	EL	EG	EP	OB	KB	Bel
							23	2	N		←		Gg							
28	3,5	HT-N			Sw Zoom		24	5	N-D	V		Zoom Sw								
							26	4	HN					12b	7	Am -N		↙↑	Vf	
29	18	HT-Am	F-N	↙			25	14	T	F	↱			13	18,5	HT	F	↗		
							27	2	HN	F	↑			14a	2	Am	V	↑		
							28	1,5	N				unt							
							29	4	HN		↰	Vf		14b	2,5	HN		↰		
30	2,5	HT		↓										15	4	Am		↲		Gg
31	1	Am	F											=16	1	HN	F			
32	8	HN	F	←										17	7	Am	F	←	Vf	Gg
33	7,5	N		↑	sK	Gg					↓									
							30	11,5	HN		↓		Gg	18	4,5	Am				
							31	3,5	G		←			19	5	G				
														20	11	Am		↓		unt
							(33)	(3)	(N)					21	7,5	D				
							32a	s.u.	N		←			22	8	Am	F	←		
34	3,5	T																		
35	5,5	N		↖	sK															
36	3,5	D		↰			32b	s.u.	N	F				23	5,5	D		↓↰		
							32c	32a – 32c = 17	N		↔↓									
37	27	HT	V		Sw Zoom									=24	17					
							33	3	N											
							34a	2	HN											
38	3,5	D					34b	3	HN											
39	10	HN		↗			=34c	10,5	HN		↗		Gg	≈25	12,5	HT		↗		Gg
							35	7	HN		↓			26	3,5	HN				
							36	4	N	F	(Lok) →		Gg	27	21,5	N-HT		↖ (Heck)		

In der Regel sind Merkmale, die in zwei oder drei Film-Fassungen identisch sind, nur in der ersten Fassung vermerkt, in der wiederholenden Fassung bleiben die entsprechenden Kästchen frei. Ausnahmen sollen Zweifelsfälle klären.

Fassung 4 (= Fassung 2 + folgende Ton-Merkmale)

ENr	Rufen (R)	Naturgeräusche (NG)	Musik-Imitation (MI)	Musik-Begleitg. (MB)	Musik-Zäsu
Die Einstellungs-Nummern sind mit denen der Fassung 2 identisch. Durch Hochstellen der dazwischenliegenden Seiten können die Signifikanten-Objekte von F2 direkt mit dieser Liste in Verbindung gebracht werden.					
1			Saite wie Zug		Gitarre(sch
2			Saite wie Zug		Gitarre(sch
3		Zuggeräusch			
4		Zuggeräusch	Saite wie Zug		
5			Saite wie Zug		
6a			Saite wie Zug		Gitarre(schr
6b			Saite wie Zug		Git.-klang
7			Saite wie Zug		
8			" (crescendo)		
9			" (") (Stop)		Saite: Stop
10		Zugbremsen, Laufschritte			
11	"Martin!"(Off)				
12		Stille			
13		Stille			
14		Bremsenquietsch.			
15		Laufschritte		Gitarre	
16	"Martin!"(On)	Schritte		Saiten-Tremolo	
17				" (crescendo)	
18				wie 17	
19				wie 17	
20a				wie 17, höher	
20b				wie 17	Git.-klang
20c		Schritte			Git.-klang
21		Zugpfeife			
22	"Martin!"(OFF)			Gitarre	

ENr	Rufen (R)	NG	MI	MB	MZ
23		Stille			
24				Gitarr.-tremolo(crescendo)	
26		Poltern		Gitarre (alternierend)	
25	"Martin!"(ON)	Tür-Rütteln		Gitarr.-klänge (leise)	
27		Stille			
28	"Martin!"(OFF)				
29		Stille			
30					Saitenklang
31		Stille			
32a		Stille			
32b	"Martin!"(ON)				
32c	"				
33		Stille			
34a	Kommentar, der abgeschaltet wurde, daher Stille.				
34b	"				
34c	"				
35					Gitarr.-klang
36		Zugpfeife; Rattern der Räder			

10.2 Wortschatztest (Segment aus: J.Steinert, Allgemeiner Deutscher Sprachtest, Kürten 1975)

1.Wir wollen wissen, ob du die Bedeutung von Wörtern in Sätzen erkennst. In den folgenden Sätzen ist immer ein Wort unterstrichen. Darunter findest du drei Wörter zur Auswahl. Eins davon hat die gleiche Bedeutung wie das unterstrichene Wort im Satz. Das sollst du ankreuzen!
Hier ist ein Beispiel:
1)Sie trägt ein schlichtes Kleid.
o billiges ☒ einfaches o häßliches
Hier soll das Wort "schlichtes" ersetzt werden.
Welches der drei angebotenen Wörter paßt am besten?
Wie du siehst, haben wir es schon für dich angekreuzt.
Noch ein Beispiel:
2)Wir zanken uns manchmal.
o vertragen o sehen o streiten
Für "Wir zanken uns" kann man sagen: "Wir streiten uns".
Also mußt du hier "streiten" ankreuzen. So, nun kannst du es allein:

3) Er hat immer gute Laune.
o Gesundheit o Stimmung o Form

4) Ihr arbeitet flüchtig:
o selten o ungenau o ungern

5) Sie kennen es.
o wissen o zeigen o beschreiben

6) Sie ist dauernd unterwegs.
o immer o lange o manchmal

7) Wir freuen uns über die Nachricht.
o Antwort o Mitteilung o Auskunft

8) Wie sollen wir uns eigentlich benehmen?
o verstehen o vertragen o verhalten

9) Er wäre beinahe hingefallen.
o vielleicht o fast o wahrscheinlich

10) Die Meinungen der Schüler sind wichtig.
o Vorschläge o Einfälle o Ansichten

11) Sie verirren sich.
o verlaufen o verstecken o täuschen

12) Wir bleiben beieinander.
o dabei o zusammen o hier

2. Wir wollen wissen, wie gut du zu bestimmten Wörtern die Gegenteile kennst. Hier ist ein Beispiel:

1) Fritz fragt: Ist der Koffer schwer?
   Franz antwortet: Im Gegenteil: Der Koffer ist leicht!
Hier ist nach dem Gegenteil von "schwer" gefragt.
Wir haben es schon für dich in die Lücke geschrieben.
Noch ein Beispiel:

2) Fritz: Hast du ihn mit Absicht gestoßen?
   Franz: Im Gegenteil: Es war............
   Richtig: aus Versehen! Schreib bitte in jede Lücke nur ein Wort!

3) Fritz: Wie war die Prüfung: Hast di sie bestanden?
   Franz: Im Gegenteil: Ich bin....................

4) Fritz: Soll ich die Leiter festhalten?
   Franz: Im Gegenteil: Du sollst sie................

5) Fritz: Habe ich der Pflanze zu wenig Wasser gegeben?
   Franz: Im Gegenteil: Du hast ihr.................... Wasser gegeben!

6) Fritz: Fällt dir auch das Einschlafen so schwer?
   Franz: Im Gegenteil: Mir fällt das.................. so schwer!

7) Fritz: Hast du behalten, was wir tun sollen?
   Franz: Im Gegenteil: Ich habe es..................

8) Fritz: Bei dem Fußballspiel gestern war der Angriff schwach!
   Franz: Im Gegenteil: Die.............war schwach!

9) Fritz: Hat man deinem Plan zugestimmt?
   Franz: Im Gegenteil: Man hat ihn....................

10) Fritz: Fährt der Zug nur werktags?
   Franz: Im Gegenteil: Der Zug fährt nur.............

11) Fritz: Das ist ja zum Lachen!
   Franz: Im Gegenteil: Das ist zum....................

12) Fritz: War das ein Regen! Wurde der Wettkampf abgebrochen?
   Franz: Im Gegenteil: Der Wettkampf wurde............

10.3 EDV-Tabellen zur Aufsatzanalyse

ALL

TOKENS

Die Tabellen zur Aufsatz-Analyse beziehen sich nur auf Aufsätze mit einer Wortzahl über 60.

FILM: COUNT / ROW PCT / COL PCT / TOT PCT	1.	2.	3.	4.	ROW TOTAL
60.	76 21.4 33.9 8.2	76 21.4 30.0 8.2	105 29.6 51.2 11.3	98 27.6 40.0 10.6	355 38.3
81.	78 25.4 34.8 8.4	84 27.4 33.2 9.1	74 24.1 36.1 8.0	71 23.1 29.0 7.7	307 33.1
101.	35 21.5 15.6 3.8	56 34.4 22.1 6.0	22 13.5 10.7 2.4	50 30.7 20.4 5.4	163 17.6
121.	35 34.3 15.6 3.8	37 36.3 14.6 4.0	4 3.9 2.0 .4	26 25.5 10.6 2.8	102 11.0
COLUMN TOTAL	224 24.2	253 27.3	205 22.1	245 26.4	927 100.0

RAW CHI SQUARE = 49.47642 WITH 9 DEGREES OF FREEDOM.
CRAMER"S V = .13338 SIGNIF.=.00000
CONTINGENCY COEFFICIENT = .22510

TYPES

(=TTR·10)

FILM: COUNT / ROW PCT / COL PCT / TOT PCT	1.	2.	3.	4.	ROW TOTAL
1.	28 27.2 15.0 3.7	39 37.9 17.4 5.1	8 7.8 5.2 1.1	28 27.2 14.4 3.7	103 13.5
5.	99 27.2 52.9 13.0	103 28.3 46.0 13.5	76 20.9 49.0 10.0	86 23.6 44.1 11.3	364 47.8
6.	60 20.4 32.1 7.9	82 27.9 36.6 10.8	71 24.1 45.8 9.3	81 27.6 41.5 10.6	294 38.6
COLUMN TOTAL	187 24.6	224 29.4	155 20.4	195 25.6	761 100.0

RAW CHI SQUARE = 17.49771 WITH 6 DEGREES OF FREEDOM.
CRAMER"S V = .10722 SIGNIF.=.0076
CONTINGENCY COEFFICIENT = .14992
NUMBER OF MISSING OBSERVATIONS = 166

ALL

FILM

VERB (in % der Tokens) 1,4,7

COUNT / ROW PCT / COL PCT / TOT PCT	1.	2.	3.	4.	ROW TOTAL
1.	52	55	31	24	162
	32.1	34.0	19.1	14.8	17.5
	23.2	21.7	15.1	9.8	
	5.6	5.9	3.3	2.6	
16.	70	96	62	105	333
	21.0	28.8	18.6	31.5	35.9
	31.3	37.9	30.2	42.9	
	7.6	10.4	6.7	11.3	
19.	69	84	76	92	321
	21.5	26.2	23.7	28.7	34.6
	30.8	33.2	37.1	37.6	
	7.4	9.1	8.2	9.9	
22.	33	18	36	24	111
	29.7	16.2	32.4	21.6	12.0
	14.7	7.1	17.6	9.8	
	3.6	1.9	3.9	2.6	
COLUMN TOTAL	224	253	205	245	927
	24.2	27.3	22.1	26.4	100.0

RAW CHI SQUARE = 37.32072 WITH 9 DEGREES OF FREEDOM.
CRAMER"S V = .11584 SIGNIF.=.00000
CONTINGENCY COEFFICIENT = .19673

FILM

ADJ (in % der Tokens)

COUNT / ROW PCT / COL PCT / TOT PCT	1.	2.	3.	4.	ROW TOTAL
0.	95	114	95	138	442
	21.5	25.8	21.5	31.2	47.7
	42.4	45.1	46.3	56.3	
	10.2	12.3	10.2	14.9	
1.	109	115	86	90	400
	27.3	28.8	21.5	22.5	43.1
	48.7	45.5	42.0	36.7	
	11.8	12.4	9.3	9.7	
3.	20	24	24	17	85
	23.5	28.2	28.2	20.0	9.2
	8.9	9.5	11.7	6.9	
	2.2	2.6	2.6	1.8	
COLUMN TOTAL	224	253	205	245	927
	24.2	27.3	22.1	26.4	100.0

RAW CHI SQUARE = 12.69169 WITH 6 DEGREES OF FREEDOM.
CRAMER"S V = .08274 SIGNIF.= .0482
CONTINGENCY COEFFICIENT = .11622

ALL

PART (in % der Tokens)

1,4

COUNT / ROW PCT / COL PCT / TOT PCT	FILM 1.	2.	3.	4.	ROW TOTAL
0.	201 23.8 89.7 21.7	224 26.5 88.5 24.2	196 23.2 95.6 21.1	224 26.5 91.4 24.2	845 91.2
1.	23 28.0 10.3 2.5	29 35.4 11.5 3.1	9 11.0 4.4 1.0	21 25.6 8.6 2.3	82 8.8
COLUMN TOTAL	224 24.2	253 27.3	205 22.1	245 26.4	927 100.0

RAW CHI SQUARE = 7.78014 WITH 3 DEGREES OF FREEDOM.
CRAMER"S V = .09161
CONTINGENCY COEFFICIENT = .09123
SIGNIF.= .0508

ADVTL (in % der Tokens)

COUNT / ROW PCT / COL PCT / TOT PCT	FILM 1.	2.	3.	4.	ROW TOTAL
0.	2 7.4 .9 .2	6 22.2 2.4 .6	5 18.5 2.4 .5	14 51.9 5.7 1.5	27 2.9
1.	52 27.5 23.2 5.6	52 27.5 20.6 5.6	49 25.9 23.9 5.3	36 19.0 14.7 3.9	189 20.4
4.	95 25.5 42.4 10.2	109 29.3 43.1 11.8	79 21.2 38.5 8.5	89 23.9 36.3 9.6	372 40.1
7.	75 22.1 33.5 8.1	86 25.4 34.0 9.3	72 21.2 35.1 7.8	106 31.3 43.3 11.4	339 36.6
COLUMN TOTAL	224 24.2	253 27.3	205 22.1	245 26.4	927 100.0

RAW CHI SQUARE = 22.18879 WITH 9 DEGREES OF FREEDOM.
CRAMER"S V = .08932
CONTINGENCY COEFFICIENT = .15289
SIGNIF.= .0083

ALL

ADVREST (in % der Tokens)

FILM: COUNT / ROW PCT / COL PCT / TOT PCT	1.	2.	3.	4.	ROW TOTAL
0.	4	3	7	8	22
	18.2	13.6	31.8	36.4	2.4
	1.8	1.2	3.4	3.3	
	.4	.3	.8	.9	
1.	69	80	82	73	304
	22.7	26.3	27.0	24.0	32.8
	30.8	31.6	40.0	29.8	
	7.4	8.6	8.8	7.9	
4.	87	112	85	118	402
	21.6	27.9	21.1	29.4	43.4
	38.8	44.3	41.5	48.2	
	9.4	12.1	9.2	12.7	
7.	64	58	31	46	199
	32.2	29.1	15.6	23.1	21.5
	28.6	22.9	15.1	18.8	
	6.9	6.3	3.3	5.0	
COLUMN TOTAL	224	253	205	245	927
	24.2	27.3	22.1	26.4	100.0

RAW CHI SQUARE = 20.64748 WITH 9 DEGREES OF FREEDOM.
CRAMER"S V = .08617 SIGNIF. = .0143
CONTINGENCY COEFFICIENT = .14761

KOPULA (in % der Tokens)

FILM: COUNT / ROW PCT / COL PCT / TOT PCT	1.	2.	3.	4.	ROW TOTAL
0.	10	7	8	19	44
	22.7	15.9	18.2	43.2	4.7
	4.5	2.8	3.9	7.8	
	1.1	.8	.9	2.0	
1.	77	80	55	73	285
	27.0	28.1	19.3	25.6	30.7
	34.4	31.6	26.8	29.8	
	8.3	8.6	5.9	7.9	
4.	98	128	85	101	412
	23.8	31.1	20.6	24.5	44.4
	43.8	50.6	41.5	41.2	
	10.6	13.8	9.2	10.9	
7.	39	38	57	52	186
	21.0	20.4	30.6	28.0	20.1
	17.4	15.0	27.8	21.2	
	4.2	4.1	6.1	5.6	
COLUMN TOTAL	224	253	205	245	927
	24.2	27.3	22.1	26.4	100.0

RAW CHI SQUARE = 22.66235 WITH 9 DEGREES OF FREEDOM.
CRAMER"S V = .09027 SIGNIF. = 0070
CONTINGENCY COEFFICIENT = .15448

ALL

KONJTL

(in % der Tokens)

FILM COUNT ROW PCT COL PCT TOT PCT	1.	2.	3.	4.	ROW TOTAL
0.	45 22.2 20.1 4.9	44 21.7 17.4 4.7	44 21.7 21.5 4.7	70 34.5 28.6 7.6	203 21.9
1.	125 22.3 55.8 13.5	160 28.6 63.2 17.3	132 23.6 64.4 14.2	143 25.5 58.4 15.4	560 60.4
4.	54 32.9 24.1 5.8	49 29.9 19.4 5.3	29 17.7 14.1 3.1	32 19.5 13.1 3.5	164 17.7
COLUMN TOTAL	224 24.2	253 27.3	205 22.1	245 26.4	927 100.0

RAW CHI SQUARE = 19.54927 WITH 6 DEGREES OF FREEDOM.
CRAMER"S V = .10269 SIGNIF. = .0033
CONTINGENCY COEFFICIENT = .14371

KONJREST

(in % der Tokens)

FILM COUNT ROW PCT COL PCT TOT PCT	1.	2.	3.	4.	ROW TOTAL
0.	32 19.9 14.3 3.5	40 24.8 15.8 4.3	48 29.8 23.4 5.2	41 25.5 16.7 4.4	161 17.4
1.	140 23.2 62.5 15.1	164 27.2 64.8 17.7	127 21.1 62.0 13.7	172 28.5 70.2 18.6	603 65.0
4.	52 31.9 23.2 5.6	49 30.1 19.4 5.3	30 18.4 14.6 3.2	32 19.6 13.1 3.5	163 17.6
COLUMN TOTAL	224 24.2	253 27.3	205 22.1	245 26.4	927 100.0

RAW CHI SQUARE = 15.84068 WITH 6 DEGREES OF FREEDOM.
CRAMER"S V = .09243 SIGNIF.= .0146
CONTINGENCY COEFFICIENT = .12962

10.4 Anmerkungen

1) Vgl. H. Messelken 1971.
2) G. Schröter 1971.
3) G. Schöter 1971, S. 66.
4) G. Schröter 1971, S. 67 f.
5) Vgl. E. Kaemmerling 1972.
6) J.M.L. Peters 1963, S. 22. Vgl. auch zum "visuellen Vokabular" der Körpersprache, Objektsprache etc., das sich das Kind aneignet, bevor es sprechen lernt, L.J. Debes 1968.
7) H. Gies 1965, S. 58, 60 ff., 71 u.a.
8) H. Gies 1965, S. 59.
9) H. Gies 1965, S. 59.
10) E. Dovifat 1955.
11) E. Dovifat 1955, S. 144.
12) H. Krüger 1956; vgl. auch H. Zbinden 1957.
13) Dabei ist empirisch festgestellt worden, daß z.B. weder das Fernsehen das Lesen verdrängt, noch eine geringere Denkleistung verlangt. Vgl. G. Maletzke 1959, J.M.L. Peters 1963, S. 41 f.
14) H. Gies 1965, S. 73.
15) H. de Man 1951, S. 109.
16) H. Gies 1965, S. 82.
17) H. Gies 1965, S. 82.
18) Vgl. z.B. E. Wasem 1957; Heiß, Caselmann, Schorb, Heimann 1963; R. Ulshöfer 1969; F. Stückrath 1955.
19) H. Gies 1965, S. 89 ff.
20) P. Heimann 1963, S. 37.
21) J.M.L. Peters 1963.
22) F. Stückrath 1955, S. 9.
23) J.M.L. Peters 1963, S. 23.
24) J.M.L. Peters 1963, S. 121.
25) J.M.L. Peters 1963, S. 44.
26) Vgl. zu den filmischen Möglichkeiten bei der Förderung dieser Fähigkeit im Dienste der Begriffsbildung D. Matthias 1973 a.
27) J.M.L. Peters 1963, S. 44.
28) H. Gies 1965, S. 5-31.
29) J.M.L. Peters 1963, S. 121.
30) Höhn in: Heiß, Caselmann, Schorb, Heimann 1963, S. 35.
31) C. Caselmann in: Heiß, Caselmann, Schorb, Heimann 1963, S. 36.
32) P. Heimann 1963.
33) P. Heimann 1963, S. 73.
34) P. Heimann 1963, S. 75.
35) P. Heimann 1963, S. 75.
36) P. Heimann 1963, S. 75.
37) P. Heimann 1963, S. 103.
38) P. Heimann 1963, S. 103 f.
39) P. Heimann 1963, S. 83.
40) Im Sinne F. de Saussures 1916.
41) Vgl. F. de Saussure dt. 1967, S. 20-27.
42) Vgl. T. Lewandowski 1975, S. 471 ff.
43) Vgl. E. Leisi 1971, S. 18 f.
44) Vgl. E. Leisi 1971, S. 101-108.

45) G. Schröter 1971, S. 31.
46) Z.B. G. Schröter 1971, S. 69.
47) Siehe J.A. Comenius 1960, S. 149.
48) Vgl. J. Swift, Gullivers Reisen; hier nach A. Schaff 1973, S. 145.
49) Im Sinne des Organonmodells der Sprache von K. Bühler 1934.
50) K. Bühler 1934.
51) K. Bühler 1934.
52) Vgl. D. Matthias 1974; vgl. auch E. Bergmann 1969, S. 65-80.
53) E. Kaemmerling 1971, S. 95.
54) E. Kaemmerling 1971, S. 95 f.
55) Vgl. D. Matthias 1973 a und b und 1977.
56) Vgl. H. Ammann 1936; H. Belstler 1923; W. Günther 1939.
57) E. Wasem 1957, S. 101.
58) E. Wasem 1957, S. 102.
59) Heiß, Caselmann u.a. 1963, S. 39.
60) Schramm, Lyle, Parker 1961, S. 85 ff.
61) F. Zöchbauer 1969, S. 100.
62) H. Ruprecht 1970, S. 55 f.
63) H. Ruprecht 1970, S. 56.
64) Lutz, Sauter, Wächtershäuser 1971 u.a.
65) R. Sauter in: Lutz, Sauter, Wächtershäuser 1971, S. 25-41.
66) R. Sauter in: Lutz, Sauter, Wächtershäuser 1971, S. 36.
67) E. Arnet 1953, S. 46; vgl. W. Kümmerle 1961.
68) F. Weinert 1970, S. 19 f.
69) F. Weinert 1970, S. 20.
70) Vgl. Dallmann, Preibusch 1974, S. 41.
71) Vgl. Hoban, van Ormer 1950; Hovland, Janis, Kelley 1953; May, Lumsdaine 1958; H. Allen 1960; N. Miller u.a. 1957.
72) C.F. Hoban 1962, S. 105.
73) C.F. Hoban 1962, S. 105.
74) F. Weinert 1970, S. 19 f.
75) C.F. Hoban 1962, S. 108.
76) W.J. McGuire 1955, 1961.
77) Dallmann, Preibusch 1974, S. 76.
78) Dallmann, Preibusch 1974, S. 76 f.
79) Dallmann, Preibusch 1974, S. 77 f.
80) Dallmann, Preibusch 1974, S. 80.
81) U. Baer u.a. 1970.
82) Vgl. Dröge, Weißenborn, Haft 1969, S. 103.
83) C.F. Hoban 1962, S. 101.
84) C.F. Hoban 1962, S. 103.
85) Pryluck, Snow 1967, S. 58.
86) Pryluck, Snow 1967, S. 58.
87) C.E. Osgood 1971; D.R. Olson 1970.
88) C.E. Osgood, dt. in: Leuninger, Miller, Müller 1974, Bd. 1, S. 141.
89) D.R. Olson, dt. in: Leuninger, Miller, Müller 1974, Bd. 1, S. 193.
90) S. Moscowici 1967.
91) Herrmann, Deutsch 1976.
92) Vgl. Dallmann, Preibusch 1974, S. 80; vgl. zur Wirkung der Bewegung auch H. Wölker 1957; Houser, Houser, van Mondfrans 1970.

93) - 97) Siehe Literaturverzeichnis.
98) Die Dissertation von R.J. Gregory war bis zur Abfassung dieses Manuskriptes nicht erreichbar, die Studentenzahl aus den Dissertational Abstracts International nicht zu entnehmen.
99) - 114) Siehe Literaturverzeichnis.
115) Siehe W. Schulz u.a. 1976, S. 123 ff.
116) Vgl. die Faktorenanalyse und multiple Regressionsanalyse zur Ermittlung relevanter Filmfaktoren bei W. Schulz u.a. 1976, S. 62-71.
117) Siehe R. Penn 1967, S. 45.
118) Vgl. Dallmann, Preibusch 1974, S. 25-35.
119) Vgl. Dröge, Weißenborn, Haft 1969, S. 18-22.
120) Dallmann, Preibusch 1974, S. 28.
121) Dallmann, Preibusch 1974, S. 35-39.
122) H.D. Schmidt 1961.
123) F. Klix 1962.
124) Clauss, Ebner 1972, S. 29.
125) Clauss, Ebner 1972, S. 29.
126) Vgl. G.A. Lienert 1969, S. 12-21.
127) Clauss, Ebner 1972, S. 31.
128) Clauss, Ebner 1972, S. 32 f.
129) H. Messelken 1971, S. 11.
130) K. Holzkamp 1973, S. 35 f.
131) K. Popper 1966, S. 369.
132) Vgl. K. Popper 1966, S. 379.
133) Vgl. Roberts, Rost 1974, S. 21.
134) Vgl. K.D. Opp 1970, S. 270-274.
135) Vgl. K.D. Opp 1970, S. 274.
136) Vgl. K.D. Opp 1970, S. 276.
137) Vgl. K.D. Opp 1970, S. 279-297.
138) K.D. Opp 1970, S. 280.
139) K.D. Opp 1970, S. 285.
140) K.D. Opp 1970, S. 283 ff.
141) Vgl. Dröge, Weißenborn, Haft 1969, S. 114-146.
142) K.D. Opp 1970, S. 287.
143) K.D. Opp 1970, S. 288-297.
144) K.D. Opp 1970, S. 289.
145) K.D. Opp 1970, S. 291.
146) K.D. Opp 1970, S. 295.
147) K. Popper 1966, S. 381.
148) K. Popper 1966, S. 381.
149) H. Messelken 1971, S. 16.
150) Vgl. K.D. Opp zur Prognose sozialer Ereignisse S. 67-88; zu unterrichtsbezogenen Forschungsmethoden Dallmann, Preibusch 1974, S. 105-123.
151) H. Messelken 1971.
152) H. Messelken 1971, S. 10.
153) S. Maser 1971, S. 9-14; zum Zusammenhang zwischen Wahrnehmung und Kommunikation vgl. H. Schnabl 1972, S. 24 f.
154) S. Maser 1971, S. 9-14.
155) Das gilt jedoch nur für den freien Aufsatz. Die formalisierten Aufgaben haben andere Schüler als Adressaten.
156) Vgl. H. Paschen 1974, S. 57-68.
157) Da man "nicht nicht kommunizieren kann" (vgl. Watzlawick, Beavin, Jackson 1969, S. 50 ff.), gibt es auch nichts, was man nicht entsprechend modellieren kann.

158) G. Gerbner 1960.
159) G. Gerbner 1960, S. 10.
160) Vgl. D. Wunderlichs Verarbeitung der Theorien J.R. Searles in: Maas, Wunderlich 1972, S. 141-188.
161) W. Meyer-Eppler 1969, S. 2 f.
162) Vgl. G. Heike 1969, S. 10.
163) K. Bühler 1934, S. 28.
164) Vgl. A. Schaff 1973, S. 204 f.
165) E.P. Bettinghaus 1960, S. 24.
166) E.P. Bettinghaus 1960, S. 21-23. Zu Osgoods Mediationstheorie s. H. Hörmann, 1970, S. 196 ff.
167) H. Gulley, hier nach E.P. Bettinghaus 1960, S. 24.
168) Vgl. C.F. Graumann 1960.
169) Zum Begriff des Signifikanten und des Signifikats vgl. U. Eco 1972, S. 71 ff.; vgl. auch die Begriffe "signifiánt" und "signifiê" bei F. de Saussure 1916 und zum Vergleich der Termini: W. Nöth 1975, S. 14. Zur Betrachtung des Films als Botschaft aus Zeichen vgl. ferner:
H. Bitomsky 1972; Hild/Längsfeld 1972; W. Knilli 1971; W. Schulz 1974 und 1975; Spottiswood 1951; Whitaker 1966 u.a.
170) Zum Kode-Begriff vgl. U. Eco 1972, S. 67 und 130; ferner L.J. Prieto 1972, S. 36-49; W. Meyer-Eppler 1969, S. 193-224.
171) Vgl. Bense, Walther 1973, S. 96 f.
172) C.S. Peirce 1958, § 2.
173) Vgl. M. Bense 1967, S. 9; vgl. S. Maser 1971, S. 35.
174) Vgl. E. Walther 1974, S. 47-54.
175) Vgl. E. Coseriu 1972; einen Überblick gibt E. Walther 1974, S. 9-43.
176) Ogden, Richards 1952, S. 11.
177) Vgl. zur Problematik des Interpretantenbegriffs U. Eco 1972, S. 76 ff.; L.O. Resnikow 1968, S. 120; A. Schaff 1973, S. 228 ff.
178) Im Sinne F. de Saussures 1916.
179) Vgl. E. Walther 1974, S. 64 f.
180) Vgl. E. Walther 1974, S. 62 ff.
181) Vgl. E. Walther 1974, S. 61 f.
182) Vgl. auch C.W. Morris 1972, S. 46.
183) M. Bense 1969, S. 23; hier in der Vereinfachung von W. Nöth 1975, S. 18; vgl. dazu die Kritik Nöths, S. 18 ff.
184) Vgl. E. Walther 1974, S. 61.
185) Diese Kritik kommt nicht von allen marxistischen Semiotikern, vgl. L.O. Resnikow 1968, S. 122.
186) L.O. Resnikow 1968, S. 124.
187) Der Begriff der Ähnlichkeit hat bei Peirce einen Umfang von der fotografischen Genauigkeit bis zu der eines Adjektivs! Vgl. E. Walther 1974, S. 61.
188) L.O. Resnikow 1969, S. 124.
189) L.O. Resnikow 1969, S. 124.
190) L.O. Resnikow 1969, S. 125.
191) B.S. Ukrainzew 1960, S. 74.
192) B.S. Ukrainzew 1969, S. 74.
193) J.J. Piaget 1962, S. 163, 278; hier nach W. Nöth 1975, S. 19.

194) W. Nöth 1975, S. 19; vgl. auch Piaget 1961; vgl. auch die Beschreibung der Zuschaueraktivität von J.M.L. Peters 1963, S. 44.
195) Vgl. U. Eco 1972, S. 66.
196) U. Eco 1971, S. 71; zur genaueren Definition siehe U. Eco 1972, S. 130 ff.
197) U. Eco 1971, S. 73.
198) C.W. Morris 1972, S. 46.
199) U. Eco 1972, S. 202.
200) U. Eco 1972, S. 202.
201) U. Eco 1972, S. 201 f.
202) U. Eco 1972, S. 202.
203) U. Eco 1972, S. 246; vgl. Hild, Längsfeld 1972, S. 9-16.
204) U. Eco 1972, S. 206.
205) U. Eco 1972, S. 206.
206) U. Eco 1971, S. 74.
207) U. Eco 1971, S. 75.
208) U. Eco 1971, S. 75.
209) E. Walther 1974, S. 76; allerdings bleibt auch Peirce nicht konsequent bei dieser Voraussetzung und geht in Ecos Richtung, wenn er z.B. ein Index-Zeichen als Reflex im Sinne Pawlows versteht. Vgl. dazu A. Schaff 1973, S. 228 ff.
210) Z.B. U. Eco 1972, S. 131.
211) Vgl. C. Metz 1972.
212) U. Eco 1972, S. 250; vgl. P. Pasolinis Bezeichnung "technische Sprache" in: F. Knilli 1971, S. 47.
213) R. Barthes in: G. Schiwy 1969, S. 162; zum Verhältnis von Denotation und Konnotation im Film vgl. Metz 1972, S. 151-154.
214) U. Eco 1972, S. 246 f.
215) R. Barthes in: G. Schiwy 1969, S. 162.
216) U. Eco 1971, S. 78.
217) U. Eco 1972, S. 248 f.; auch C. Metz verweist auf die entsprechenden Gliederungsmöglichkeiten der "kinematographischen Nachricht", C. Metz 1972, S. 91 f.
218) U. Eco 1972, S. 20-26, 254 f.
219) Salomon, Snow 1968, S. 238.
220) U. Eco 1972, S. 257 f.
221) Vgl. U. Eco 1972, S. 259.
222) Vgl. C.W. Morris 1972, S. 23-28, 94.
223) Vgl. S. Maser 1971, S. 40.
224) C.W. Morris 1973.
225) Vgl. F.v. Kutscheras Kritik an Morris: F.v. Kutschera 1971, S. 168 f., und die Schwierigkeiten von G. Klaus bei der Anwendung der Einteilung in Designatoren, Appraisoren und Preskriptoren auf die "Sprache der Politik", G. Klaus 1971.
226) L.J. Prieto 1972, S. 23-32.
227) L.J. Prieto 1972, S. 23-32.
228) Vgl. U. Neisser 1967; hier nach R. Oerter 1972, S. 326.
229) R. Oerter 1972, S. 326.
230) Vgl. Stadler, Seeger, Raeithel 1975, S. 110 ff.; die moderne marxistische Abbildtheorie integriert die gegenwärtigen Erkenntnisse der Neurophysiologie, wie sie im nächsten Kapitel 5.4 erwähnt werden. Vgl. dazu L.O. Resnikow 1969, S. 115 ff. Der "Abbildungsprozeß" wird im Rahmen der marxistischen Widerspiegelungstheorie

derart komplex und widersprüchlich verstanden, daß er keiner möglichen modernen Wahrnehmungstheorie widersprechen muß; vgl. dazu Stadler u.a. 1975, S. 70.

231) Vgl. F. Klix 1971, S. 523.
232) Vgl. den Überblick von M. Krampen in: Ball, Byrnes 1960, S. 71-78; eine Wahrnehmungssystematik entwirft M.R. Moore 1973, S. 10 ff.
233) M. Krampen 1960, S. 71 f.
234) M. Krampen 1960, S. 71 f.
235) Vgl. D.O. Hebb 1949; M.D. Vernon 1970, S. 89; D.E. Broadbent 1961, S. 150 ff.; R.L. Gregory 1972, S. 7-12.
236) M. Krampen 1960, S. 72.
237) M. Krampen 1960, S. 72 f.
238) M. Krampen 1960, S. 74.
239) M. Krampen 1960, S. 74 f.; vgl. R.L. Gregory 1972, S. 12 und 225.
240) U. Eco 1972, S. 57. Die Kommunikationsintention ist allerdings noch nicht in der Brunswik-Theorie impliziert.
241) M. Krampen 1960, S. 75.
242) M. Krampen 1960, S. 75.
243) M. Krampen 1960, S. 76-78.
244) Vgl. Solley, Murphy 1960.
245) M.D. Vernon 1970, S. 13; vgl. dazu R.L. Gregory 1972, S. 218 f.
246) M.D. Vernon 1970, S. 13.
247) M. Krampen 1960, S. 75.
248) Vgl. z.B. R.L. Gregory 1972, S. 137 ff.; M. Stadler u.a. 1975, S. 134 ff.; M.D. Vernon 1970, S. 60-68, 166 ff.
249) M. Krampen 1960, S. 75.
250) K. Holzkamp 1973, S. 105-128; vgl. im Hinblick auf den Film: Greenhill, McNiven 1956.
251) L.A. Taylor 1960, S. 52. Vgl. die Beispiele von W. van Appeldorn 1972, S. 104-109.
252) J. Mitry 1963, S. 364; vgl. W. Dadek 1968, S. 52-59.
253) Vgl. A. Moles 1968, S. 208.
254) L.A. Taylor 1960, S. 52; vgl. U. Eco 1972, S. 247.
255) L.A. Taylor 1960, S. 52.
256) L.A. Taylor 1960, S. 58 f.
257) L.A. Taylor 1960, S. 59-62.
258) Vgl. auch W. Nöth 1975, S. 84.
259) L.A. Taylor 1960, S. 63 f.; zur Gestalttheorie siehe z.B. R. Arnheim 1960 (dt. 1965); W. Metzger 1936.
260) Vgl. L.A. Taylor 1960, S. 64 und Anm. 248.
261) Nach G. Murphy, vgl. L.A. Taylor 1960, S. 56 f.
262) Siehe K. Holzkamp 1973, S. 27.
263) K. Holzkamp 1973, S. 27; vgl. C.F. Graumann 1960.
264) C.F. Graumann 1960, S. 66 ff.; K. Holzkamp 1973, S. 28; vgl. dazu R.L. Gregory 1972, S. 225.
265) C.F. Graumann 1960, S. 66 ff.
266) C.F. Graumann 1960, S. 66 ff.
267) J.M.L. Peters 1963, S. 44; vgl. J.S. Bruner 1957, S. 41-69; vgl. zum Bewegungssehen: G. Bäumler 1972.
268) J.M.L. Peters 1963, S. 44.
269) H. Riedel 1968, S. 57 ff.; zu unterschwelligen Reizen und ihrem Einfluß siehe N.F. Dixon 1958.

270) N.F. Dixon 1958; vgl. W. van Appeldorn 1972, S. 95 ff.
271) D.E. Berlyne 1960.
272) H. Riedel 1967, S. 69-72, 92-98.
273) I. Gerhartz-Franck 1955.
274) Vgl. L.A. Taylor 1960, S. 56 f.
275) Vgl. H. Ruprecht 1970, S. 48-52.
276) Keilhacker, Brudny, Lammers 1957.
277) Keilhacker, Brudny, Lammers 1957, S. 5 ff., S. 10 ff.; Emery, Martin 1957; G. Maletzke 1963, S. 120-127; F. Zieris 1958 etc.; vgl. die Literaturangaben bei H. Ruprecht 1970, S. 43.
278) W. Brudny in: Keilhacker, Brudny, Lammers 1957, S. 46 ff.; vgl. F. Zieris 1963, S. 54-58, 139-148.
279) M. Keilhacker 1957, S. 10-14.
280) Vgl. J.M.L. Peters 1963, S. 20 ff.; G. Maletzke 1963, S. 120-127; F. Zöchbauer 1969, S. 120 ff.
281) Vgl. S. Maser 1971, S. 40 zu den Dimensionen von C.W. Morris.
282) Vgl. I. Kant, Kritik der reinen Vernunft, Text der Ausg. von 1781, unter Benutzung der Ausg. von K. Kehrbach neu hrsg. von R. Hoyer, o.J., S. 39. Zum Begriff der "Anschauung" vgl.: H. Aebli 1961, S. 117-129; C. Caselmann in: Heiß, Caselmann, Schorb, Heimann 1963, S. 44-61; H. Schiefele 1962; R. Heiß in: Heiß, Caselmann, Schorb, Heimann 1963, S. 11-30; K. Reumuth 1955 etc.
283) H. Hörmann 1970, S. 227 in bezug auf die sprachliche Dekodierung.
284) H. Hörmann 1970, S. 227.
285) M. Krampen 1960, S. 73, Übersetzungen sind vom Vf.
286) Vgl. Hubel, Wiesel 1962, dazu R.L. Gregory 1972, S. 70 ff.; siehe auch W. van Appeldorn 1972, S. 69-97.
287) M. Krampen 1960, S. 73.
288) M. Krampen 1960, S. 73; vgl. auch H. Schnabl 1972, S. 70-84.
289) J.B. Carroll 1964; H. Hörmann 1970, S. 180 f.
290) E. Cassirer 1964, S. 21 f.
291) C. Jespersen 1922, S. 388.
292) L.S. Wygotski 1971, S. 74-87.
293) E.H. Lenneberg 1972, S. 403 ff.
294) L.S. Wygotski 1971, S. 89-96.
295) Vgl. E.H. Lenneberg 1972, S. 409 f.
296) Vgl. L.S. Wygotski 1971, S. 262.
297) L.S. Wygotski 1971, S. 156; vgl. F. Klix 1971, S. 618.
298) Vgl. zur Definition von "Abstraktion" F. Klix 1971, S. 593 f.
299) Zum Lernen von Begriffen vgl.: Brownell, Hendrickson 1950; E.B. Hunt 1962; M.C. Serra 1953; W.E. Vinacke 1954; vgl. zu Wygotskis Theorien: Beck, Berg 1970; M. Berg 1970; Brenner, Gallas 1970; J. Rossbroich 1971; vgl. den Überblick von G. Kegel 1974, S. 86 ff.
300) L.S. Wygotski 1971, S. 118 ff.
301) L.S. Wygotski 1971, S. 125 ff.
302) L.S. Wygotski 1971, S. 153 ff.
303) Vgl. F. Klix 1971, S. 545.
304) F. Klix 1971, S. 545.
305) F. Klix 1971, S. 545.

306) F. Klix 1971, S. 545.
307) F. Klix 1971, S. 546.
308) F. Klix 1971, S. 547.
309) F. Klix 1971, S. 547.
310) F. Klix 1971, S. 547.
311) F. Klix 1971, S. 547.
312) E.H. Lenneberg 1972, S. 411-434; vgl. zum Erkennungsprozeß beim Filmbetrachten: C.H. Koch 1970, S. 35-42; J.A. Wood 1967.
313) F. Klix 1971, S. 583; vgl. dazu C.H. Koch 1970, S. 37: "What the viewer does in watching a film ... is to allow the film to activate those memory patterns which the viewer has in common with the film." Basismodell siehe N. Holland 1968; Basisoperation: "reduction of novelty to order" (Koch, S.35).
314) F. Klix 1971, S. 583.
315) F. Klix 1971, S. 583 und S. 584, Abb. 8.26; vgl. dazu Wygotskis Vorstellung von der "Länge und Breite" der Begriffe, die Denkoperationen ermöglichen und mit den Längen- und Breitengraden aus der Geographie verglichen werden; L.S. Wygotski 1971, S. 266 ff.
316) F. Klix 1971, S. 584, Abb. 8.26.
317) F. Klix 1971, S. 585; vgl. auch F. Klix 1971, Kap. 5.
318) Vgl. E.H. Lenneberg 1972, S. 267.
319) Vgl. F. Klix 1971, S. 585, Abb. 8.27.
320) F. Klix 1971, S. 584, Abb. 8.26.
321) F. Klix 1971, S. 585.
322) Vgl. E.H. Lenneberg 1972, S. 434 und 444 f.; siehe auch H. Hörmann 1971, S. 335-350.
323) Vgl. B.L. Whorf 1963.
324) F. Klix 1971, S. 587.
325) F. Klix 1971, S. 588.
326) F. Klix 1971, S. 588.
327) Vgl. F. Klix 1971, S. 593.
328) F. Klix 1971, S. 594.
329) F. Klix 1971, S. 599.
330) F. Klix 1971, S. 618.
331) F. Klix 1971, S. 599.
332) F. Klix 1971, S. 599.
333) Vgl. F. Klix 1971, S. 599; vgl. A. Moles 1968.
334) F. Klix 1971, S. 599.
335) F. Klix 1971, S. 600.
336) G. Atwood 1971; vgl. R.G. Rose 1973.
337) G. Atwood 1971, S. 298.
338) F. Klix 1971, S. 621.
339) F. Klix 1971, S. 618.
340) F. Klix 1971, S. 618.
341) F. Klix 1971, S. 620, Abb. 8.39.
342) F. Klix 1971, S. 620).
343) Vgl. L.S. Wygotski 1971, S. 156.
344) F. Klix 1971, S. 621.
345) Vgl. L.S. Wygotski 1971, S. 225 ff.
346) Schulz, van Lessen, Schlede, Saldmann 1976.
347) Vgl. Herrmann, Deutsch 1976; vgl. E.H. Lenneberg 1972, S. 434; vgl. C.E. Osgood 1959.
348) Vgl. Haueis, Hoppe 1972, S. 38 (Kompetenzenschema).
349) Vgl. P. Heimann 1963, S. 103 ff.

350) Vgl. P. Heimann 1963, S. 102 f.; vgl. H. Hörmann 1971, S. 196 ff.; F. Klix 1971, S. 624; vgl. das Modell von H. Gulley, Kap. 5.1.2.
351) F. Klix 1971, S. 636.
352) F. Klix 1971, S. 636.
353) F. Klix 1971, S. 636.
354) F. Klix 1971, S. 625.
355) Vgl. F. Klix 1971, S. 622.
356) F. Klix 1971, S. 625.
357) G. Wotjak 1971, S. 241.
358) Im Sinne F. de Saussures 1916.
359) Vgl. F. v. Kutschera 1971, S. 179 ff.; H.E. Brekle 1972, S. 14 ff.
360) G. Wotjak 1971, S. 31.
361) Vgl. U. Eco 1972, S. 56 f., 132; vgl. W. Meyer-Eppler 1969, S. 193 f.
362) G. Wotjak 1971, S. 58.
363) G. Wotjak 1971, S. 58.
364) Vgl. T. Lewandowski 1973, S. 89 ff. und die dort genannte Literatur; vgl. A. Schaff 1973, S. 196-284; S. Ullmann 1973, S. 67-101 etc.
365) Vgl. G.H. Blanke 1973, S. 18 ff., ausführlich S. 23-40.
366) R. Jakobson 1968, S. 353.
367) G.H. Blanke 1973, S. 18 f.
368) Vgl. H.E. Brekle 1972, S. 85.
369) E.U. Grosse in: W. Kallmeyer u.a. 1974, Bd. 2, S. 107.
370) G. Klaus 1963, S. 37, 44; G. Klaus 1965, S. 11.
371) Vgl. L.O. Resnikow 1968, S. 97 f.
372) K. Heger 1964; K. Baldinger 1966.
373) G.H. Blanke 1973, S. 78; G. Wotjak 1971, S. 35.
374) K. Baldinger 1966; hier nach G. Wotjak 1971, S. 35.
375) G.H. Blanke 1973, S. 78.
376) G.H. Blanke 1973, S. 78.
377) G. Wotjak 1971, S. 35.
378) Vgl. E. Agricola 1970, S. 620.
379) G. Wotjak 1971, S. 36.
380) H. Vernay 1968, S. 162.
381) Vgl. F. Klix 1971, S. 540, 621 ff.
382) N. Chomsky 1971.
383) G. Lakoff 1971; vgl. F. v. Kutschera 1971, S. 101-116.
384) Vgl. F. Hundsnurscher 1971, S. 23 ff., S. 55 ff.
385) F. v. Kutschera 1971, S. 107-110.
386) F. v. Kutschera 1971, S. 107.
387) T. Schippan 1972, S. 59.
388) Vgl. T. Lewandowski 1975, Bd. 2, S. 386 f.
389) Vgl. U. Eco 1972, S. 85-113; vgl. T. Lewandowski 1975, Bd. 3, S. 594.
390) Siehe H. Geckeler 1971, S. 193.
391) E. Coseriu in: W. Kallmeyer u.a. 1974, S. 76; zur genaueren Bestimmung vgl. H. Geckeler 1971, S. 199 f.
392) Vgl. H. Geckeler 1971, S. 192.
393) Vgl. H. Geckeler 1971, S. 116.
394) Vgl. H. Hörmann 1970, S. 164 ff.
395) Wehrle, Eggers 1967, S. XIV; vgl. auch F. Dornseiff 1959.
396) Wehrle, Eggers 1967.

397) Vgl. zum Überblick G.H. Blanke 1973, S. 170-177, S. 51-73, S. 104-113.
398) Vgl. H. Geckeler 1971, S. 249.
399) Vgl. H. Geckeler 1971, S. 243-250.
400) Vgl. H. Geckeler 1971, S. 191 f.
401) H. Geckeler 1971, S. 191 f.
402) Siehe G.H. Blanke 1973, S. 104-113; G. Wotjak 1971, S. 182, 234.
403) A.-J. Greimas 1966; B. Pottier 1964; G. Wotjak 1971.
404) G.H. Blanke 1973, S. 72; zur Kritik der Feldtheorie vgl. H. Geckeler 1971, S. 84-176; in unserer Untersuchung wird "Feld" im Sinne von G. Wotjak (1971, S. 181) gebraucht, in Anlehnung an E. Coseriu.
405) Vgl. die Kritik des Strukturbegriffs bei U. Eco 1972, S. 359-416, S. 435 f.; zum Bereich der linguistischen Semantik vgl. G. Wotjak 1971, S. 52-59, 223-230.
406) Vgl. G. Wotjak 1971, S. 204 f. u.a.a.O.
407) Ruesch, Kees 1956.
408) Vgl. U. Eco 1972, S. 220-230; U. Eco 1971, S. 75.
409) Hier nach Pryluck, Snow 1967, S. 62; dt. bei W. Lerg 1968, S. 386.
410) C. Pryluck 1968, S. 395.
411) C. Pryluck 1968, S. 395.
412) Vgl. W. Lerg 1968, S. 379-388; Pryluck, Snow 1967, S. 69.
413) P.P.Pasolini in: F. Knilli 1971, S. 42; S. 38 f.
414) Vgl. U. Eco 1972, S. 253-256.
415) Vgl. U. Eco 1972, S. 20-26, 254 f.; vgl. K.R. Scherer 1972, S. 42-75.
416) Vgl. U. Eco 1972, S. 130; vgl. auch T. Lewandowski 1973, Bd. 1, S. 314 ff.
417) U. Eco 1972, S. 249.
418) U. Eco 1972, S. 249.
419) Siehe z.B. W. Dadek 1968, S. 171 ff.; P.P. Pasolini in: F. Knilli 1971, S. 38 ff. etc.
420) Vgl. zur Begrifflichkeit L.J. Prieto 1972, S. 33 ff.
421) Vgl. E. Walther 1974, S. 64 ff.
422) Im Sinne F. de Saussures 1916.
423) C. Metz 1972, S. 86.
424) C. Metz 1972, S. 109.
425) C. Metz 1972, S. 87.
426) A. Martinet 1963, S. 21 ff.
427) C. Metz 1972, S. 160; S. 90-99.
428) C. Metz 1972, S. 149.
429) C. Metz 1972, S. 97; vgl. auch J.M.L. Peters in: F. Knilli 1971, S. 63; C. Pryluck 1968, S. 387 f.
430) C. Metz 1972, S. 162 f.
431) C. Metz 1972, S. 162.
432) C. Metz 1972, S. 162.
433) W. Schulz u.a. 1976, S. 69 ff.
434) Vgl. C. Metz 1972, S. 277 f.
435) C. Metz 1972, S. 171-198.
436) Vgl. M. Bense 1969, S. 12.
437) Vgl. C. Metz 1972, S. 198.
438) L.J. Prieto 1972, S. 23-32.
439) L.J. Prieto 1972, S. 39 f.
440) L.J. Prieto 1972, S. 39 f.

441) C. Metz 1972, S. 198.
442) Vgl. W. Meyer-Eppler 1969, bes. S. 75 ff.
443) Vgl. K. Bühler 1934, S. 28.
444) Vgl. C. Pryluck 1968, S. 387.
445) Vgl. C. Metz 1972, S. 160 f. u.a.; J.M.L. Peters in: F. Knilli 1971, S. 63 etc.; vgl. in unserem Sinne: C. Pryluck 1973; L.R. Atilio 1971; F. Attneave 1954.
446) R. Penn 1967.
447) Vgl. S. 26.
448) E. Kaemmerling 1971, S. 95 f.
449) Vgl. zur Einführung in filmkundliche Grundbegriffe: Knilli, Reiß 1971; F. Zöchbauer 1969; F. Kempe 1958; Kulms, Stanley 1971; H. Mehnert, 2. überarb. Auf. 1963; J. Feusi 1964; Stümmer, Vogg 1966; Kirschner, Mertes, Paech 1973; W. v. Appeldorn 1970.
449a) J.Paech (Hrsg.) 1977, S.218 - 225. Abdruck mit frdl. Genehmigung des J.B.Metzler Verlages.
450) E. Kaemmerling 1971, S. 96-98.
451) R. Jacobson 1960.
452) E. Kaemmerling 1971, S. 98; vgl. H.F. Plett 1975, S. 129.
453) Vgl. H.F. Plett 1975, S. 129.
454) S. Kracauer 1973, S. 79 f.; vgl. W. Benjamin 1963, S. 40 f.; W. Dadek 1968, S. 66.
455) F. Kempe 1958.
456) F. Zöchbauer 1969, S. 199.
457) F. Zöchbauer 1969, S. 218.
458) J. Mitry 1963, S. 171.
459) Vgl. W. Dadek 1968, S. 55-59; J.M.L. Peters in: Knilli 1971, S. 56; J.M.L. Peters 1963, S. 44.
460) J.M.L. Peters in: Knilli 1971, S. 65 f.
461) J.M.L. Peters in: Knilli 1971, S. 67.
462) J.M.L. Peters in: Knilli 1971, S. 67.
463) E. Kaemmerling 1971, S. 99.
464) W.A. Koch 1971, S. 484.
465) Vgl. Kap. 5.3.2.
466) H. Geckeler 1971, S. 246.
467) E. Kaemmerling 1971, S. 96.
468) W. Schulz u.a. 1976, S. 62-65.
469) W. Schulz u.a. 1976, S. 71.
470) W. Schulz u.a. 1976, S. 49-71.
471) R. Penn 1967.
472) W. Schulz u.a. 1976, S. 71-127.
473) "Auf die Einstellung kommt es an", Hersteller: Lexikon Film & Television GmbH., München, im Auftrag des Instituts für Film und Bild, München (Fachreferat: Werner Nowak) und des WDR Köln; Drehbuch: Siegfried Mohrhof; Regie: Eberhard Hauff; Kamera: Mario Deghinghi und Uwe Kraus; Schnitt: Elke Riemann; Musik: Hans Posegga; Herstellungsjahr: 1965 (siehe Beiheft von S. Grieger 1967).
474) Vgl. Anm. 277.
475) Vgl. G. Klaus 1971, S. 91 f.; G. Helbig 1966.
476) Vgl. J.M.L. Peters 1963, S. 104-106; siehe schon R. Zazzo 1952.
477) Vgl. J.M.L. Peters 1963, S. 104 ff.
478) Vgl. K.O. Götz 1968, S. 104-127; H. Riedel 1968; vgl. Anm. 269.

479) S. Grieger 1967, S. 5.
480) B. Wember 1972, S. 71.
481) P. Ekman u.a. 1969.
482) Vgl. K.R. Scherer 1972, S. 91 f.
483) Vgl. Clauss, Ebner 1972, S. 122 f.
484) Vgl. Clauss, Ebner 1972, S. 252-257.
485) S. Grieger 1967, S. 9-14.
486) Vgl. A.-J. Freimas in W. Kallmeyer u.a. 1974, Bd. 2, S. 126-152; F. Rastier in W. Kallmeyer u.a. 1974, Bd. 2, S. 153-182.
487) Vgl. W. Kallmeyer u.a. 1974, Bd. 1, S. 143-161.
488) E. Leisi 1971, S. 25 ff.
489) Vgl. B. Sowinski 1973, S. 27 ff., S. 252-279; W. Fucks 1968, S. 33 ff., S. 110-117; H. Messelken 1971, S. 93 ff.; M. Riffaterre 1973, S. 100 ff.
490) H. Messelken 1974.
491) DUDEN 1966.
492) Vgl. H. Hörmann 1970, S. 93 f.; H. Messelken 1971, S. 95 f.
493) H. Hörmann 1970, S. 93.
494) H. Messelken 1974.
495) Vgl. DUDEN 1966, S. 310.
496) DUDEN 1966, S. 302 ff.
497) Siehe DUDEN 1966, S. 307 ff.
498) DUDEN 1966, S. 333 f.
499) Siehe Anm. 403.
500) G. Wotjak 1971, bes. S. 180-218.
501) H. Geckeler 1971, bes. S. 233-250.
502) T. Lewandowski 1973, Bd. 1, S. 339.
503) Vgl. H. Geckeler 1971, S. 213.
504) Vgl. G. Wotjak 1971, S. 134; H. Geckeler 1971, S. 245 f.
505) Vgl. Geckeler 1971, S. 214; zu E. Coserius Definition siehe H. Geckeler 1971, S. 247 f.
506) H. Geckeler 1971, S. 201; vgl. T. Lewandowski 1973, Bd. 1, S. 312 f.
507) B. Pottier 1964, S. 38.
508) G. Wotjak 1971, S. 137.
509) G. Wotjak 1971, S. 137.
510) Vgl. G.H. Blanke 1973, S. 23-26, S. 104-110; G. Wotjak 1971, S. 210-218, 91-94.
511) Vgl. F. Hundsnurscher 1971, S. 9-13.
512) Hier im Sinne G. Wotjaks 1971, S. 189.
513) Siehe Osgood, Suci, Tannenbaum 1957.
514) Vgl. H. Hörmann 1970, S. 204 f.; vgl. M.S. Miron 1971 und Osgoods Stellungnahme zu dieser Kritik:C.E. Osgood 1971.
515) Vgl. G. Wotjak 1971, S. 199-210; U. Weinreich 1966, S. 409; G.H. Blanke 1973, S. 85-93; F. Hundsnurscher 1971, S. 38-48.
516) Siehe G.H. Blanke 1973, S. 94.
517) Vgl. G. Wotjak 1971, S. 200 f.
518) U. Weinreich 1966, S. 409; vgl. G. Wotjak 1971, S. 200; I. Wiese 1973, S. 17 f.
519) Vgl. B. Pottier 1964; hier nach H. Geckeler 1971, S. 214; vgl. G. Wotjak 1971, S. 202.
520) Siehe H. Geckeler 1971, S. 214.
521) G. Wotjak 1971, S. 180-199 und Anhang-Tafel.

522) G. Wotjak 1971, S. 182.
523) G. Wotjak 1971, S. 182; vgl. I. Wiese 1973, S. 23.
524) Vgl. G.H. Blanke 1973, S. 170-177.
525) Vgl. L.S. Wygotski 1971, S. 224 ff.
526) J. Steinert 1975, S. 162 u.a.
527) J. Steinert 1975, S. 162.
528) G.A. Lienert 1969, S. 25-37.
529) G.A. Lienert 1969, S. 28 f.
530) Vgl. U. Oevermann 1973, S. 436; siehe auch L. Katzenberger 1964.
531) Siehe G.A. Lienert 1969, S. 34 f.
532) G.A. Lienert 1969, S. 63 f.
533) Zum Unterschied zwischen Wort- und Begriffsfeld vgl. H. Geckeler 1971, S. 200.
534) G.A. Lienert 1969, S. 89.
535) G.A. Lienert 1969, S. 105, 111, 121.
536) C.E. Osgood u.a. 1957.
537) P.R. Hofstätter 1963 und 1966.
538) Siehe H. Hörmann 1971, S. 194-199.
539) Siehe H. Hörmann 1971, S. 205.
540) Vgl. die Kritik von F. Klix 1971, S. 631; vgl. auch Anm. 514.
541) Siehe J. Piaget 1972, S. 215-248; L.S. Wygotski 1971, S. 156; J.B. Carroll 1964; J.S. Bruner u.a. 1971, S. 44-82; 114 ff., 167 ff.
542) R. Oerter 1972, S. 405; vgl. M. Krampen 1960, S. 71-78; J.S. Bruner u.a. 1971, S. 109-116; 127, 141; M.D. Vernon 1974, S. 200-209, 83-111.
543) M.D. Vernon 1974, S. 33-38; R. Arnheim 1972, S. 225 f.; vgl. z.B. Lurija, Judowitsch 1973, S. 134-145.
544) Vgl. Kap. 5.4.2; ferner: J.B. Carroll 1964, S. 178-202; Berelson, Steiner 1972, Kap. "Wahrnehmung"; R.H. Forgus 1966, S. 295 f.; M.L. Fleming 1975, S. 70-73.
545) H. Riedel 1968, S. 54 f.; vgl. H. Riedel 1967, S. 52 f., 92-98.
546) H. Riedel 1968, S. 57; Salomon, Snow 1968, S. 237-242.
547) J. Steinert 1975.
548) J. Steinert 1975, S. 86.
549) Vgl. z.B. Keilhacker u.a. 1957; W. Nowak 1967, S. 29; A. Sicker 1956, S. 126; M. u. M. Keilhacker 1953, S. 12 f.; H. Ruprecht 1970, S. 45-54.
550) J. Piaget 1972, S. 200-251; vgl. im Hinblick auf den Filmeinsatz für die Begriffsbildung D. Matthias 1973 a, S. 181-192.
551) S. Honkavaara 1961.
552) Vgl. M.D. Vernon 1974, S. 202 f.; vgl. K.R. Scherer 1972, S. 44-50.
553) I. Gerhartz-Franck 1955; vgl. G. Heuyer 1956; T. Nummenmaa 1969; R.K. Rheinisch 1971; Zazzo, Zazzo 1952, 1954; F. Zieris 1963, S. 48-53; H. Jungfer 1973, S. 103 ff.; Györy, Hars 1969.
554) U. Oevermann 1973, S. 299-303; vgl. R. Oertler 1972, S. 532. Zur Überlegenheit von Jungen: vgl. Gallagher, Ashner 1963; M. Rousson 1967.
555) C. McGuire 1961, S. 61-73.
556) W.L. Gainer 1962, S. 9-16.
557) J.A. Miele, siehe Diss. Abstr. 18,2, S. 231 ff.; vgl. C.F. Graumann 1972, S. 892 ff.

558) H.A. Witkin 1949, 1950, 1966.
559) J. Steinert 1975, S. 55 f.
560) B. Bernstein 1970.
561) M.D. Vernon 1974, S. 68 ff., 92; R. Oerter 1972, S. 402-406; vgl. C.F. Grass 1972; F.D. Affolter 1970, 1972; S. Griew 1963, S. 63-79.
562) M.D. Vernon 1974, S. 93-98.
563) M.D. Vernon 1974, S. 213-239.
564) M.L. Fleming 1975, S. 49.
565) Vgl. W. Niepold 1970, S. 24-34; vgl. auch C.F. Graumann 1972, S. 766 f., 1207 ff.; G. Kleinschmidt in: Sprache - Brücke und Hindernis 1972, S. 99-110.
566) Die Staffelung sprachlicher Leistung von der "Unterschicht" bis zur "Mittelschicht" bestätigt in differenzierter und präziser Weise J. Steinert 1975, S. 65 ff.; zu den früheren Forschungen vgl. R. Oerter 1972, S. 527.
567) J. Steinert 1975.
568) J. Steinert 1975, S. 65 f.
569) J. Steinert 1975, S. 92-98.
570) U. Oevermann 1973, S. 434.
571) U. Oevermann 1973, S. 434.
572) Vgl. L.S. Wygotski 1971, S. 115-157.
573) U. Oevermann 1973, S. 435.
574) U. Oevermann 1973, S. 435; vgl. L.S. Wygotski 1971, S. 277.
575) Vgl. U. Oevermann 1973, S. 271 ff.
576) B.L. Whorf 1963.
577) Vgl. U. Oevermann 1973, S. 437 f.
578) U. Oevermann 1973, S. 439.
579) Z.B. auch D. Lawton 1968, obwohl beide wie Bernstein selbst mit unzureichenden Populationen gearbeitet haben; vgl. die Kritik zu Oevermanns Untersuchungen: W. Niepold 1970, S. 65 ff.
580) U. Oevermann 1973, S. 275 und 291.
581) Vgl. J. Steinert 1975, S. 66; Segment 5, S. 241 f., und Segment 6, S. 224 f., sind hier im Anhang.
582) Vgl. K. Holzkamp 1975, S. 264-286.
583) Leontjew, Gippenreiter 1971.
584) K. Holzkamp 1975, S. 277.
585) Vgl. K. Holzkamp 1975, S. 284.
586) J. Steinert 1975, S. 52 ff.
587) J. Steinert 1975, S. 52.
588) Siehe R. Oerter 1972, S. 584 ff.
589) Vgl. R. Oerter 1972, S. 478 und die dort genannten Vff., die Piaget bestätigen.
590) J. Piaget 1972, S. 245.
591) J. Piaget 1972, S. 246.
592) Vgl. J. Steinert 1975, S. 84.
593) J. Steinert 1975, S. 86.
594) J. Steinert 1975, S. 224-226.
595) J. Steinert 1975, S. 121; vgl. dort die Interkorrelationen aller Segmente, S. 36, Tabelle 8.
596) J. Steinert 1975, S. 96.
597) Zum Schichtproblem vgl. C.F. Graumann 1972, S. 748-757.
598) U. Oevermann 1973, S. 111-117.
599) J. Steinert 1975, S. 57.

600) Vgl. die Kritik von J. Steinert 1975, S. 58.
601) F. Zöchbauer 1969, S. 199.
602) Vgl. U. Oevermanns Ergebnisse 1973, S. 257.
603) Clauss, Ebner 1972, S. 198.
604) H. Benninghaus 1974, S. 257-265.
605) H. Benninghaus 1974, S. 257-265.
606) H. Benninghaus 1974, S. 257-265.
607) Hier nach H. Benninghaus 1974, S. 258.
608) Vgl. zur Steigerung des Lerneffektes bei zweimaliger Projektion: W.H. Allen 1956, S. 143 und die dort genannte Literatur.
609) Clauss, Ebner 1972, S. 15.
610) Clauss, Ebner 1972, S. 114.
611) Clauss, Ebner 1972, S. 23.
612) Clauss, Ebner 1972, S. 266 und 251.
613) Clauss, Ebner 1972, S. 103 und 251.
614) Clauss, Ebner 1972, S. 251 und zur Berechnung des Koeffizienten S. 260-264.
615) Clauss, Ebner 1972, S. 260.
616) Clauss, Ebner 1972, S. 197.
617) Clauss, Ebner 1972, S. 263.
618) Clauss, Ebner 1972, S. 263.
619) Clauss, Ebner 1972, S. 263.
620) Clauss, Ebner 1972, S. 263.
621) Clauss, Ebner 1972, S. 264.
622) Clauss, Ebner 1972, S. 227.
623) Berechnung: siehe Clauss, Ebner 1972, S. 194-204 und S. 229-240.
624) Clauss, Ebner 1972, S. 344.
625) Vgl. H. Hörmann 1970, S. 94.
626) Vgl. Ekman, Friesen 1969.
627) Vgl. K.R. Scherer 1972, S. 45.
628) U. Eco 1972, S. 244.
629) Vgl. zur Wirkung des Film-Endes: R. Tiemens 1959.
630) Vgl. R. Penn 1971, S. 33, 44.
631) S. Grieger 1967, S. 11.
632) A.A. Steiner 1969, S. 216.
633) K. Heinrich 1961; vgl. den Überblick über Forschungen zum Problem der Aggressivität als Filmeffekt: Bryan, Schwartz 1971, S. 50-54.
634) W. Schulz u.a. 1976, S. 94-97.
635) Vgl. R. Penn 1971, S. 44; J.R. Gregory 1961.
636) W. Schulz u.a. 1976, S. 121.
637) W. Schulz u.a. 1976, S. 107 f., S. 112 ff., S. 117.
638) Vgl. die Tabellen R. Penns 1971, S. 45.
639) F. Zöchbauer 1969, S. 201.
640) Vgl. G. Atwood 1971, S. 297.
641) C.E. Osgood u.a. 1957; P.R. Hofstätter 1966.
642) S. Grieger 1967, S. 11.
643) Vgl. J. Lyons 1975, S. 456 f.
644) D.E. Berlyne 1960; vgl. auch Faw, Numally 1968; Hutt, McGrew 1969; P.C. Vitz 1966; Willies, Dornbush 1968.
645) Siehe R. Penn 1971, S. 45.
646) Vgl. R. Oerter 1972, S. 232 und die dort genannte Literatur.
647) Vgl. R. Oerter 1972, S. 232 und die dort genannte Literatur.

648) M.J. Rosenberg 1960.
649) Vgl. F. Klix 1971, S. 477-481.
650) F. Klix 1971, S. 632.
651) F. Klix 1971, S. 633.
652) F. Klix 1971, S. 614-618.
653) Vgl. F. Klix 1971, S. 633.
654) D.R. Olson in: Leuninger u.a. 1974, Bd. 1, S. 179-207.
655) D.R. Olson bezieht ausdrücklich auch Funktoren in seine Theorie mit ein, vgl. 1974, S. 201.
656) Siehe Kap. 5.4.
657) Vgl. Figur 10, Kap. 5.4.1.
658) D.R. Olson in Leuninger u.a. 1974, S. 193.
659) Hutt, Ounstedt 1966.
660) A. Kendon 1967, S. 52.
661) Vgl. F. Klix 1971, S. 510 f.
662) Vgl. F. Klix 1971, S. 510-514.
663) Conolly, Jones 1970.
664) R. Oerter 1972, S. 131 ff.
665) Vgl. R. Oerter 1972, S. 132.
666) Vgl. M.D. Vernon 1974, S. 184-189; S. Stadler u.a. 1975, S. 158 f.; R. Oerter 1972, S. 355-360; L.A. Taylor 1960, S. 65 f.
667) J.F. Brown 1931.
668) R.L. Cohen 1964.
669) Vgl. M.D. Vernon 1974, S. 130-144, 148-156; R. Oerter 1972, S. 349-351; M. Stadler u.a. 1975, S. 159-167; L.A. Taylor 1960, S. 61 ff.
670) Krech, Crutchfield, Ballachey 1962, S. 102; hier nach R. Oerter 1972, S. 229.
671) Vgl. die wertenden Filmkommentare von Kindern, die Brudny beobachtet hat, siehe Keilhacker, Brudny, Lammers 1957, S. 46 ff.
672) E.C. Tolman 1959; vgl. auch F. Klix 1971, S. 537, Klassifizierungsmöglichkeit 3.
673) Vgl. R. Oerter 1972, S. 230 f.
674) E. Lissa 1965.
675) E. Lissa 1965, S. 70.
676) E. Lissa 1965, S. 193.
677) E. Lissa 1965, S. 125 f.
678) Siehe A. Bandura 1962, S. 211-268; A. Bandura 1961.
679) Vgl. auch Bandura, Ross, Ross 1962 (dt. in: Hofer, Weinert 1973, S. 61-74); K. Duncker 1938.
680) Keilhacker, Brudny, Lammers 1957, S. 5-14; M. Keilhacker 1953, S. 13-19; vgl. auch F. Zieris 1963, S. 99-107.
681) M. Keilhacker 1957, S. 13.
682) Vgl. J.M.L. Peters 1963, S. 104 ff.; F. Zieris 1963, S. 113.
683) Bandura, Ross, Ross 1962.
684) J.F. Rosenblith 1959.
685) Vgl. F. Stückrath in: Heiß, Caselmann, Schorb, Heimann 1963, S. 39.
686) J. Steinert 1975, S. 198-211.
687) J. Steinert 1975, S. 201.
688) J. Steinert 1975, S. 198.
689) J. Steinert 1975, S. 202.
690) J. Steinert 1975, S. 198.

691) U. Oevermann 1973, S. 228 ff., 256 ff., bes. S. 257.
692) Vgl. U. Oevermann 1973, S. 432 ff.
693) H. Messelken 1971, S. 39.
694) H. Messelken 1971, S. 38.
695) Vgl. E. Kaemmerling 1971, S. 99 zum Ausdruck "Bildfeld".
696) Vgl. z.B. B. Kochan 1974; Bünting, Kochan 1973, S. 163 ff.; B. Kochan in: K. Stocker 1976, S. 391-403; vgl. H. Messelken 1973.
697) Vgl. H. Messelken in: K. Stocker 1976, S. 67-73; H. Messelken 1971, S. 116-139; J. Steinert 1975, S. 222-259.
698) J.B. Carroll 1964, S. 178-202.
699) E.B. Hunt 1962.
700) J.B. Carroll 1964, S. 181; vgl. die Thesen Carrolls, S. 189.
701) F.M. Dwyer 1968 und öfter.
702) J.B. Carroll 1964, S. 181.
703) J.B. Carroll 1964, S. 181.
704) J.B. Carroll 1964, S. 181.
705) J.B. Carroll 1964, S. 193-201.

10.5 Literaturverzeichnis

Bibliographien

Colling, P. (Hrsg.) (1970-1974), Dissertation Abstracts international, A.
Dambauer, J. (Hrsg.) (1971-1974), Bibliographie der deutschsprachigen psychologischen Literatur, Frankfurt/M.
Deutsches Jugendinstitut (Hrsg.) (1969-1975), Dokumentation Jugendforschung, Jugendhilfe, Jugendpolitik, München.
Dokumentationsring Pädagogik Berlin (Hrsg.) (1966-1974), Bibliographie Pädagogik, Bd. 1-9, Berlin.
FWU München (Hrsg.) (1970-1973), Literaturhinweise,München.
Harrison, J.A. (Hrsg.) (1966), European research in audiovisual aids, Part I: Bibliogr., Part II: Abstracts, London/Strasbourg 1966.
Heinrichs, H. (Hrsg.), Bibliographie Lehr- und Lernmittel, Exklusivbeilage der Zs. aula.
Jurgan, H.W. (1973), Filmbibliographisches Jahrbuch der BRD, 1971 im Auftrag der Ev. Konferenz f. Kommunikation hrsg. von der Dt. Ges. f. Filmdokumentation Wiesbaden-Breckenheim, 1970 hrsg. vom Dt. Inst. f. Filmkunde, Taunusstein-Neuhof.
Kinkade, R. / Canady, J. (Hrsg.) (1967-73), Psychological abstracts, nonevaluative summaries of the world's literature in psychology and related disciplines, Washington.
Koen, F.M. u.a. (Hrsg.), LLBA, Language and language behavior abstracts, Ann Arbor, Michigan 1970 ff.
Kohls, R. (Hrsg.) (1958-71), Pädagogik Bibliographie. Bibliographie der päd. Veröffentlichungen in der DDR, Leipzig 1958-71.
Manz, H.P. (Hrsg.) (1963-1965), Internationale Filmbiographie 1952-65, Schriftenreihe der Schweizer Ges. f. Filmwiss. u. Filmrecht, Bd. I, Zürich 1963-65.
Schmidt, H. (Hrsg.) (1970-73), Pädagogischer Jahresbericht Textbände 1970-73, Weinheim und Basel.
Schmidt, H. (Hrsg.) (1947-67), Erziehungswissenschaftliche Dokumentation, Bd. 5: Bibl. z. Programmierten Lernen und z. Einsatz schulbezogener Arbeitsmittel, Basel 1969.
Schulz, G. (Hrsg.) (1967-74), Filmbibliographischer Jahresbericht 1965-72, Filmwiss. Bibliothek der Hochschule f. Film u. Fernsehen der DDR, Berlin 1967-74.

Literatur

Aebli, H. (1961), Grundformen des Lehrens, 3. Aufl. Stuttgart 1961.
Adorno, T.W. (1954), How to look at television, in: Quarterly of film, radio and television 8, 1954, S. 213-235.
Affolter, F. (1970), Developmental aspects of auditory and visual perception, Ph. Diss., The Pennsylvania State Univ. 1970.
Affolter, F. (1972), Entwicklung visueller und auditiver Prozesse, in: Psychol. 31,3 1972, S. 207-223.
Agricola, E. (1970), Wörter und Wendungen, München 1970.
Agricola, E. (1972), Semantische Relationen im Text und im System, 2., bearb. Aufl. The Hague/Paris 1972.
Albrecht, G. (1964), Filmanalyse - Ziele, Methoden, in: Everschor, F. (Hrsg.), Filmanalysen 2, Düsseldorf 1964, S. 234-270.
Allen, J.C. (1968), Visual perception and oral language production, Ed. Diss., Univ. of Georgia 1968.
Allen, W.H. (1956), Audio-visual materials, in: Rev. educ. research, Washington 1956, Vol. 26, S. 125-156.
Allen, W.H. (1960), Audio-visual communication research, in: Harris, C.W. (Hrsg.), Encyclopedia of educ. research, 3. Aufl. New York 1960, S. 115-137.
Allen, W.H. / Cooney, S.M. (1964), Nonlinearity in filmic presentation, in: AV communication Review Washington 1964, 12/2, S. 164-176.
Allen, W.H. / Weintraub, R. (1968), The motion variables in film presentations. Final report, Univ. of Southern Calif. 1968.
Allport, F.H. (1955), Theories of perception and the concept of structure, New York 1955.
Ammann, H. (1936), Lichtbild und Film in Unterricht und Volksbildung, München 1936.
Ammann, H. (1964), Bild und Film im Unterricht, in: Lexikon der Pädagogik, Freiburg 1964.
Ananjew, B.G. (1963), Psychologie der sinnlichen Erkenntnis, Berlin 1963.
Anderson, H.L. (1973), The effect of filming a television news source by vertical camera angle, horizontal camera angle and source eye-contact on source credibility and audience attitudes toward the televised message, Phil. Diss., Michigan State Univ. 1973.
Ankerstein, H.S. (Hrsg.) (1972), Das visuelle Element im Fremdsprachenunterricht, Stuttgart 1972.
Appeldorn, W. van (1970), Der dokumentarische Film. Dramaturgie-Gestaltung-Technik, Bonn 1970.
Appeldorn, W. van (1972), Die optische Revolution. Die Zukunft der visuellen Medien, Reinbek 1972.
Argyle, M. / Dean, J. (1965), Eye contact, distance, and affiliation, in: Sociometry 1965, 28, S. 289-304.
Arnet, E. (1953), Film und Jugend, in: Pro Juventute, Sonderheft 1953.
Arnheim, R. (1954), Art and visual perception, Berkeley and Los Angeles 1954 (Dt.: Kunst und Sehen, Berlin 1965).

Arnheim, R. (1968), Study of visual factors in concept formation. Final report. US Department of health, education and welfare, Office of education, Washington 1968.
Arnheim, R. (1972), Anschauliches Denken. Zur Einheit von Bild und Begriff, Köln 1972.
Atilio, L.R. (1971), Transmision de un mensaje por los diferentes canales de informacion, in: Leng.Ci. 1971,11/1, S. 21-26.
Attneave, F. (1954), Some informational aspects of visual perception, in: Psychol. Rev. 1954, S. 183-193.
Attneave, F. (1959), Application of information theory to psychology, New York 1959 (Dt.: Informationstheorie in der Psychologie, Bern/Stuttgart 1965).
Atwood, G. (1971), An experimental study of visual imagination and memory, in: Cognitive Psychol. 1971,2/3, S. 290-299.
Baer, U. u.a. (1970), Ein Brief wird befördert - Informationszuwachs bei Spielfilm und Sachfilm, in: ava Forschungsberichte 2/1970, München 1970, S. 5-30.
Baker, C.H. (1958), Attention to visual displays during a vigilance task, I: Biasing attention, in: Brit. Journ. Psychol. 49, S. 279.
Baldinger, K. (1957), Semasiologie. Versuch eines Überblicks, Berlin 1957.
Baldinger, K. (1966), Sémantique et strucutre conceptuelle. Le concept "se souvenir", in: Cahiers de lexicologie 1 (1966), S. 4 ff.
Ball, J. / Byrnes, F.C. (Hrsg.) (1960), Research, principles, and practices in visual communication, o.O. 1960.
Bandura, A. (1962), Social learning through imitation, in: Jones, M.R. (Hrsg.), Nebraska symposium on motivation 1962, S. 211-268.
Bandura, A. / Huston, A.C. (1961), Identification as a process of identical learning, in: Journ. abnorm. soc. psychol. 63, S. 311-318.
Bandura, A. / Ross, D. / Ross, S. (1963) (Dt.: 1973), Stellvertretende Bekräftigung und Imitationslernen, in: Hofer,M. / Weinert, F.E. (Hrsg.), Pädagogische Psychologie, Grundlagentexte 2, Frankfurt/M. 1973, S. 61-74.
Barlow, H.B. (1959), Sensory mechanismus: The reduction of redundancy and intelligence, in: Mechanism. of thought process, Vol. 2, London 1959, S. 535-574.
Barrow, L.C. / Westley, R.H. (1958), Television effects, Univ. of Wisconsin 1958.
Barthes, R. (1969), Rhetorik des Bildes, in: Schiwy, G., Der französische Strukturalismus, Reinbek 1969, S. 158-166.
Baumann, W. (1972), The effect of time variations in videotape feedback on the verbal behavior of members in group counseling, Arizona State Univ. o.J.
Bäumler, G. (1972), Sehen IV. Das Bewegungssehen - eine Einführung in die Phänomene, in: Psychol. Praktikum, 7. völlig neu bearb. u. erw. Aufl., Stuttgart 1972.

Beck, J. / Berg, M. (1970), Offenbachprojekt und Sprachförderung, Wygotskis Sprachtheorie in der Praxis, in: Ästhetik und Kommunikation 1970.
Beckert, F. (1967), Zu den Aufgaben und Möglichkeiten der Psychologie in der Film- und Fernsehforschung, Berlin 1967.
Belson, W.A. (1957), The effects of television on the interest and the initiative of viewers, Diss., London 1957.
Belstler, H. (1923), Filmunterricht, in: Der Bildwart 2/1923.
Belstler, H. (1967), Der Unterrichtsfilm im Wandel, in: Film-Bild-Ton 12/1967.
Benesch, H. (1968), Experimentelle Psychologie des Fernsehens, München/Basel 1968.
Benjamin, W. (1963), Das Kunstwerk im Zeitalter seiner technischen Reproduzierbarkeit, Frankfurt 1963.
Benninghaus, H. (1974), Deskriptive Statistik, Statistik für Soziologen 1, Stuttgart 1974.
Bense, M. (1967), Semiotik - Allgemeine Theorie der Zeichen, Baden-Baden 1967.
Bense, M. (1969), Einführung in die informationstheoretische Ästhetik, Reinbek 1969.
Bense, M. / Walther, E. (1973), Wörterbuch der Semiotik, Köln 1973.
Berelson, B. / Steiner, G.A. (1972), Menschliches Verhalten. Grundlegende Ergebnisse empirischer Forschung, Bd. II: Soziale Aspekte, Weinheim 1972.
Berg, M. (1970), Negative Didaktik oder Die Entfesselung der Produktivkraft Sprache, in: alternative 13 (1970) 74, S. 185-202.
Berger, H.-J. (1973), Psychologische Untersuchungen des Zusammenhangs von Wirkungen und Nachwirkungen bei Spielfilmen. Ein Beitrag zur Filmwirkungsforschung, Phil. Diss., Köln 1973.
Bergmann, E. (1969), Schulfernsehen, Frankfurt/Berlin/München 1969.
Berlyne, D.E. (1951), Attention to change, in: Brit. Journ. Psychol. 42, S. 269 ff.
Berlyne, D.E. (1958), The influence of complexity and novelty in visual figures on orienting responses, in: Journ. Exp. Psychol., 55, S. 289 ff.
Berlyne, D.E. (1960), Conflict, arousal and curiosity, New York 1960. (Dt.: Konflikt, Erregung, Neugier, Stuttgart 1974).
Berlyne, D.E. / Lawrence, G.H. (1964), Effects of complexity and incongruity variables on GSR, investigatory behavior and verbally expressed preference, in: Journ. Gen. Psychol., 71, S. 21 ff.
Bernstein, B. (1958), Some sociological determinants of perception, in: Brit. Journ. Sociol. IX, 1958, S. 159-174.
Bernstein, B. (1970), Soziale Struktur, Sozialisation und Sprachverhalten, Aufsätze 1958-1970, Amsterdam 1970.
Besch, L. (1956), Der Anspruch des Wortes, in: Rundfunk und Fernsehen 4. Jg., 1956, Heft 4, S. 351-361.
Bessenroth, O. (1958), Filmische Grundbegriffe im Deutschunterricht, in: DU 10,3, 1958, S. 21-31.

Bettinghaus, E.P. (1960), Communication models, in: Ball/Byrnes (1960), S. 16-28.
Birdwhistell, R.L. (1952), Introduction to kinesics, Louisville 1952.
Birdwhistell, R.L. (1968), Communication as a multichannel system, in: International encyclopedia of the social sciences, New York 1968, Vol. 3, S. 24-29; Dt.:
Birdwhistell, R.L. (1974), Kinesik, in: Gruppendynamik - Forschung und Praxis, Heft 1, 5. Jg., Stuttgart 1974, S. 3-12.
Bitomsky, H. (1972), Die Röte des Rots von Technicolor. Kinorealität und Produktionswirklichkeit, Neuwied/ Darmstadt 1972.
Blanke, G.H. (1973), Einführung in die semantische Analyse, München 1973.
Bobker, L.R. (1969), Elements of film, New York 1969.
Böhm, W. (1954), Unterschiede der Verständlichkeit eines filmisch und sprachlich dargestellten Handlungsablaufes, Diss., Wien 1954.
Bogomolow, J. (1969), Symbole auf der Leinwand, in: Kunst und Literatur 1969/12.
Boring, E.G. (1942), Sensation and perception in the history of experimental psychology, New York 1942.
Brandsch, W. (1967), Kurzfilme als Vorlagen für Aufsätze, in: Welt der Schule, 20, München 1967, S. 413-415.
Breger, L. (1969), Dream function: An information processing model, in: Clinical-cognitive psychology, New York 1969.
Brekle, H.E. (1972), Semantik, 2. verb. Aufl., München 1972.
Brenner, H. / Gallas, H. (1970), Wygotski und die Grundlegung einer materialistischen Sprachtheorie, in: alternative 13, 1970, 74, S. 205-209.
Broadbent, D.E. (1957), Immediate memory and simultaneous stimuli, in: Quart. J. exp. Psych. 1957, 9, S. 1-11.
Broadbent, D.E. (1958), Perception and communication, New York 1958.
Broadbent, D.E. (1961), Behaviour, London 1961.
Broadbent, D.E. (1965), Information processing in the nervous system, in: Science 1965, S. 457-462.
Broadbent, D.E. / Gregory, M. (1965), Some confirmatory results on age differences in memory for simultaneous stimulation, in: Brit. Journ. Psych. 1965, 56, S. 77-80.
Brocks, L.R. (1966), The effects of visualization and visual support on the learning of sentences, Ph. Diss., Brown Univ. 1965
Broughton, G. (1971), Language teaching by film, in: Educational media international 1971/4, S. 12-15.
Brown, J.F. (1931), The threshold for visual movement, in: Psych. Forsch. 14, S. 249 ff.
Brown, R.W. (1958), Words and things, Clencoe, Ill. 1958.
Brownell, W.A. / Hendrickson, G. (1950), How children learn information, concepts and generalizations, Chicago 1950.
Brudny, W. (1957), Ausdruckspsychologische Betrachtungen zum Filmerleben des Kindes, in: Keilhacker u.a., 1957, S. 44-48.

Bruner, J.S. (1957), On perceptual readiness, in: Psychol. Review 1957, 64, S. 123-152.
Bruner, J.S. u.a. (Hrsg.) (1957), Contemporary approaches to cognition. A symposium held at the Univ. of Colorado, 1957.
Bruner, J.S. u.a. (1971, Orig. 1966), Studien zur kognitiven Entwicklung, Stuttgart 1971.
Bruner, J.S. / Krech, D. (Hrsg.) (1955), Perception and personality: A symposium, Durham 1955
Brunswik, E. (1934), Wahrnehmung und Gegenstandswelt, Leipzig/Wien 1934.
Brunswik, E. (1943), Organismic achievement and environmental probability, in: Psychol. Rev. 50, S. 255-272.
Brunswik, E. (1952), The conceptual framework of psychology, Chicago 1952.
Bryan, J. / Schwartz, T. (1971), Effects of film material upon children's behaviour, in: Psychol. Bull. 1971/75, S. 50-59.
Bühler, K. (1934), Sprachtheorie, Jena 1934.
Bünting, K.-D. (1972), Einführung in die Linguistik, Frankfurt 1972.
Bünting, K.-D. / Kochan, D.C. (1973), Linguistik und Deutschunterricht, Kronberg 1973.
Buschke, H. (1962), Auditory and visual interaction in immediate memory, in: Journ. of Psychiatric Research 1962, 1, S. 229-237.
Carpenter, C.R. (1953), A theoretical orientation for instructional film research, in: AV Comm. Rev. 1953/1, S. 38-52.
Carroll, J.B. (1964), Words, meanings and concepts, in: Harvard Educational Review, Vol. 34, 1964, No. 2, S. 178-202.
Carterette, E.C. / Jones, M.H. (1967), Visual and auditory information processing in children and adults, in: Science 1967, 156, S. 986-988.
Caselmann, C. (1953), Möglichkeiten und Grenzen von Film, Bild, Ton in der Bildungsarbeit, in: Film-Bild-Ton 3, 1953/54.
Caselmann C. (1963), Der Begriff der Anschauung in pädagogischer Sicht, in: Heiß/Caselmann/Schorb/Heimann 1963, S. 43-61.
Cassirer, E. (1964), Philosophie der symbolischen Formen, 3 Bde., Darmstadt 1964.
Cassirer, E. (1969), Wesen und Wirkung des Symbolbegriffs, Darmstadt 1969.
Chapin, R.E. (1957), Mass communications. A statistical analysis, East Lansing 1957.
Cherry, C. (1957), On human communications: A review, a survey, and a criticism, New York 1957.
Chester, W.H. / Buenger L.R. (1955), Relation between learning by film and learning by lecture, in: AV Comm. Rev. 3/1955, S. 29-34.
Chomsky, N. (1971), Deep structure, surface structure, and semantic interpretation, in: Semantics. An interdisciplinary reader in philosophy, linguistics and psychology, ed. by Steinberg/Jakobovits, Cambridge 183-216.

Church, J. (1961), Language and the discovery of reality, New York 1961.
Clauss, G. / Ebner, H. (1972), Grundlagen der Statistik für Psychologen, Pädagogen und Soziologen, Berlin 1972.
Coffin, T.E. (1956), Das Fernsehen und seine Wirkungen in den USA, in: Rundfunk und Fernsehen 1/1956, S. 11-30.
Cohen, R.L. (1964), Problems in motion perception, Uppsala 1964.
Comenius, J.A. (1960), Große Didaktik, übersetzt und hrsg. von A. Flitner, 2. neubearb. Aufl., Düsseldorf/München 1960.
Conners, C.K. u.a. (1967), Informational analysis of intersensory communication in children of different social class, in: Child developm. 38/1967, S. 251-266.
Conolly, K. / Jones, E. (1970), A developmental study of afferent-reafferent integration, in: Brit. Journ. Psychol. 61/1970, S. 259-266.
Coseriu, E. (1967), Lexikalische Solidaritäten, in: Poetica 1, 1967, S. 293-303.
Coseriu, E. (1972), Die Geschichte der Sprachphilosophie von der Antike bis zur Gegenwart, Tübingen 1972.
Cranach, M. von (1969), Über die Signalfunktion des Blickes in der Interaktion, in: Sozialtheorie und soziale Praxis, Festschrift für Eduard Baumgarten, Meisenheim/Glan 1969.
Craig, G.D. (1956), A comparison between silent and sound films in teaching, in: Brit. Journ. Ed. Psychol., Vol. XXVI, 1956, S. 200-206.
Crossman, E.R.W.F. / Szafran, J. (1956), Changes with age in the speed of information intake and discrimination, in: Experientia Supplementum, Basale, 1956, 4, S. 128-135.
Dadek, W. (1968), Das Filmmedium, München/Basel 1968.
Dallmann, G. / Preibusch, W. (1974), Erforschung von Unterrichtsmedien, Teilausgabe des Handbuches der Unterrichtsforschung, hrsg. von Ingenkamp, K. (Dt. Bearbeitung des Handbook of research on teaching, ed. by Gage, N.L., Chicago 1963, 1965), Weinheim/Basel 1974.
Debes, J.L. (1968), Some foundations for visual literacy, in: Av. Instruction 13, 1968, 9, S. 961-964.
Dember, W.N. (1960), The psychology of perception, New York 1960.
Denis, M. (1971), La mémoire d'un message filmique comparée a celle d'un message verbal chez des enfants d'age scolaire, in: Journ. de Psychol. Normale et Pathologique 1971, Vol. 68 (1), S. 69-87.
Deutsch, F. (1966), Some principles of correlating verbal and nonverbal communication, in: Gottschalk/Auerbach (Hrsg.), Methods of research in psychotherapy, New York 1966.
Dixon, N.F. (1958), The effect of subliminal stimulation upon autonomic and verbal behavior, in: Journ. Abn. Soc. Psychol. 1958
Dornseiff, F. (1959), Der Deutsche Wortschatz nach Sachgruppen mit alphabetischem Generalregister, Berlin 1959.
Dovifat, E. (1955), Die Macht der Mittler, Düsseldorf 1955.
Dröge, F. / Weißenborn, R. / Haft, H. (1969), Wirkungen der Massenkommunikation, Frankfurt 1969.

Drowns-Garmize, K.S. (1973), The extent to which level of verbal ability, authoritarian tendencies, and the use of guidesheets affect amount learned by a viewer of a training film, Ph. Diss., Univ. of Maryland 1973.

DUDEN. Grammatik der dt. Gegenwartssprache, bearb. von P. Grebe, 2. vermehrte und verbesserte Aufl., Mannheim 1966.

Duncan, S.D. Jr. (1969), Nonverbal communication, in: Psychol. Bulletin 1969, 72, S. 118-137.

Duncker, K. (1938), Experimental modification of children's food preferences through social suggestion, in: Journ. abnorm. soc. Psychol. 33, 1938, S. 489-507.

Dwyer, F.M. (1968), When visuals are not the message, in: Educ. Broadcasting review, 1968, Vol. 2/5, Columbus, Ohio 1968, S. 38 ff.

Dwyer, F.M. Jr. (1969), The instructional effect of motion in varied visual illustrations, in: Journ. of Psychol. 1969, 73/2, S. 167-172.

Eco, U. (1971), Die Gliederung des filmischen Code, in: Knilli, F. (Hrsg.), Semiotik des Films, München 1971, S. 71-93.

Eco, U. (1972), Einführung in die Semiotik, München 1972.

Ekman, P. (1965), Differential communication of affect by head and body cues, in: Journ. of personality and social psychology, 1965, 2(5), S. 726-735.

Ekman, P. / Friesen, W.V. (1968), Nonverbal behavior in psychotherapy research, in: Shlien, J. (Hrsg.), Research in psychotherapy, Vol. 3, Washington 1968.

Ekman, P. / Friesen, W.V. (1969), The repertoire of non-verbal behavior: Origins, usage, coding, and categories, in: Semiotica 1969, 1.

Ekman, P. / Friesen, W.V. / Taussig, T.G. (1969), VID-R and SCAN: Tools and methods for the automated analysis of visual records, in: Gerbner, G. (Hrsg.), Content analysis, New York 1969.

Elkind, E. u.a. (1962), Studies in perceptual development, I und II, in: Child developm., 33 (1962), S. 619-630 und 35 (1964), S. 81-90.

Emery, F.E. / Martin, D. (1957), Psychological effects of the "Western" film, Univ. of Melbourne 1957.

Exline, R.V. (1963), Explorations in the process of person perception: Visual interaction in relation to comptetition, sex, and need for affiliation, in: Journ. of personality 1963, 31, S. 1-20.

Exline, R.V. / Winters, L.C. (1965), Affective relations and mutual glances in dyads, in: Tomkins/Izard (Hrsg.), Affect, cognition, and personality, New York 1965.

Faw, T.T. / Nunnally, J.C. (1968), The influence of stimulus complexity, novelty, and affective value on children's visual fixations, in: Journ. Exptl. Child Psychol., 6, S. 141-153.

Fearing, F. (1954), Social impact of the mass media of communication, 53rd Yearbook, Part II, Mass Media and Education, Chicago 1954, S. 165-191.

Feldmann, E. / Hagemann, W. (Hrsg.) (1955), Der Film als Beeinflussungsmittel, Emsdetten 1955.

Feldmann, E. (1962), Theorie der Massenmedien, München/ Basel 1962.

Feldmann, E. / Meier, E. (Hrsg.), Film und Fernsehen im Spiegel der Wissenschaft, Gütersloh 1963.
Feusi, J. (1964), Kleine Filmkunde, Zürich 1964.
Fieandt, K. v. (1966), The world of perception, Homewood, Ill. 1966.
Firges, J. / Thymister, H.J. (1972), Die Funktion des Bildes in der Sprachvermittlung, in: Die Grundschule 1972/4, S. 265-272.
Fleming, M.L. (1975), Wahrnehmungsprinzipien für das Entwerfen von Lehrmaterial, in: AV-forschung, Bd. 13, Grünwald 1975, S. 7-76.
Foerster, O. (1959), Nachhaltigkeit von Filmerlebnissen bei Kindern und Jugendlichen, in: Film-Bild-Ton 9, 1959.
Foppa, K. (1965), Lernen, Gedächtnis, Verhalten, Köln/ Berlin 1965.
Forgus, R. (1966), Perception, New York 1966.
Fraisse, P. / Montmollin, G. de (1952), Sur la mémoire des films, in: Revue Internationale de Filmologie, 1952, S. 37-68.
Frank, H. (1962a), Kybernetische Grundlagen der Pädagogik, Baden-Baden 1962.
Frank, H. (1962)b), Bewußtsein und Gedächtnis. Eine informationspsychologische Untersuchung. team-brief Nr. 8, Quickborn 1962.
Freeman, G.L. (1939), The problem of set, in: Am. Journ. Psychol. 52, 1939, S. 16-30.
Freeman, G.L. (1948), The energetics of human behavior, New York 1948.
Fucks, W. (1968), Nach allen Regeln der Kunst, Stuttgart 1968.
FWU (Hrsg.) (1970), Audio-visuelle Bildungsmittel in der Schule von morgen, München 1970.
Gainer, W.L. (1962), The ability of the WISC subjects to discriminate between boys and girls of average intelligence, in: Calif. Journ. educ. Res. 13, 1962, S. 9-16.
Gallagher, J.J. / Aschner, M.J. (1963), A preliminary report on analyses of classroom interaction, in: Merrill-Palmer Quart., 9, S. 183-193.
Gardner R.W. / Long, R.I. (1961), Selective attention and the Müller-Lyer-illusion, in: Psychol. Rev. 11, 1961, S. 317 ff.
Geckeler, H. (1971), Strukturelle Semantik und Wortfeldtheorie, München 1971.
Gemelli, A. (1958), The visual perception of movement, in: Am. Journ. Psychol. 1958.
Gerbner, G. (1960), The interaction model: Perception and communication, in: Ball/Byrnes 1960, S. 4-15.
Gerhartz-Franck, I (1955), Über die Geschehensgestaltungen in der Auffassung von Filmen durch Kinder, Leipzig 1955.
Gerighausen, J. (1969), Der audio-visuelle Unterricht in sprachwissenschaftlicher Sicht, in: Probleme des Deutschen als Fremdsprache, München 1969, S. 136-148.
Gibson, J.J. (1947), Motion picture testing and research, in: Army Air Forces Aviation psychology research reports No. 7.
Gibson, J.J. (1950), The perception of the visual world, Boston 1950.

Gibson, J.J. (1954), A theory of pictorial perception, in: AV Comm. Rev. 2 (1954), S. 3-23.
Gibson, J.J. (1966), The senses considered as perceptual system, Boston 1966.
Gibson, J.J. / Gibson, E.J. (1955), Perceptual learning: differentiation or enrichment?, in: Psychol. Rev. 62, S. 32 ff.
Gibson, J.J. / Pick, A.D. (1963), Perception of another person's looking behavior, in: Am.Journ. Psychol., 1963, 76, S. 86-94.
Gies, H. (1965), Die Krise der Anschauung, Diss., 1965.
Götz, K.O. (1967), Bildmessung und Bildwahrnehmung, Untersuchungen über subjektive Redundanz, in: Nachrichten-Bilder-Berichte No. 3, Düsseldorf 1967.
Götz, K.O. / Götz, K. (1972), Probleme der Bildästhetik, Düsseldorf 1972.
Graham, C.H. (1965), Vision and visual perception, New York 1965.
Grass, C.F. (1972), A study relating levels of understanding of selected concepts of motion to chronological age using verbal response to visual stimulus, Ph. Diss., The Ohio State Univ. 1972.
Graumann, C.F. (1960), Grundlagen einer Phänomenologie und Psychologie der Perspektivität, Berlin 1960.
Graumann, C.F. (Hrsg.) (1972), Handbuch der Psychologie, Bd. 7,2, Sozialpsychologie, Göttingen 1972.
Greenfield, P.M. / Bruner, J.S. (1966), Culture and cognitive growth, in: Intl. Journ. of Psychol. 1966.
Greenhill, L. / McNiven, M. (1956), Relationship between learning and the perceived usefulness of a film, in: AV Comm. Rev. 4/1956, S. 255-265.
Gregory, J.R. (1961), Some psychological aspects of motion picture montage, Ph. Diss., Univ. of Illinois, 1961.
Gregory, R.L. (1966), Auge und Gehirn, München 1966, Frankfurt 1972.
Greimas, A.-J. (1966), Sémantique structurale. Recherche de méthode, Paris 1966.
Grieger, S. (1967), Beiheft zum Film FT 768 "Auf die Einstellung kommt es an", München 1967.
Grieger, S. (1969), Aufgaben und Möglichkeiten der Fernseherziehung im Rahmen des Deutschunterrichts, in: DU 21, 1, S. 28-38.
Griew, S. (1963), Information transmission and age, in: Williams, R.H. u.a. (Hrsg.), Process of aging, New York 1963, S. 63-79.
Grosse, E.U. (1974), Zur Neuorientierung der Semantik bei Greimas. Grundgedanken, Probleme und Vorschläge, in: Kallmeyer, W. u.a. (Hrsg.), Lektürekolleg zur Textlinguistik, Bd. 2, S. 87-125, Frankfurt/M. 1974.
Günther, W. (1939), Film- und Lichtbildgebrauch in der Schule, Leipzig 1939.
Grüsser, O.-J. / Klinke, R. (Hrsg.) (1971), Zeichenerkennung durch biologische und technische Systeme, Berlin 1971.
György, G. / Hárs, L. (1969), Über das Verstehen und die Ansprüche von Schülern an audiovisuelle Information, in: Film-Fernsehen-Erziehung 1969/2.
Habermas, J. (1962), Strukturwandel in der Öffentlichkeit, Neuwied 1962.

Hall, E.T. (1968), Proxemics, in: Current Anthropology 1968, 9, S. 83-108.
Haueis, E. / Hoppe, O. (1972), Aufsatz und Kommunikation, Düsseldorf 1972.
Hawel, W. (1970), Untersuchung zweier verschiedener Filmdarbietungen als psychol. Ursachen für emotionalen Streß, in: Psychol. und Praxis, Stuttgart 1970/14, S. 125-133.
Hebb, D.O. (1949), The organization of behavior, New York 1949.
Hebb, D.O. (1958), A textbook of psychology, Philadelphia 1958.
Heger, K. (1964), Die methodologischen Voraussetzungen von Onomasiologie und begrifflicher Gliederung, in: Zs. f. Roman. Phil. 80 (1964), S. 486-516.
Heider, F. (1958), Perceiving the other person, in: Tagiuri/Petrullo (Hrsg.), Person Perception and Interpersonal behavior, Stanford Univ. Press 1958.
Heidt, E.U. (1976), Medien und Lernprozesse, Weinheim 1976.
Heike, G. (1969), Sprachliche Kommunikation und linguistische Analyse, Heidelberg 1969.
Heimann, P. (1963), Zur Dynamik der Bild-Wort-Beziehung in den optisch-akustischen Massenmedien, in: Heiß/Caselmann/Schorb/Heimann 1963, S. 71-113.
Heinrich, K. (1961), Filmerleben - Filmwirkung - Filmerziehung. Der Einfluß des Films auf die Aggressivität bei Jugendlichen, Hannover 1961.
Heiß, R. / Caselmann, C. / Schorb, A.D. / Heimann, P. (1963), Bild und Begriff, München 1963.
Helbig, G. (1966), Untersuchungen zur Valenz und Distribution deutscher Verben, in: Deutsch als Fremdsprache, 3, 1966, S. 1-19.
Herrmann, T. / Deutsch, W. (1976), Psychologie der Objektbenennung, Bern 1976.
Heuyer, G. (1956), Cinéma et affectivité, in: L'ecole des parents, 1956, 3, S. 15-27.
Hild, M. / Längsfeld, W. (1972), Materialien zu einer Propädeutik der Medienerziehung, Sonderdruck aus "Jugend Film Fernsehen", Hefte 3 und 4/1972, München 1972.
Himmelweit, H. u.a. (1958), Television and the child. An empirical study of the effect of television on the young. London/New York/Toronto 1958.
Hinz, R.P. (1967), Response variation as a function of variations in information level of pictorial material, Ed. Diss., Indiana Univ. 1967.
Hoban, C.F. (1962), The usable residue of educational film research, in: New teaching aids for the American classroom, S. 95-115.
Hoban, C.F. / van Ormer, E.B. (1950), Instructional film research, 1918-1950, Port Washington 1950.
Hochberg, F. (1951), Perceptual development: Some tentative hypotheses, in: Psychol. Rev. 58, 1951, S. 332-349.
Hocking, E. (1968), The sound of pictures, in: The modern language journal 52, 1968, 3.
Hörmann, H. (1970), Psychologie der Sprache, verb. Neudruck, Berlin/Heidelberg/New York 1970.
Hofer, M. / Weinert, F.E. (Hrsg.) (1973), Pädagogische Psychologie, Grundlagentexte 2, Frankfurt 1973.

Hofstätter, P.R. (1963), Über sprachliche Bestimmungsleistungen: Das Problem des grammatischen Geschlechts von Sonne und Mond, in: Zs. exp. angew. Psychol. 10, 1963, S. 91-108.
Holland, N. (1968), Dynamics of literary response, New York 1968.
Holzkamp, K. (1973), Sinnliche Erkenntnis, Frankfurt 1973.
Honkavaara, S. (1961), The psychology of expression, in: Brit. Journ. Psychol. Monog. Suppl., No. 32.
Houser, R. / Houser, E.J. / van Mondfrans, A.P. (1970), Learning a motion and a nonmotion concept by motion picture versus slide presentation, in: AV Comm. Rev. 1970, 18/4, S. 425-430.
Hovland, C.I. / Lumsdaine, A.A. / Sheffield, F.D. (1949), Experiments on mass communications. Princeton 1949.
Hovland, C.I. / Janis, I.L. / Kelley, H.H. (1953), Communication and persuasion, New Haven 1953.
Hovland, C.I. / Rosenberg, M.J. (Hrsg.) (1960), Attitude organization and change, New Haven 1960.
Hsia, H.J. (1968), On channel effectiveness, in: AV Comm. Rev. 16/3, 1968, S. 245-267.
Hubel, D.H. / Wiesel, T.N. (1962), Receptive fields, binocular interaction and functional architecture in the cat's visual cortex, in: Journ. Physiol. 160, S. 106 ff.
Hundsnurscher, F. (1971), Neuere Methoden der Semantik, 2., durchgesehene Aufl., Tübingen 1971.
Hunt, E.B. (1962), Concept learning: An information processing problem, New York 1962.
Hutt, C. / Ounstedt, C. (1966), The biological significance of gaze aversion with particular reference to the syndrome of infantile autism, in: Behavioral science 1966, 11, S. 346-356.
Hutt, C. / McGrew, P.L. (1969), Do children really prefer visual complexity? in: Psychol. Sci., 17, S. 113 f.
Iros, E. (1957), Wesen und Dramaturgie des Films, Zürich 1957.
Iscoe, I. / Carden, J.A. (1961), Field dependence, manifest anxiety, and sociometric status in children, in: Journ. Consult. Psychol., 25, S. 184 ff.
Ittelson, W.H. / Cantril, H. (1954), Perception: A transactional approach, New York 1954.
Jacobi, H. (1963), Werbepsychologie. Ganzheits- und gestaltpsychologische Grundlagen der Werbung, Wiesbaden 1963.
Jakobson, R. (1960), Linguistics and poetics, in: Sebeok, T.A., Style in language, Cambridge/Mass. 1960, S. 350-377.
Jenkins, J.R. u.a. (1969), Children's recognition and recall of picture and word stimuli, in: AV Comm. Rev. 17/3, S. 265-271.
Jespersen, O. (1922), Language, its nature, development, and origin, New York 1922 (dt. Übs. Heidelberg 1925).
Jones, H.E. (1934), The influence of motion picture upon the social attitudes of children, in Journ. Am. Ass. Univ. Women 1934, S. 419-429.
Jungfer, H. (1973), Lernen durch Bilder. Theoretische Konzepte und empirische Befunde, in: AV-forschung 1973/7, S. 91-118.

Kaemmerling, E. (1971), Rhetorik als Montage, in: Knilli, F. (Hrsg.), (1971), S. 94-109.
Kaemmerling, E. (1972), Die filmische Schreibweise am Beispiel Alfred Döblin, Manuskript für den Sender Freies Berlin (III) zur Sendung am 24.10.1972.
Kallmeyer, W. u.a. (Hrsg.) (1974), Lektürekolleg zur Textlinguistik, Bd. 1 und 2, Frankfurt/M. 1974.
Karsten, D. (1954), Die Sprache des Films, Seebruck 1954.
Katzenberger, L. (1964), Dimensionen des Gedächtnisses, Diss., Würzburg 1964.
Kegel, G. (1974), Sprache und Sprechen des Kindes, Reinbek 1974.
Keilhacker, M. und M. (1953), Jugend und Spielfilm, Stuttgart 1953.
Keilhacker, M. / Brudny W. / Lammers, P. (1957), Kinder sehen Filme. München 1957.
Keilhacker, M. / Rutenfranz, D. / Tröger, W. / Vogg, G. (1967), Filmische Darstellungsformen im Erleben des Kindes. Untersuchungen über psychophysische Begleiterscheinungen und Auswirkungen des Filmerlebens, München/Basel 1967.
Kempe, F. (1958), Film - Technik, Gestaltung, Wirkung, Braunschweig 1958.
Kendler, H.H. (1964), The concept of the concept, in: Melton, A.W., Categories of human learning, New York/London 1964.
Kendon, A. (1967), Some functions of gaze-direction in social interaction, in: Acta psychologica 26, S. 22-63.
Kerstiens, L. (1961), Filmerziehung, Münster 1961.
Kilpatrick, F.P. (Hrsg.) (1952), Human behavior from the transactional point of view, Princeton 1952.
Kirschner, M. / Mertes, K. / Paech, J. (1973), Schüler machen Filme - Materialsammlung (WDR Westdt. Schulfernsehen).
Klapper, J. (1961), The effects of mass communication, Glencoe/Ill. 1961.
Klaus, G. (1963), Semiotik und Erkenntnistheorie, Berlin 1963.
Klaus, G. (1965), Die Macht des Wortes, Berlin 1965.
Klaus, G. (1971), Sprache der Politik, Berlin 1971.
Klausmeier, H.J. / Harris, C.W. (1966), Analysis of concept learning, New York/London 1966.
Klausmeier, H.J. / Wiersma, W. (1964), Relationship of sex, grade level, and locate to performance of high IQ students of divergent thinking tests, in: Journ. Educ. Psychol. 55, S. 114-119.
Kleck, R. / Nuessle, W. (1968), Congruence between indicative and communicative functions of eye contact in interpersonal relations, in: British Journ. Soc. Clinical Psych. 7, S. 241-246.
Klinge, P.L. (1973), A comparison of the instruction effectiveness of two film-techniques: The lecture-demonstration film and the dramatic-situation film, Ph. Diss., New York 1973.
Klix, F. (1971), Information und Verhalten. Kybernetische Aspekte der organismischen Informationsverarbeitung, Berlin 1971.

Knilli, F. (Hrsg.) (1971), Semiotik des Films, München 1971.
Knilli, F. / Reiß, E. (1971), Einführung in die Film- und Fernsehanalyse. Ein ABC für Zuschauer, Steinbach 1971.
Koch, C.H. (1970), Understanding film as process of change. A metalanguage for the study of film developed and applied to Ingmar Bergman's "Persona" and Atan J. Pakula's "The sterile cuckoo", Ph. Diss., Univ. of Iowa 1970.
Koch, W.A. (1971), Varia Semiotica, Hildesheim/New York 1971.
Kracauer, S. (1973), Theorie des Films. Die Errettung der äußeren Wirklichkeit, Frankfurt/M. 1973 (Orig. New York 1960).
Krampen, M. (1960), Some other theories of perception, in: Ball/Byrnes (1960), S. 71-78.
Krech, D. / Crutchfield, R.S. / Ballachey, E.L. (1962), Individual in society, New York 1962.
Krech, D. / Crutchfield, R.S. (1968), Grundlagen der Psychologie, Bd. I. Dt.-sprachige Bearb. von Wendt, H.W. und Ewert, O.M., Weinheim/Berlin 1968.
Krüger, H. (1956), Das Ende des lesenden Zeitalters, in: Universitas 11. Jg., Heft 1, S. 72 ff.
Krüger, K. / Hückstedt, B. (1969), Die Beurteilung von Blickrichtungen, in: Zs. f. exp. u. angew. Psychol. 16, S. 452-472.
Kuhns, W. / Stanley, R. (1971), Exploring the film, Dayton/Ohio, 1971.
Kümmerle, W. (1961), Die Ausdruckshemmung des Schülers nach der Darbietung einer Schulfunksendung oder eines Films und ihre Überwindung, in: Die Schulwarte 14, S. 93-97.
Künstler, G. (1960), Der Film als Erlebnis. Über das "bewegte Bild" und über seinen Sinn, Wien 1960.
Kutschera, F. v. (1971), Sprachphilosophie, München 1971.
Lachat, P. (1967), Film und Linguistik, in: Cinema 13/4, S. 758-66.
Lajeuness, L. / Rossi, R. (1966), Influence de certains modifications de la structure des films sur l'integration des contenus cinématographiques per des enfants d'age scolaire, in: Revue Internationale de Filmologie, Vol. 10, 32-33, 1966, S. 90-100.
Lakoff, G. (1971), On generative semantics, in: Semantics. An interdisciplinary reader in philosophy, linguistics and psychology, Cambridge/Mass. 1971, S. 232-296.
Lantz, L. de / Stefflre, V. (1964), Language and cognition revisited, in: Journ. abn. soc. Psychol. 69, S. 472-481.
Laughlin, P.R. u.a. (1969), Information processing in children as a function of adult model, stimulus display, schoolgrade and sex, in: Journ. educ. Psychol., 60, S. 188-193.
Lawton, D. (1968), Social Class, Language and education, London 1968.
Leisi, E. (1971), Der Wortinhalt, 4. durchgesehene und erweiterte Auflage, Heidelberg 1971.
Lenneberg, E.H. (1967), Biological foundation of language, New York 1967 (Dt.: Biologische Grundlagen der Sprache, Frankfurt/M. 1972).
Leontjew, A.N. (1973), Probleme der Entwicklung des Psychischen, Frankfurt/M. 1973 (Orig. 1959).

Leontjew, A.N. / Gippenreiter, J.B. (1966), Was heißt Aktivität der Wahrnehmung, in: Kußmann, T. (Hrsg.), Bewußtsein und Handlung, Probleme und Ergebnisse der sowjetischen Psychologie, Bern/Stuttgart/Wien 1971, S. 131-156.

Lerg, W. (1968), Zur Analyse audiovisueller Aussagen, Metasprachliche Probleme von Film und Fernsehen, in: Rundfunk und Fernsehen 16, 4, S. 379-388.

Leuninger, H. / Miller, M.H. / Müller, F. (1974), Linguistik und Psychologie. Ein Reader, Bd. 1 und 2, Frankfurt/M. 1974.

Levit, M. (1953), On the psychology and philosophy of concept formation. Educ. Theory III, S. 193-207.

Lewandowski, T. (1973, 1975), Linguistisches Wörterbuch 1-3, Bd. 1: Heidelberg 1973, Bd. 2-3: Heidelberg 1975.

Lienert, G.A. (1969), Testaufbau und Testanalyse, 3. Aufl., Weinheim/Berlin/Basel 1969.

Lindsley, J.R. (1972), The production of simple active sentences in response to pictures (Diss. Abstr. Int. 33, 2836-B, 1972).

Lissa, Z. (1965), Aesthetik der Filmmusik, aus dem Polnischen, Berlin 1965.

Lomov, B.F. (1971), Das Erkennen von Signalen, in: Kußmann, T. (Hrsg.), Bewußtsein und Handlung, Bern/Stuttgart/Wien 1971, S. 173-179.

Long, R.J. (1962), Field articulation as a factor in verbal learning and recall, in: Percept. mot. skills, 15/1, S. 151-158.

Lurija, A.R. / Judowitsch, F.J. (1973), Die Funktion der Sprache in der geistigen Entwicklung des Kindes, 3. überarb. Aufl., Düsseldorf 1973.

Lutz, E. (1971), Der Spielfilm im Deutschunterricht, in: Pädagogik heute 1, Oberursel 1970, S. 86-90.

Lutz, E. / Sauter, R. / Wächtershäuser, G. (1971), Die audio-visuellen Mittler im Deutschunterricht, München 1971.

Lyons, J. (1975), Einführung in die moderne Linguistik, 4. Aufl., München 1971.

Maas, U. / Wunderlich, D. (1972), Pragmatik und sprachliches Handeln, 2. korr. u. ergänzte Aufl., Frankfurt/M. 1972.

Maccoby, E.E. / Levin, H. / Selya, B.M. (1955), The effect of emotional arousal on the retention of aggressive and non-aggressive movie content, in: Am. Psychologist 10, S. 359.

Maccoby, E.E. / Wilson, W.C. (1957), Identification and observational learning from films, in: Journ. abnorm. soc. Psychol. 55, S. 76-87.

Maccoby, E.E. / Wilson, W.C. / Burton, R.V. (1958), Differential movie-viewing behavior of male and female viewers, in: Journ. of personality 26, S. 259-267.

Maletzke, G. (1959), Fernsehen im Leben der Jugend, Hamburg 1959.

Maletzke, G. (1961), Passivität durch Fernsehen?, in: E. Feldmann u.a. (Hrsg.) (1961), Film- und Fernsehfragen, S. 237-254.

Maletzke, G. (1963), Psychologie der Massenkommunikation, Hamburg 1963.

Man, Hendrik de (1951), Vermassung und Kulturverfall, München/Salzburg/Bern 1951.
Martinet, A. (1971), Grundzüge der Allgemeinen Sprachwissenschaft, 5. Aufl., Stuttgart/Berlin/Köln/Mainz 1971 (Orig. Paris 1960).
Maser, S. (1971), Grundlagen der allgemeinen Kommunikationstheorie, Stuttgart/Berlin/Köln/Mainz 1971.
Matthias, D. (1973a), Sehen und Sprechen. Möglichkeiten von Voraussetzungen des Filmeinsatzes bei der Begriffsbildung, in: Jugend Film Fernsehen 4, S. 179-192.
Matthias, D. (1973b), Grundfragen einer Methodik des Filmeinsatzes im sprachfördernden Unterricht, in: DU 5/1973, S. 70-90.
Matthias, D. (1974), Informationsgemäß informieren. Ein Beitrag zum Filmeinsatz in der Aufsatzerziehung, in: AV-praxis 3/1974, S. 16-23.
Matthias, D. (1975), Wie ein Film erzählt. Eine semiotische Analyse, in: Praxis Deutsch 8/1975, S. 55-60.
Matthias, D. (1977), Filmmontage und Textgestaltung. Ein Spiel mit Analogien im Aufsatzunterricht, in: DU 5/1977
May, M.A. / Lumsdaine, A.A. (1958), Learning from films, New Haven 1958.
McGuire, C. (1961), Sex role and community variability in test performances, in: Journ. educ. Psychol. 52, S. 61-73.
Mehnert, H. (1963), Film - Licht - Farbe. Ein Handbuch für Kameraleute, 2. überarb. Aufl., Halle 1963.
Merleau-Ponty, M. (1966), Phänomenologie der Wahrnehmung, Berlin 1966 (Orig. Paris 1945).
Messelken, H. (1971), Empirische Sprachdidaktik, Heidelberg 1971.
Messelken, H. (1973), Zur Planung von Sprachunterricht, in: Richtlinien und Lehrpläne für die Grundschule in NRW. Eine Schriftenreihe des Kulturministers, Heft 42, S. D/Sp 33 - 61, Ratingen 1973.
Messelken, H. (1974), Kodierungsschema für Textanalysen, unveröff. Manuskript, PH Rhld., Abtlg. Köln 1974.
Metz, C. (1972), Semiologie des Films, München 1972.
Metz, C. (1973), Sprache und Film, Frankfurt/M. 1973.
Metzger, W. (1954), Gesetze des Sehens, Frankfurt/M. 1954 (1936).
Metzger, W. (Hrsg.) (1966), Wahrnehmung und Bewußtsein. Handbuch der Psychologie, Bd. 1,1, Göttingen 1966.
Meyer-Eppler, W. (1969), Grundlagen und Anwendungen der Informationstheorie, 2. neubearb. u. erweiterte Aufl., Berlin/Heidelberg/New York 1969.
Meyerhoff, H. (1949), Tonfilm und Wirklichkeit. Grundlagen zur Psychologie des Films, Berlin 1949.
Mialaret, G. / Malandain, C. (1963), Etude de la reconstitution d'un récit chez l'enfant à partir d'un film fixe, in: Enfance Nr. 2, S. 169-190.
Mialaret, G. / Melies, M.G. (1954), Expérience sur la compréhension du language cinématographique par l'enfant, in: Revue Int. de Filmologie, Paris, V, 18-19, S. 221-228.

Michael, D.N. (1953), Factors influencing verbal learning from films under varying conditions of participation, Ph. Diss., Harvard - Univ. 1952.
Miller, N.E. u.a. (1957), Graphic communication and the crisis in education, in: AV Comm. Rev. 5/3 1957, S. 1-20.
Miller, W.C. (1967), An experimental study of the relationship of film movement and emotional involvement response, and its effect on learning and attitude formation, Ph. Diss., Univ. of Southern California 1967.
Miron, M.S. (1971), The semantic differential and mediation theory, in: Linguistics 66, S. 74-87.
Mitry, J. (1963), Estétique et psychologie du cinéma, Bd. 1: Les structures, Paris 1963.
Moles, A. (1968), Zeichen und Superzeichen als Organisationsformen der Wahrnehmung, in: Ronge, H. (Hrsg.) (1968), S. 207 ff.
Moore, M.R. (1973), Der Bereich der Wahrnehumgsmotorik und Entwurf einer Wahrnehmungssystematik, in: AV-forschung 9, München 1973, S. 5-38.
Morin, E. (1958), Der Mensch und das Kino, Stuttgart 1958.
Morris, C.W. (1972), Grundlagen der Zeichentheorie, München 1972 (Orig. Chicago 1938).
Morris, C.W. (1973), Zeichen, Sprache und Verhalten, Düsseldorf 1973 (Orig. Englewood Cliffs 1946).
Moscowici, S. (1967), Communication process and the properties of language, in: Berkowitz, L. (Hrsg.), Advances in social psychology, Bd. 3, New York 1967, S. 226-271.
Musatti, C. (1952), Bericht über die durch Filme verursachten psychologischen Vorgänge, in: Lavis, H.-W. (Hrsg.), Film und Jugend, Bd. 1, Wiesbaden 1952.
Neisser, U (1967), Cognitive psychology, New York 1967.
Niepold, W. (1970), Sprache und soziale Schicht. Darstellung und Kritik der Forschungsliteratur seit Bernstein, Berlin 1970.
Nöth, W. (1975), Semiotik. Eine Einführung mit Beispielen für Reklameanalysen, Tübingen 1975.
Nowak, W. (1967), Visuelle Bildung. Ein Beitrag zur Didaktik der Film- und Fernseherziehung, Villingen 1967.
Nummenmaa, T. (1969), Children's description of simple events, in: Annales Academiae Scientiarium Fennicae 1969, B-161(1).
Nyszkiewicz, H. (1962), Der Film als Mittel sprachlicher Gestaltung im Deutschunterricht, in: Die päd. Provinz 16, Frankfurt/M. 1962, S. 256-269.
Oerter, R. (1972), Moderne Entwicklungspsychologie, 11., neubearb. u. erw. Aufl., Donauwörth 1972.
Oevermann, U. (1973), Sprache und soziale Herkunft, 3. Aufl., Frankfurt/M. 1973.
Ogden, C.K. / Richards, I.A. (1952), The meaning of meaning, London 1923, 10. Aufl. 1952, 2. Nachdruck.
Olson, D.R. (1970), Language and thought: Aspects of a cognitive theory of semantics, in: Psychological Rev. 77,4, S. 257-272 (Dt.: in: Leuninger u.a. (1974), S. 179-207.
Opp, K.-D. (1970), Methodologie der Sozialwissenschaften. Einführung in Probleme ihrer Theoriebildung, Reinbek 1970.

Osgood, C.E. (1966), Dimensionality of the semantic space for communication via facial expressions, in: Scandinavian Journ. of Psychol. 7(1), S. 1-30.
Osgood, C.E. (1971), Where do noun phrases come from? in: Steinberg, D.D. / Jakobovits, L.A. (Hrsg.), Semantics, Cambridge 1971, S. 497-529 (Dt. in: Leuninger u.a., 1974, S. 132-178).
Osgood, C.E. (1971), Commentary on "The Semantic Differential and the mediation theory", in: Linguistics 1971, 66, S. 88-96.
Osgood, C.E. / Suci, G. / Tannenbaum, P.H. (1957), The measurement of meaning, Urbana 1957.
Paech, J. (Hrsg.)(1977), Schülerfernsehen. Didaktik der Massenkommunikation 3, Stuttgart 1977.

Parker, P.J. (1971), The effect of varying degrees of compression in a 16 mm motion picture upon information recall, Ed. Diss., Indiana Univ. 1971.
Paschen, H. (1974), Kommunikation, München 1974.
Pasolini, P.P. (1971), Die Sprache des Films, in: Knilli, F. (Hrsg.) (1971), S. 38-55.
Pawek, K. (1963), Das optische Zeitalter, Freiburg 1963.
Peirce, C.S. (1970), Collected Papers, Cambridge/Mass. 1931-35, 1958, 2. Aufl. 1960 (Dt.: Schriften, hrsg. von K.-O. Apel, Frankfurt/M. 1967, 1970).
Penn, R. (1967), An experimental study of the meaning of cutting-rate variables in motion pictures, Ph. Diss., Univ. of Iowa 1967.
Penn, R. (1971), Effects of motion and cutting-rate in motion pictures, in: AV Comm. Rev. 19/1971, S. 29-50.
Peters, J.M.L. (1963), Grundlagen der Filmerziehung, München 1963.
Peters, J.M.L. (1971), Bild und Bedeutung. Zur Semiologie des Films, in: Knilli, F. (Hrsg.) (1971), S. 56-69.
Piaget, J. (1972), Urteil und Denkprozeß des Kindes, Düsseldorf 1972 (Orig. Neuchâtel 1924).
Piaget, J. (1961), Les Mécanismes Perceptifs, Paris 1961.
Piaget, J. (1962), Play, dreams and imitation in childhood, New York 1962.
Pierce, J.R. (1965), Phänomene der Kommunikation, Informationstheorie, Nachrichtenübertragung, Kybernetik, Düsseldorf/Wien 1965.
Pitts,W. / McCullock, W.S. (1949), How we know universals: The perception of auditory and visual forms, in: Bull. of Mathematical Biophysics 9, S. 127-147.
Plett, H.F. (1975), Textwissenschaft und Textanalyse, Heidelberg 1975.
Popper, K.R. (1966), Logik der Forschung, Tübingen 1966.
Popper, K.R. (1973), Objektive Erkenntnis, Hamburg 1973.
Postman, L. u.a. (1948), Personal values as selective factors in perception, in: Journ. Abn. Soc. Psychol. 1948.
Postman, L. / Crutchfield, R.S. (1952), The interaction of need, set and stimulus-structure in a cognitive task, in: Am. Journ. Psychol. 65, S. 196 ff.
Postman, L. / Leytham, G. (1951), Perceptual selectivity and ambivalence of stimuli, in Journ. Pers. 19, S. 390 ff.

Potter, M.C. (1966), On perceptual recognition, in: Bruner, J.S. u.a. (Hrsg.), Studies in cognitive growth, New York 1966 (Dt. in: J.S. Bruner u.a., Studien zur kognitiven Entwicklung, Stuttgart 1971, S. 135-170).

Pottier, B. (1964), Vers une sémantique moderne, in: Travaux de linguistique et de littérature II/1, S. 107-136.

Prokop, D. (1971), Materialien zur Theorie des Films, München 1971.

Prieto, L.J. (1972), Nachrichten und Signale, München 1972 (Orig. Paris 1966).

Pryluck, C. (1968), Structural analysis of motion pictures as a symbol system, in: AV Comm. Rev. 16/4, S. 372-402.

Pryluck, C. (1973), Sources of meaning in motion pictures and television, Ph. Diss. The Univ. of Iowa 1973.

Pryluck, C. / Snow, R.E. (1967), Toward a psycholinguistics of cinema, in: AV Comm. Rev. 15/1, S. 54-75.

Resnikow, L.O. (1968), Erkenntnistheoretische Fragen der Semiotik, Berlin 1968 (Orig. 1964).

Reumuth, K. (1955), Von der Anschauung zum Begriff, in: Didaktische Studien, Bonn/Berlin/München 1955.

Rheinisch, R.K. (1971), A study of the development of children's perception of selected filmish conventions, Bloomington 1971.

Riedel, H. (1967), Psychostruktur, Quickborn 1967.

Riedel, H. (1968), Einführung in die Informationspsychologie, in: Ronge, H. (Hrsg.) (1968), S. 51-63.

Riffaterre, M. (1973), Strukturale Stilistik, München 1973 (Orig. Paris 1971).

Roberts, K.H. / Rost, D.H. (1974), Analyse und Bewertung empirischer Untersuchungen, 2., überarb. u. erw. Fassung, Weinheim/Basel 1974.

Romano, L. (1956), The role of 16 mm motion pictures and projected still pictures in science unit vocabulary learning at grades 5, 6 and 7, in: Journ. exp. Educ. 25, S. 49-58.

Ronge, H. (Hrsg.) (1968), Kunst und Kybernetik, Köln 1968.

Rose, R.G. (1973), Verbal processing of visual stimuli, Diss.

Rosenberg, M.J. (1960), An analysis of affective-cognitive consistency, in: Hovland, C.I. / Rosenberg M.J. (Hrsg.) (1960).

Rosenberg, M.J. (1960), A structural theory of attitude dynamics, in: Public opinion quarterly 24, S. 319-340.

Rosenblith, J.F. (1959), Learning by imitation in kindergarden children, in: Child development 30, S. 69-80.

Rosenfield, S.S. (1968), The effect of perceptual style on word discrimination ability of Kindergarten children, Ph. Diss., Univ. of Wisconsin 1967.

Rossbroich, J. (1971), Probleme einer kritischen Theorie und Praxis der Spracherziehung (Teil 1). Wygotskis Theorie der Entwicklung des sprachlichen Denkens, in: Ästhetik und Kommunikation 2 (1971) 4, S. 16-25.

Rother, E.F. (Hrsg.) (1968), Audio-visuelle Mittel im Unterricht, Stuttgart 1968.

Rousseau, J.-J. (1963), Emile oder Über die Erziehung, hrsg. von M. Rang, Stuttgart 1963.
Rousson, M. (1967), Les différences entre les sexes dans 4 tests verbaux, in: Schweiz. Zs. Psychol. 26, S. 148-162.
Ruesch, J. / Kees, W. (1956), Nonverbal communication, Berkeley and Los Angeles 1956.
Ruprecht, H. (1970), Lehren und Lernen mit Filmen, Bad Heilbrunn 1970.
Rusk, P.C. (1971), A study of the effects on visual attention and criterion performance of varying amounts of realistic detail and viewing time, Univ. of Colorado 1971.
Salomon, G. / Snow, R.E. (1968), The specification of film attributes for psychological and educational research purposes, in: AV Comm. Rev. 16/3, S. 225-244.
Saussure, F. de (1916), Cours de linguistique générale, Paris 1916 (Dt.: Grundfragen der allg. Sprachwissenschaft, Berlin 1931).
Schaff, A. (1973), Einführung in die Semantik, Reinbek 1973 (Orig. Warschau 1960).
Scheffer, W. (1970), Vergleichende Untersuchung auditiven und audio-visuellen Materials, in: ava - Forschungsberichte, Heft 2, München 1970, S. 63-76.
Scherer, K. (1970), Non-verbale Kommunikation, Hamburg 1970.
Schiefele, H. (1962), Das Problem der Anschauung. Zur Kritik eines Begriffes der Unterrichtslehre, in: Vjs. f. wiss. Päd. 38. Jg., S. 103-120.
Schippan, T. (1972), Einführung in die Semasiologie, 1972.
Schiwy, G. (1969), Der französische Strukturalismus, Reinbek 1969.
Schmidt, F. (1966), Zeichen und Wirklichkeit, Stuttgart/Berlin/Köln/Mainz 1966.
Schmidt, H.-D. (1961), Empirische Forschungsmethoden der Pädagogik, Berlin 1961.
Schnabl, H. (1972), Sprache und Gehirn - Elemente der Kommunikation, München 1972.
Scholl, P.A. (1967), Visual concept attainment as affected by stimulus complexity and selected communicator strategies, Washington 1967.
Schramm, W. (1955), The process of mass communication, Urbana 1955.
Schramm, W. (Hrsg.) (1960), Mass communications, 2. Aufl., Urbana/Chicago/London 1960.
Schramm, W. / Lyle, J. / Parker, E.B. (1961), Television in the lives of our children, Stanford/Cal. 1961.
Schramm, W. (Hrsg.) (1973), Grundfragen der Kommunikationsforschung, 5. Aufl., München 1973 (Orig. New York 1963).
Schröter, G. (1971), Die ungerechte Aufsatzzensur, Bochum 1971.
Schulz, W. (1974), Bedeutungsvermittlung durch Massenkommunikation. Grundgedanken zu einer analytischen Theorie der Medien, in: Publizistik 19. Jg., S. 148-164.
Schulz, W. (1975), Wirkungsqualitäten verschiedener Medien. Experimentelle Untersuchungen über die Vermittlung von konnotativer Bedeutung durch unterschiedliche Formen medialer Darstellung, in: Rundfunk und Fernsehen, 22. Jg., S. 57-72.

Schulz, W. / van Lessen, R. / Schlede, C. / Waldmann, N. (1976), Die Bedeutung audiovisueller Gestaltungsmittel für die Vermittlung politischer Einstellungen. Medienanalytische und experimentelle Untersuchungen am Beispiel sozialkundlicher Filme, in: AV-forschung 15, Grünwald 1976, S. 49-209.
Sebeok, T.A. / Hayes, A.S. / Bateson, M.C. (Hrsg.) (1964), Approaches to semiotics, Den Haag 1964.
Serra, M.C. (1953), How to develop concepts and their verbal representations, in: Elem. Sch. Journ. LIII, 1953, S. 275-285.
Shrauger, S. / Altrochi, J. (1964), The personality of the perceiver as a factor in person perception, in: Psychol. Bull. 62, S. 289 ff.
Sicker, A. (1956), Kind und Film. Der Einfluß des Films auf das Seelenleben des Kindes, Bern/Stuttgart 1956.
Simon, J. (1961), Apport de la projection animée à l'expression écrite de l'enfant, in: Bull. du Centre Audio-Visuel, R 18, 1961.
Smith, G.P. (1969), The relationships among selected variables of creative thinking and visual, auditory and tactual perception, Ed. Diss., North Texas State Univ. 1969.
Solley, C.M. / Haigh, G. / Sommer, R. (1957), Perceptual autism in children, in: Journ. Genet. Psychol. 56, S. 3-11.
Solley, C.M. / Murphy, G. (1960), Development of the perceptual world, New York 1960.
Sowinski, B. (1973), Deutsche Stilistik, Frankfurt/M. 1973.
Spottiswood, R. (1951), A Grammar of the film. An analysis of film technique, 2. Aufl., Los Angeles 1951.
Sprache - Brücke und Hindernis. 23. Beiträge nach einer Sendereihe des "Studio Heidelberg", Süddt. Rdfk., München 1972.
Steiner, A.A. (Hrsg.) (1969), Massenmedien im Unterricht und Erziehung, Frankfurt/M./Berlin/Bonn/München 1969.
Steinert, J. (1975), Allgemeiner Deutscher Sprachtest (ADST) - ein Beitrag zur Empirischen Sprachdidaktik, Kürten 1975.
Stevenson, H.W. / Siegel, A. (1969), Effects of instructions and age on retention of filmed content, in: Journ. Educ. Psychol. 60/1, S. 71-74.
Stocker, K. (Hrsg.) (1976), Taschenlexikon der Literatur- und Sprachdidaktik (2 Bde.), Kronberg 1976.
Stückrath, F. / Schottmayer, G. (1955), Psychologie des Filmerlebens in Kindheit und Jugend, Hamburg 1955.
Stümmer, E. / Vogg, G. (Hrsg.) (1966), Leitfaden zur Film- und Fernseherziehung, München 1966.
Sturm, H. (1968), Kommunikation - Masse - Bildung, Stuttgart 1968.
Taylor, I.A. (1960), Perception and visual communication, in: Ball/Byrnes (1960), S. 51-70.
Tolman, E.C. (1959), Principles of purposive behavior, in: Koch, S. (Hrsg.), Psychology: A study of a science, Vol. 2, New York 1959, S. 92-157.
Tomkins, S.S. (1962, 1963), Affect, imagery, consciousness, Vol. 1: The positive affects (1962), Vol. 2: The negative affects (1963), New York 1962, 1963.

Troth, M.M. (1971), The relative effectiveness of the motion picture and single still picture presentation modes in faciliating the perception of dynamic action concepts, Ph. Diss., East Texas State Univ. 1971.
Ukrainzew, B.S. (1960), Über das Wesen der elementaren Abbildung, in: Fragen der Philosophie, 2/1960 (russ.).
Ullmann, S. (1973), Semantik. Eine Einführung in die Bedeutungslehre, Frankfurt/M. 1973 (Orig. 1962).
Ulshöfer, R. (1969), Anleitung der Schüler zum Gebrauch der Massenmedien. Eine Aufgabe des Deutschunterrichts, in: DU 21/1, S. 5-13.
Vernay, H. (1968), Die Bedeutung der Semantik für die Übersetzungstheorie, in: Ruperto-Carola 43/44, Heidelberg 1968, S. 152-163.
Vernon, M.D. (1974), Wahrnehmung und Erfahrung, Köln 1974 (Orig. London 1970).
Vinacke, W.E. (1954), Concept formation in children of school ages, in: Education LXXIV, S. 527-534.
Vitz, P.C. (1966), Preference for different amounts of visual complexity, in: Behav. Sci. 11, S. 105 ff.
Walcher, K.P. (1974), Eine psychologische Untersuchung der Begriffe Anschauung, Anschaulichkeit und Veranschaulichung, Math.-natw. Diss., Kiel 1974.
Walther, E. (1974), Allgemeine Zeichenlehre, Stuttgart 1974.
Wasem, E. (1956), Filmerziehung im Deutschunterricht, in: Jugend und Film VII, 6, München 1956.
Wasem, E. (1957), Jugend und Filmerleben, München/ Basel 1957.
Wasem, E. (1968), Der audio-visuelle Wohlstand, München 1968.
Wasem, E. (1969), Medien der Öffentlichkeit, Düsseldorf 1969.
Watzlawick, P. / Beavin, J.H. / Jackson, D.H. (1969), Menschliche Kommunikation, Bern/Stuttgart/Wien 1969.
Wehrle-Eggers (1967), Deutscher Wortschatz. Ein Wegweiser zum treffenden Ausdruck, 13. Aufl., Stuttgart 1967.
Weinert, F. (1970), Verwendung audio-visueller Unterrichtsmedien in lerntheoretischer und instruktionspsychologischer Sicht, in: FWU (1970), S. 18-25.
Weinreich, U. (1966), Explorations in semantic theory, in: Current Trends in Linguistics III, The Hague 1966, S. 395-477.
Weintraub, R.L. (1972), The motion variable in film presentation, Ed. Diss., Univ. of Southern California 1972.
Wember, B. (1972), Objektiver Dokumentarfilm? Berlin 1972.
Werner, H. / Wapner, S. (1952), Toward a general theory of perception, in: Psychol. Rev. 59, S. 325-338.
Wetterling, H. (1957), Der Mensch im Kreuzfeuer der Bilder, in: Das Wort im Zeitalter der Bilder, München 1957.
Whitaker, R.W. (1966), The content analysis of film: a survey of the field, an exhaustive study of "Quai des Brunes" and a functional description of the elements of the film language, Ph. Diss., Northwestern Univ. 1966.
Whitaker, R.W. (1970), The language of film, Englewood Cliffs 1970.

Whorf, B.L. (1963), Sprache, Denken, Wirklichkeit, Reinbek 1963 (Orig. Cambridge/Mass. 1956).
Wiese, I. (1973), Untersuchungen zur Semantik nominaler Wortgruppen in der deutschen Gegenwartssprache, Halle/Saale 1973.
Williams, R.H. u.a. (Hrsg.) (1963), Processes of aging, New York 1963.
Willis, E.J. / Dornbush, R.L. (1968), Preference for visual complexity, in: Child development 39, S. 639 ff.
Wirkner, T. (1958), Wie können Film und Lichtbild den sprachlichen Ausdruck fördern? in: Die Unterstufe 5, H. 9, S. 15-18.
Wissenschaftliches Institut für Jugendfragen in Film und Fernsehen (1962), Untersuchungen über das Filmerleben und seine psychologischen Begleiterscheinungen bei 6-12jährigen Kindern, München 1962.
Witkin, H.A. (1949), Sex differences in perception, in: Trans. N.Y. Acad. Sci., 12, S. 22-26.
Witkin, H.A. u.a. (1962), Psychological Differentiation, New York 1962.
Wölker, H. (1955), Das Problem der Filmwirkung, Bonn 1955.
Wood, J.A. (1967), An application of rhetorical theory to filmic persuasion, Ph. Diss., Cornell Univ. 1967.
Wood, N.E. (1970), Factors of visual perception and their relation to the language proficiency of children. Final report, Los Angeles 1970.
Wotjak, G. (1971), Untersuchungen zur Struktur der Bedeutung, Berlin 1971.
Wygotski, L.S. (1971), Denken und Sprechen, Stuttgart 1971 (Orig. Moskau 1934).
Zaporozhets, A.V. (1960), On the reflectory origin of visual perception of objects, Bonn 1960.
Zazzo, R. (1952), Das Entwicklungsalter des Kindes und der Film, in: Lawies, H.W. (Hrsg.), Film und Jugend, Wiesbaden 1952.
Zazzo, R. / Zazzo, B. (1952), Analyse des difficultés d'un séquence cinématographique par la conduite du recit chez l'enfant, in: Rev. Int. de Filmologie 9, S. 26-36.
Zbinden, H. (1957), Die Gefährdung der Kinder durch die moderne Bilderflut, in: Universitas 12 Jg., 1957, Heft 1, S. 31-42.
Zieris, F. (1958), Zur Identifikation bei Film und Fernsehen, in: Jugend Film Fernsehen 2. Jg., Heft 3, S. 21-36.
Zieris, F. (1963), Jugend vor dem Fernsehschirm, Gütersloh 1963.
Zöchbauer, F. (1969), Film und Fernsehen, in: Steiner, A.A. (1963), S. 97-294.
Zöller, O. (Hrsg.) (1965), Massenmedien - die geheimen Führer. Ein Sachbuch über Presse, Film, Funk, Fernsehen, Augsburg 1965.
Zusne, L. (1970), Visual perception of form, New York/London 1970.